SV

Niklas Luhmann
Kontingenz und Recht

Rechtstheorie im
interdisziplinären Zusammenhang

Herausgegeben von
Johannes F. K. Schmidt

Suhrkamp

Bibliografische Information der Deutschen Nationalbibliothek
Die Deutsche Nationalbibliothek verzeichnet diese Publikation
in der Deutschen Nationalbibliografie;
detaillierte bibliografische Daten sind im Internet
über http://dnb.d-nb.de abrufbar.

Erste Auflage 2013

Satz: Hümmer GmbH, Waldbüttelbrunn
Druck: Druckhaus Nomos, Sinzheim
Printed in Germany
ISBN 978-3-518-58602-0

Inhalt

1. Teil

Kontingenz und Recht

I. Interdisziplinäre Kontakte

Seit dem Zusammenbruch des Naturrechts lebt die Rechtswissenschaft als Fach für sich in interdisziplinärer Isolierung, vor allem in deutlichem Abstand zu den empirischen Sozialwissenschaften und zu den wirtschaftswissenschaftlichen Verfahren der Rationalisierung. Eine Vielzahl von Kontakten läßt sich zwar feststellen[1] – so die Tendenzen zur Soziologisierung und Behaviorisierung der Jurisprudenz in den Vereinigten Staaten, die Direktanleihen Duguits bei Durkheim, die Beziehungen zwischen dem Mischfach »Staatslehre« und der juristischen Verfassungsinterpretation in Deutschland. Kontakte und Hoffnungen dieser Art hatten aber einen bestimmten, zeitgebundenen Stil. Sie waren in den ersten Jahrzehnten des 20. Jahrhunderts sinnvoll. Damals waren die Sozialwissenschaften theoretisch und institutionell unterentwickelt und verließen sich auf die Plausibilität kurzschlüssiger Argumentationsketten. Ihre literarische Produktion war ohne weiteres »lesbar«; sie war nach Volumen und Inhalt auch für Juristen zugänglich.[2] So konnte die Vorstellung aufkommen, daß trotz grundbegrifflicher Trennung und Verselbständigung der einzelnen Disziplinen die Rechtswissenschaft von den Sozialwissenschaften im Bedarfsfalle Entscheidungshilfen erhalten könne, und dies auf

1 Eine Bibliographie zu diesem Problem findet sich in Harry W. Jones (Hrsg.), Law and the Social Role of Science, New York 1966, S. 147-201. Vgl. auch Ralph S. Brown, Legal Research: The Ressource Base and Traditions Approaches, American Behavioral Scientist 7 (1963), S. 3-7.

2 Ein gutes Beispiel ist die Beziehung Roscoe Pounds zu den Soziologen seiner Zeit. Vgl. Gilbert Geis, Sociology and Sociological Jurisprudence, Kentucky Law Review 52 (1964), S. 267-293.

einer relativ konkreten, mehr oder weniger improvisierten Ebene des Gedankenaustausches.

Inzwischen mehren sich Anzeichen dafür, daß die Situation sich geändert hat. Die Sozialwissenschaften haben sich zu einer weder von außen noch von innen überblickbaren Komplexität entwickelt. Sie beginnen, aus sich selbst heraus lernfähiger und damit dynamisch zu werden. Daraus erwachsen Interessen an laufender Verfeinerung des methodischen Instrumentariums und an theoretischer Konsolidierung, die in zunehmendem Maße bestimmen, welche Forschungsthemen aufgegriffen und wie Begriffe und Hypothesen gefaßt werden. Das kann zu zunehmender wechselseitiger Verständnislosigkeit führen, könnte aber auch Anlaß geben, die Frage der interdisziplinären Kontaktfähigkeit der Rechtswissenschaft bewußter und prinzipieller zu stellen.

Allein schon die Größe und die Komplexität des konkreten Gegenstandsfeldes Recht drängen die Vermutung auf, daß es nicht ohne Kenntnis der für andere Wissenschaften sich ergebenden Perspektiven vollständig erfaßt und begriffen werden kann. Damit sollen die Möglichkeiten einer Rechtswissenschaft, ihre Eigenständigkeit und Primärzuständigkeit nicht bestritten werden; wohl aber muß verlangt werden, daß ihr Begriffsapparat den Zugang zu und die Kontrolle über sinnvolle Beiträge anderer Disziplinen ermöglicht.[3] Interdisziplinäre Kontakte können nicht länger

---

3 Dies Argument hat, wie leicht zu sehen, sehr weittragende Bedeutung auch für andere Disziplinen. Es verlangt im Grunde schlechthin, die Abstraktionsrichtung der das Fach integrierenden Theorie im Hinblick auf interdisziplinäre Kontaktfähigkeit zu wählen. Hiermit hängt zusammen, daß derzeit gar nicht abzusehen ist, ob und inwieweit wissenschaftliche Disziplinen in der Form des klassischen Fächerkanons sinnvolle Einheiten des Wissenschaftssystems bleiben werden oder ob sie nicht durch andere, elastischere und dynamischere Form der Teilsystembildung – etwa durch Forschungsprozeß-Systeme in

nur durch Einzelbegriffe, etwa Funktionen, Institutionen, Interesse, vermittelt werden, da die Enge solcher Begriffe wechselseitige Mißverständnisse geradezu erzwingt. Vielmehr sollte die Rechtswissenschaft sich fragen, ob sie für sich selbst ein *überdogmatisches Steuerungssystem* entwikkeln und *auf dieser Ebene* jene Begriffsentscheidungen treffen kann, die ihre interdisziplinäre Kontaktfähigkeit sicherstellen. Diese Kontaktfähigkeit ist nicht nur eine Frage der Aufgeschlossenheit für fremdes Gedankengut; sie muß *in eigenen Abstraktionsleistungen der Rechtswissenschaft* begründet werden.

Es liegt nahe, die anlaufenden Bemühungen um eine allgemeine Rechtstheorie in diese Richtung zu lenken. Das hieße, diese Bemühungen funktional zu orientieren und nicht von einem Begriff der Rechtstheorie auszugehen, der inhaltlich schon festlegt, was sie zu sein hat. Vorgegeben ist zunächst nur der Leerplatz, das Desiderat einer universellen rechtswissenschaftlichen Theorie, die den allgemeinen Kriterien der Wissenschaftlichkeit zu genügen hat. Wissenschaftstheoretisch gesehen, handelt es sich um eine Struktur eines Systems der Erlebnisverarbeitung, die dessen funktionale Spezialisierung in Richtung auf Wissenschaft ermöglicht und dabei angebbaren Beschränkungen ihrer Möglichkeiten unterliegt. Eine solche Positionsbeschreibung ermöglicht keine eindeutigen Schlüsse auf Inhalte, also auch keine deduktive Begründung einer bestimmten Rechtstheorie,

---

dem von Gerard Radnitzky, Der Praxisbezug der Forschung: Vorstudien zur theoretischen Grundlegung der Wissenschaftspolitik, Studium Generale 23 (1970), S. 817-855, skizzierten Sinne – wenn nicht abgelöst so doch ausgehöhlt werden. Jedenfalls ist die Rechtstheorie nicht allein deshalb schon, weil sie als Forschungsunternehmen der Rechtswissenschaft zugerechnet wird, darauf angewiesen, ihren grundbegrifflichen Bezugsrahmen und ihr Problemverständnis lediglich aus der Rechtswissenschaft zu beziehen.

wohl aber eine Angabe spezifischer Probleme und Problemlösungsbeschränkungen, die mit dieser Position einer universellen rechtswissenschaftlichen Theorie verbunden sind. Und von diesen Problemen her lassen sich die angebotenen Rechtstheorien kritisch beurteilen.

Gewichtige Probleme einer Rechtstheorie, die mit Sicherheit zu erwarten sind, beziehen sich auf die Komplexität des durch sie strukturierten Wissenschaftsbereichs.[4] Bemühungen um interdisziplinäre Forschung machen deutlich, daß die bisherigen Fachspezialisierungen ein Ausweichen von dem Problem der Komplexität waren, ein Ausweichen in analytische Schemata von bewußt begrenzter Relevanz. Das ist angesichts des Problems der Komplexität ein berechtigtes und erfolgreiches Verfahren. Nicht zufällig war es gerade die Transzendentalphilosophie, die das Verhältnis von Mannigfaltigkeit und Begriff herausgearbeitet hat. Andererseits steht damit die interdisziplinäre Kooperation vor der Schwierigkeit, heterogene analytische Perspektiven koordinieren zu müssen. Sie wird deshalb genötigt sein, das Problem der Komplexität bewußter und artikulierter als bisher zu thematisieren. Die Komplexität jeder Disziplin ist gleichsam abgeleitete, begrifflich rekonstruierte Komplexität und hat insofern den Bezug auf ein gemeinsames Grundproblem.

Wenn man die Rechtstheorie als Disziplin für sich sieht, kann man Probleme der inneren und äußeren Komplexität unterscheiden. Für die innere Komplexität ist vor allem ausschlaggebend, daß eine universelle rechtswissenschaftliche

---

4 Zu den Schwierigkeiten einer ausreichenden Klärung des Begriffs der Komplexität siehe Jürgen Habermas, Theorie der Gesellschaft oder Sozialtechnologie? Eine Auseinandersetzung mit Niklas Luhmann, in: Jürgen Habermas / Niklas Luhmann, Theorie der Gesellschaft oder Sozialtechnologie – Was leistet die Systemforschung? Frankfurt 1971, S. 142-290 (153 ff.); ferner unten S. 56 f.

Theorie angestrebt wird, die *mit jedem möglichen Recht kompatibel* sein muß. Die Rechtstheorie kann daher nicht identisch sein mit der exegetischen Behandlung geltender Rechtsnormen in der Jurisprudenz.[5] Die Sätze, die die Rechtstheorie als wissenschaftliche Sätze formuliert, sind mit anderen Worten keine Rechtssätze, sondern beziehen sich nur auf sie. Die Rechtstheorie ist daher auch keine »Rechtsquelle« (wie es gelegentlich für die Rechtswissenschaft behauptet worden ist). Daraus folgt zum Beispiel, daß die Begriffe der Rechtstheorie reduktive Vereinfachungen leisten, also einen sehr hohen Abstraktionsgrad erhalten müssen; ferner daß die Rechtstheorie, da es eine Mehrheit von Rechtsordnungen mit widerspruchsvollen Rechtssätzen und unterschiedlichen dogmatischen Problemlösungen geben kann, eine wissenschaftliche Theorie sein muß, die Widersprüche in ihrem Objektbereich vertragen bzw. konstruieren kann. Ob diese innere Problematik auf die übliche Weise durch Unterscheidung verschiedener Sprachebenen gelöst werden kann, lassen wir hier dahingestellt und wenden uns statt dessen dem »Außenaspekt« der Rechtstheorie zu, das heißt der Frage, ob sie zu anderen Dis-

5 Konsens hierüber scheint sich in der neueren rechtstheoretischen Literatur anzubahnen. Vgl. z. B. Ottmar Ballweg, Rechtswissenschaft und Jurisprudenz, Basel 1970; Norbert Hoerster, Zur logischen Möglichkeit des Rechtspositivismus, Archiv für Rechts- und Sozialphilosophie 56 (1970), S. 43-59 (55); Jens-Michael Priester, Rechtstheorie als analytische Wissenschaftstheorie, in: Günther Jahr / Werner Maihofer (Hrsg.), Rechtstheorie: Vierzehn Beiträge zur Grundsatzdiskussion, Frankfurt 1971, S. 13-61 (46-56); Werner Krawietz, Juristische Methodik und ihre rechtstheoretischen Implikationen, in: Hans Albert / Niklas Luhmann / Werner Maihofer / Ota Weinberger (Hrsg.), Rechtstheorie als Grundlagenwissenschaft der Rechtswissenschaft (Jahrbuch für Rechtssoziologie und Rechtstheorie 2), Düsseldorf 1972, S. 12-42; Hans Albert, Erkenntnis und Recht: Die Jurisprudenz im Lichte des Kritizismus, in: Hans Albert / Niklas Luhmann / Werner Maihofer / Ota Weinberger (Hrsg.), Rechtstheorie als Grundlagenwissenschaft der Rechtswissenschaft, a. a. O., S. 80-96.

ziplinen trotz hoher Komplexität der beiderseitigen Objektbereiche sinnvolle Beziehungen herstellen kann, die »Anschlüsse« und Transfer von Problembewußtsein, Konzepten und Erkenntnisleistungen ermöglichen.[6]

Außerhalb der Rechtswissenschaft gibt es heute bei aller Zersplitterung sozialwissenschaftlicher Forschung in Einzeldisziplinen deutlich erkennbare interdisziplinäre Trends: Sie verbinden sich, aufs gröbste abstrahiert, mit dem Systemkonzept oder mit dem Entscheidungskonzept. In beiden Richtungen ist zunächst eine auffällige Verschiedenartigkeit der Begriffsverwendung zu verzeichnen. Es ist kaum möglich, ein Minimum an Bedeutungsgehalt auszumachen, der sich mit den Begriffen »System« oder »Entscheidung« durchgehend verbindet. Aber es gibt einige recht erfolgreiche Interpretationsversuche von multidisziplinärer Bedeutung, die teils in der Form von Modellen, teils in der Form von Hypothesen, teils als Problemformeln vorliegen. In jedem Falle verbindet sich mit den Begriffen System und Entscheidung jeweils ein transdisziplinärer Anspruch. Wer von »juristischer Entscheidung« spricht, muß sich auf die Frage

6 Für eine soziologische Interpretation dieses wissenschaftstheoretischen Konzepts wäre anzufügen, daß das strukturierte System der Erlebnisverarbeitung zugleich ein soziales Interaktionssystem von Forschern ist, das Mängel seiner formalen Struktur, nämlich seiner Theorie in gewissem Umfange kompensieren kann. In diesem System treten dann Zeitschriften, Tagungen, Reputationen als vorläufiger Ersatz an die Stelle der noch fehlenden Theorie, nämlich als funktional äquivalente Lösung des Problems, Aufmerksamkeitsverteilungen und Kommunikationsprozesse zu steuern. Vgl. Niklas Luhmann, Selbststeuerung der Wissenschaft, Jahrbuch für Sozialwissenschaft 19 (1968), S. 147-170, neu gedruckt in: ders., Soziologische Aufklärung 1: Aufsätze zur Theorie sozialer Systeme, Köln, Opladen 1970, S. 232-252 und, mehr auf Dysfunktionen des Fehlens von anerkannter Theorie abstellend, Rolf Klima, Einige Widersprüche im Rollen-Set des Soziologen, in: Bernhard Schäfers (Hrsg.), Thesen zur Kritik der Soziologie, Frankfurt 1969, S. 80-95.

gefaßt machen, wodurch diese Entscheidung sich von wirtschaftlichen Entscheidungen oder von politischen Entscheidungen oder von der Wahl eines Partners für Intimbeziehungen unterscheidet.

Systemtheorien kann man bei einem ersten groben Überblick danach unterscheiden, ob mit »System« eine Ordnung des Objektbereichs selbst (also eine Ordnung der Wirklichkeit, des faktischen Handelns, der Lebenswelt) gemeint ist, oder eine Ordnung von Sätzen über die Wirklichkeit (also eine Ordnung, die ihren Systemcharakter nur der Distanznahme durch Sprache verdankt). Im ersteren Falle könnte man, mit Parsons, von konkreten, im zweiten Falle von analytischen Systemen sprechen.[7] Für eine eindeutige Begriffsbildung ist es unerläßlich, die jeweils gemeinte Ebene anzugeben. Gleichwohl kann man Wert und Ertrag der Unterscheidung bezweifeln,[8] da sich weder analytische Systeme

---

7 Vgl. z.B. The Structure of Social Action, New York 1937, S. 35, 731 f. und mit betontem Bekenntnis zu einem rein analytischen (»mythologisierten«) Systembegriff Charles Ackerman / Talcott Parsons, The Concept of »Social System« as a Theoretical Device, in: Gordon J. Di-Renzo (Hrsg.), Concepts, Theory and Explanation in the Behavioral Sciences, New York 1966, S. 19-40. Für eine ausführliche Erörterung in der politischen Wissenschaft vgl. David Easton, A Framework for Political Analysis, Englewood Cliffs N.J. 1965, insb. S. 37 ff.; für die Wirtschaftswissenschaften Gerhard Kade, Die Systemidee in den Wirtschaftswissenschaften, in: Alwin Diemer (Hrsg.), System und Klassifikation in Wissenschaft und Dokumentation, Meisenheim am Glan 1968, S. 105-119 (106). Die gleiche Unterscheidung findet man außerhalb der Systemtheorie als Unterscheidung von Typenbildungen. Vgl. z.B. Alfred Schutz, Common sense and the Scientific Interpretation of Human Action, Philosophy and Phenomenological Research 14 (1953), S. 1-38, oder John C. McKinney, Typification, Typologies, and Sociological Theory, Social Forces 48 (1969), S. 1-12.

8 Siehe die Unsicherheit der Beurteilung bei Peter Nettl, The Concept of System in Political Science, Political Studies 14 (1966), S. 305-338 (324 f., 329 f.). Als einen ausgefeilten Vermittlungsvorschlag siehe Stefan Jensen, Bildungsplanung als Systemtheorie: Beiträge zum Pro-

ohne Entsprechung in der Realität bilden lassen, noch reale Systeme sich denken lassen, über die man nicht geordnet sprechen kann. Der Systembegriff scheint gerade die Verbindbarkeit beider Ebenen, nämlich die Abstrahierbarkeit der Realität auszudrücken – eine Funktion, die nicht nur in der Wissenschaft und nicht nur im Sprechen über die Realität, sondern auch schon in der täglichen Orientierung in Anspruch genommen werden muß.[9] Der Grund für diese Notwendigkeit des Abstrahierens ist, daß man sich ohne »Absehen von ...« in einer übermäßig komplexen Welt nicht zurechtfinden kann. Und demgegenüber bleibt die Frage sekundär, in welcher Richtung, unter welchen Gesichtspunkten und im Sinne welcher Interessen Systeme zur Erfassung und Reduktion von Komplexität gebildet werden. Die Gegenüberstellung von konkreten und analytischen Systemen gibt nur den Unterschied einer primär lebensweltlichen oder primär wissenschaftlichen Erfüllung dieser Funktion wieder.

Im Bereich der Entscheidungstheorie stoßen wir auf ein ähnliches Problem. Man setzt üblicherweise deskriptive (bzw. faktisches Entscheiden erklärende) und normative (bzw. auf Rationalisierung abzielende) Entscheidungstheorien einander entgegen. Auch dies ist jedoch, wie im Falle der Systemtheorie, eine überzogene Abstraktion. Die gegeneinandergesetzten Positionen lassen sich in analytischer

---

blem gesellschaftlicher Planung im Rahmen der Theorie sozialer Systeme, Bielefeld 1970, S. 11 ff.

9 Damit unterscheiden sich moderne sozialwissenschaftliche Bemühungen wesentlich von der neukantianischen Verwendung der Systemidee, die im System nur das Prinzip der Einheit von Erkenntnissen zu erblicken vermochte. Siehe statt anderer Arthur Liebert, Das Problem der Geltung, 2. Aufl., Leipzig 1920. Und nicht zufällig hat gerade die Entwicklung der Sozialwissenschaften dazu gezwungen, in differenzierten Abstraktionsebenen zu denken, nämlich systembildende Leistungen des sozialen Lebens zu berücksichtigen.

Reinheit nicht durchhalten; jede setzt die andere als Teil ihrer selbst voraus und muß daher Opposition mit Inkonsequenz bezahlen. Daß normative Theorien nicht ohne Rücksicht auf faktische Durchführbarkeit entworfen werden können, ist kaum zu bestreiten; aber auch deskriptive oder erklärende Theorien setzen eine Übernahme von Werten, Zwecken oder Normen des Handelns als Prämissen in die Theorie voraus, weil sonst das Feld der Möglichkeiten des Handelns gänzlich offen und unbestimmbar bliebe.[10] Es ist, mit anderen Worten, die Eigenart von Entscheidungssituationen, offen, übermäßig komplex und immer weiter problematisierbar zu sein, die Wertungen und Normierungen in der einen oder anderen Form erzwingt. Und das bedeutet, daß hier ebenso wie im Falle der Systemtheorien das der Praxis wie der Theorie vorausgelagerte Problem der Komplexität jene oppositionellen Dichotomien in Frage stellt.[11]

Diese Schwierigkeiten mit dichotomisch gebauten Alternativen für den Ansatz von Systemtheorien und Entscheidungstheorien findet man verstärkt wieder, wenn man nach Entsprechungen in der Rechtswissenschaft fragt. Den Begriff des Systems verwenden die Juristen durchweg noch heute so, wie er am Anfang des 17. Jahrhunderts als eine Art Modeterminologie aus der Astronomie und der Musik in den allgemeinen Sprachgebrauch übernommen worden war – nämlich als Behauptung einer an einem Prinzip orien-

10 Überzeugend dazu Stefan Nowak, The Cultural Norms as Elements of Prognostic and Explanatory Models in Sociological Theory, The Polish Sociological Bulletin 14, 2 (1966), S. 40-57. Vgl. auch Arthur L. Kalleberg, Concept Formation in Normative and Empirical Studies: Toward Reconciliation in Political Theory, The American Political Science Review 63 (1969), S. 26-39.

11 Vgl. zu einigen Konsequenzen für das Verhältnis von Theorie und Praxis auch Niklas Luhmann, Praxis der Theorie, in: ders., Soziologische Aufklärung 1, a. a. O., S. 253-267.

tierten, geordneten Gedankenführung.[12] Dieser Herkunft verdankt der Systembegriff seine Rolle als *Perfektionsbegriff der juristischen Dogmatik.* Er tritt damit – einer allgemeinen Tendenz jener Zeit zum Umdenken von Zweck auf Bestand, von guter (tugendhafter) Lebensführung auf Leben schlechthin folgend – neben oder an die Stelle des ethischen Perfektionsbegriffs der Gerechtigkeit. Im Rahmen einer exegetisch vorgehenden Rechtsdogmatik bezeichnet der Systembegriff den Zusammenhang von Rechtserkenntnissen, die zugleich als Rechtssätze gelten. Die Ebene der geltenden Normen und der theoretischen Sätze wird nicht unterschieden, so daß das System sogar als Rechtsquelle gelten oder jedenfalls als Ausdruck der Einheit und Kohärenz des Rechts selbst in Anspruch genommen werden kann.[13] Das

12 Zur Vorgeschichte und zu den damit abgedeckten Konstruktionsbedürfnissen siehe Hans Erich Troje, Wissenschaftlichkeit und System in der Jurisprudenz des 16. Jahrhunderts, in: Jürgen Blühdorn / Joachim Ritter (Hrsg.), Philosophie und Rechtswissenschaft: Zum Problem ihrer Beziehungen im 19. Jahrhundert, Frankfurt 1969, S. 63-97. Zur allgemeinen Begriffsgeschichte von »System«, die im wesentlichen noch zu erarbeiten wäre, vgl. Otto Ritsch, System und systematische Methode in der Geschichte des wissenschaftlichen Sprachgebrauchs und der philosophischen Methodologie, Bonn 1906; Alois von der Stein, Der Systembegriff in seiner geschichtlichen Entwicklung, in: Alwin Diemer (Hrsg.), System und Klassifikation in Wissenschaft und Dokumentation, Meisenheim / Glan 1968, S. 1-18; Friedrich Kambartel, »System« und »Begründung« als wissenschaftliche und philosophische Ordnungsbegriffe bei und vor Kant, in: Jürgen Blühdorn / Joachim Ritter (Hrsg.), Philosophie und Rechtswissenschaft, a.a.O., S. 99-113.

13 Als neuere Belege siehe etwa Helmut Coing, Geschichte und Bedeutung des Systemgedankens in der Rechtswissenschaft, Frankfurt 1956; Karl Engisch, Sinn und Tragweite juristischer Systematik, Studium Generale 10 (1957), S. 173-190; Roland Dubischar, Grundbegriffe des Rechts: Eine Einführung in die Rechtstheorie, Stuttgart 1968, S. 67ff.; Theodor Viehweg, Systemprobleme in Rechtsdogmatik und Rechtsforschung, in: Alwin Diemer (Hrsg.), System und Klassifikation in Wissenschaft und Dokumentation, Meisenheim /

Erkenntnissystem verschmilzt mit seinem Gegenstand, die Unterscheidung analytischer und konkret empirischer Systeme kann überhaupt nicht getroffen werden.

Der in dieser Tradition gebildete Systembegriff genügt weder in logischer noch in sozialwissenschaftlicher Hinsicht heutigen Anforderungen.[14] Er wird auch von innen aufgesprengt, sobald die Rechtswissenschaft lernt, zwischen Rechtstheorie und jurisprudentiellem Normwissen zu unterscheiden. Er kann dann allenfalls mit der Frage nach der Funktion und der Systematisierungsleistung von Dogmatiken[15] als rechtstheoretisch abgeleiteter Begriff neu eingeführt werden.

Das Verhältnis von Rechtswissenschaft und Entscheidungstheorie ist ähnlich problematisch, aber noch schwieriger zu durchschauen, da eine entsprechende Begriffstradition und eine explizite Behandlung fast völlig fehlen. Die in Betracht kommende Gedankenentwicklung läuft un-

---

Glan 1968, S. 96-104; Claus-Wilhelm Canaris, Systemdenken und Systembegriff in der Jurisprudenz, Berlin 1969; Josef Esser, Vorverständnis und Methodenwahl in der Rechtsfindung: Rationalitätsgarantien der richterlichen Entscheidungspraxis, Frankfurt 1970, S. 94 ff.; Hermann Eichler, Gesetz und System, Berlin 1970. Aus der angelsächsischen Literatur etwa Alan D. Cullison, Logical Analysis of Legal Doctrine: The Normative Structure of Positive Law, Iowa Law Review 53 (1968), S. 1209-1268 (1212 ff.); Joseph Raz, The Concept of a Legal System: An Introduction to the Theory of Legal System, Oxford 1970.

14 Andererseits haben auch die Entwicklung der Logik und der empirischen Sozialwissenschaften bisher für die Rechtstheorie kaum brauchbare Ergebnisse gebracht. Daß dies wiederum mit dem Problem der Komplexität zusammenhängt, die im Falle des Rechtssystems so hoch ist, daß sowohl Logik als auch Soziologie überfordert werden, habe ich zu zeigen versucht in: Systemtheoretische Beiträge zur Rechtstheorie, in: Hans Albert / Niklas Luhmann / Werner Maihofer / Ota Weinberger (Hrsg.), Rechtstheorie als Grundlagenwissenschaft der Rechtswissenschaft, a. a. O., S. 255-276.

15 Siehe unten Kapitel XV. Dogmatisierung und Systematisierung.

ter den Stichworten Logik, Methodologie, Rechtsauslegung oder richterliche Rechtsfindung. Ihr Kernproblem ist das der »Rechtsanwendung« durch wertende Ausfüllung unbestimmter Normen. Entscheidungstheorien deskriptiv-erklärender wie auch rationalisierender Intention sind dagegen vorwiegend im Bereich wirtschaftlichen Zweck / Mittel-Denkens entstanden und haben nicht die wertende Ausfüllung unzureichend bestimmter Entscheidungsbedingungen, sondern die Optimierung von Zweck / Mittel-Relationen zum Ziel.[16] Der Unterschied ist deshalb so bedeutsam, weil Entscheidungstheorien auf Vorstrukturierung des Entscheidungsspielraums angewiesen sind und deshalb von der Form der Entscheidungsprogramme abhängen. Sie suchen im Rahmen von abstrakt festgelegten Richtigkeitsbedingungen mit einer Mehrheit offener Problemlösungsmöglichkeiten möglichst gute Entscheidungen, und diese Aufgabe hat eine andere Form, wenn es gilt, Mittelwahlen im Hinblick auf Zwecke zu treffen, das heißt Wertrelationen zwischen Handlungsfolgen zu optimieren, als wenn es gilt, Tatsachen in Beziehung auf Normen festzustellen und Normen in Beziehung auf Tatsachen oder in Beziehung auf andere Normen zu interpretieren.

Damit steht die rechtswissenschaftliche Entscheidungstheorie vor der Frage, woraufhin sie denn Entscheidungen zu optimieren sucht, wenn nicht letztlich ebenfalls im Blick

16 Die Übertragbarkeit dieser Ansätze auf das Rechtsdenken wird gelegentlich überschätzt – so bei Louis H. Mayo / Ernest M. Jones, Legal-Policy Decision Process: Alternativ Thinking and the Prediction Function, The George Washington Law Review 33 (1964), S. 318-456. Mit Recht skeptischer Bernhard Schlink, Inwieweit sind juristische Entscheidungen mit entscheidungstheoretischen Modellen theoretisch zu erfassen und praktisch zu bewältigen?, in: Hans Albert / Niklas Luhmann / Werner Maihofer / Ota Weinberger (Hrsg.), Rechtstheorie als Grundlagenwissenschaft der Rechtswissenschaft, a. a. O., S. 322-346.

auf Wertbeziehungen zwischen Folgen. Die Unmöglichkeit, das dafür in den Wirtschaftswissenschaften entwickelte und auch dort nur sehr begrenzt anwendbare entscheidungstechnische Instrumentarium in den rechtlichen Entscheidungsprozeß zu übertragen, liegt auf der Hand; und trotzdem wird nach wie vor eine »teleologische« Rechtsauslegung gefordert, wobei die Fühlfähigkeit dogmatischer Begriffe für ein exaktes Folgenkalkül und für empirische Folgenkontrolle substituiert wird.[17] Dafür spricht eine zunehmende Tendenz, sogar Rechtsentscheidungen nicht mehr aus der Vergangenheit, sondern aus der Zukunft zu begründen. Aber die Frage ist, ähnlich wie im Falle des Systembegriffs, ob der Rückgriff auf eine »vernünftige« und folgenempfindlich gehandhabte Rechtsdogmatik rechtstheoretisch

17 So vor allem Josef Esser, Vorverständnis und Methodenwahl in der Rechtsfindung, a. a.O, unter prinzipieller Kritik der Unterscheidung von Konditionalprogrammen und Zweckprogrammen. Eine wichtige Variante dieser Auffassung ist die in der spätutilitaristischen Ethik ausgearbeitete Unterscheidung der Folgen einer Fallentscheidung von den Folgen der Annahme einer bestimmten Regel für Fallentscheidungen. Auch hier fehlt es an einer ausreichenden Präzisierung des entscheidungsmäßigen Vorgehens bei der folgenorientierten Annahme einer Regel. Einige Literatur: John Rawls, Two Concepts of Rules, The Philosophical Review 64 (1955), S. 3-32, neu gedruckt in: Norman S. Care / Charles Landesman (Hrsg.), Readings in the Theory of Action, Bloomington Ind., London 1968, S. 306-340; J. J. C. Smart, Extreme and Restricted Utilitarianism, Philosophical Review 66 (1957), S. 466-485; Richard B. Brandt, Ethical Theory: The Problems of Normative and Critical Ethics, Englewood Cliffs N.J. 1959, S. 380 ff.; Marcus G. Singer, Generalization in Ethics: An Essay in the Logic of Ethics, with the Rudiments of a System of Moral Philosophy, London 1963, S. 203 ff.; und als Anwendung auf den richterlichen Entscheidungsprozeß Richard A. Wasserstrom, The Judicial Decision: Toward a Theory of Legal Justification, Stanford Cal., London 1961, sowie die Kritik von Ronald Dworkin, Does Law Have a Function? A Comment on the Two-Level Theory of Decision, The Yale Law Journal 74 (1964 / 65), S. 640-651.

voll befriedigt. Man kann zugeben, daß dies das Beste ist, was wir gegenwärtig haben, und doch sehen, daß damit weder der Entscheidungsvorgang selbst ausreichend geklärt ist, noch interdisziplinäre Kontakte angebahnt sind, noch der Masse der dogmatisch-unproblematischen Rechtsentscheidungen Rechnung getragen ist.

Die von Dogmatik und geschultem Judiz abhängige Entscheidungskonzeption nimmt eine gesunde Mittelposition ein zwischen abstraktem Logizismus (wie er heute wohl nur noch fiktiv vertreten wird) und behavioristischem Realismus als jeweils einziger Entscheidungsgrundlage, eine Mittellage also zwischen normativ-deduzierenden und empirisch-erklärenden Ansätzen. Vergleichbare, aber ausdrücklicher auf Kombination hin entworfene Entscheidungstheorien gibt es im Bereich der Wirtschaftswissenschaften.[18] Die Vermittlung darf jedoch nicht in einem unklaren »sowohl – als auch« steckenbleiben. Sie erfordert letztlich einen Rückgang auf die systemtheoretischen Grundlagen der Entscheidungstheorien.

Damit kehren wir zu unserem Ausgangspunkt zurück, in dem sich die Kernfrage der Rechtstheorie und zugleich die Möglichkeit ihrer interdisziplinären Verknüpfung fassen läßt. Wir müssen einerseits von einer Typendifferenz, von einer logischen Diskontinuität von System und Entscheidung ausgehen, weil die Entscheidung nicht aus dem System deduziert werden kann; wir müssen andererseits aber die Rechtstheorie als Theorie eines Entscheidungen produzierenden Systems gerade auf diese Differenz grün-

---

18 Siehe zusammenfassend Herbert A. Simon, New Developments in the Theory of the Firm, The American Economic Review 52 (1962), Papers and Proceedings of the 74th Annual Meeting of the American Economic Association, S. 1-15, und mit Einzelanalysen Richard M. Cyert / James G. March, A Behavioral Theory of the Firm, Englewood Cliffs, N.J. 1963.

den. Schon deshalb muß die Rechtstheorie von der Exegese normativer oder dogmatischer Entscheidungsprämissen abgehoben werden. Das erfordert eine für das Rechtsdenken ungewöhnliche Abstraktionsleistung. Die Unterscheidung von System und Entscheidung und die Unterscheidung der entsprechenden Theorieansätze beziehen sich letztlich auf das Problem der Komplexität, sie lassen sich jedenfalls von daher funktional interpretieren. Sachverhalte von sehr hoher Komplexität, wie sie für sinnhaftes Erleben und Handeln charakteristisch sind, lassen sich nicht durch einen einzigen Theorietyp begreifen. Dies gilt sowohl für Theoriekonzeptionen, die am klassischen Ideal einer adäquaten Abbildung des Gegenstandes durch den Begriff festhalten, als auch für die Auffassung der Theorie als einer begrifflichen Struktur, die Komplexität reduziert. In jedem Falle muß der übermäßig komplexen Wirklichkeit ein *differenziertes* theoretisches Instrumentarium entgegengesetzt werden. Diese Differenzierung kann vielleicht verschieden gewählt werden. Sie liegt historisch in der ungeplant entstandenen Fächerdifferenzierung vor. Sie kann, in bezug auf logische Antinomien, als Differenzierung von Theorieebenen oder Sprachsystemen ausgearbeitet werden.[19] Mit der Differenzierung von Systemtheorien und Entscheidungstheorien taucht eine dritte, funktional äquivalente Möglichkeit auf, die besonders dann interessant sein könnte, wenn man Theorie als Komplexität reduzierende Struktur begreift.

Dann liegt es nämlich nahe, theoretische Differenzierungen auf die Möglichkeiten einzustellen, im Prozeß der Selek-

19 Es scheint, daß diese Form der Problemlösung sich aufdrängt, wenn man an der überlieferten Adäquationstheorie der Wahrheit festhält. So jedenfalls Wolfgang Stegmüller, Das Wahrheitsproblem und die Idee der Semantik. Eine Einführung in die Theorien von A. Tarski und R. Carnap, Wien 1957, insb. S. 15 ff., und 233 ff. (mit Vorbehalten gegen den Terminus »Adäquationstheorie«).

tion von Wahrheiten arbeitsteilig zu kooperieren, das heißt sie so einzurichten, daß ohne Zwang zur Vereinheitlichung der Prämissen und Methoden die Selektionsleistungen des einen Theoriebereichs im anderen vorausgesetzt und fortgesetzt werden können. Manches deutet darauf hin, daß Systemtheorien sich unter weiteren Prämissen konstituieren als Entscheidungstheorien; daß jene zum Beispiel die Phänomene des strukturellen Widerspruchs, des Konflikts, des Wandels einbeziehen und deshalb keine eindeutigen Kriterien richtiger Problemlösung entwickeln können, sondern sich mit der Bestimmung von Grenzen struktureller Kompatibilität begnügen müssen;[20] daß Entscheidungstheorien dagegen engere Prämissen unter Ausschluß anderer Möglichkeiten annehmen müssen, um die zu bevorzugenden oder gar einzig richtigen Problemlösungen angeben zu können. Diese Differenz an Fassungsvermögen für Komplexität auf der einen, an Orientierungswert auf der anderen Seite ließe sich als Kooperationsgrundlage verwenden. Die Systemtheorien hätten den Entscheidungstheorien Problemformeln und begrenzende Bedingungen des Möglichen vorzugeben, die Entscheidungstheorien hätten im Anschluß daran unter andersartigen wissenschaftlichen Gesichtspunkten die Selektionsleistung fortzusetzen bis hin zur Entscheidungsreife von Situationen. Sie könnten, allerdings nur im Grenzfalle, streng logische Theorien sein, die die Herstellung von Entscheidungen bzw. Entscheidungsbestandteilen als Sache der Durchführung eines Kalküls behandeln.

Hiermit stimmt eine zweite Unterscheidung überein. In *Entscheidungstheorien* hat man von der *Vorgegebenheit eines begrenzten Bereichs von Möglichkeiten* auszugehen, die zur

---

20 Zu den Schwächen dieses Konzepts siehe William C. Mitchell, Sociological Analysis and Politics: The Theories of Talcott Parsons, Englewood Cliffs N. J. 1967, S. 65 ff.

Wahl stehen oder von denen die Wahl abhängt.[21] *Systemtheorien* können dagegen die Frage nach der *Konstitution von Möglichkeiten* stellen. Sie sehen zum Beispiel, daß es von der Struktur eines Systems abhängt, welche Umwelt es sich entwirft, und sie könnten viel mehr, als es bisher geschieht, untersuchen, wie sich strukturelle Variationen auf den Möglichkeitsreichtum der relevanten Umwelt und des Systems selbst auswirken.

Vor allem aus diesem Grunde bilden die Begriffe *Möglichkeit* und *Kontingenz* den Kern der folgenden Überlegungen. An ihnen läßt sich der Umschlag der Optik vorführen, der eintritt, wenn man Möglichkeiten nicht mehr nur von der Entscheidung her sieht, sondern als abhängig von Systemstrukturen. Der Rechtstheorie stellen wir die Aufgabe, zwischen systemtheoretischen Ansätzen, hauptsächlich der Soziologie, und Entscheidungstheorien zu vermitteln. Sie wird dies leisten können in dem Maße, als es ihr gelingt, Entscheidungsprobleme auf Systemprobleme zurückzuführen und damit die abgeleitete Kontingenz von Rechtsnormen und Geltungen, Dogmatiken und Jurisprudentien zu erhellen.

---

21 Dies ist auch dann der Fall, wenn die Entscheidungstheorie berücksichtigt, daß nicht alle Möglichkeiten des Geschehens oder des eigenen Handelns bekannt sind.

II. Kontingenz

Die Absicht, systemtheoretische und entscheidungstheoretische Forschungsansätze zur Rechtstheorie zu verbinden, führt zu einem scharfen Bruch mit dem üblichen Stil der Gedankenentwicklung. Rechtstheoretische Konzepte werden in der Regel auf begrifflichen Grundlagen entfaltet, die durch gängige Grundbegriffe oder durch plausible Definitionen bezeichnet werden. Man legt etwa fest: Normen seien Befehle (oder Werturteile oder präskriptive Sätze) und prozediert dann mit Hilfe weiterer Distinktionen, Polemiken oder Beziehungsaussagen weiter, bis ein Gedankengebilde entsteht, bei dem man vermeintlich genau weiß, wovon die Rede ist.[1] Es kann dann, je nach der Definition des Stammbegriffs, zum Beispiel als imperativistische Rechtstheorie angeboten werden. Alles hängt an dem schwachen Leitfaden einer Ist-Definition des Grundbegriffs – schwach deshalb, weil sie nur Sinnkontexte von geringer oder unbestimmter Komplexität, gleichsam abstrahierte Substanzen, verknüpft. Das reicht nicht aus.[2]

Für die Zwecke des interdisziplinären Gesprächs und für eine Theoriebildung, die heutigen Ansprüchen genügt, muß man grundbegriffliche Festlegungen, nämlich einfache Relationen diesen Stils ersetzen durch Bezugnahme auf sehr

1 Bei einem sehr bewußt explizierten Vorgehen dieser Art werden zugleich die Schwächen besonders deutlich. Siehe Ivan Glaser, Sprachkritische Untersuchungen zum Strafrecht: Am Beispiel der Zurechnungsfähigkeit, Mannheim, Wien u. a. 1970.

2 Damit ist zugleich die Vermutung ausgedrückt, daß die Rechtslogiker die juristische Relevanz ihrer Kalküle nicht allein dadurch erreichen können, daß sie für Zeichen empirisch oder juristisch-semantisch interpretierbare Begriffe einsetzen. Mit solcher Korrelation Punkt für Punkt ist kein Beweis für die *Relevanz der Systematisierung* geführt.

viel komplexere theoretische Syndrome, und das sind heute, wie gezeigt, Systemtheorie und Entscheidungstheorie. Zugleich dürfte es sich empfehlen, die Stellung des Grundbegriffs nicht durch Seinsaussagen zu besetzen, sondern durch Problemformulierungen, die je nach Systemkontext und Entscheidungskapazität unterschiedliche Lösungsmöglichkeiten offenlassen. Man gelangt von dieser Absicht her also zu einer *problemorientierten Rechtstheorie.* Damit befindet man sich in der Perspektive problemspezifischer Forschung, die weithin als Konzept für multidisziplinäre Forschung vertreten wird.[3] Und man hat einen Ansatz, der Entscheidungstheorie und Systemtheorie verbindet. Denn Entscheidungen sind Entscheidungen über Probleme, sie wählen Problemlösungen, und Systeme sind die dafür notwendigen Begrenzungen sinnvoller Problemstellungen und verfügbarer Lösungsmöglichkeiten. Die Aufgabe der Rechtstheorie läge danach darin, die Möglichkeiten der Umformung von Systemproblemen in Entscheidungsprobleme im Bereich des Rechts zu klären.

Der Gedanke problemorientierter rechtswissenschaftlicher Analysen ist nicht neu[4] und nicht unangefochten. Er hat gegenüber den Bemühungen um rein logisch deduktive Strukturen auf der einen und der Behauptung einer wertmäßig axiologischen Vereinheitlichung des Rechts auf der anderen Seite einen eigenen Stil bewahrt. Besonders die rechtsvergleichende Forschung bedient sich der Problemorientie-

3 Siehe z.B. Pierre de Brie, Multidisziplinary Problem focused Research: Introduction, International Social Science Journal 20 (1968), S. 192-210.

4 Siehe etwa auf der Grundlage von Überlegungen zur Methodik des Rechtsvergleichs Max Salomon, Grundlegung zur Rechtsphilosophie, 2. Aufl. Berlin 1925, insb. S. 26 ff.; ferner Fritz Hippel, Zur Gesetzmäßigkeit juristischer Systembildung, Berlin 1930, neu gedruckt in: ders., Rechtstheorie und Rechtsdogmatik, Frankfurt 1964, S. 13 ff.; Theodor Viehweg, Topik und Jurisprudenz, 3. Aufl. München 1965.

rung, um die Vergleichbarkeit verschiedener Rechtsordnungen durch die Identität von Problemstellungen zu sichern. Das hat sich in gewissem Umfange bewährt in der vergleichenden Analyse dogmatischer Figuren und rechtstechnischer Problemlösungen,[5] läßt jedoch manche, und zwar gerade die rechtstheoretischen Fragen, offen. Die Hoffnung, vom Rechtsvergleich aus eine Rechtstheorie zu gewinnen, hat sich bisher jedenfalls nicht erfüllen lassen.[6] Dem rechtsvergleichenden Ansatz gelingt eine Rekonstruktion von vorgefundenen, dogmatisch-exegetisch erarbeiteten bzw. positiv-rechtlich gesetzten Problemlösungen als kontingente Selektion, die auch anders hätte ausfallen können; aber das Problem der Konstruktion der Probleme, um das es bei einer Zusammenführung von Systemtheorien und Entscheidungstheorien gerade gehen würde, ist bisher unzureichend geklärt.[7] Der »Blick aufs Ganze«, den Roland Dubischar[8] an dieser Stelle fordert, ist eine wohlmeinende Umschreibung dieser Verlegenheit.

Der Entgegensetzung gegen ein vorgezogenes, standpunktfreies Ganzheitsdenken verdankt die von Theodor Viehweg ausgelöste neuere Topik-Diskussion ihre Faszinationskraft.[9] Viehweg kennzeichnet Topik explizit als Technik des Problemdenkens, behandelt dabei jedoch Probleme als sach-

5 Siehe besonders Josef Esser, Grundsatz und Norm in der richterlichen Fortbildung des Privatrechts, Tübingen 1956.

6 Man lese unter diesem Gesichtspunkt etwa Jerome Hall, Comparative Law and Social Theory, Louisiana 1963.

7 Vgl. dazu Claus-Wilhelm Canaris, Systemdenken und Systembegriff in der Jurisprudenz, Berlin 1969, S. 29 ff.

8 Grundbegriffe des Rechts: Eine Einführung in die Rechtstheorie, Stuttgart 1968, S. 72.

9 Siehe Theodor Viehweg, Topik und Jurisprudenz, a. a. O. Als Überblick über die daran anschließende Diskussion Gerhard Otte, Zwanzig Jahre Topik-Diskussion: Ertrag und Aufgaben, Rechtstheorie 1 (1970), S. 183-197.

lich vorgegeben und erreicht von der Topik aus keine theoretische Kontrolle der Problemstellungen, geschweige denn eine Klärung des Problembegriffs.[10] Über eine Zusammenstellung und wechselseitige Erhellung der Begriffe Gerechtigkeit, Aporie und Problem kommt die Diskussion nicht hinaus, und man erfährt nichts wesentlich Neues, wenn man liest, das Problem bestehe darin, Konfliktssituationen unter dem Aspekt der Gerechtigkeitsfrage zu würdigen.[11]

Der soziologische Funktionalismus steht mit seiner systemtheoretischen Konzeption vor den gleichen Schwierigkeiten, wenn auch mit einem deutlicher artikulierten (dafür aber entscheidungsferneren) Problembewußtsein.[12] Nach dem Vorbild von Malinowski denken Soziologen sich Problemzusammenhänge als Stufenordnungen in dem Sinne, daß die Lösung von Grundproblemen durch Strukturen und Prozesse erfolgt, die Folgeprobleme (oft auch *dysfunctions* genannt, wenn die wechselseitige Belastung der Problemlösungen vor Augen steht) nach sich ziehen, an die sich Strukturen und Prozesse sekundärer Art heften, die ihrerseits Folgeprobleme aufwerfen.[13] Die juristische und die so-

---

10 Daß es sich nicht um eine Fortführung des Problembegriffs der aristotelischen Topik handeln könne, zeigt Jürgen Blühdorn, Kritische Bemerkungen zu Theodor Viehwegs Schrift: Topik und Jurisprudenz, Tijdschrift voor Rechtsgeschiedenis 38 (1970), S. 269-314. Vgl. auch die Kritik von Franz Horak, Rationes Decidendi: Entscheidungsbegründungen bei den älteren römischen Juristen bis Labeo, Aalen 1969, Bd. I, S. 45 ff.

11 So Norbert Horn, Zur Bedeutung der Topiklehre Theodor Viehwegs für eine einheitliche Theorie des juristische Denkens, Neue Juristische Wochenschrift 20 (1967), S. 601-608.

12 Hierzu Niklas Luhmann, Funktionale Methode und juristische Entscheidung, Archiv des öffentlichen Rechts 94 (1969), S. 1-31, neu gedruckt in: ders., Ausdifferenzierung des Rechts. Beiträge zur Rechtssoziologie und Rechtstheorie, Frankfurt 1981, S. 273-307.

13 Bronislaw Malinowski, Eine wissenschaftliche Theorie der Kultur und andere Aufsätze, Zürich 1949, und im Anschluß daran Helmut

ziologische Problemsicht weisen hier frappierende Ähnlichkeiten auf.[14] In beiden Fällen läßt die formale Stringenz des Konzepts, vor allem die logische Ableitung und die gedankliche Kontrolle der Problemstellung zu wünschen übrig.[15] Gänzlich ungeklärt sind schließlich, sowohl für Systemtheorien als auch für Entscheidungstheorien, die wissenschaftstheoretischen Begründungs- und Verwendungsbedingungen des Problembegriffs.[16] Gerade deshalb könnte jedoch

---

Schelsky, Über die Stabilität von Institutionen, besonders Verfassungen: Kulturanthropologische Gedanken zu einem rechtssoziologischen Thema, Jahrbuch für Sozialwissenschaft 3 (1952), S. 1-21, neu gedruckt in: ders., Auf der Suche nach Wirklichkeit: Gesammelte Aufsätze, Düsseldorf 1965, S. 33-35. Vgl. ferner Niklas Luhmann, Funktion und Kausalität, Kölner Zeitschrift für Soziologie und Sozialpsychologie 14 (1962), S. 617-644 (629 ff.), neu gedruckt in: ders., Soziologische Aufklärung 1: Aufsätze zur Theorie sozialer Systeme, Köln-Opladen 1970, S. 9-30. Die erfolgreichsten Konkretisierungen dieses Gedankens finden sich in organisationssoziologischen Analysen und in Forschungen über soziale Desorganisation und abweichendes Verhalten. Vgl. z. B. Peter M. Blau, The Dynamics of Bureaucracy, Chicago 1955; William J. Gore, Administrative Decision-Making: A Heuristic Model, New York, London u. a. 1964, insb. S. 113 ff.; Robert K. Merton, Social Problems and Sociological Theory, in: Robert K. Merton / Robert A. Nisbet (Hrsg.), Contemporary Social Problems: An Introduction to the Sociology of Deviant Behavior and Social Disorganization, New York, Burlinghame 1961, S. 697-737.

14 Man vergleiche zum Beispiel Walter Wilburg, Entwicklung eines beweglichen Systems im bürgerlichen Recht, Graz 1950, mit Peter M. Blau/W. Richard Scott, Formal Organizations: A Comparative Approach, San Francisco 1962, S. 242 ff.

15 Talcott Parsons hat zwar den Anspruch erhoben, Systemprobleme aus einem Begriff des Handelns deduktiv ableiten zu können, hat diesen Anspruch aber logisch nicht einlösen können.

16 Diese Schwierigkeit dürfte damit zusammenhängen, daß zum Problembegriff eine Möglichkeitsaussage gehört, nämlich das Moment der *Lösbarkeit* (oder Äquivalente) des Problems; daß der Problembegriff aber andererseits gerade ausschließt, daß das Problem schon gelöst *ist*, sondern als Grundbegriff die unrealisierte bloße Möglichkeit bezeichnet. Der wissenschaftstheoretische Status solcher moda-

eine interdisziplinäre Kooperation, vor allem eine systemtheoretische Orientierung der Wahl und der Artikulation von Grundproblemen Früchte tragen. Der Rechtstheorie könnte dabei die Aufgabe zufallen, Regeln für ein solches Vorgehen im Bereich des Rechts zu entwickeln.[17]

Für die neueren Entwicklungen empirisch ausgerichteter Systemtheorien ist durchgehend bezeichnend, daß Systemstrukturen und -prozesse im Hinblick auf die Beziehungen zwischen System und Umwelt als problematisch begriffen werden – sei es unter dem Gesichtspunkt der Bestandserhaltung, sei es unter dem Gesichtspunkt des Wachstums, sei es unter dem Gesichtspunkt der Reduktion übermäßiger Umweltkomplexität. Es ist nur eine andere, abstraktere Formulierung für diese Problemauffassung, wenn man Systeme

---

lisierter Begriffe (Dispositionsbegriffe) ist bisher nicht zureichend geklärt, vor allem wohl, weil man die Frage bisher als Frage nach der Begründungsleistung solcher Begriffe gestellt hat. Man hat darüber vornehmlich im Hinblick auf das empirische Wahrheitskriterium (Wahrnehmbarkeit, Beobachtbarkeit, Verifizierbarkeit, Falsifizierbarkeit, Operationalisierbarkeit usw.) diskutiert. Siehe dazu Herbert Schädelbach, Dispositionsbegriffe der Erkenntnistheorie: Zum Problem ihrer Sinnbedingungen, Zeitschrift für allgemeine Wissenschaftstheorie 2 (1971), S. 89-100. In dem Maße, als der Problembegriff zum Grundbegriff avanciert (Wissenschaft also nicht nur aus fertigen Problemlösungen besteht), tauchen in bezug auf »Lösbarkeit« analog Probleme auf. Meine Vermutung ist, daß man die im folgenden eingeleitete Klärung der Zusammenhänge von Systemtheorie und Modaltheorie auch in der Wissenschaftstheorie anwenden könnte.

17 Vielleicht in Anlehnung an entscheidungstheoretische Bemühungen um Regeln für die Klärung unklar gestellter Probleme. Siehe dazu David Braybrooke / Charles E. Lindblom, A Strategy of Decision: Policy Evaluation as a Social Process, New York, London 1963, S. 54 ff.; Walter R. Reitman, Heuristic Decision Procedures, Open Constraints and the Structure of Ill-defined Problems, in: Maynar W. Shelly / Glen L. Bryan (Hrsg.), Human Judgment and Optimality, New York, London u. a. 1964, S. 282-315; Werner Kirsch, Entscheidungsprozesse, Bd. II, Wiesbaden 1971, S. 200 ff.

als *kontingente Selektionen* bezeichnet. Das hieße, Systeme nicht länger, wie in der rechtswissenschaftlichen Systemlehre bisher üblich, als Einheit eines logischen oder wertmäßigen Prinzips zu definieren (das dann auf unerklärliche Weise vervielfältigt, zersplittert und problematisch wird), sondern sie als Einheit einer selektiven Leistung zu begreifen. Das Bewußtmachen von Selektivität führt, das haben die Diskussionen der theologischen und philosophischen Schulen des Mittelalters am Fall der Schöpfung vordemonstriert, unausweichlich zur Annahme des Bestehens anderer Möglichkeiten, zur Kontingenz des als Selektion Begriffenen. Und damit wird, das wissen wir ebenfalls seit dem Mittelalter, alles was ist oder gilt, zum Problem.

Das führt zu dem Vorschlag, den »Blick aufs Ganze« durch den »Blick auf Kontingenz« zu ersetzen. Unter Kontingenz verstehen wir im Sinne der modaltheoretischen Tradition von »contingens« (aber mit gleich zu erörternden Vorbehalten)[18] negierte Notwendigkeit (Unnotwendigkeit). Die Schulphilosophie unterscheidet bis auf Kant negierte Notwendigkeit (*contingens*) und negierte Unmöglichkeit (*possibile*). Die Zusammenhänge beider Modalitäten ergeben sich in der theologischen Schöpfungsdogmatik. Sie bestehen aber auch rein modaltheoretisch darin, daß etwas nicht Notwendiges trotzdem möglich und gegebenenfalls wirklich sein kann. In dieser Hinsicht bezeichnet der Kontingenzbegriff die Möglichkeit eines Gegenstandes, anders zu sein oder nicht zu sein – also ein Urteil über Seiendes, das dessen Möglichkeit bejaht, also Unmöglichkeit ausschließt, aber seine Notwendigkeit verneint.[19] Auf Kontingenz zu

18 Vgl. unten S. 39.

19 Zur Geschichte von *contingens* vgl. Hans Blumenberg, Kontingenz, in: Kurt Galling (Hrsg.), Die Religion in Geschichte und Gegenwart: Handwörterbuch für Theologie und Religionswissenschaft, 3. Aufl., Bd. III, Tübingen 1959, Sp. 1793 f. mit einigen Literaturhinweisen.

achten heißt demnach, Seiendes (oder in anderen Zusammenhängen: Aussagen über Seiendes) im Lichte anderer Möglichkeiten zu betrachten: als abhängig von, als geeignet zu, als Alternative für … Es geht dabei um eine problematisierende Einstellung mittelalterlich-neuzeitlichen Stils, der sich mit einem Rückgriff auf die antike Topik als ein relativ naives, Konsenspunkte voraussetzendes Verfahren der Problemdiskussion in der Rechtstheorie nicht zufriedengibt; und die Schwierigkeit liegt darin, einen anderen sinnvollen Rahmen solcher Problematisierungen auszuarbeiten.

Zwei Hauptgründe für diesen Vorschlag lassen sich vorab erörtern. Der eine liegt in der Bedeutung des Kontingenzproblems für die neuzeitliche Wissenschaftsentwicklung schlechthin, der andere liegt in der Bedeutung von Kontingenz für den strukturellen Aufbau sozialer Systeme, also auch für das Recht selbst. Es ist wichtig, sich beide Argumente zunächst getrennt vor Augen zu führen.

Mit Hilfe des Kontingenzbegriffes ist einer der wesentlichen gedanklichen Ausgangspunkte der neuzeitlichen Wissenschaftsentwicklung formuliert worden, nämlich die Vorstellung, daß die Schöpfung der Welt durch Gott als Akt einer kontingenten (willentlichen) Selektion einer Welt aus unendlich vielen anderen möglichen Welten begriffen werden müsse. Die volle Tragweite der Umstellung des Denkens, die damit in Gang gebracht wurde, läßt sich, ob-

---

Seitdem namentlich Heinrich Schepers, Möglichkeit und Kontingenz: Zur Geschichte der philosophischen Terminologie vor Leibniz, Torino 1963; ders., Zum Problem der Kontingenz bei Leibniz: Die beste der möglichen Welten, in: Collegium Philosophicum: Studien J. Ritter zum 60. Geburtstag, Basel, Stuttgart 1965, S. 326-350; Hans Poser, Zur Theorie der Modalbegriffe bei G. W. Leibniz, Wiesbaden 1969. Eine kurze formalisierte Darstellung findet man bei Karl Döhmann, Zur Charakteristik der Kontingenz, Atti del XII. Congresso Internazionale di Filosofia Venezia 1958, Bd. V, Florenz 1960, S. 137-141. Weitere Hinweise unten S. 35, Fn. 23.

wohl seit langem diskutiert, immer noch schwer abschätzen.[20]

Eine Reihe von Konsequenzen hat ihre Wurzel im Zusammenhang *logischer* und *temporaler* Modalitäten und führt zur Umdeutung des Zeitverständnisses mit dem Ergebnis, daß göttliches Wissen nicht mehr als eine die Zukunft und die Vergangenheit übergreifende Dauer, sondern als miterlebende Gegenwart gedacht wird, die, gleichzeitig mit dem menschlichen Erleben, den gleichen Zeithorizonten von Zukunft und Vergangenheit ausgesetzt ist[21] und so in seinem Bezug auf Zukunft als Voraussicht und als Willen begriffen wird.[22] Nur so konnte positive Gesetzgebung als synchron mit göttlichem Willen rechtsändernd gedacht werden.

---

20 Die wohl wichtigste Publikation hierzu ist Hans Blumenberg, Die Legitimität der Neuzeit, Frankfurt 1966 – wichtig auch für unsere besonderen Überlegungen deshalb, weil auch Blumenberg denkgeschichtliche Zusammenhänge mit der Annahme der Kontinuität gewisser Grundprobleme aufhellt, deren Herkunft und systematischer Zusammenhang offenbleibt.

21 Vgl. Philotheus Boehner, The Tractatus de praedestinatione et de praescientia Dei et de futuris contingentibus of William Ockham, Franciscan Institute Publications No. 2, St. Bonaventura N.Y. 1945, insb. S. 53; und zum Vergleich Thomas von Aquino, In I Peri Hermeneias XIV, 195. Siehe ferner Léon Baudry, La querelle des futurs contingents (Louvains 1465-1475), Paris 1950; Nicholas Rescher, Studies in the History of Arabic Logic, Pittsburgh 1963, und ders., Temporal Modalities in Arabic Logic, Dordrecht 1967; und für die noch heute laufende Diskussion um die Wahrheitsfähigkeit zukünftig-kontingenter Aussagen z.B. Richard Taylor, The Problem of Future Contingencies, The Philosophical Review 66 (1957), S. 1-28; Rogers Albritton, Present Truth and Future Contingency, The Philosophical Review 66 (1957), S. 29-46; Gotthard Günther, Logik, Zeit, Emanation und Evolution, Köln, Opladen 1967.

22 Zu den logischen Problemen der Koordination göttlicher Allwissenheit mit zeitabhängigen menschlichen Aussagen vgl. im Anschluß an die mittelalterliche Diskussion Arthur N. Prior, Papers on Time and Tense, Oxford 1968, S. 26-44.

Ein anderer Ausgangspunkt lag in der Verquickung von *modalen* und *kausalen* Kategorien, nämlich darin, daß – zuerst wohl durch Avicenna – in der Exposition des Problems der Möglichkeit der aristotelische Bewegungsbegriff durch den Begriff der Abhängigkeit ersetzt wird,[23] eine Begriffsentscheidung, die sich noch heute im angelsächsischen Sprachgebrauch (»contingent on«!) auswirkt. Damit wurde es möglich, Kontingenz auf das Geschaffensein der Welt zu beziehen und am Hergestelltsein das Bestehen anderer Möglichkeiten abzulesen. Auf diese Weise konnte das Verhältnis von notwendigem Sein und Möglichkeit revolutioniert werden: Nicht mehr die Begründung verschiedener Möglichkeiten in einer notwendigen Welt, in einem geordnet ablaufenden Kosmos war jetzt das Problem, sondern

23 Vgl. dazu Guy Jalbert, Nécessité et contingence chez saint Thomas d'Aquin et chez ses prédécesseurs, Ottawa 1961, insb. S. 28 f., 232. Ferner Gerard Smith, Avicenna and the Possibles, The New Scholasticism 17 (1943), S. 340-357; Cornelio Fabro, Intorno alla nozione »tomsta« di contingenza, Rivista di Filosofia Neoscholastica 30 (1938), S. 132-149, und zur Trennung von Kontingenz und Kausalität bei Thomas B. Wright, Necessary and Contingent Being in St. Thomas, The New Scholasticism 25 (1951), S. 439-466. Bei späteren Autoren findet man eine analytische Trennung zweier Kontingenzbegriffe, von denen nur der engere das Moment der Abhängigkeit von kausaler Selektion in sich aufnimmt. So besonders klar ein anonymer Text aus dem 15. Jahrhundert, abgedruckt bei Léon Baudry, La querelle des futurs contingents (Louvains 1465-1475), Paris 1950, S. 126-133 (127): »Contingens igitur in prima sui divisione est duplex. *Unum* quod ex significato idem est quod possibile; et sic accipitur contingens absolute, non considerando contingens per habitudinem et respectum ad causam suam. Aliud est contingens quod est et potest non esse, et non est et potest esse, quod distinguitur a possibili, quia includit habitudinem et respectum ad causam que in producendo potest impediri.« Den Zusammenhang bildet die Frage, ob etwas Seiendes einen ausreichenden Existenzgrund in sich selbst hat oder nicht. So noch Christian Wolff, Phisolophia Prima sive Ontologia, 2. Aufl., Frankfurt, Leipzig 1736, Neudruck Darmstadt 1962, §§ 294, 310, 908 (mit rücklaufender Verweisungskette).

umgekehrt das Bestehen von Notwendigkeiten in einer an sich kontingenten Welt, mit deren Änderung alles anders sein könnte.[24] So gewinnen die Fragen nach Notwendigkeiten in der Natur, nach Gesetzen der Natur und der Erkenntnis, nach dem Grund von Schönheit und nach dem Grund von Gewißheit jenen Hintergrund, vor dem sich eine spezifisch neuzeitliche Denkhaltung profiliert.

In der Rechtswissenschaft sind, obwohl die Konsequenzen dieser Umstellung für das Recht bei Thomas Hobbes klar zu Tage treten und das Naturrecht daran zerbrochen ist, theoretische Folgerungen daraus kaum gezogen worden. Hier scheinen die Gründe für den problematischen Wissenschaftscharakter der Rechtswissenschaft zu liegen, die man immer wieder vergeblich durch Rückgriff auf Logik zu beheben versucht. Mit den Wesenheiten und Finalursachen sind auch die Normen und Geltungsgründe unterhalb einer Sphäre rein logischer Notwendigkeiten als kontingent zu begreifen, zum Beispiel als abhängig vom Gesellschaftsvertrag. Ihre Begründung läßt sich nicht mehr aus supramodalen Notwendigkeiten herleiten. Die darauf beruhende alteuropäische Einheit von Natur und Moral ist am Kontingenzproblem zerbrochen.

In der Auffassung des sozialen Systems der Gesellschaft hatte Hobbes Kontingenz als Negation einer natürlich-positiven Ordnung menschlicher Interaktion, nämlich als jederzeit möglichen Übergang zur Gewalt angesetzt. Noch im Rahmen der alteuropäischen Tradition denkend, kamen für ihn nur rechtlich-politische Mittel der Ordnungsbildung in Betracht, die durch das Postulat der Kontingenz lediglich radikalisiert und, paradoxerweise, als notwendig erwiesen wurden. Mit den Denkmitteln der neueren soziolo-

24 Vgl. zu dieser Umstellung des Denkens bei Duns Scotus Celestino Solaguren, Contingencia y creación en la filosofia de Duns Escoto, Verdad y Vida 24 (1966), S. 55-100 (67 ff.).

gischen Handlungstheorie hat dann Talcott Parsons dieses Problem aufgegriffen und als »doppelte Kontingenz« aller Interaktion formuliert.[25] Da alle Lebenssituationen des Menschen sinnhaft-alternativenreich vorgegeben sind, hat jeder Beteiligte die Möglichkeit, passende *oder* nichtpassende Handlungen beizusteuern, sich erwartungsgemäß *oder* nichterwartungsgemäß zu verhalten und um die entsprechende Möglichkeit der anderen zu wissen. Diese »double négation virtuelle«[26] wird für Ego zunächst als offene Potentialität Alters sichtbar und erwartbar und damit zum Faktor seiner eigenen Verhaltensorientierung, wodurch Alter die Möglichkeit gewinnt, sich in Egos Erwartung seines

25 Vgl. Talcott Parsons, The Social System, Glencoe Ill. 1951, S. 36 ff.; Talbott Parsons / Edward A. Shils (Hrsg.), Toward a General Theory of Action, Cambridge Mass. 1951, S. 16, und als neuere Fassung: ders., Interaction: Social Interaction, Encyclopedia of the Social Sciences, Bd. 7, New York 1968, S. 429-441 (436 ff.). Wichtig ferner James Old, The Growth and Structure of Motives: Psychological Studies in the Theory of Action, Glencoe Ill. 1956 mit einem etwas weiter gefaßten Begriff der doppelten Kontingenz. Die Anknüpfung an Parsons erfolgt mit dem Vorbehalt, daß Parsons in Anlehnung an den englischen Sprachgebrauch (»contingent on«) im Begriff der Kontingenz die Momente der Zufälligkeit (im Sinne von Unnotwendigkeit) und Abhängigkeit erfaßt und eigentlich nur das Moment der wechselseitigen Abhängigkeit von erwartungsgesteuerten Verhaltenswahlen ausarbeitet. Wir legen statt dessen Wert darauf, den Begriff der Kontingenz zunächst im überlieferten Denkzusammenhang einer Theorie modaler Formen zu interpretieren und mit ihm zu bezeichnen, daß an selektiven Ereignissen (der klassische Fall ist natürlich: die Schöpfung) andere Möglichkeiten sichtbar werden. Zur näheren Auseinandersetzung mit Parsons siehe Niklas Luhmann, Generalized Media and the Problem of Contingency, in: Jan J. Loubser / Rainer C. Baum / Andrew Effrat / Victor M. Lidz (Hrsg.), Explorations in General Theory in Social Science: Essays in Honor of Talcott Parsons, Bd. II, New York 1976, S. 507-532.

26 Die Paul Valéry, Animalités, in: ders., Œuvres, éd. établie et annotée par Jean Hytier, Bd. I, Paris 1957, S. 402, selbst in das Auge des Tieres einbilden konnte.

Verhaltens zu spiegeln, also die Interaktion durch Vermittlung dieser Ebene des Erwartens von Erwartungen zu steuern.

Bei Hobbes ebenso wie bei Parsons wird dieser Tatbestand doppelter Kontingenz theoretisch aber nur dazu benutzt, die Notwendigkeit einer normativen Ordnung abstrakt zu begründen: Aus der andernfalls vorhandenen Unordnung wird auf Ordnung geschlossen. Es wäre unfruchtbar, daran den logischen Fehler zu rügen. Das Unzulängliche ergibt sich aus der Abstraktionslage des Arguments, das einerseits zu viel begründet, nämlich jede normative Ordnung, und andererseits keine Kriterien für die Beurteilung der im täglichen Leben fortbestehenden Kontingenz an die Hand gibt. Mit anderen Worten: eine abstrakte, vorinstitutionelle Begründung der Notwendigkeit von Recht, die viel einfacher ja auch in der Form einer empirischen Hypothese vorgelegt werden könnte, ist noch keine zureichende Rechtstheorie. Sie begnügt sich mit der Umkehrung des Begründungsverhältnisses von Notwendigkeit und Kontingenz, leistet eben damit aber keine zureichende Theorie kontingenter Sachverhalte *innerhalb* von begründeten Systemen. Wir müssen schärfer zu fragen suchen, wieso Kontingenz (= Unnotwendigkeit = Auch-anders-möglich-sein) überhaupt ein Problem ist; und sodann, in welcher Weise das Recht auf diese Problemstellung bezogen werden kann.

Im folgenden wollen wir versuchen zu zeigen, daß das Problem der doppelten Kontingenz aller Interaktion theoretisch anders und besser ausgenutzt werden kann. Dies Problem soll als Leitfaden dienen nicht nur für die Begründung, sondern auch für die Analyse von Recht. Ein erster Schritt in dieser Richtung besteht in einer begrifflichen Klärung des Sinnes und des theoretischen Kontextes, in dem wir von Kontingenz sprechen wollen. Dem normalen, rechtspraktischen Alltagsverständnis erscheint das, was wir meinen, als Ausdruck der menschlichen Natur, als Neigung zu rechtswidrigem Verhalten, Charakterschwäche, Unbotmäßigkeit, Krankhaftigkeit. Mit dem Begriff der Kontingenz soll diese Zurechnung problematisiert werden. Es soll erreicht werden, daß die Rechtstheorie Sachverhalte dieser Art als korrelativ zur Konstitution von Normen begreifen kann, als Korrelat »riskanterer«, unwahrscheinlicher Erwartungsbildung und damit als durch das Recht selbst erst konstituiert und mit ihm variabel.

Im Rahmen der überlieferten Theorie modaler Kategorien hat der Begriff der Kontingenz eine vielleicht zu weite Fassung erhalten. Üblicherweise bezieht man Modalaussagen auf Sätze, im Falle der Kategorien des Möglichen, Wirklichen, Notwendigen auf den Wahrheitswert von Sätzen. Dabei bleibt unklar, welche Sachverhalte solchen Modalisierungen entsprechen – ob es zum Beispiel unwirkliche Möglichkeiten überhaupt gibt.[27] Diese Unklarheit wird allein durch die Unterscheidung eines logischen und eines ontologischen Gebrauchs von Modalkategorien natürlich nicht behoben. In diesem Zusammenhang bezeichnet der Kontingenzbegriff, wie gesagt, Seiendes in der Möglichkeit seines Nichtseins, kombiniert also in eigentümlicher Weise positive und negative Aussagen über Mögliches und Wirkliches, nämlich so, daß über etwas *positiv* festgestelltes *Seiendes* die *Möglichkeit* des *Nicht*seins *positiv* ausgesagt wird.[28] Die

27 Man kann dann z. B. den Sinn von Aussagen diskutieren, die Möglichkeit eines Gegenstandes bejahen, dessen Existenz negiert wird. Vgl. W. V. Quine, On What There Is, Review of Metaphysics 2 (1948), S. 21-38 einerseits und Nicholas Rescher, Topics in Philosophical Logic, Dordrecht 1968, S. 138 ff., andererseits.

28 Diese Charakterisierung müßte bei Hinzunahme temporaler Modalisierungen geändert werden – so, wenn im alten Diskussionskontext *de futuris contingentibus* die Aussagen sich auf etwas Zukünftiges beziehen, dessen Verwirklichung noch offensteht. Siehe die Literaturhinweise oben S. 34 in Fn. 21.

Schwierigkeiten stecken, wenn man von den allgemeinen Problemen einer modallogischen Klärung des Verhältnisses von Wirklichem und (bloß) Möglichem absieht,[29] darin, daß der Kontingenzbegriff eine doppelte Beziehung zwischen Seiendem und Möglichem unterstellt: Die Möglichkeit wird in bezug auf etwas Seiendes ausgesagt, von dem die Aussage selbst thematisch aber nur lautet, daß es die Möglichkeit hat, nicht zu sein. Die Überabstraktion kommt durch Überspielen dieser doppelten Referenz von Möglichkeit und Sein, letztlich durch Unklarheiten im Möglichkeitsbegriff selbst zustande. In der modallogisch präzisierten Begriffsfassung geht das die Denkgeschichte führende Problembewußtsein verloren: der Bezug auf die Schöpfungs- und Willensproblematik, das kritische Verhältnis zum Naturbegriff, der Bezug auf die Zeit und auf die Möglichkeit von Voraussicht, auf Kausalität und Selektivität, auf den Streit um Determinismus und Indeterminismus.[30] All dies konnte nicht mitpräzisiert werden. Möglicherweise liegen hier die Gründe für die zuvor erörterten Schwächen der

29 Hierzu gut, aber ebenfalls ohne einen Ausweg zu sehen, Max Black, Possibility, in: ders., Models and Metaphor: Studies in Language and Philosophy, Ithaca N. Y. 1962, S. 140-152.

30 Zum mittelalterlichen Diskussionszusammenhang siehe außer der oben S. 35 in Fn. 23 und S. 36 in Fn. 24 zitierten Literatur weitere Beiträge über den Zusammenhang mit der Naturauffassung und dem Determinismus / Indeterminismus-Problem in mehreren Referaten in: La Filosofia della Natura nel Medioevo. Atti del Terzo Congresso Internazionale di Filosofia Medioevale, Mailand 1966; ferner Innocenzo d'Arenzano, Necessità e contingenza nell'agire della natura secondo San Tommaso, in: Divus Thomas ser. 3, B 38 = Bd. 64, Piacenza 1961, S. 27-69; Guy Jalbert, Nécessité et contingence chez saint Thomas d'Aquin et chez ses prédécesseurs, Ottawa 1961; Guy Picard, Matiere, contingence et indeterminisme chez saint Thomas, Laval Theologique et Philosophique 22 (1966), S. 197-233; Edmund F. Byrne, Probability and Opinion: A Study in the Medieval Presuppositions of post-medieval theories of Probability, Den Haag 1968, S. 188 ff.

bisherigen Verwendung des Kontingenzbegriffs: für seinen lediglich vorinstitutionellen oder auf die Welt im ganzen beschränkten Gebrauch.

Wir wollen diese Fragen auf sich beruhen lassen und nicht von einem modaltheoretischen, sondern von einem systemtheoretischen Möglichkeitsbegriff ausgehen, dessen modallogische Rekonstruierbarkeit und Axiomatisierbarkeit wir offenlassen müssen. Die Absicht ist, jene alte Fruchtbarkeit einer konkreteren Behandlung des Kontingenzproblems an einer als kontingent begriffenen Wirklichkeit wiederzugewinnen, mit Pascal also die *contingence concrète* der *possibilité abstraite* vorzuziehen – dies aber nicht mehr auf Grund der oben[31] genannten logisch-ontologischen Verquickung der Modalkategorien mit temporalen oder kausalen Vorstellungen, sondern mit Hilfe der modernen Systemtheorie.

Wir gehen von der These aus, daß die Komplexität eines Systems, nämlich die Zahl, Verschiedenartigkeit und Interdependenz der Zustände, die es annehmen kann, nicht beliebig steigerbar ist, sondern daß sich aus dem Ausmaß der erforderlichen Komplexität gewisse strukturelle Erfordernisse ableiten lassen. Im Bereich sinnhaften Erlebens und Handelns erreicht die Evolution eine Ordnungsebene, die durch Verfügung über Negationsleistungen charakterisiert werden kann.[32] Mit Hilfe dieser Leistung können und müssen Strukturen gebildet werden, die *die Differenz von Ja und Nein übergreifen und gegen diesen Unterschied neutralisiert werden können.* Das ist zum Beispiel eine Voraussetzung dafür, daß Probleme gesehen, daß Fragen gestellt

31 Vgl. S. 34.

32 Vgl. Niklas Luhmann, Sinn als Grundbegriff der Soziologie, in: Jürgen Habermas / Niklas Luhmann, Theorie der Gesellschaft oder Sozialtechnologie – Was leistet die Systemforschung?, Frankfurt 1971, S. 25-100 (35 ff.).

und als unabhängig von ihrer Antwort sinnvoll erkannt werden können.[33] Wenn sowohl Jas als auch Neins möglich sind, kann die Identität des Systems nicht mehr allein auf Ja-Zustände gegründet werden, da schon das Ja jetzt das Nein impliziert, von Negativität infiziert ist und umgekehrt. Sinnsysteme lassen sich deshalb nicht in einem schlicht-faktischen, alternativenlosen Ja-Verhältnis zur Umwelt (das man nicht einmal sinnvoll *denken* kann) stabilisieren. Und sie können auch reflexiv sich selbst nicht thematisieren, ohne die Möglichkeit des Neins mit in den Blick zu bekommen.

Die dazu erforderliche, Jas und Neins übergreifende Generalisierung wird mit der Kategorie des *Möglichen* geleistet, die in dieser Funktion dem *possibile* ebenso wie dem *contingens* zu Grunde liegt. Wir sehen *Sinn und Funktion des Möglichen* mithin in einer Generalisierung von Wirklichkeit, in einer Öffnung des Wirklichen für mehr als einen Zustand.[34] Möglichkeit ist eine Kategorie der Erweiterung

---

33 Siehe hierzu die von Günther Patzig neu herausgegebenen Studien von Gottlob Frege, Funktion, Begriff, Bedeutung: Fünf logische Studien, Göttingen 1962, und ders., Logische Untersuchungen, Göttingen 1966.

34 Die Vorgeschichte dieses Gedankens und seine Parallelen außerhalb der Systemtheorie müßten näher untersucht und zum Vergleich herangezogen werden. Mir scheint, daß es sich um einen seit langem mitlaufenden, in der vorherrschenden Modaltheorie sowohl vor als auch nach Kant jedoch unterbelichteten Aspekt handelt. Einige Beispiele wären:
1) Der *Ampliatio*-Begriff der mittelalterlichen Logik hatte bereits ziemlich genau dieses Expansive der über das Wirkliche hinausgehenden Modalisierung bezeichnet, und zwar in bezug auf Möglichkeiten und/oder in bezug auf Zeitbestimmungen, scheint dann aber den frühneuzeitlichen Präzisionsanforderungen und dem Versiegen des Interesses an temporalen Modalitäten zum Opfer gefallen zu sein. Siehe den Artikel *ampliatio* von Vincent Murioz Delgado im Historischen Wörterbuch der Philosophie, Bd. I, Basel, Stuttgart 1971, Sp. 209 f., ferner ders., La lógica nominalista en la universidad de Salamanca (1510-1530), Madrid 1964, insb. S. 238 ff.

und der Restriktion zugleich, indem sie unter Bedingungen und innerhalb von Grenzen der Kompatibilität mehr als Wirkliches zuläßt. Die Erweiterung bezieht sich nicht auf die Wirklichkeit in dem Sinne, daß diese multipliziert würde; sie bezieht sich vielmehr auf Negationsleistungen in dem Sinne, daß das Wirkliche unter dem Gesichtspunkt von Möglichkeit mit mehr Negationen kompatibel ist.[35] Es gilt

---

2) Altes Gedankengut ist ferner das Problem des Überschusses an Möglichkeiten über das Wirkliche (siehe etwa die Erörterung Kants in der Kritik der reinen Vernunft B, Hamburg 1967, S. 282 ff.), das jedoch mehr unter dem Gesichtspunkt der Selektion und der Restriktion gesehen wurde als unter dem Gesichtspunkt sinnvoller Generalisierung – wie übrigens *restrictio* auch der Gegenbegriff zu *ampliatio* war.

3) Weitläufige Erörterungen eines Möglichkeitsbegriffs auf der Basis unvollständiger Gegenstandsbestimmtheit und graduell abstufbarer »Untertatsächlichkeit« finden sich bei Alexis Meinong, Über Möglichkeit und Wahrscheinlichkeit: Beiträge zur Gegenstandstheorie und Erkenntnistheorie, Leipzig 1915. Bemerkenswert ist das Abgehen von den abstrakten, durch Negation von Notwendigkeit bzw. Unmöglichkeit gewonnenen Möglichkeitsbegriffen und die Forderung eines Begriffs für die dem Gegenstand »inhäsive Untertatsächlichkeit«, die jedoch mangels eines ausreichenden strukturtheoretischen Instrumentariums nicht weit genug durchgearbeitet werden konnte.

4) Zum Vergleich ferner interessant Nelson Goodman, Fact, Fiction and Forecast, 2. Aufl., Indianapolis 1965 (zuerst London 1955), der die bisher getrennt behandelten Problemkreise der *counterfactual conditionals*, der Möglichkeitsaussagen und der Induktion in einer allgemeinen Theorie der (generalisierenden) Projektion zusammenzufassen sucht. Auch dabei geht es letztlich um die Frage, unter welchen Bedingungen eine über das aktuelle Erleben hinausgehende Generalisierung, ein »filling in of gaps in actual experience with a fabric of possibles« (S. 50) geschieht und zugelassen werden kann. Die weitere Diskussion ist verfolgbar bei Paul Teller, Goodman's Theory of Projection, The British Journal of the Philosophy of Science 20 (1969), S. 219-238.

35 Dies scheint auch Alexis Meinong, Über Möglichkeit und Wahrscheinlichkeit: Beiträge zur Gegenstandstheorie und Erkenntnis-

mithin nicht nur die Feststellung Kants, daß hundert wirkliche Taler nicht mehr sind als hundert mögliche, sondern ebenso auch die umgekehrte, daß hundert mögliche nicht mehr sind als hundert wirkliche.[36] Der Punkt aber ist, daß man für hundert wirkliche Taler, wenn man sie unter dem Gesichtspunkt von Möglichkeiten betrachtet, viel mehr kaufen könnte, als man mit ihnen kaufen kann; daß also die Wirklichkeit unter dem Gesichtspunkt von Möglichkeiten eine sehr hohe Selektivität, das heißt hohe Kompatibilität mit Negationen, erhält und daß in der Form solcher Möglichkeiten Indifferenz gegen einen Bereich von Ja-oder-Nein-Entscheidungen Struktur werden kann.

Nach dieser Auffassung muß der seit Kant häufige Irrtum vermieden werden, es handele sich bei den Kategorien des Möglichen, Wirklichen und Notwendigen um Modalitäten, die einem unabhängig von ihnen vorstellbaren Gegenstand zugesprochen bzw. abgesprochen werden könnten. Vielmehr handelt es sich um getrennte und getrennt bleibende Ebenen sinnhafter Verknüpfung von Erlebnissen und Handlungen. Es ist bei dieser Begriffsbildung nicht mehr zulässig zu sagen, daß ein Gegenstand seine Modalform wechselt, daß zum Beispiel etwas zunächst nur Mögliches »eintritt« und damit Wirklichkeit wird.

---

theorie, Leipzig 1915, S. 174 zu meinen, wenn er von der im Möglichkeitsbereich »erweiterten Negation« spricht.

36 Vgl. Kritik der reinen Vernunft B, Hamburg 1967, S. 627. Das Beispiel steht im Zusammenhang mit der Kritik des Gottesbeweises aus der Kontingenz und soll erläutern, daß Möglichkeitsbegriffe nicht die Wirklichkeit des Möglichen als weiteres, zusätzliches Element enthalten können. Über Kant hinausgehend wird man jede begriffliche Synthese von Möglichem und Wirklichem – auch die in der Vorstellung der vollständigen Möglichkeit – für sinnwidrig halten müssen. Zu diesem Problem bei Kant Ingetrud Pape, Tradition und Transformation der Modalität, Bd. I: Möglichkeit, Unmöglichkeit, Hamburg 1966, S. 221 ff.

Das Mögliche bleibt unverändert möglich, mag es nun wirklich werden bzw. wirklich geworden sein oder nicht.[37] Die kategoriale Ebene des Möglichen bleibt auf immer von der des Wirklichen getrennt, weil sie eine andere Funktion erfüllt. Dies ausdrücklich festzuhalten, ist für die Rechtstheorie besonders wichtig, weil nur aus der Kontinuität des Möglichen als Erwartungsrahmen die Kontinuierbarkeit von Enttäuschungen erklärt werden kann. An diese Überlegung werden wir später den Normbegriff anknüpfen.[38]

Generalisierung auf Möglichkeit hin leistet eine Distanzierung vom unmittelbaren Wirklichkeitsdruck,[39] eine Entkonkretisierung des Erlebens, eine Fixierung von Prämissen, die auch anderes zugänglich machen. Unter dem Gesichtspunkt einer Möglichkeit wird etwas so identifiziert, daß es größere Kompatibilität mit anderem hat als die pure,

---

37 Ähnliches gilt übrigens auch für temporale Modalisierungen. Auch die Zukunft bleibt Zukunft, wenn sie Gegenwart wird und in die Vergangenheit entrückt, denn sie ist der Zukunftshorizont des Zeitpunktes, auf den sie sich bezieht und ohne den Zeitlichkeit überhaupt nicht zu denken ist. Kein vergangenes Ereignis wäre verständlich ohne Bezug auf seine mitvergangene Zukunft. Das hatte man übrigens schon in der mittelalterlichen Diskussion temporaler und possibilistischer Modalitäten gesehen und daraus gefolgert, daß auch die Vergangenheit von künftiger Kontingenz infiziert und damit von unbestimmbarer Wahrheit sein könne. Vgl. z. B. Thomas von Aquino, De veritate q. II, art. 12 ad septimum; ders., Summa Theologiae I 7.14 art. 13 ad secundum. Nicht zuletzt ist diese Uneliminierbarkeit der modalen Generalisierungen Voraussetzung dafür, daß vergangenes Handeln überhaupt als Schuld gesehen und bestraft werden kann – weil nämlich seine anderen Möglichkeiten noch andauern!

38 Siehe das Kapitel V. Rechtsnormen.

39 Zu den evolutionsgeschichtlichen Voraussetzungen einer solchen Gründung von Geltungen auf Distanzierungen siehe Dieter Claessens, Instinkt, Psyche, Geltung: Zur Legitimation menschlichen Verhaltens, 2. Aufl., Köln-Opladen 1970, insb. S. 166 ff.

allseits festgelegte Faktizität. Möglichkeit ist ein Prinzip der Mobilisierung. Dies kann in abstrakten Formen festgehalten und zur Vorstellung gebracht werden – etwa in der Form von Allgemeinbegriffen, Wesensaussagen, Modellen, Variablen. Wenn der Bezug auf eine bestimmte (künftige, gegenwärtige oder vergangene) Wirklichkeit hergestellt wird, die als »auch anders möglich« erfaßt werden soll, sprechen wir von *Kontingenz*.

III. Systemstrukturen als Bedingungen von Kontingenz

Wir vermuten den Gegenstand der Rechtstheorie, das Recht, im weiten Bereich der Möglichkeiten, aber eine funktionale und systemtheoretische Interpretation der Möglichkeit im allgemeinen und der Kontingenz im besonderen als Generalisierung von Wirklichkeit ergibt noch keine ausreichende Theorie. Das liegt zunächst daran, daß der Begriff der Möglichkeit ein unzureichend bestimmter, ergänzungsbedürftiger Begriff ist – und zwar gerade deshalb, weil er einen nicht voll bestimmten, generalisierten Sachverhalt bezeichnet. Seit Kant laufen die Bemühungen um eine nähere Bestimmung des Möglichkeitsbegriffs nicht mehr innerhalb dieser Kategorie in der Doppelform einer ontologischen Potenzenlehre und einer Restriktion des abstrakten *possibile logicum*, sondern werden in der Frage nach den Bedingungen der Möglichkeit zusammengefasst.[1] Voraussetzung dieser Wendung, die über das Mögliche und Kontingente hinaus Möglichkeit als Kategorie zum Problem werden ließ, war der transzendentale Denkansatz. Deshalb war die Frage nach den Modalitäten im allgemeinen und nach den Bedingungen der Möglichkeiten im besonderen die Frage nach den Eigenarten und den unterschiedlichen Fähigkeiten des spezifisch menschlichen Erkenntnisapparats. Dies hat man inzwischen halb revidiert mit dem Versuch, die Erkenntnistheorie durch eine Theorie intersubjektiver Kommunikation zu ersetzen – nur halb revidiert deshalb, weil die Konsequenzen für den Begriff der Reflexion noch nicht gezogen und die Bedin-

1 Zu dieser Wendung des überlieferten Denkens über Modalitäten vgl. Ingetrud Pape, Tradition und Transformation der Modalität, Bd. I: Möglichkeit, Unmöglichkeit, Hamburg 1966.

gungen der Möglichkeit nach wie vor als Bedingungen der Gültigkeit aufgefaßt werden.[2] Wir wollen versuchen, diese Verquickung possibilistischer und epistemologischer Modalisierungen zu vermeiden (wie schon gegenüber der Scholastik die Verquickung possibilistischer mit kausalen und temporalen Modalisierungen) und substituieren deshalb für Erkenntnisbedingungen Systemstrukturen als Bedingungen der Möglichkeit. Die Gründe dafür liegen nicht zuletzt in der neueren Evolutionstheorie, die auf einen Begriff der im Entwicklungsprozeß selbst konstituierten Möglichkeit als Selektionsvoraussetzung angewiesen ist.

Eine ausgearbeitete Theorie des sozialen Systems als Erzeuger von Möglichkeiten, auf die wir einfach zurückgreifen könnten, liegt nicht vor. Wir müssen uns daher begnügen mit einer Zusammenstellung derjenigen Strukturbeziehungen, auf die wir beim Aufbau einer kontingenzbezogenen Rechtstheorie zurückgreifen müssen, nämlich (1) auf die Komplementarität des Erwartens, (2) auf den Zusammenhang von Differenzierung, Generalisierung und Respezifikation, (3) auf den Zusammenhang von Differenzierung, Indifferenz und kontrollierter Sensibilität, (4) auf Richtungen, Bedingungen und Schranken der Steigerung von Komplexität und (5) auf die Möglichkeit nichtkontingenter Verknüpfung kontingenter Sachverhalte. Erst nach Klärung dieser strukturellen Bedingungen der Erzeugung von Möglichkeiten sind wir ausreichend darauf vorbereitet, die im engeren Sinne rechtstheoretischen Fragen zu stellen.

---

2 So im Anschluß an Karl-Otto Apel und Jürgen Habermas Dietrich Böhler, Rechtstheorie als kritische Reflexion in: Günther Jahr / Werner Maihofer (Hrsg.), Rechtstheorie: Vierzehn Beiträge zur Grundlagendiskussion, Frankfurt 1971, S. 62-120. Vgl. insb. S. 111 über »die kommunikative und engagierte Struktur als das Ensemble der Bedingungen der Möglichkeit sowohl der Gewinnung wie der Bewährung von Rechtssätzen«.

1) Unter *Komplementarität des Erwartens* versteht man seit Parsons die in aller Interaktion vorausgesetzte *Nichtidentität und Wechselbezogenheit* der Verhaltenserwartungen.[3] Auf ihr beruht die Komplexität sozialer Systeme – daß nämlich Ordnung besteht, obwohl nicht alle immer schlicht das gleiche tun. Ego erwartet von Alter nicht dasselbe Verhalten wie Alter von Ego, wohl aber »entsprechendes« anderes Verhalten. Juristen können sich das verdeutlichen mit der Einsicht, daß Rechten auf der einen Seite Pflichten auf der anderen entsprechen und umgekehrt: Der Verkäufer muß die Sache hergeben und nicht etwa ebenfalls erhalten. Die Verhaltensweisen müssen verschieden sein, aber zueinander passen, *und in dieser Struktur erwartet werden können.*

Aus dem Erfordernis der Komplementarität schließt Parsons zügig auf die Faktizität gemeinsamer Bedeutungen und Werte, die das wechselseitige Verhalten normieren. Die vielfältige Kritik dieses Schlusses legt es nahe, etwas vorsichtiger zu argumentieren. Zunächst folgt aus dem Erfordernis der Komplementarität nur das Erfordernis einer Steuerungsebene wechselseitigen Erwartens, welche die Einheit des Nichtidentischen zu garantieren vermag, aber keines-

3 Vgl. Talcott Parsons / Edward A. Shils (Hrsg.), Toward a General Theory of Action, Cambridge Mass. 1951, S. 15 f. und passim. Aus der folgenden Literatur etwa Ragnar Rommetveit, Social Norms and Roles: Explorations in the Psychology of Enduring Social Pressures, Oslo, Minneapolis 1955, S. 44 ff.; John P. Spiegel, The Resolution of Role Conflict Within the Family, Psychiatry 20 (1957) S. 1-16; Siegfried F. Nadel, The Theory of Social Structure, Glencoe Ill. 1957, S. 50 ff.; Johan Galtung, Expectations and Interaction Processes, Inquiry 2 (1969), S. 213-234; Alvin W. Gouldner, The Norm of Reciprocity: A Preliminary Statement, American Sociological Review 25 (1960), S. 161-178; Friedrich H. Tenbruck, Zur deutschen Rezeption der Rollentheorie, Kölner Zeitschrift für Soziologie und Sozialpsychologie 13 (1961), S. 1-40 (21 f.); Jürgen Ritsert, Substratbegriffe in der Theorie des sozialen Handelns: Über das Interaktionsschema bei Parsons und in der Parsonskritik, Soziale Welt 19 (1968), S. 119-137.

wegs schon Konsens über Werte oder Kriterien impliziert, vielmehr gerade auch im Konfliktsfalle als Orientierungsgrundlage fungieren muß.[4] Diese Steuerungsebene leistet zunächst nur sinnhafte Interpretation der Verhaltensweisen in bezug aufeinander. Der Bezug wird dadurch hergestellt, *daß Handlungen als Möglichkeiten generalisiert und dann als Selektion erwartet, interpretiert, zugerechnet werden können*. Die Beziehung zwischen den Handlungen erscheint damit als eine gewählte, die auch anders oder überhaupt nicht hätte gewählt werden können. Komplementäres Verhalten erscheint als kontingent, weil es nur so trotz Nichtidentität und Ungleichheit verknüpft werden kann. Erst von der Steuerungsebene aus, die komplementäre Verhaltenszusammenhänge als wechselseitig-seligierend erfaßt, wird Handeln als kontingenter Prozeß konstituiert und begreifbar gemacht.[5]

An diese These interaktionell konstituierter Kontingenz lassen sich weitere Überlegungen anschließen. Die eine betrifft die *Ausdifferenzierung von Systemen und Grenzbildung*. Wenn es durch wechselseitige Selektion zur Interaktion

---

4 Siehe etwa Thomas C. Schelling, The Strategy of Conflict, Cambridge Mass. 1960, oder Thomas J. Scheff, A Theory of Social Coordination Applicable to Mixed-Motive-Games, Sociometry 32 (1967), S. 215-234.

5 Von Parsons' Interaktionstheorie weichen diese Einsichten im doppeltem Sinne ab; einmal insofern, als sie einen anderen Kontingenzbegriff verwenden, nämlich nicht *contingent on* im Sinne von Abhängigkeit, sondern kontingent im Sinne von »auch anders möglich«; zum anderen insofern, als die individuelle Wahlfreiheit nicht als gleichsam natürliche Vorgegebenheit sozialer Systeme betrachtet wird, die dann nur eingeschränkt werden kann, sondern als im sozialen Prozeß erst konstituiert. Wir versuchen damit zugleich, den gewichtigen Einwänden von Jürgen Ritsert, Substratbegriffe in der Theorie des sozialen Handelns: Über das Interaktionsschema bei Parsons und in der Parsonskritik, Soziale Welt 19 (1968), S. 119-137, gegen Parsons Rechnung zu tragen.

kommt, liegt darin immer auch eine Ausschließung von und Abgrenzung gegen andere Möglichkeiten; anders wäre Selektion nicht Selektion. Gerade wenn man Handelnde als Subjekte begreift, die auch anders handeln könnten, wird es unvermeidlich, mit Parsons alles soziale Handeln als sich eingrenzendes System zu begreifen. Grenzziehung ist ein mitlaufender Aspekt von Strukturbildung.

Zweitens können bei so gebildeten Komplementärzusammenhängen die gegenseitigen Selektionen als erwartungsgesteuert erwartet werden. *Das Erwarten wird dadurch reflexiv.* Ego kann Alters Erwarten erwarten, kann Alters Erwartungserwartungen erwarten bis hin zu Grenzen der Feinfühligkeit und der bewußt kontrollierbaren Erlebnisverarbeitung.[6] Je nach Bedarf und Kapazität lassen sich

6 Dieser Einsicht war bereits Max Weber, wenngleich in stark verklausulierten Formulierungen, nahegekommen, und zwar im für uns wichtigen Kontext der Geltungsproblematik. Vgl. besonders die Ausführungen über »Einverständnis« in: Über einige Kategorien der verstehenden Soziologie, Gesammelte Aufsätze zur Wissenschaftslehre, 3. Aufl., Tübingen 1968, S. 427-474 (452 ff.). Zu den bleibenden Einsichten, die bei Weber anklingen, aber in ihrem Zusammenhang nicht deutlich erfaßt sind, gehören besonders die, daß mit der Orientierung an Erwartungen anderer eine *Erweiterung* des Erwartbarkeitsbereichs, eine spezifische *Rationalität* und eine spezifische *Labilität* der Orientierung verbunden sind. Mit Rücksicht darauf akzentuiert Weber demgegenüber die Vorteile einer Orientierung an übergreifenden, vom konkreten Erwarten unabhängig machenden Symbolen und Werten. Nur diesen letzten Aspekt hat Parsons rezipiert. Die ihm zu Grunde liegende Steuerungsebene des Erwartens von Erwartungen mußte teils in der Parsons-Kritik, teils in eigenständiger sozialpsychologischer Forschung neu entdeckt werden, und erst dadurch ist die volle Komplexität des möglichen Aufbaus von Erwartungsstrukturen bewußt geworden. Vgl. etwa Johan Galtung, Expectations and Interaction Processes, Inquiry 2 (1969), S. 213-234; Ronald D. Laing, The Self and Others: Further Studies in Sanity and Madness, London 1961, Ronald D. Laing / Herbert Phillipson/A. Russell Lee, Interpersonal Perception: A Theory and a Method of Research, London 1966; Paul-H. Maucorps / René Bassoul, Jeux de miroirs e sociologie de la connais-

auf diese Weise mehr oder weniger komplexe Steuerungsstrukturen entwickeln, die gegenüber dem faktischen Verhalten eine generalisierte Möglichkeitssicht und hohe Interpretationsfreiheiten stabilisieren: Ob ein Verhalten offenherzig oder rücksichtslos war, ob es zugerechnet wird oder nicht und wie tief es die Interaktion stört, entscheidet sich auf dieser Ebene des Erwartens von Erwartungen.[7]

Schließlich führt die Bildung einer solchen Steuerungsebene dazu, daß der die Interaktion begleitende Kommunikationsprozeß entsprechend differenziert wird, so daß die unmittelbar ausgedrückte Sachkommunikation durch eine *Metakommunikation* überformt, interpretiert, bestätigt oder auch widerlegt wird.[8] Man kann Erwartungen, Erwartungserwartungen, Erwartungserwartungserwartungen zwar thematisieren und aussprechen, aber das wird schwerfällig, zeitraubend, wirkt oft zu direkt und setzt im übrigen stets noch eine Metaperspektive voraus, von der aus man formuliert. Alle Kommunikation ist, *weil sie als selektive Auswahl*

---

sance d' autrui, Cahiers internationaux de sociologie 32 (1962), S. 43-60, Thomas J. Scheff, Toward a Sociological Theory of Consensus, American Sociological Review 32 (1967), S. 32-46.

7 Die Beachtung dieser sozialen Bewußtseinsreflexivität in der Rechtstheorie wird mit guten Gründen gefordert. Siehe namentlich Dietrich Böhler, Rechtstheorie als kritische Reflexion, und Rolf-Peter Calliess, Rechtstheorie als Systemtheorie, beide in Günther Jahr / Werner Maihofer (Hrsg.), Rechtstheorie: Vierzehn Beiträge zur Grundsatzdiskussion, Frankfurt 1971, S. 62-120 und 142-172. Was noch nicht gelungen und noch zu leisten ist, wäre die daran anschließende Problementwicklung. Über eine lockere Assoziation mit gelobten Begriffen wie Dialog, Reflexion, Kritik, Emanzipation, Innovation kommt man auf dieser etwas schmal gewählten Basis bisher nicht hinaus.

8 Vgl. hierzu Gregory Bateson / Don D. Jackson / Jay Haley / John Weakland, Toward a Theory of Schizophrenia, Behavioral Science 1 (1956), S. 251-264; Paul Watzlawick / Janet Helmick Beavin / Don D. Jackson, Pragmatics of Human Communication: A Study of Interactional Patterns, Pathologies, and Paradoxes, New York 1967.

aus Möglichkeiten erlebt wird, zugleich Kommunikation über die Kommunikation, die man gleichsam auf einer anderen Wellenlänge mitfunkt: Man stellt eine (überflüssige) Frage, um einen Vorwurf mitzuteilen; man sagt: »vielleicht«, um das »nein« zu vermeiden; man antwortet mit einem leichten Mißverständnis, um den Wunsch nach einem Wechsel des Themas mitzuteilen usw. Aber auch ohne jede Diskrepanz ist jene Erwartungsebene immer mitimpliziert: Das Erzählen eines Erlebnisses ist nicht nur Bericht, sondern zugleich Ausdruck der Erwartung gemeinsamen Interesses, und muß *deshalb* geduldig angehört werden. Der für unsere Zwecke vielleicht wichtigste Gesichtspunkt ist, daß *alle* Kommunikation als Selektion Kommunikation über Kommunikation enthält und daß auf der letzten, nur mitintendierten Kommunikationsebene, wie weit rückgestuft sie auch liegen mag, *kein explizites Nein verfügbar ist.* Deshalb bleibt alles Nein und deshalb auch alles Ja unaufhebbar kontingent. Wenn man will, kann man hierin den letzten Grund der Notwendigkeit von Recht sehen.

Die zu all diesen Fragen vorliegenden Detailforschungen mögen eine unmittelbare Bedeutung für manche Rechtsfrage haben, etwa für die rechtliche Beurteilung von Ehekonflikten oder für Probleme der Zurechnungsfähigkeit. Für unsere Zwecke ist nur der Gesichtspunkt wichtig, der ihren Zusammenhang begründet. Komplementäre Interaktion kann, so können wir zusammenfassen, nur mit Hilfe einer Ebene wechselseitigen Erwartens zustandekommen, die das Verhalten »modalisiert«, das heißt aus dem Gesichtspunkt von Möglichkeiten interpretiert und als Selektion in Beziehung setzt. Und nur weil dies so ist – darauf läuft unsere Argumentation hinaus –, kann und muß es Recht und Unrecht geben.

2) Wenn sich über komplementärem Verhalten in der angegebenen Weise ein System bildet, das Handlungen unter

dem Gesichtspunkt von Möglichkeiten konstituiert und als Selektionen integriert, kann dieses System als »Ganzes« nur beschrieben werden, wenn man auf volle Konkretion des Ausdrucks verzichtet, also mit dem »Ganzen« nicht zugleich »alles« erfassen will, und in begrenztem Umfange Unbestimmtheiten zuläßt. Genaugenommen kann man nach einer solchen »Modalisierung« des Verhaltens als kontingenter Selektion überhaupt nicht mehr von einem »Ganzen« sprechen, dessen »Teile« durch »Beziehungen« verknüpft sind, und zwar deshalb nicht, weil diese Sprechweise das Umweghafte des Zusammenhalts über Generalisierung von Möglichkeiten und Steuerung der Selektion nicht erfaßt, also gerade das konstituierende Prinzip der Systembildung ausläßt.[9] Das »Ganze« *besteht* darin, daß die »Teile« mit Möglichkeiten konstituiert werden, aus denen sie den wechselseitigen Zusammenhang wählen; das »Ganze« ist also, je nachdem, welche Ebene man meint, mehr oder weniger als die Summe der »Teile«.

---

9 Dieser Sachverhalt wird häufig verkannt, auch in den neueren Systemtheorien, vor allem in den Bemühungen um Mathematisierung und Formalisierung, die auf eine stark vereinfachte Darstellung angewiesen sind. Bereits bei Hobbes kann man jedoch sehen, daß das Kontingenzproblem die alteuropäische Darstellung der Gesellschaft als eines Ganzen, das aus Teilen besteht, sprengt, weil die Frage des Grundes nicht mehr in diesem Schema gestellt und beantwortet werden kann, sondern es transzendiert in Richtung auf eine vorausgesetzte Privation, ein absolutes Chaos, in dem Ordnung herzustellen ist. Aus dieser systemtranszendenten Verwendung des Kontingenzproblems ergibt sich allerdings noch kein Zugang zu dem Thema, das wir hier auszuarbeiten suchen, nämlich zur systemimmanenten Kontingenz. Erst im Rahmen einer genaueren Analyse des Möglichkeitsproblems gewinnt man die Einsicht, daß die Möglichkeitstheorie das Schema von Ganzem und Teil sprengt. Einige Bemerkungen hierzu finden sich bei Alexis Meinong, Über Möglichkeit und Wahrscheinlichkeit: Beiträge zur Gegenstandstheorie und Erkenntnistheorie, Leipzig 1915, S. 210f.

Diesen Sachverhalt kann man genauer und problemempfindlicher formulieren als ein Bedingungsverhältnis von *Differenzierung*, *Generalisierung* und *Respezifikation*.[10] Die Differenzierung von Prozessen, welche trotz Nichtidentität zusammengeordnet werden sollen, erzwingt eine Generalisierung von Strukturen, da das für alle Geltende nur noch abstrakt und entsprechend unbestimmt fixiert werden kann; und daraus ergibt sich das Erfordernis der Respezifikation des Generalisierten. An die Stelle faktisch-alternativenloser Gegebenheiten treten damit Selektionsregeln und Entscheidungsprozesse. Man kann diese Einsicht auch als Steigerungsverhältnis ausdrücken: Je stärker die Differenzierung, desto höher die Ebene der Generalisierung, desto möglichkeitsreicher das System, desto größer die Anforderungen an Respezifikationsleistungen. Diese Formulierung macht zugleich ersichtlich, daß diese Aspekte sich wechselseitig limitieren: Generalisierung kann nicht über das hinausgetrieben werden, was im System respezifizierbar ist, und das ergibt wiederum Schranken sinnvoller Differenzierung.

3) Hiermit verwandt, aber nicht identisch, ist ein anderes Bedingungsverhältnis, nämlich der Zusammenhang von

10 Die Anregung dazu geben (auf der epistemologischen Ebene »analytischer« Systeme) Charles Ackerman / Talcott Parsons, The Concept of »Social System« as a Theoretical Device, in: Gordon J. DiRenzo (Hrsg.), Concepts, Theory and Explanation in the Behavioral Science, New York 1966, S. 19-40 (36 ff.). Zugleich weisen diese Autoren darauf hin, daß in stärker differenzierten Gesellschaften die erforderlichen Respezifikationen generalisierter Strukturen hauptsächlich durch Subsysteme für Recht und für Erziehung geleistet werden. An diese Überlegungen knüpft die Auffassung von Parsons an, daß das Rechtssystem seinen Schwerpunkt in einer *Interpretation* habe. Vgl. dazu Leon H. Mayhew, The Legal System, International Encyclopedia of the Social Sciences, Bd. 9, New York 1968, S. 59-66 und als eine Fallstudie mit dieser Blickrichtung ders., Law and Equal Opportunity. A Study of the Massachusetts Commission Against Discrimination, Cambridge Mass. 1968.

Generalisierung, Indifferenz und *kontrollierter Sensibilität*. Eine Generalisierung von Strukturen für eine Vielheit möglicher Systemzustände bedeutet Indifferenz gegen Unterschiede der Zustände und Prozesse im einzelnen;[11] Indifferenz enthält das Risiko, daß wesentliche Entwicklungen ignoriert oder für unwesentlich gehalten werden, weil sie sich nicht als Struktur abzeichnen. Dieses Risiko muß durch eine spezifische Sensibilisierung des Systems abgefangen werden, die Störungen notiert und abwehrt oder ausgleicht. Mit diesem Umweg sind Vorteile der Indirektheit verbunden: Da es nicht möglich ist, das System in seiner konkreten Faktizität durch die Struktur voll zu determinieren, ist es von Vorteil, Störungen abzuwarten und dann auszugleichen. Auch diese Begriffe bezeichnen ein spannungsreiches Verhältnis, ein Syndrom von Leistungen, deren Zusammenwirken es ermöglicht, Systeme auf einem Niveau sehr hoher Komplexität zu stabilisieren.[12]

4) Die soeben skizzierten Überlegungen setzen voraus, daß *Richtungen, Bedingungen und Schranken der Steigerung von Komplexität* angegeben werden können. Das ist jedoch

---

11 Indifferenz ist hier das *strukturelle* Äquivalent für Flexibilität auf der *Prozeß*ebene. Parsons bevorzugt es im allgemeinen, von Flexibilität zu sprechen; vgl. insb. The Theory of Symbolism in Relation to Action, in: Talcott Parsons / Robert F. Bales / Edward A. Shils, Working Papers in the Theory of Action, Glencoe Ill. 1953, S. 31-62; ders., On the Concept of Value-Commitments, Sociological Inquiry 38 (1968), S. 135-159. Auf jeden Fall müssen die Probleme prozeßmäßiger Änderung von Strukturen von der Kompatibilität mit einer Vielzahl von Prozessen (Indifferenz) unterschieden werden. Je geringer die Indifferenz, um so größer bei sonst gleichen Bedingungen die Änderungsbedürftigkeit.

12 In der mir bekannten Literatur gibt es keine entsprechend abstrakte Charakterisierung dieses Syndroms. Beiträge dazu findet man an Stellen, wo in systemtheoretischer Perspektive über »Krisen« gehandelt wird, ferner in der Vorstellung eines »feedback« zwischen verschiedenen Funktionsebenen eines Systems.

in den bis heute entwickelten Systemtheorien nur in sehr unzulänglicher Weise der Fall. Daran dürfte es liegen, daß die von Leibniz formal benannte Möglichkeitsbedingung der Kompossibilität nicht weiter ausgearbeitet worden ist und daß das Leibnizsche Perfektionsprinzip der größten Komplexität bei einfachsten Ordnungsmitteln in logischen und in Operationalisierungsschwierigkeiten hängengeblieben ist. So viel ist indes sicher, daß Komplexität eine Mehrheit von Steigerungsrichtungen hat, die sich wechselseitig limitieren, also nicht einzeln auf Maximalwerte gebracht werden können.[13] In sachlicher Hinsicht steigt Komplexität zum Beispiel mit der Zahl, der Verschiedenartigkeit und dem Grade der Interdependenz von Handlungen;[14] in zeitlicher Hinsicht mit der Tiefenschärfe, mit der Vergangenheit und Zukunft als Horizonte der Gegenwart integriert werden können; in sozialer Hinsicht mit der Zahl und dem Individualisierungsgrad der Subjekte, die als Miterlebende und Mithandelnde (und nicht nur als Objekte) in Betracht gezogen werden. Auf derartige Erwägungen können wir im folgenden nur sehr begrenzt zurückgreifen, gehen jedoch stets von einer Ergänzungsbedürftigkeit des pauschal benutzten Begriffs der Komplexität in all diesen Hinsichten aus.

---

13 Daß es von hier aus keinen direkten logischen Zugang zur Idee des Gerechten als des Maßvollen, Mittleren gibt, sei angemerkt. Auch Leibniz konnte nicht mit logischen, sondern nur mit theologischen Denkmitteln sichern, daß die nach seinem Prinzip perfekte Welt auch eine gerechte sei.

14 Dazu mit einigen Folgerungen für die Rechtstheorie Niklas Luhmann, Systemtheoretische Beiträge zur Rechtstheorie, in: Hans Albert / Niklas Luhmann / Werner Maihofer / Ota Weinberger (Hrsg.), Rechtstheorie als Grundlagenwissenschaft der Rechtswissenschaft (Jahrbuch für Rechtssoziologie und Rechtstheorie 2), Düsseldorf 1972, S. 255-276, neu gedruckt in: ders., Ausdifferenzierung des Rechts. Beiträge zur Rechtssoziologie und Rechtstheorie, Frankfurt 1981, S. 241-272.

5) Unmittelbar bedeutsam für die Rechtstheorie ist indes die letzte Figur aus dem systemtheoretischen Arsenal, die wir vorstellen müssen: die Möglichkeit einer *nichtkontingenten Verknüpfung kontingenter Sachverhalte*. Sie ordnet eine Mehrheit von kontingenten Sachverhalten in einem System, das heißt in ihrem Verhältnis zueinander. Kontingenz schließt Nichtkontingenz nicht einfach aus, so als ob das Seiende ein fester Bestand wäre, der nur aus entweder kontingenten oder nichtkontingenten Teilen bestünde. Steigerung von Kontingenz in Systemen bedeutet nicht unbedingt eine entsprechende Abnahme von Notwendigkeiten, wohl aber deren Abstraktion, Kontingentes kann in höheren Abstraktionslagen *konditional* verknüpft werden; weder A noch B sind dann notwendig, auf keines für sich kann man sich verlassen, aber *wenn A, dann B*. Diese konditionale Verknüpfung mag in vollem Sinne notwendig sein. Für praktische Zwecke genügt zumeist ein höherer Grad der Verläßlichkeit, um zu verhindern, daß aus der Zulassung von Kontingenz Anomie folgt.

Um die Leistung dieses scheinbar so selbstverständlichen Prinzips zu erkennen, muß man es von der evolutionären Ausgangslage her sehen und die Institutionalisierungsschwierigkeiten mitbedenken. Als Beispiel mag die Entstehung des Konsensualvertrages dienen. Es dürfte zunächst ganz unvorstellbar gewesen sein, ausgerechnet aus der Freiheit des Willens auf Bindung zu schließen. Warum soll gerade das binden, was kontingent gesetzt wird und auch anders sein könnte? Noch die mittelalterliche Scholastik ringt mit diesem Problem der durch Unnotwendiges bedingten Bedingungssätze. Die Lösung liegt in der Institutionalisierung der logischen Diskontinuität zweier Ebenen und der Differenzierung der entsprechenden Negationen. Beachtet man diese Differenz, dann braucht man nicht von Kontingentem auf Notwendiges, von Freiheit auf Bindung zu schließen und kann gleichwohl die Regel bejahen, die vorsieht: Wenn eine freie Willenserklärung vorliegt, dann bindet sie. Und schlechthin kann man diese Regel der nichtkontingenten Verknüpfung von Kontingentem als Bedingung der Möglichkeit von Freiheit bejahen.

Die vorstehenden systemtheoretischen Interpretationen geben uns die Möglichkeit, die in aller sinnhaften Interaktion konstituierte Steuerungsebene des wechselseitigen Erwartens begrifflich schärfer zu fassen. Mit Hilfe einer Erwartungsstruktur, die Selektionen aus Möglichkeiten betrifft, wird jene Erlebnislage stabil gehalten, die wir mit einer Formel Valerys als *double négation virtuelle* bezeichnet hatten.[15] Die auf beiden Seiten bestehende und zugelassene Möglichkeit der Negation der Erwartungen des je anderen wird ihrerseits als bloße Möglichkeit stabilisiert. Das gestattet es, die Beziehung zum anderen nicht nur als unmittelbare Position oder Negation festzulegen, sondern sie umfassender in ihrer Kontingenz und selektiven Bedingtheit zu sehen, *diese* Sachlage zu symbolisieren und auf sie aufzubauen. *Gerade weil sie als Wirklichkeit unakzeptierbar wäre, wird die Negation des anderen als Möglichkeit stabilisiert – und bedingt suspendiert.* Die Generalisierung des Wirklichen zum bloß Möglichen ermöglicht eine Virtualisierung des Negierens, ermöglicht sein »Aufheben« in einer Sinnebene, auf der Negationen nicht mehr direktes Verhalten sind, sondern miteinander vermittelt und gegeneinander verrechnet werden können.

Die damit erreichte Blickwendung wird deutlich, wenn man sie der »normalen«, lebensweltlichen Einstellung des Rechtslebens gegenüberstellt, in der Konflikte durchlebt und entschieden werden. In dieser Einstellung, die sich die Normprojektionen des Rechts zu eigen macht, ist Kontin-

15 Siehe oben S. 37.

genz ein bedrohliches Moment der Unsicherheit des Erwartens, eine permanent mitlebende Gefahr der Enttäuschung, ein Einschluß von Unordnung und Zufälligkeit in einer an sich bejahten Ordnung. Probleme sind dann Störungen, die immer wieder vorkommen und bereinigt werden müssen. In der Perspektive hatte die alteuropäische Tradition das Rechtsproblem ethisch gestellt und später auf Begründung hin ausgearbeitet. Das alles bleibt auch für die Rechtstheorie gültig – als Merkmal ihres Gegenstandes. Mit ihrer eigenen Verwendung des Kontingenzbegriffs eröffnet sie jedoch einen weiteren Horizont und andere Fragestellungen. Sie geht davon aus, daß Möglichkeiten durch Strukturen der Wirklichkeit erst konstituiert werden. Sie sieht im Entwurf von Möglichkeiten, auch von unerwünschten Möglichkeiten, zunächst eine Leistung und fragt demzufolge danach, welche Systemstrukturen und welche Formen des Rechts höhere Kontingenz zu tragen vermögen. Die Produktivität des Rechts sieht sie weniger in der Bekämpfung und Beseitigung von Unrecht, als vielmehr in Generalisierungsleistungen, die Recht / Unrecht-Konstellationen von höherer Komplexität und damit eine komplexere gesellschaftliche Wirklichkeit tragbar machen. Ihr Erkenntnisinteresse geht, im Unterschied zur Jurisprudenz, nicht mehr auf Begründungen, sondern auf Wachstumsbedingungen.

IV. Handlung und Motiv

Die Bildung sozialer Systeme aus Handlungen wird überwiegend begriffen wie ein Prozeß der Zusammensetzung aus Stücken, der Auswählen und Verwerfen, also eine gemeinsame Werteordnung voraussetzt. Das Recht erscheint dann als Teil der Wertkultur, nach der Systeme gebildet werden, als Integrationsfaktor des sozialen Systems und als Motivationsfaktor des psychischen Systems. Der Handlungsbegriff hat den logischen Primat vor dem Systembegriff. Die Kontingenz des sozialen Systems ist die Kontingenz seiner Zusammensetzung: *complexio contingens*.

Die Analysen des vorangegangenen Kapitels haben dieser Auffassung den Boden entzogen (ohne damit ihre begriffliche Rekonstruktion auszuschließen). Möglichkeiten sind Generalisierungsleistungen von Systemstrukturen, Kontingenz setzt also Systembildungen immer schon voraus. Auch die Kontingenz des Handelns muß deshalb als systemabhängig begriffen werden. Die Kontingenz des Handelns, nämlich die Freiheit, anders handeln zu können, gehört aber nach alter Tradition zum Begriff des Handelns selbst. Handeln ist *libertas ad oppositos actus*.[1] Handeln ist daher nur in Systemen möglich, die einen Selektionsbereich vorkonstituieren. Systeme realisieren ihre Selektivität in der Form des Handelns; sie sind nicht aus vorher fertigen, lediglich durch individuelle Intention bestimmte Handlungen zusammengesetzt. Diese Überlegungen verlangen eine Umdefinition des Handlungsbegriffs und entsprechende Anschlußüberlegungen über Motive und über Zurechnung. Wir verfolgen

1 Johannes Duns Scotus, Ordinatio I: A distinctione vigesima sexta ad quadragesimam octavam, in: Opera Omnia, Bd. VI, Civitas Vaticana 1963, dist. 39 n. 15-17.

damit das Ziel, einen für rechtsdogmatische Verwendung vorbereiteten (und zugleich interdisziplinär brauchbaren) Handlungsbegriff zu liefern.

An die Stelle der individualistischen Definition des Handelns durch individuelle Sinngebung (oder Intention oder, enger, Zwecksetzung) setzen wir als Ausgangspunkt den abstrakteren Begriff der sinnorientierten *Selektion* aus einer Mehrzahl von Möglichkeiten. Nicht jede Selektion ist freilich Handlung. Wir unterscheiden *Erleben* und *Handeln* danach, ob eine sinnhaft-selektive Bestimmung als so-und-nicht-anders der Umwelt oder dem System zugerechnet wird.[2] Als Handlung wird ein selektiver Prozeß nur dann angesehen (wir könnten auch sagen: erlebt), wenn seine Selektivität einem System zugerechnet wird. Dieses Zurechnungserfordernis bezeichnet einen *geregelten sozialen Prozeß*, der seinerseits bestimmten Anforderungen genügen muß. Dessen Merkmale sind somit im Begriff des Handelns vorausgesetzt.

Die Zurechnung des Handelns auf psychische Systeme erfolgt über *Motive*; sie ist ohne Annahme von Motiven nicht möglich. Den Motivbegriff verwenden wir im Sinne eines neueren sozialwissenschaftlichen Sprachgebrauchs hierbei bewußt und psychologisch.[3] Sowohl die Komplexität psy-

---

2 Hierzu näher: Niklas Luhmann, Sinn als Grundbegriff der Soziologie, in: Jürgen Habermas / Niklas Luhmann, Theorie der Gesellschaft oder Sozialtechnologie: Was leistet die Systemforschung?, Frankfurt 1971, S. 25-100 (S. 77ff.). Vgl. auch Jürgen Habermas, Theorie der Gesellschaft oder Sozialtechnologie? Eine Auseinandersetzung mit Niklas Luhmann, in: Jürgen Habermas / Niklas Luhmann, Theorie der Gesellschaft oder Sozialtechnologie, a. a. O., S. 142-290 (202ff.), und Niklas Luhmann, Systemtheoretische Argumentationen. Eine Entgegnung auf Jürgen Habermas, in: Jürgen Habermas / Niklas Luhmann, Theorie der Gesellschaft oder Sozialtechnologie, a. a. O., S. 291-404 (305f.).

3 Vgl. C. Wright Mills, Situated Actions and Vocabularies of Motive,

chischer Systeme als auch unser Begriff des Handelns, der selbstgeordnete Selektivität impliziert, schließen es aus, Motive im alten Sinne als »innere« (und deshalb! psychische) Ursachen des extern erscheinenden Handelns anzusehen.[4] Motive sind nichts anderes als die sozial interpretierte, verständliche Selektion des Handelns selbst, sind *soziale Annahmen über typisierte Selektionsfaktoren, die eine Zuschreibung von selektiven Prozessen als Handlung bestimmter Personen ermöglichen.*

Eine Motiv-Konzeption, die den Begriff der Zuschreibung benutzt, kann nicht mehr exklusiv personal lokalisiert werden. Sie impliziert stets ein Ego, dem Motive zugeschrieben werden, und einen Alter, der Motive zuschreibt. Es kann sich dabei um dieselbe Person handeln, die sich selbst Motive zuschreiben kann, wenn sie so hoch organisiert ist, daß sie Ego- und Alterfunktionen zugleich ausüben kann. Die Aussagen über Handlung und Motiv, die wir suchen, müssen demnach so weit abstrahiert werden, daß davon abgesehen, also offengelassen werden kann, wer die Motive erlebt. Dabei knüpft man am besten an die Sprache an.

American Sociological Review 5 (1940), S. 904-913; Hans Gerth / C. Wright Mills, Person und Gesellschaft: Die Psychologie sozialer Institutionen, Frankfurt-Bonn 1970, S. 102 ff., Kenneth Burke, A Grammar of Motives, Englewood Cliffs N. J. 1945; Fritz Heider, The Psychology of Interpersonal Relations, New York, London 1958; A. R. White, The Language of Motives, Mind 67 (1958), S. 258-263; Alan F. Blum / Peter McHugh, The Social Ascription of Motives, American Sociological Review 36 (1971), S. 98-109. Auch Max Weber könnte – allerdings mit starken Einschränkungen im Hinblick auf die kausale Deutung seines Motivbegriffs – unter den »Vorfahren« genannt werden; siehe Wirtschaft und Gesellschaft, 3. Aufl., Tübingen 1948, S. 5: »›Motiv‹ heißt ein Sinnzusammenhang, welcher dem Handelnden selbst oder dem Beobachtenden als sinnhafter ›Grund‹ eines Verhaltens erscheint.«

4 Zur Kritik der Auffassung, daß Motiv und Handlung wie Ursache und Wirkung getrennt werden könnten, siehe Abraham I. Melden, Free Action, London 1961.

Motive sind zunächst – und oberflächlich – in ihrer umgangssprachlichen Verwendung zu erfassen, in Worten und Wendungen, mit denen man Erklärungen gibt oder erfragt, Gründe einsichtig macht und auf Umstände bezieht, Rechenschaft legt oder Fehlverhalten entschuldigt.[5] Neugier, Eifersucht, Schwatzsucht, Gutmütigkeit, Eile, Vertrauensseeligkeit, Nachlässigkeit, Angst – ein solches Vokabular und entsprechende Benutzungsregeln machen verständlich und als Typisierung von Personen erwartbar, warum jemand so und nicht anders handelt. Das Vokabular wird benutzt, wenn es paßt und wenn die Zuschreibung oder Erklärung von Handlung ein Problem bildet. Es dient der Vermittlung zwischen auffallend-selektiven Ereignissen, Umständen und Biographien. Seine Typik dient zugleich als Suchmuster für Deutungen, als Schema des Kennenlernens von Personen. Sein Gebrauch muß im Sozialisationsprozeß gelernt werden – und zwar zugleich mit der Erfahrung des anderen Menschen als eines ichgleichen, selektiv-handelnden Subjekts, das sich durch eigene Intentionen steuert.[6]

---

5 Marvin B. Scott / Stanford M. Lyman, Accounts, American Sociological Review 33 (1968), S. 46-62, neu gedruckt in: Stanford M. Lyman / Marvin B. Scott, A Sociology of the Absurd, New York 1970, S. 111-143.

6 Vgl. den Forschungsüberblick bei Edward E. Jones / Kenneth E. Davis, From Acts to Dispositions: The Attribution Process in Person Perception, in: Leonard Berkowitz (Hrsg.), Advances in Experimental Social Psychology, Bd. 2, New York, London 1965, S. 219-266. Siehe auch Shlomo Breznitz / Sol Kugelmass, Intentionality in Moral Judgment: Developmental Stages, Child Development 38 (1967), S. 469-479, und als Versuch einer allgemeinen Zurechnungstheorie Harold H. Kelley, Attribution Theory in Social Psychology, in: David Levine (Hrsg.), Nebraska Symposium on Motivation, Lincoln 1967, S. 192-238. Diese Forschung arbeitet terminologisch mit dem Intentionsbegriff, zeigt aber sehr deutlich, daß die Orientierung an fremden Selektionsfaktoren und das Abschneiden weiterer Kausalforschung strategische Vereinfachungen sind, die es Kindern erst ermöglichen, sich

Vokabular und Grammatik der Zuschreibung von Motiven bilden keine psychologische Theorie, und es würde ihre soziale Funktion verfehlen, dergleichen von ihnen zu fordern. Also ist es verfehlt, dort, wo das Recht Motivannahmen macht oder voraussetzt, den Psychologen um Feststellung des Tatbestandes zu bitten. Allerdings hat sich als Folge einer in die Umgangssprache einfließenden Populärpsychologie auch der Schatz möglicher Motive und indizierender Umstände verbreitert, so daß man heute aus Eifersucht nicht nur töten, sondern auch Schokolade essen kann. Und umgekehrt gibt es psychologische Theorien, die ein kulturell geprägtes Standard-Motiv einer psychologischen Motivationstheorie zu Grunde legen.[7] Mit all dem sind und bleiben Motive jedoch sozial fungible, vereinfachte Versionen psychischer Gegebenheiten und sind *nur so* introspektiver Reflexion, sozialer Kommunikation und introspektiver oder sozialer Kontrolle zugänglich.

Das Gleiche gilt für *Absichten* (oder im juristischen Sinne Vorsatz); nur liegt hier ein engerer Tatbestand mit strengeren Zurechnungsvoraussetzungen vor. Motive können dann und nur dann als Absichten zugeschrieben werden, wenn der Zurechnende eine Korrespondenz von *Motiv* und *Effekt* auf der Basis eines *Ähnlichkeitsurteils* unterstellen kann. Auch dafür nimmt die Sozialpsychologie relativ formale Bedingungen des Zurechnungsprozesses selber an.[8] Auch Ab-

in eine zunehmend komplexe soziale Welt verstehend einzuleben. Auch dies ein Beispiel dafür, daß strategisch placierte Reduktionen Voraussetzung sind für eine Steigerung erfaßbarer Komplexität.

7 Das scheint mir der Fall zu sein bei Robert W. White, Motivation Reconsidered: The Concept of Competence, Psychological Review 66 (1959), S. 297-333. Siehe auch ders., Ego and Reality in Psychoanalytic Theory, Psychological Issues 3 (1963), S. 71-141.

8 Vgl. dazu Edward E. Jones / Kenneth E. Davis, From Acts to Dispositions, a. a. O., und Harold H. Kelley, Attribution Theory in Social Psychology, a. a. O., S. 208 ff. Überzeugend ist vor allem die Annahme,

sicht ist mithin kein psychischer Tatbestand, sondern Korrelat eines Zurechnungsprozesses, der unter angebbaren Umständen wahrscheinlich ist. Mit Absichten wird man etikettiert – allerdings wohl kaum: absichtlich etikettiert.[9]

Selbstverständlich ist mit alldem die Wirksamkeit psychischer Strukturen und Prozesse und die Relevanz psychologischer Forschung nicht bestritten. Gesagt ist nur, daß die *sozial* erforderlichen Reduktionen und Typisierungen damit nicht erklärt werden können. Die sozialen Regeln der Motivzuschreibung haben ihre eigene Funktion und ihre eigenen Funktionsbedingungen im sozialen System. Den psychischen Systemen der handelnd beteiligten Persönlichkeiten wird zugemutet und kann zugemutet werden, sich in

---

daß unter den Effekten einige, aber nur wenige (!), sein müssen, die sich von den Effekten verfügbarer Alternativen unterscheiden und dadurch für einen Vergleich mit Motiven in Betracht kommen. Die weitere Annahme, daß Motive eher als Absichten zugerechnet werden, wenn die Effekte sozial unerwünscht sind, ist dagegen in dieser allgemeinen Form unhaltbar und ist von Kelley (S. 211) aufgegeben worden. Im Ganzen steht die sozialpsychologische Forschung noch in den Anfängen und berücksichtigt in ihrer Tendenz zu variablenarmen, testbaren Modellen die Komplexität der sozialen Systeme, die den Zurechnungsprozeß steuern, zu wenig. Für den Soziologen liegt es zum Beispiel auf der Hand, daß soziales Milieu, u. a. auch Schichtung, die Auswahl von Motiven für Unterstellung als Absicht steuern.

9 Damit ist angespielt auf ein in der Forschung bisher noch nicht behandeltes Problem. In dem Maße, als Zurechnung als kontingenter Prozeß gesehen und erforscht wird, wird die Frage unabweisbar, wer denn wem das Zurechnen zurechnet. Kontingenz macht Reflexivität von Prozessen, nämlich Anwendbarkeit auf sich selbst, möglich und damit unter bestimmten Bedingungen fast zwangsläufig. In diesem Problem steckt die Frage nach der »Zurechnungshoheit« oder nach dem letzten Zurechnen. Die aktuelle Bedeutung ist rasch zu erkennen, wenn man bedenkt, daß es in der Soziologie abweichenden Verhaltens bereits Etikettierungstheorien gibt, die allen Ernstes das Verbrechen dem zurechnen, der sagt, es sei eins. Eine theoretische Lösung dieses Problems ist nicht in Sicht, eine hoheitliche Lösung überzeugt nicht mehr, und seine taktische Bedeutung nimmt zu.

der einen oder anderen Weise auf soziale Motivtypen einzustellen; die Vielfalt und Vagheit dieser Typen enthalten für den Normalfall Spielraum genug (und sind zugleich ein Erfordernis der Trennung und Wiederverbindung psychischer und sozialer Systeme). Man kann sich daher normalerweise verständlich verhalten, das heißt handeln. Notfalls bedient sich das soziale System interpretatorischer oder institutioneller Motivfiktionen (z.B. Jugendlichen gegenüber), ehe es als ultima ratio die Unfähigkeit konzediert, Motive zu haben.[10]

10 Hier bietet sich eine Gelegenheit, vorgreifend auf Probleme juristischer Dogmatik den Begriff der *Zurechnungsfähigkeit / Unzurechnungsfähigkeit* einzuführen. Er bezieht sich auf das im Text behandelte Problem und bezeichnet die Fähigkeit, die *erforderlichen psychischen Äquivalente für Motive herzustellen und zum Tragen zu bringen.* Unzurechnungsfähig ist, wer für (erlaubte oder unerlaubte!) Motive kein tragfähiges psychisches Substrat bereitstellen kann mit der Folge, daß es nicht sinnvoll erscheint, seine Selektionen als Handlung aufzufassen. Er bleibt mit den Ereignissen, die er produziert, »identifiziert«, hat sie ggf. verursacht, aber ihre Selektivität wird ihm nicht zugerechnet. Das über Zurechnungs-/Unzurechnungsfähigkeit gelöste Problem gehört also bereits in den Kontext der Reaktion auf sozial konstituierte Kontingenz, unterliegt damit sozialer (und nicht nur naturgesetzlicher) Steuerung, ist aber gleichwohl vornormativ in dem Sinne, daß es für erlaubte und für unerlaubte Motive gleichermaßen sich stellt. Selbstverständlich sind auch für die Festlegung der Grenze zwischen Zurechnungsfähigkeit und Unzurechnungsfähigkeit soziale Regeln maßgebend, so wie für jedes Urteil über Fähigkeit und Unfähigkeit – siehe z.B. Lawrence D. Haber / Richard T. Smith, Disability and Deviance: Normative Adaptations of Role Behavior, American Sociological Review 36 (1971), S. 87-97. Zu vermuten ist, daß im Falle der Zurechnungs-/Unzurechnungsfähigkeit das Fähigkeitsurteil durch das Motiv-Vokabular mitgesteuert wird und deshalb motivweise sehr verschiedene und auch historisch variierende Anforderungen an die Psyche stellt. Nur so kann eine völlige Individualisierung der Beurteilung vermieden werden. Die hier vorgeschlagene Gleichsetzung von Zurechnungsfähigkeit und Handlungsfähigkeit greift auf die bis im 19. Jahrhundert wirksame aristotelische Tradition zurück. Die Möglichkeit ihres Einbaus

Ein durch Motive vermittelter Zurechnungsprozeß hat näher angebbare Funktionsbedingungen, die als Konstitutionsbedingungen, als Bedingungen der Möglichkeit von Handeln fungieren. Dazu gehören (1) allgemeine Bedingungen der Intersubjektivität, vor allem wechselseitiges Akzeptieren der Beteiligten als selbstselektive Subjekte; (2) Vorkonstitution einer Mehrheit von Möglichkeiten des Handelns, als Mindestes der Möglichkeit, ein bestimmtes Handeln zu vollziehen oder zu unterlassen; (3) eine begrenzte Spannweite des »Woraus« der Selektion, vor allem Begrenzung durch eine verständliche Situation; (4) ausreichende kognitive Kontrolle des Selektionsprozesses, zumindest Bewußtsein der Kontingenz des Ereignisses, das als Handlung zugerechnet wird; dagegen nicht notwendig Bewußtsein des formulierten Motivs; (5) Anschließbarkeit an eine Biographie, was zum Beispiel die Motivfindung bei unerwartet inkonsistentem Handeln erschwert, wenn nicht ausschließt;[11] (6) eine sozial akzeptierte »Topik« möglicher Motive, indizierender Umstände und dazu passender biographischer Typen und vor allem (7) Plausibilität, die nicht in theorieabhängiger Verifikation gewonnen wird, sondern durch einen Vergleich mit anderen Handlungsmöglichkeiten im Selektionsbereich des Handelnden, also durch Rekonstruktion des Selektionsvorgangs selbst.

Die Rechtsordnung setzt dieses Motiv-Vokabular des Alltags und seine Verwendungsregeln voraus, verwendet es

---

in den Schematismus der dogmatischen Theorie des Delikts mit einer Mehrheit binärer Prüfstationen wäre noch zu prüfen.

11 Die bekannte Erscheinung, daß man Trägern hohen gesellschaftlichen Status Delikte nicht so leicht zurechnet, sondern nach Gründen außerhalb von Motiven, z. B. nach Unzurechnungsfähigkeit sucht, hat hier eine ihrer Gründe und ist keineswegs in erster Linie Ergebnis einer gesellschaftlichen Verteilung von Chancen der Kriminalität.

selbst und wandelt sich mit ihm. Der juristischen Begrifflichkeit und den Entscheidungsbegründungen kann keine darüber hinausgehende (etwa fachpsychologische) Begriffsverschiebung oder Präzisierung abverlangt werden. Die Rechtstheorie kann jedoch diese Situation des Rechts, diese Bindung an die Sprache und die Reduktionen des sozialen Verkehrs bewußt machen und eine entsprechende Methodik der Motivforschung entwickeln. Vor allem muß sie klären, welche Rolle die soziale Konstitution des Handelns als zugeschriebene motivmäßige Selektion im Gesamtaufbau des Rechts einnimmt.

Man könnte versucht sein zu sagen, es handele sich um ein außerrechtliches Geschehen in der sozialen Sphäre, um Tatbestände, die das Recht voraussetzen müsse und allenfalls interpretieren könne. Eine solche Zäsur zwischen vorrechtlichem und rechtlichem Bereich ist in dem Maße berechtigt, als ein Rechtssystem ausdifferenziert wird.[12] Sie erfaßt das Recht relativ auf einen bestimmten Stand gesellschaftlicher Evolution und darf den Blick für übergreifende Zusammenhänge nicht verstellen.

Geht man von der Grundfrage aus, wie die Gesellschaft als System Kontingenz konstituiert und ihren Möglichkeitsbereich erweitert in dem Maße, als sie Kontingenz als tragbare Verhaltenslast rekonstruieren kann, wird deutlich, daß wir in der Zuschreibung motivierten Handelns nach sozialen Regeln bereits eine erste Stufe des Prozesses der gesellschaftlichen Rekonstruktion von Kontingenz vor uns haben. Die Erfahrung der Kontingenz und Motivabhängigkeit des fremden und des eigenen Verhaltens, die es ermöglicht, auf zunehmend mehr und komplexere soziale Situationen adäquat zu reagieren, ist gebunden an eine gebrauchsfähige Typik zuschreibbarer Motive und an die entsprechenden

12 Vgl. das Kapitel XII. Das Rechtssystem und die Rechtssicherheit.

Verwendungsregeln. Erst eine solche Struktur erlaubt es, die Innensteuerung des Verhaltens im sozialen Verkehr als Faktum zu akzeptieren. Damit bleibt jedoch offen, *welches* Verhalten als motivmäßig verständliche Handlung gewählt wird.

In Systemen, die Kontingenz konstituieren und die dadurch entstehende Komplexität von Möglichkeiten über Handlungsmotive reduzieren, entsteht ein Folgeproblem, ein Zuviel an Freiheit. Die Motivzuschreibung sichert Verständlichkeit, gegebenenfalls Erwartbarkeit, nicht aber Akzeptierbarkeit des Handelns. Daher entsteht Bedarf für eine *zweite Ebene der Rekonstruktion von Kontingenz*, auf der motiviertes Handeln negiert werden kann – obwohl und gerade insofern, als es verständlich ist. Es müssen soziale Mechanismen geschaffen und institutionalisiert werden, die es ermöglichen, *zu verstehen und doch zu verneinen.*[13] Auf dieser Stufe und für diese Funktion werden Rechtsnormen gebildet. Sie konstituieren die *zweite Freiheit*, zu kontingent und motivabhängig gewähltem Handeln *ja oder nein zu sagen.* Der entstandene Freiheitsüberschuß der *libertas ad oppositos actum* kann nicht, auch nicht teilweise, zurückgenommen werden. Er läßt sich nur durch *mehr Freiheit* wieder regulieren, durch neue Kontingenzen eines andersartigen Typus.

13 Daß dies eine anspruchsvolle, in gewissem Sinne unwahrscheinliche Leistung ist, läßt sich noch am alltäglichen Sprachgebrauch ablesen, in dem »Verstehen« eine Art Zustimmungserwartung impliziert und der, dessen Handeln abgelehnt wird, sich gewöhnlich auch »nicht verstanden« fühlt.

V. Rechtsnormen

Über die Grundbegriffe, von denen aus normatives Sollen definiert werden kann, herrscht Unsicherheit und Streit. Oft begnügt man sich damit, das Sollen als eine ursprüngliche Qualität eigener Art zu bezeichnen, es nur zu symbolisieren und dem Faktischen gegenüberzustellen (als ob das Sollen nichts Faktisches wäre!). Das ist ein Ausweichen vor dem Problem und erlaubt überdies keine ausreichende gedankliche Kontrolle der Verwendung dieses Symbols. Wenn man das Symbol so einführt, wird man nie sinnvoll darüber entscheiden können, ob man eine besondere deontische Logik braucht oder nicht, weil jedes Kriterium der Adäquität einer logischen Sprache fehlt.

Andere definieren normatives Sollen durch einen bestimmten Typus des Erlebens oder Handelns – etwa auf der Basis von Wünschen oder Befehlen oder Vorschreiben. Das verkürzt jedoch, wenn wörtlich gemeint, den Anwendungsbereich zu stark und wird bei extensiver Auslegung des Typus unklar, wenn nicht tautologisch. Diese Schwierigkeiten kommen daher, daß man fragt, was Sollen »ist«. Wir wollen diese Frage ganz vordergründig beantworten mit der Auskunft, daß das Sollen ein symbolisches Kürzel für eine Funktion XXX »ist«, und uns sodann der Frage nach dieser Funktion zuwenden; denn von ihr hängt ab, was als Sollen fungieren kann, und wie vor allem Recht als Sollen fungieren, das heißt Norm sein kann. Und wir werden der Vermutung nachgehen, daß die Funktion des Normativen in der Konstruktion und der Regulierung kontingenten Verhaltens zu suchen ist.

Schon auf den ersten Blick ist für normative Erwartungen kennzeichnend, daß sie sich auf eine *als kontingent erfasste und bewußt gemachte Wirklichkeit des Handelns* beziehen. Normen entstehen nur, wenn man die Möglichkeit ins Auge fassen muß, daß konform *oder* abweichend gehandelt werden wird.[1] Sie ermöglichen eine Antizipation beider Möglichkeiten, und zwar gerade *dadurch, daß sie sie differenzieren.* Normen dienen also auch und besonders der Prognostizierbarkeit von und der Vorwegeinstellung auf Unrecht. Ihr Strukturwert liegt, darauf kommen wir im nächsten Kapitel zurück, jenseits der Unterscheidung von Recht und Unrecht; er liegt in der Beseitigung von Anomie, von Situationen mit untypisierbaren Verlaufsstörungen.[2] Normen formulieren zwar eine mehr oder weniger bestimmte Erwartung – aber unter Einschluß der Miterwartung der Möglichkeit des Gegenteils. Eine solche Erwartungskombination läßt sich nicht mehr in deskriptiven Begriffen für aktuell gegebene Wirklichkeiten ausdrücken, sondern nur noch in Möglichkeitskategorien. Mit Normen befinden wir uns auf der Ebene generalisierter Prämissen der Erlebnisverar-

1 In der sozialpsychologischen und der soziologischen Literatur wird dies häufig hervorgehoben. Vgl. William J. Goode, Norm Commitment and Conformity to Role-Status Obligations, The American Journal of Sociology 66 (1960), S. 246-258 (247); Friedrich H. Tenbruck, Zur deutschen Rezeption der Rollentheorie, Kölner Zeitschrift für Soziologie und Sozialpsychologie 13 (1961), S. 1-40 (15); und vor allem Ralph M. Stogdoll, Individual Behavior and Group Achievement, New York 1959, S. 59 ff. mit einem Überblick über Forschungen, die belegen, daß (durch Fakten nicht zu widerlegende) wunschhafte, begehrende, normative Erwartungen einen höheren Grad an Generalisierbarkeit und dadurch Kompatibilität mit konträren Zuständen erreichen. Das spezifische Kennzeichen des Normativen ist damit allein allerdings noch nicht erfaßt, da es auch nichtnormative Einstellungen auf mögliche Enttäuschungen gibt – etwa offene Unbestimmtheit des Erwartens oder widerrufliche, lernbereite Festlegung.

2 Vgl. dazu das Experiment von Peter McHugh, Defining the Situation: The Organization of Meaning in Social Interaction, Indianapolis 1968, insb. die Schwierigkeiten, anomische Situationen überhaupt zu erzeugen.

beitung, die in der kategorialen Form des Möglichen festliegen und dadurch gegen Widerlegung durch Informationen über wirkliches Verhalten immunisiert sein können.[3]

Damit ist mitgesagt, daß mit Normierungen die Vorteile, aber auch die spezifischen Risiken und Folgeprobleme generalisierter Strukturen verbunden sind, vor allem das Erfordernis langwieriger Lern- und Sozialisierungsvorgänge,[4]

---

3 Diese Rückführung des Normativen auf die kategoriale Form des Möglichen hängt von den zuvor erörterten Begriffsentscheidungen ab. Sie konnte nicht gewagt werden, solange man Möglichkeit nicht als Generalisierung, sondern als im Vergleich zu Wirklichkeit und Notwendigkeit ontologisch »schwachere« Modalität ansah.

4 Die hier anzuschließenden Forschungen über kognitive und normative Persönlichkeitsentwicklung, die auf Jean Piaget zurückgehen, können in einer auf Rechtstheorie abzielenden Untersuchung nicht angemessen dargestellt und gewürdigt werden. Auch in dieser Richtung ist jedoch ein Hinweis auf Möglichkeiten interdisziplinärer Kooperation angebracht, die rechtstheoretische Fragen mit der Sozialisationsforschung verbinden könnte. Eine Orientierung an Regeln scheint die Festigung von abstrakteren Ebenen der Erlebnisverarbeitung vorauszusetzen, von denen aus Realitäten als kontingent behandelt werden können. Dazu scheinen im wesentlichen zwei Schemata zu dienen: die Vorstellung der Kausalität und die Vorstellung einer Mehrzahl von Subjekten mit je eigenen Intentionen (subjektiven Perspektiven). Beide Schemata sind in der einfachsten Form binär aufgebaut und erleichtern es dadurch, etwas Gegebenes in Abhängigkeit von etwas anderem als variabel, als »auch anders möglich« zu sehen. Erst wenn diese Schemata gelernt sind, kann die Orientierung an übergreifenden normativen Regeln eingeübt werden. Die bisherige Forschung hat dem Kontingenzproblem nicht diese zentrale Stellung zugewiesen, läßt sich aber mit seiner Hilfe systematisieren und zusammenfassen. Vgl. außer den bekannten Arbeiten Piagets (insb. Jean Piaget, Das moralische Urteil beim Kinde, Zürich 1954) etwa Anselm L. Strauss, The Development of Conceptions of Rules in Children, Child Development 25 (1954), S. 193-208; Monique Laurendeau / Adrien Pinard, Causal Thinking in the Child, New York 1962; Lawrence Kohlberg, The Development of Children's Orientation Toward a Moral Order, Vita Humana 6 (1963), S. 11-33; ders., Moral Development, Encyclopedia of the Social Sciences, Bd. 1, New York 1968,

ein Bedarf für laufende Respezifikation und für eine Sensibilität gegen Störungen, die sich an den symbolischen Implikationen eines Verstoßes entzündet und kontrolliert. Auf diese Problematik von Generalisierungen beziehen sich die Eigentümlichkeiten eines voll entwickelten normativen Erwartungsstils, und sie lassen sich in dieser Perspektive mit anderen, funktional äquivalenten Lösungen des Kontingenzproblems vergleichen.

Zunächst muß man den komplizierten Aufbau des normativen Erwartens selbst durchschauen. Er wird durch einen doppelten Generalisierungsvorgang ermöglicht. Zum einen wird die Erwartungsstruktur auf die Ebene des Erwartens von Erwartungen transponiert. Die Intentionen des anderen, seine Erlebnisperspektiven, seine Absichten werden einkalkuliert. Dadurch ist man nicht mehr den konkreten und rasch wechselnden Erscheinungsbildern des fremden Verhaltens ausgeliefert, sondern kann sich an dafür unterstellten Gründen, an zugerechneten Einstellungen orientieren. Das Verhalten des anderen wird als kontingent, nämlich als abhängig von dessen Erleben, erlebt; die dem anderen unterstellten Intentionen sind Bedingung der Möglichkeit und Selektionsprinzip zugleich. Mit Hilfe dieser Abstraktion wird eine eigene Einstellung auf sehr viel verschiedenartigere Lebensbereiche möglich, wird auch eine Einstellung auf neuartige Situationen möglich, da man sich über ein Verstehen der Intentionen des anderen vereinfacht und rasch orientieren kann. Die Mitberücksichtigung der Subjektivität des anderen steigert das Potential für Komplexität, das in sozialen Beziehungen aktiviert werden kann.

S. 483-494; Shlomo Breznitz / Sol Kugelmass, Intentionality and Moral Judgment: Development Stages, Child Development 38 (1967), S. 469-479; Richard M. Merelman, The Development of Political Ideology: A Framework for the Analysis of Political Socialization, The American Political Science Review 63 (1969), S. 750-767.

Zum anderen erleichtert diese Abhebung von der erscheinenden Realität des faktischen Verhaltens Übertragungen und Projektionen. Die Zurechnung des Erwartens kann verwechselt, kann ausgetauscht, kann anonymisiert werden. Die Norm substituiert sich gleichsam selbst für die Realität, die eventuell ausbleibt (ausbleiben wird, ausgeblieben ist); und sie setzt an die Stelle des *erwarteten* Verhaltens, wenn es ausbleibt, ein Verhalten des *Erwartenden* – nämlich expressives Bekenntnis zur Norm, Formulierung der Erwartung, symbolische Aktivitäten, Sanktionen.[5]

Wir halten fest, daß Generalisierung und Substitution von Erwartung für Verhalten sich wechselseitig bedingen und daß beide ein Kontingentwerden des Verhaltens als intentionales Handeln voraussetzen und dann wiederum bewirken. Ego sanktioniert nicht einfach ein Verhalten Alters, das er begehrt, befiehlt, bewirken will; sondern er versetzt seine Erwartung *in die als kontingent begriffene Entscheidungssituation Alters* und sanktioniert sie *als dessen Entscheidungsprinzip*. Nur so wird erreicht, daß die normative Erwartung sich nicht einfach einer konformen oder abweichenden Realität *gegenübersieht*, sondern diese Realität *überlagert*. Auf der Ebene des Erwartens von Erwartungen lassen sich in bezug auf unsichere Sachverhalte gleichsam »kurzschlüssige« Sicherheiten bilden, die sich nicht voll auf Konsens im Sinne einer Übereinstimmung faktischer Meinungen und Handlungsbereitschaften zurückführen lassen, sondern als motivierende Unterstellungen fungieren.[6]

---

5 Vgl. Niklas Luhmann, Normen in soziologischer Perspektive, Soziale Welt 20 (1969), S. 28-48, neu gedruckt in: Die Moral der Gesellschaft, hrsg. von Detlef Horster, Frankfurt 2008, S. 25-55.

6 Vgl. hierzu die Unterscheidung von *Meinungsidentität* und *Erwartungskongruenz* bei Johannes Siegrist, Das Consensus-Modell: Studien zur Interaktionstheorie und zur kognitiven Sozialisation, Stuttgart 1970, S. 95 f. im Anschluß an Edward E. Sampson, Status Con-

Erst auf einem solchen, verhältnismäßig komplizierten »Unterbau« reflexiven Erwartens wird es möglich, einen bewußt normativen Erwartungsstil auszubilden und ihn mit Sollwerten zu symbolisieren.[7] Das Ergebnis ist eine *charakteristische Einstellung auf Kontingenz*, die zugleich eine Steigerung tragbarer Kontingenz ermöglicht. Sie benutzt nicht die (reaktionsschwache) Form der Gleichgültigkeit (so wie man gleichgültig ist gegen den Autotyp, wenn man ein Taxi nimmt) und auch nicht die kognitive Form einer vorläufig spezifizierten, widerrufsbereit akzeptierten Realitätsannahme (so wie man annimmt, daß der Freund, den man besuchen will, zu Hause ist); sondern man erwartet (wenn es etwa darum geht, daß das Hotelbett frisch bezogen sein soll) in der Form der enttäuschungsfesten, kontrafaktischen Entschlossenheit. Man trotzt der Kontingenz und hält die Erwartung fest auch dann, wenn sie enttäuscht wird.

Jenes Übergreifen auf fremde Intentionen im Erwarten von Erwartungen macht demnach eine enttäuschungsfeste Stabilisierung von Strukturen möglich, die mit einer kontingenten, auch anders möglichen Realität kompatibel bleibt. Normativität ist durchaus nicht auf Ausmerzen aller anderen Möglichkeiten, auf Beseitigung jeder entgegenstehenden Realität angewiesen; sonst wäre sie nur in den aller-

---

gruency and Cognitive Consistency, Sociometry 26 (1963), S. 146-158, mit der wichtigen These, daß Erwartungskongruenz grundlegendere Bedeutung hat als Meinungsidentität (S. 102). Der Begriff der Erwartungskongruenz müßte freilich genauer geklärt werden. Er ist jedenfalls nicht identisch mit dem, was wir weiter unten unter dem Titel kongruente Generalisierung von Erwartungen behandeln werden (S. 83).

7 Diese Herleitung erklärt zugleich den Befund einer nicht veröffentlichten empirischen Untersuchung von Elmar Lange, daß im täglichen Leben (hier: von Soldaten) die explizite Festlegung auf rein normativen oder rein kognitiven (lernbereiten) Erwartungsstil ziemlich selten ist und Mischformen vorherrschen.

selbstverständlichsten Handlungslagen brauchbar. Sie ermöglicht vielmehr ein anmaßendes »Überziehen« der realen Integriertheit des Handelns im Erwarten.[8] Dieser Generalisierung entsprechen gesteigerte Risiken – vor allem dies, daß Konflikte auf dieser Ebene des Erwartens von Erwartungen nicht mehr einfach als Meinungsverschiedenheiten oder als Interessengegensätze abgewickelt werden können, sondern eine neue Art symbolvermittelter Brisanz für die Integration des Systems gewinnen: Streit wird zugleich zum Streit über das Recht zum Streiten.[9] Man darf vermuten, daß die Institutionalisierung dieses schon recht komplexen Leistungssyndroms beträchtliche Anforderungen an das soziale System einer Gesellschaft stellt.[10]

Es scheint, daß ein normativer Erwartungsstil in rudimentärer Form schon in den einfachsten menschlichen Gesellschaften ausgebildet worden ist,[11] wahrscheinlich als

---

8 Dies gilt für Projektion allgemein. Siehe dazu Jean Maisonneuve, Psychosociologie des affinités, Paris 1966, S. 336 ff., 350 ff.

9 Diese inhärente Tendenz zur Radikalisierung normativen Streitens kann zwar durch geeignete Institutionen legalen Konfliktverhaltens, etwa Gerichtsverfahren, abgebaut werden, aber nur durch Umstilisierung normativer in kognitive Konflikte, also nur durch Übertragung des ursprünglichen Konfliktes auf ein nicht isomorphes Verhaltensmodell. Dazu Niklas Luhmann, Legitimation durch Verfahren, Neuwied, Berlin 1969, S. 100 ff.

10 Entsprechend ließe sich auch nach den Anforderungen an psychische Systeme fragen. Projektion im allgemeinen und Normprojektion im besonderen setzen zum Beispiel sprachbedingtes Abstraktionspotential voraus. Vgl. dazu im Anschluß an Ergebnisse der Aphasie-Forschung Alfred R. Lindesmith / Anselm R. Strauss, Social Psychology, 3. Aufl., New York 1968, S. 100 f. Siehe ferner oben S. 73, Fn. 4.

11 Für ein etwa jungsteinzeitliches Lebensniveau ist das ausgiebig dokumentiert bei Leopold Pospisil, Kapauku Papuans and Their Law, New Haven 1958. Auf wesentlich ältere Lebensformen wird man nur sehr vorsichtig zurückschließen können. Bereits die klassische Analyse der Andaman Islanders durch Alfred Radcliffe-Brown (The An-

ein Komplement jener inneren Unbestimmtheit und Handlungsbeweglichkeit, die dem Menschen definitive Entwicklungsvorteile gegenüber anderen Lebewesen verschafft hat. Man könnte vermuten, daß Normativität zugleich mit der Ausdifferenzierung eines spezifisch menschlichen Sozialmilieus entstanden ist, das immer schon Erfahrung kontingenten Verhaltens und Fortsetzung der Lebensgemeinschaft trotz dieser Erfahrung erforderte.[12] Wie dem auch sei – in der Form der Normativität kann unter näher anzugebenden Voraussetzungen *die Menge der mit einer Struktur kompatiblen Wirklichkeiten erweitert werden.* Ein normativ strukturiertes System kann sowohl mit erwartetem als auch mit enttäuschendem Verhalten zusammen bestehen – freilich nur in den oft eng gezogenen Grenzen seines Repertoires an Strategien der Enttäuschungsabwicklung.[13] Mit dieser wichtigen Einschränkung, die die Variablen betrifft, von denen die Durchhaltefähigkeit des Erwartens jeweils abhängt, kann man sagen: Normen sind eine Form von Generalisierung, unter der Wirkliches als kontingent ins Auge gefaßt und ertragen werden kann. Sie befreien zu einer kontingenten, für andere Möglichkeiten offenen Wirklichkeitssicht. Mit ihrer Hilfe kommen personale und soziale Systeme über ein unmittelbar-adaptives, quasi-organisches Verhalten zur Wirklichkeit hinaus. Die Normativität von Strukturen bietet gleichsam die innere Rückversicherung für ein als kontingent projiziertes Wirklichkeitsverhältnis. Dank einer wech-

daman Islanders, Glencoe Ill. 1948; zuerst 1922) stimmt, was die Normierung eines Tötungsverbots angeht, eher vorsichtig.

12 Auf dieser Linie liegen auch die Überlegungen von Dieter Claessens, Instinkt, Psyche, Geltung: Zur Legitimation menschlichen Verhaltens, 2. Aufl., Köln, Opladen 1970, über Zusammenhänge von »Insulation« und Legitimation von »Geltung«.

13 Im Hinblick auf eine Erweiterung dieses Repertoires habe ich die Institution rechtlich geregelter Verfahren interpretiert in: Niklas Luhmann, Legitimation durch Verfahren, a. a. O.

selseitig-normativen Erwartungsstruktur können Menschen auch dann interagieren, wenn sie die Nichtselbstverständlichkeit ihres Handelns sehen und konzedieren müssen.

Den gleichen Gedanken einer Zulassung von Kontingenz können wir unter dem Gesichtspunkt der *Steigerung tragbarer Unsicherheit* formulieren. Auf der Erwartungsebene können Sachverhalte verknüpft werden, die man als kontingent sieht und in bezug auf deren Eintritt man unsicher ist und bleibt. Man kann antizipieren: Wenn dies geschieht, habe ich die Möglichkeit, in bestimmter Weise zu handeln, und kann sich mit dieser Antizipation beruhigen. Wie Garner[14] am Beispiel kategorisierender psychischer Strukturen gezeigt hat, hängt Strukturbildung von der Entstehung von Unsicherheit ab und dient dann dazu, die in einem System tragbare Unsicherheit zu steigern – nicht etwa: sie zu beseitigen. Ob ein bestimmtes Verhalten vorkommen wird, kann mehr oder weniger ungewiß sein, und ebenso ungewiß kann sein, ob das komplementäre, zum Beispiel ein sanktionierendes Verhalten erfolgen wird. Diese Unsicherheit in bezug auf *beide* Variablen bleibt erhalten, wird aber tragbar gemacht durch die oben[15] genannte nichtkontingente Verknüpfung kontingenter Sachverhalte, namentlich durch die Regel, daß eine Sanktion erfolgt, wenn ein bestimmtes Verhalten vorliegt.[16] Eine solche Regel überzeugt natürlich nur, wenn eine Verknüpfung faktisch möglich und nicht unwahrscheinlich ist. Aber ihre primäre Funktion liegt nicht

---

14 Siehe Wendell R. Garner, Uncertainty and Structure as Psychological Concepts, New York, London 1962.

15 Siehe oben S. 58.

16 Strukturen dieser Art sind zugleich funktionale Äquivalente für Vertrauen, das in anderer Weise die gleiche Funktion der Steigerung von Unsicherheitstoleranz erfüllt. Hierzu Nikas Luhmann, Vertrauen: Ein Mechanismus der Reduktion sozialer Komplexität, Stuttgart 1968.

in der zuverlässigen Motivation oder gar in der Determination normgemäßen Verhaltens – dazu brauchte man sehr viel komplexere und anspruchsvollere Ursachenkombinationen. Sie liegt also auch nicht in der sicheren Ausschließung unerwünschter Möglichkeiten, sondern in der Stabilisierung einer Einstellung auf Unsicherheit und in der Neutralisierung ihrer destruktiven, anomischen Effekte. Gesichert werden nur *Annahmen* – und deshalb konnte Roscoe Pound seine »jural postulates« als Ermöglichung von Annahmen (»assumptions«) formulieren[17] –, nämlich Annahmen über die Behandlung *unsicherer Ereignisse*. Die Unsicherheit wird nicht schon durch die *Struktur*, sondern immer erst durch *Information*, darunter natürlich auch Information über Strukturen, behoben.

Wenn diese Auffassung zutrifft, bedarf die alte Diskussion der »certitudo jurisprudentiae« und der »Rechtssicherheit« der Überarbeitung. In dieser Diskussion hatte man *certitudo* und Sicherheit als Zielformeln begriffen und als Beseitigung von Unsicherheit ausgelegt.[18] Logik und System der Szientifizierung der Jurisprudenz und Berechenbarkeit des Rechtsganges wurden im Namen dieser Werte gefordert mit einer die moralischen Bindungen des Rechts deutlich

17 Roscoe Pound, Social Control Through Law, 1942, Neudruck Hamden, Conn. 1968, S. 113 ff.

18 Zum frühneuzeitlichen Diskussionszusammenhang der »certitudo jurisprudentiae«, der durch die Erfahrung der konfessionellen Bürgerkriege und durch die aufkommende Philosophie der Wissenschaft geprägt war, siehe Hans Erich Troje, Wissenschaftlichkeit und System in der Jurisprudenz des 16. Jahrhunderts, in: Jürgen Blühdorn / Joachim Ritter (Hrsg.), Philosophie und Rechtswissenschaft: Zum Problem ihrer Beziehungen im 19. Jahrhundert, Frankfurt 1969, S. 63-88. Zur sehr viel späteren Terminologiegeschichte von Rechtssicherheit Franz-Xaver Kaufmann, Sicherheit als soziologisches und sozialpolitisches Problem: Untersuchungen zu einer Wertidee hochdifferenzierter Gesellschaften, Stuttgart 1970, S. 96 ff.

transzendierenden Akzentuierung. Auf diesem Wege ist man jedoch über ein Denken in Doppelform wie der alten *pax et justiti* oder neuen Gerechtigkeit und Rechtssicherheit nicht hinausgekommen – Orientierungsmuster, die zwar für die praktische Jurisprudenz den Vorteil hoher Elastizität und eines erfreulichen Überschusses an Begründungsmöglichkeiten hergaben, die aber rechtstheoretisch unergiebig geblieben sind. Erst wenn man das Problem der Sicherheit in der angezeigten Richtung als ein Steigerungsproblem umformuliert, kommt man zu rechtstheoretisch fruchtbaren Fragestellungen. Dann sieht man nämlich das Problem nicht mehr in der (unmöglichen) Beseitigung von Unsicherheit und »löst« es nicht mehr durch Idealisierung von Zielformeln, durch gleichsam stellvertretende Perfektheit der Ideale; sondern man muß nach einer sinnvollen Kombinatorik von Unsicherheit und Sicherheit fragen, die sich unter gegebenen gesellschaftlichen Verhältnissen realisieren läßt. In dieser Gestalt ist das Sicherheitsproblem nichts anderes als eine Rekonstruktion des Kontingenzproblems und auf diese Weise verknüpft mit und abhängig von der Normtheorie.

Zunächst bleibt freilich der Umweg über unvertraute begriffliche Abstraktionen zu gehen. Abstrahiert man den Sinn des normativen Sollens auf die Funktion kontrafaktischer Stabilisierung von Erwartungserwartungen, lockert sich, im Vergleich zu herkömmlichen Vorstellungen, die begriffliche Verbindung von Normativität und Recht. Gerade darin sehen wir Erkenntnischancen. Wir können für ein genaueres Verständnis der Systemfunktionen und Folgeprobleme von Normierungen empirische Forschungen auswerten, die außerhalb des Rechts liegen; und zwar mit einem Abstraktionsniveau, das den Erfordernissen einer Rechtstheorie entspricht. Wichtige Anregungen hätten zum Beispiel psychologische Forschungen über projektive Erlebnisverarbeitung, über normative Voraussetzungen kognitiver

Erlebnisverarbeitung oder Forschungen über die Psychopathologie des Familienlebens zu bieten. Wir können Verständnis gewinnen für Rechtsordnungen, die normative Mechanismen zwar voraussetzen, aber funktionell gering bewerten im Vergleich zu sachlich-sinnhaften oder zu institutionellen, sozialintegrativen Aspekten des Rechts.[19] Und

---

19 Dies gilt sehr deutlich für das altchinesische Recht außerhalb des Strafrechts und gewisser Teile des öffentlichen Rechts, zu erkennen daran, daß die Norm der kompromißbereiten Nachgiebigkeit bei der Durchsetzung von Rechtsansprüchen mitinstitutionalisiert ist. Vgl. z. B. Jean Escarra, Le droit chinois: Conception et évolution, institutions législatives et judiciaire, science et enseignement, Peking, Paris 1936, S. 13 ff.; Joseph Needham, Science and Civilization in China, Cambridge Engl., Bd. II, 1956, S. 529 ff., und, stärker auf die soziologischen Zusammenhänge eingehend, Sybille van der Sprenkel, Legal Institutions in Manchu China: A Sociological Analysis, London 1962, S. 114 f.; ferner für die sehr viel stärker standesmäßig strukturierten japanischen Verhältnisse Dan Fenno Henderson, Conciliation and Japanese Law: Tokugawa and Modern, Seattle, Tokyo 1965 insb. S. 10, 127 ff., 173 ff. Darin bewahren sich Reste archaischen Rechtsdenkens, denen der Gedanke, daß Recht allein wegen seiner normativen Geltung durchgesetzt werden müßte, weithin fremd war. Dazu Rüdiger Schott, Die Funktionen des Rechts in primitiven Gesellschaften, in: Rüdiger Lautmann (Hrsg.), Die Funktion des Rechts in der modernen Gesellschaft, Bielefeld 1970 (Jahrbuch für Rechtssoziologie und Rechtstheorie 1), S. 107-174 (132 ff.). Auch »heilige Rechte« älterer Hochkulturen, besonders des Islam, werden weniger als normative Stabilisierung kontingenter Verhaltensweisen angesehen, sondern haben ihren Schwerpunkt im »Bedürfnis eines bestimmten Kreises von Frommen nach religiöser Wertung aller Lebensverhältnisse« (Joseph Schacht, Zur soziologischen Betrachtung des islamischen Rechts, Der Islam 22 (1935), S. 207-238 (221)). Die ethnographische und historisch vergleichende Rechtsforschung kann mithin, wenn unter hinreichend abstrakten Gesichtspunkten betrieben, belegen, *daß der funktionale Primat unter den einzelnen rechtsbildenden Mechanismen variiert*, und es daher als ein Problem anzusehen ist, ob und unter welchen gesellschaftsstrukturellen Voraussetzungen die Normativität zum führenden Merkmal des Rechts wird. Allerdings ist nicht zu verkennen, daß der Begriff eines »funktionalen Primats« mit erheblichen logischen und empirischen Unklarheiten belastet ist, die sich nur im

wir gelangen über die formal-klassifikatorische Behandlung von Rechtsnormen als eine besondere Art von Normen hinaus, die die bisherigen Versuche einer Definition des Rechts getragen – und unfruchtbar gemacht hat.[20]

Gerade diese funktionale Abstraktion, die die interdisziplinäre Kontaktfähigkeit des Forschungsansatzes begründet, stellt nun aber die Herausarbeitung eines hinreichend spezifischen Begriffs des Rechts und der Rechtsnorm vor besondere Anforderungen. Die Präzisierung des Normbegriffs und der Funktion des Sollens allein genügt dafür nicht, da es auch nichtrechtliches Sollen, ja sogar rein »private« Normprojektionen gibt. Das Spezifische der Rechtsnorm suchen wir in der Art und Weise, wie das Kontingenzproblem gelöst wird; genauer, wie die Folgeprobleme der Zulassung und Steigerung kontingenten Verhaltens in menschlichen Interaktionssystemen gelöst werden.

Als Korrektiv der Zulassung von Kontingenz und des Risikos der Fakten überziehenden, normativen Generalisierung dient im Falle des Rechts ein Erfordernis, das wir *kongruente Generalisierung von Verhaltenserwartungen* nennen können. Das soll heißen: Als Recht können nur diejenigen Verhaltenserwartungen angesehen werden, die sowohl zeitlich, als auch sachlich, als auch sozial generalisiert sind, je

---

Zuge einer weiteren Ausarbeitung systemtheoretischer und evolutionstheoretischer Überlegungen werden beheben lassen.

20 Typisch für diese Art des Vorgehens ist, daß man Normativität oder Sollen als undefinierbaren und unmittelbar verständlichen Grundbegriff voraussetzt und dann versucht, weitere definierende Merkmale anzugeben, die das Recht von anderen Normbereichen unterscheidet. Dabei konnte, da die Normativität selbst in ihrer Funktion undurchschaut blieb, auch das funktionale Zusammenspiel dieser verschiedenen Merkmale nicht geklärt werden, und damit unterblieb auch eine Erforschung der gesellschaftsstrukturellen und evolutionären Voraussetzungen unterschiedlicher Ausprägungen dieses Zusammenspiels.

nach den Anforderungen, die das jeweilige Gesellschaftssystem in diesen Hinsichten stellt.[21] Die Sollform des Erwartens impliziert, für sich allein genommen, lediglich zeitliche Generalisierung; sie postuliert Dauerhaftigkeit der Erwartung über den Enttäuschungsfall hinaus. Hinzukommen muß eine gewisse sachliche Typifizierung, die den Sinn der Norm vom Einzelfall, von der persönlichen Biographie, von der Beziehung zu einem bestimmten Adressaten ablöst. Nur so kann Dauerhaftigkeit überzeugend projiziert werden. Nur so kann schließlich auch das dritte Erfordernis, die soziale Generalisierung (Institutionalisierung) der Norm erfüllt werden. Institutionalisierung besagt, daß die Erwartung auch dritten Personen als deren eigene unterstellt werden kann.[22] Damit wird die Ablösung der Norm von der »Zufälligkeit« des Willens von Ego und von Alter erreicht; sie wird zur allgemeinen Erwartungsmöglichkeit generalisiert.

Erst im Konvergieren dieser drei Generalisierungsrichtungen bildet sich Recht über kontingentem Verhalten, weil nur so eine hinreichende Alternativenlosigkeit der Struktur gesichert werden kann. Fehlte die zeitliche Generalisierung als Norm, so hieße das: Erwartung nur bis zur nächsten Enttäuschung und von dann ab möglicherweise anders. Fehlte

---

21 Eine ausführliche Darstellung der generalisierenden Mechanismen und ihrer Abhängigkeit von der evolutionären Lage des Gesellschaftssystems setzt umfangreiche soziologische Analysen voraus; sie bleibt deshalb einer Veröffentlichung über Rechtssoziologie vorbehalten (Anm. des Herausgebers: siehe Niklas Luhmann, Rechtssoziologie, 2 Bde., Reinbek bei Hamburg 1972, 2. erw. Aufl. Opladen 1983).

22 Siehe zu dieser Festlegung des sehr unterschiedlich gebrauchten Begriffs Institution / Institutionalisierung: Niklas Luhmann, Institutionalisierung: Funktion und Mechanismus im sozialen System der Gesellschaft, in: Helmut Schelsky (Hrsg.), Zur Theorie der Institution, Düsseldorf 1970, S. 27-41.

die sachliche Generalisierung, so hieße das: Erwartung nur in den genauen Umrissen des Einzelfalls und bei jeder neuen Nuance möglicherweise anders. Fehlte die soziale Generalisierung, so hieße das: Erwartung nur von mir aus und bei jedem miterlebenden Anderen möglicherweise anders. Kongruente Generalisierung verhindert mit anderen Worten das Auftreten von Kontingenz in der Form offener Beliebigkeit in den einzelnen Dimensionen der Generalisierung; kongruente Generalisierung schließt damit Kontingenz nicht aus, aber *zwingt sie in die Form abweichenden Verhaltens.*

Recht, das durch kongruente Generalisierung entsteht, wird auf diese Weise relativ unabhängig von der Faktizität des bewußten Erlebens bestimmter Erwartungen; es wird generalisiert zu einer im Horizont der täglichen Lebensführung angezeigten bloßen Möglichkeit der Erwartungsbildung und -vergewisserung, von der man nur selten und nur in spezifizierten Bedarfsfällen Gebrauch macht. Von einer gewissen Entwicklungsschwelle ab setzt die Erhaltung einer so distanzierten Möglichkeit des Zugangs zu Möglichkeiten des Erwartens besondere Vorkehrungen, namentlich Schrift, voraus.

Diese Fassung des Rechtsbegriffs liefert die Grundlage für eine soziologische Erforschung der das Recht konstituierenden sozialen Mechanismen in ihrer Abhängigkeit von den Strukturen des Gesellschaftssystems und in ihrer evolutionären Interdependenz. Die Rechtstheorie könnte ihre besondere Aufgabe darin sehen, genauer zu erforschen, wie dieses Syndrom von Recht konstituierenden sozialen Prozessen die Kontingenz sozialer Interaktion verändert und zur Entscheidung bringt.

VI. Die Einheit der Rechtsordnung

Von Einheit der Rechtsordnung hat man gesprochen im Sinne der Ausrichtung des Rechts auf ein einziges Prinzip, im Sinne einer regulativen Idee, im Sinne eines Inbegriffs von Rechtsnormen oder im Sinne der Konsistenz, sei es von Normen, sei es von Entscheidungen, sei es von Erkenntnissen über Normen oder Entscheidungen.[1] All diesen Bestimmungen ist gemeinsam, daß sie die Einheit des Rechts allein auf der positiven Seite der geltenden Normen und des ihnen entsprechenden Verhaltens suchen. Die Absicht dieser Problemstellung geht auf die Begründung der einzelnen Norm oder der einzelnen Entscheidung aus dem Prinzip und der Einheit des Rechts. Zu dieser Auffassung wird man geführt, wenn man das Problem des Rechts in der gerechten Lebensführung oder in der Herstellung von gerechten Zuständen sieht.

Sieht man das Problem in der Kontingenz des zwischenmenschlichen Verhaltens, also in der Möglichkeit, konform oder abweichend zu handeln, *muß der Einheitsbegriff revidiert werden und diese Disjunktion übergreifen.* Das Recht wird dadurch eine logisch schwache Einheit; zum Recht gehört nicht nur das konforme, sondern auch das abweichende Verhalten, nämlich alles Verhalten, das durch die Rechtsstruktur bedingt ist und nur mit Hilfe der Rechtsstruktur charakterisiert werden kann.[2] Dies Ergebnis drängt sich un-

---

1 Eine Erörterung des Einheitsproblems auf dieser Ebene findet man bei Karl Engisch, Die Einheit der Rechtsordnung, Heidelberg 1935.

2 Diese Auffassung findet sich grundsätzlich auch bei Theodor Geiger, Vorstudien zu einer Soziologie des Rechts, 2. Aufl., Neuwied, Berlin 1964, insb. S. 70f. Sie wird dort jedoch als Wirklichkeitsgehalt – und das ist für Geiger die Alternativwirkung – der einzelnen Norm formuliert, während ich es für richtig halte, den Normbegriff zur Bezeichnung des gemeinten Sollens zu reservieren. Geiger kommt mit

abhängig davon auf, ob man den Rechtsbegriff auf das rechtlich geregelte Verhalten, auf Entscheidungen über Recht und Unrecht, auf Normen oder auf Rechtserkenntnisse bezieht, denn in all diesen Hinsichten ist die Ja-oder-Nein-Ambivalenz als Möglichkeit mit dem Recht unauflöslich verbunden. Das Recht ist der Bedingungszusammenhang von »Recht« und »Unrecht«, die Einheit von Licht und Schatten.[3] Solch ein doppelzügiger Aufbau von Systemen in der Form von verwirklichten und nichtverwirklichten Möglichkeiten ist weit verbreitet und möglicherweise allgemeine Voraussetzung von Evolution.

Natürlich soll Recht in dieser weiten Fassung nicht heißen Indifferenz gegen Recht und Unrecht, vielmehr gerade die Differenz von Recht und Unrecht. Für eine Moral der bloßen *Harmonisierung* von Recht und Unrecht und der Abwertung dieser Differenz als Streit haben wir Muster in fernöstlichen Traditionen, die nicht zur Nachahmung ermutigen,[4] die weder eine Institutionalisierung von abstrak-

---

seinem Ansatz in die Schwierigkeit, sagen zu müssen, daß sowohl das konforme als auch das abweichende Verhalten der Norm entspricht und daß es Unrecht eigentlich gar nicht, bzw. nur als subjektive Bewertung durch Betrachter, gibt (S. 206), und das Sollen selbst bleibt »leeres metaphysisches Phrasenwerk« (S. 208).

3 Die Formulierung, die das Wort Recht in zweifachem Sinne (und deshalb einmal in Anführungszeichen) verwendet, ist nur scheinbar paradox. Aussagen über die Einheit des Rechts müssen auf einer anderen Sprachebene formuliert werden als Aussagen innerhalb der Differenz von Recht und Unrecht. Das gleiche Problem tritt in der Erkenntnistheorie und der Logik auf, wo man sich ebenfalls genötigt sieht, die Wahrheitswerte »wahr« und »falsch« zu unterscheiden.

4 Vgl. hierzu Hahm Pyong-Choon, The Korean Political Tradition and Law: Essays in Korean Law and Legal History, Seoul 1967, insb. S. 29 f., 41 ff., 53; Kawashima Takeyoshi, The Status of the Individual in the Notion of Law, Right, and Social Order in Japan, in: Charles A. Moore (Hrsg.), The Status of the Individual in East and West, Honolulu 1968, S. 429-448.

ten Geltungsebenen noch einen Ausbau von Verfahrenssystemen erlauben und in der sozialen Praxis eine stark hierarchische Gliederung der Gesellschaft mit entsprechend differenzierten Kompromißchancen als substitutiven Entscheidungsmechanismus voraussetzen. Eine voll entwickelte, ausdifferenzierte Rechtsordnung erfordert aus der Einheit ihrer Problemstellung heraus vielmehr Entscheidungsregeln über Recht oder Unrecht und etikettiert Sachverhalte nach Maßgabe dieser Entscheidungsregeln als Recht bzw. Unrecht. Das Recht hat eine Präferenz für »Recht«.[5] Daran soll nicht gerüttelt werden. Von der herrschenden Auffassung unterscheiden wir uns durch die These, daß die *Einheit der Rechtsordnung selbst keine solche Entscheidungsregel ist.*

Diese Einsicht, daß gerade eine Zulassung und Regulierung der Differenz von Recht und Unrecht Systemerfordernis ist, läßt sich an einer Neuinterpretation des Phänomens des Gewissens illustrieren.[6] Daß der Mensch nicht in jeder Lebenslage seinem Gewissen folgt, sondern abweichend handeln kann, hat man schon immer gewußt.[7] Die Inter-

---

5 Eine logische Begründung dieser Präferenz aus der Einheit der Rechtsordnung werden wir vergebens suchen. Auch der Erkenntnistheorie ist, soweit ich sehen kann, keine logische Begründung der Präferenz für Wahrheit innerhalb der Disjunktion von Wahrheit oder Falschheit gelungen. Vielmehr treten auch hier an die Stelle von Begründungen Regeln der Progression des Erkennens und gegebenenfalls eine Analyse der Konstitutions- und Leistungsbedingungen solcher Regeln. Vgl. dazu Lothar Eley, Metakritik der formalen Logik: Sinnliche Gewißheit als Horizont der Aussagenlogik und elementaren Prädikatenlogik, Den Haag 1969.

6 Zum Folgenden ausführlicher Niklas Luhmann, Das Phänomen des Gewissens und die normative Selbstbestimmung der Persönlichkeit, in: Franz Böckle / Ernst-Wolfgang Böckenförde (Hrsg.), Naturrecht in der Kritik, Mainz 1973, S. 223-243.

7 Frappierend sind gleichwohl neuere empirische Forschungen über die sehr hohe Stabilität *und Abweichungstoleranz* kognitiver und

pretation dieser rätselhaften (und scheinbar so unnötigen) Möglichkeit zum Bösen muß jedoch revidiert werden. Man kann das Problem nicht länger als ewigen Kampf jenseitiger Mächte in der Seele des Menschen oder hierarchisch als Teilhabe des sündigen Menschen an einer höheren Ordnung artikulieren. Nicht einmal die sozialpsychologische Theorie der »Internalisierung« sozialer Werte zu Strukturmerkmalen der individuellen Persönlichkeit befriedigt, weil sie die hohe »Unzuverlässigkeit« der psychischen Steuerung nicht erklären kann.[8] Man muß vielmehr sehen, daß gerade diese moralische Unzuverlässigkeit ein Erfordernis der Identifikation eines hochkomplexen, sinnhaft integrierten Handlungssystems ist. Ein sehr vielseitiges, strukturell weitgehend offengelassenes, umweltabhängiges Handlungsrepertoire kann nur durch entsprechende innere Unbestimmtheiten zusammengehalten werden. Den äußeren Kontingenzen entsprechend müssen innere Kontingenzen aufgebaut werden, weil die erforderliche Verhaltenssteigerung nur in der Verknüpfung kontingenter Ereignisreihen liegen kann. Ein solches System muß sich daher, sofern es auf sich selbst reflektiert, als Zurechnungseinheit sowohl für seine Prinzipien als auch für sein abweichendes Verhalten identifizieren, *weil es sonst auf jeden eigenen Verstoß mit Nichtidentität und mit*

---

wertmäßiger Schemata psychischer Verhaltenssteuerung, die anscheinend im Laufe des Sozialisationsprozesses nicht abgebaut, sondern eher noch erweitert wird. Vgl. Robert E. Grinder, Relation between Behavioral and Cognitive Dimensions of Conscience in Middle Childhood, Child Development 35 (1964), S. 881-891; Gene R. Medinnus, Behavioral and Cognitiv Measures of Conscience Development, Journal of Genetic Psychology 109 (1966), S. 147-150.

8 Siehe den Überblick über die Schwierigkeiten der älteren Internalisierungskonzeption bei Lawrence Kohlberg, Moral Development, International Encyclopedia of the Social Sciences, Bd. 10, New York 1968, S. 483-494; ferner Justin Aronfreed, Conduct and Conscience: The Socialization of Internalized Control over Behavior, New York 1968.

Verlust der Verhaltenskontrolle reagieren müßte. Das Gewissen leistet daher keine strukturelle Determination konformen Verhaltens – das wäre nicht einmal ein sinnvolles, wenn auch unerrreichbares Ideal, sondern einfach ein zu enges, zu riskantes Identitätsprinzip –, sondern es leistet die Einheit der Zurechnung von normierendem Prinzip und abweichendem Verhalten. Es ermöglicht damit in fallweise auftretenden Problemsituationen eine Rekonstruktion der Systemidentität über der doppelten Möglichkeit von gutem und schlechtem Verhalten.

Ohne diesen Ansatz zur Analyse der Funktion des Gewissens in psychischen Systemen zu vertiefen, können wir ihn zur Illustration des Kontingenzproblems benutzen und in formaler Analogie auf soziale Systeme übertragen. Wenn schon psychische, dann müssen erst recht soziale Systeme sich durch Strukturen identifizieren, die hohen Anforderungen an »innere Kontingenz« gewachsen sind. Soziale Systeme, die in der Interaktion einer Mehrheit von psychischen Systemen entstehen, verstärken zunächst noch die Anlässe zur Negation und zur Wahl »anderer Möglichkeiten«; sie müssen sich daher in jener *double négation virtuelle*[9] stabilisieren, und zwar nicht durch Auslöschen, sondern durch Virtualisierung der Fähigkeit zur wechselseitigen Negation. Die Steuerung eines solchen Systems ist dann nur noch auf dem Umweg über die Zulassung von Abweichungen *als eigener Möglichkeiten* möglich. Das System wird dann für sich selbst kontingent in dem Sinne, daß es nicht nur strukturkonformes, sondern auch abweichendes Verhalten ermöglicht und sich selbst zurechnet, oder zumindest: es als eigenes, »internes« Problem ansieht und Abweichnung nicht als eine Art Umweltereignis behandelt.[10] Gerade auf dieser »*In-*

9 Siehe oben S. 37.

10 Die Tendenz zur Umweltzurechnung des Abweichens ist gleichwohl weit verbreitet. Sie wird beispielsweise durch Charakterisierung des

ternalisierung« nicht nur der Norm, sondern auch der Abweichung beruht die symbolische Brisanz, die Nichtignorierbarkeit des abweichenden Verhaltens. Man kann den Normverstoß nicht einfach als ein Unglück, als Zufall, als von außen kommendes, schadenstiftendes Ereignis ansehen, auf das man mit Abwehr, mit Reparaturen, mit resignierendem Ertragen reagiert. Sondern die Abweichung gehört in die Rechtsordnung, und sie gehört dadurch zur Norm, daß sie die Erwartbarkeit der Erwartung in Frage stellt.

Damit wird das Abweichen über den Einzelfall hinaus gefährlich, weil es allgemeine Bedeutung für die Fortsetzbarkeit des gemeinsamen Lebens gewinnt. Andererseits kommt es eben durch diese Einbeziehung des Abweichens in das Recht zu neuen, dieser Lage entsprechenden Ordnungsmöglichkeiten, die mit einer Entschärfung des symbolischen Konflikts zugleich die Steigerungstendenz des realen Kon-

---

Abweichens als Verzauberung, Besessenheit, Irresein, Unzurechnungsfähigkeit usw. ausgedrückt. Die Grenzen zwischen rechtlich-moralischer und psychiatrischer Abwicklung von Enttäuschungen schwanken beträchtlich. Kennzeichnenderweise gibt es aber, selbst in den einfachsten Gesellschaften, immer einen Bereich zurechenbaren Verhaltens der Angehörigen der eigenen Gruppe, der von magischen Erklärungen der Enttäuschung ausgenommen und als Systemproblem normativer Art behandelt wird. (Als Grenzfälle und als nichtentwicklungsfähige »Lösung« des Problems der Blutrache für den Fall unbeabsichtigter (!) Schädigungen interessant: John P. Gillin, Crime and Punishment Among the Barama River Carib, American Anthropologist 36 (1934), S. 331-344, oder Gertrude E. Dole, Shamanism and Political Control Among the Kuikuru, Völkerkundliche Abhandlungen 1 (1964), S. 53-62.) Auch die modernen Tendenzen zur Psychiatrisierung der Strafrechtspflege werden Grenzen finden – oder auf eine Moralisierung der Psychiatrie hinauslaufen und diese zu einem Instrument latenter Normdurchsetzung deformieren. Zu solchen Tendenzen vgl. etwa Michel Foucault, Psychologie und Geisteskrankheit, Frankfurt 1968, oder Klaus Dörner, Die Hochschulpsychiatrie: Sozialpsychiatrischer Beitrag zur Hochschulerforschung. Stand und Kritik, Stuttgart 1967.

flikts brechen. Die »Rechtsfrage« kann im Recht selbst als eine ungewisse Entscheidungsfrage behandelt werden; man kann auch den Rechtsbrecher mit Rechten ausstatten; man kann schließlich aus der Gesamtverantwortung des Rechts für »Recht« heraus besondere Rechtsinstrumente für die Beseitigung oder Abmilderung von Rechtsschäden entwikkeln, etwa für die Rehabilitation von Verbrechern. Ähnlich wie die moderne Planungstheorie Schwächen und Fehler der Planung miteinplant, müßte auch die Rechtstheorie Denkformen entwickeln, die dem Unrecht als Teil des Rechts gerecht zu werden vermögen.

Eine solche Auffassung stimmt mit der Grundhaltung soziologischer Forschung über abweichendes Verhalten überein. Diese behandelt Abweichung als systemimmanentes Phänomen, als Reaktion auf Systemstrukturen, als Dysfunktion oder auch als positive Funktion eines Reservats neuartiger Verhaltensmöglichkeiten, ja sogar als bloße Etikettierung durch den Rechtsapparat – jedenfalls als ein durchaus normales Verhalten, das keinerlei »abartige«, pathologische Voraussetzungen hat.[11] Damit korrespondiert die Einsicht, daß auch die Klassifikation, Behandlung und Absorption von Protesten derer, die auf die Seite des Unrechts geraten, dem Rechtssystem obliegt.[12] Dazu kommen erste empirische Untersuchungen über die legislative Erzeugung von Un-

11 Vgl. als verbreitete Texte etwa Robert K. Merton / Robert Nisbet (Hrsg.), Contemporary Social Problems: An Introduction to the Sociology of Deviant Behavior and Social Disorganization, New York, Burlingame 1961; Earl Rubington / Martin S. Weinberg (Hrsg.), Deviance: The Interactionist Perspective, New York 1968, oder die Sekundäranalysen bei Karl-Dieter Opp, Kriminalität und Gesellschaftsstruktur: Eine kritische Analyse soziologischer Theorien abweichenden Verhaltens, Neuwied, Berlin 1968.

12 Vgl. Niklas Luhmann, Legitimation durch Verfahren, Neuwied, Berlin 1969.

recht und moralischer Abqualifikation.[13] Würde die Rechtstheorie auf die Linie einschwenken, ergäben sich zahlreiche Chancen zu interdisziplinärer Kooperation am Problem der »Rechtsschäden«. Mit all diesen interessanten Anregungen bleibt für die Rechtstheorie jedoch offen, was die Einheit des Rechts in diesem weiten Sinne denn nun bedeutet, welche Funktion sie hat und wie sie konstitutiert und erhalten wird.

Eine Antwort auf diese Fragen setzt eine Klärung des Verhältnisses von *Recht und Gewalt* (und damit zugleich eine Klärung des Verhältnisses von *Recht und Frieden*) voraus. Es reicht nicht aus, physische Gewalt in der üblichen Weise lediglich als ein »letztes Mittel« in der Durchsetzung von Recht (oder von Unrecht?) anzusehen. Vielmehr hat physische Gewalt durch ihre besondere Stellung unter den machtbildenden Konstellationen zugleich fundierende Bedeutung für die Rechtsbildung.[14] Das kann man erst sehen und erklären, wenn man tiefsitzenden naturrechtlichen Denkgewohnheiten zuwider zwischen Einheit der Rechtsordnung und Sinn bzw. Geltung von Rechtsnormen scharf trennt. Gewiß besteht der Sinn der Rechtsnormen nicht in der Auslösung oder Legitimation physischer Gewalt; auch läßt sich die Geltung von Rechtsnormen (deren Funktion wir noch klären müssen) nicht aus physischer Gewalt ableiten oder begründen. Aber die Einheit von Recht und Unrecht, die Einheit der Rechtsordnung, beruht auf der Gewalt.

Denn Gewalt ist infolge angebbarer Eigenarten[15] jener

13 Besonders charakteristisch Troy Duster, The Legislation of Morality: Law, Drugs, and Moral Judgment, New York, London 1970.

14 Unter den Neueren scheint vor allem Walter Benjamin dieser Einsicht nahegekommen zu sein – siehe: Zur Kritik der Gewalt, in: ders., Angelus Novus, Frankfurt 1966, S. 42-66.

15 Zu diesen Eigenarten gehören auch die hier nicht weiter ausgearbeiteten Aspekte, die Machtgeneralisierung ermöglichen, nämlich (1)

Schlüsselprozeß, dessen Virtualisierung eine binäre Schematisierung von »für oder gegen« ermöglicht. Wie kein anderes Machtmittel bezeichnet die physische Gewalt den Nullpunkt sozialer Ordnung. In der Anwendung von Gewalt scheitert zugleich die Macht, scheitert die Motivation zu selektiver Handlungsauswahl, scheitert die doppelte Kontingenz; und das gilt in den beiden denkbaren Fällen: wenn die Gewalt *durch* den Machthaber und ebenso wenn sie *gegen* den Machthaber angewandt wird. Daraus folgt, in genauer Entsprechung zu unseren allgemeinen Überlegungen über *double négation virtuelle*, das Erfordernis der *Virtualisierung von Gewalt*: Gewalt gewinnt eine rechtsbildende Funktion nur dadurch, daß sie als Möglichkeit benutzt wird, die nicht benutzt wird. Die (scheinbare) Paradoxie zwingt zur Strukturbildung, zur Konstitution einer Ebene von Erwartungen und Erwartungserwartungen über Gewalt, auf die dann die binäre Schematisierung übernommen und auf der sie sprachfähig gemacht wird. Auf diesem Vorgang beruht die Möglichkeit jener disjunktiven Dichotomisierung normativen Erwartens und im Anschluß daran die Konditionalisierung des Gewaltgebrauchs, die Legitimation der Konditionen und schließlich die Legitimation der Gewalt selbst.

Mit den alten Doppelformeln wie Recht und Frieden als politischen Zielen oder Konsens und Zwang als politischen Fundamenten wird dieser Sachverhalt unzureichend, nämlich in der Form eines bloßen »sowohl – als auch« ausge-

hohe Unabhängigkeit von Zeitpunkten, Situationen, persönlichen Merkmalen, also universelle Verwendbarkeit für beliebige Ziele, (2) hohe Unabhängigkeit von Strukturen sozialer Systeme und (3) hohe, gut abschätzbare Leistungsgrenze der Gewalt. Vgl. dazu und zur Stellung der Gewalt in der Machttheorie Niklas Luhmann, Klassische Theorie der Macht: Kritik ihrer Prämissen, Zeitschrift für Politik 16 (1969), S. 149-170 (156ff.).

drückt. In Wahrheit bezeichnen diese Begriffe nicht ebenengleiche Sachverhalte, sondern einen komplizierten Konstitutionszusammenhang. Erst mit einem gewaltfundierten Polarisierungsmechanismus wird die Rechtsordnung selektionsfähig, evolutionsfähig, entscheidungsfähig, aber das bedeutet keineswegs, daß das Recht »eigentlich« nur Gewalt »ist«. Dementsprechend kann Gewalt allenfalls ein Mittel der zeitlichen Diskontinuierung von Rechtsordnungen, des Identitätswechsels sein und selbst dies heute nur in einem symbolischen, nicht im realen Sinne eines anschlußlosen Abbruchs und Neubeginns; nie jedoch ist Gewalt ein Mittel der Kritik, der Rechtsänderung, der Reform.

Mit diesen Überlegungen wird zugleich deutlich, daß unsere Absicht, die Einheit der Rechtsordnung als Einheit von Recht und/oder Unrecht zu begreifen, die Fragestellung verschiebt. *Die Frage nach der Einheit der Rechtsordnung zielt dann nicht mehr auf einen Begründungszusammenhang, sondern auf einen Selektionszusammenhang.* Selektion setzt voraus, daß man *Fragen* stellen kann, auf die es *Antworten* geben kann, und zwar mehr als eine mögliche Antwort. Die Einheit der Rechtsordnung ist Bedingung der Möglichkeit, Fragen zu stellen; der binäre Schematismus von Recht und Unrecht ist Bedingung der Möglichkeit, Fragen zu beantworten. Und beides setzt sich, wie Frage und Antwort, wechselseitig voraus.

Die Einheit des Rechts dient mithin als Fragehorizont. In bezug auf sie und in bezug auf »Recht« oder »Unrecht« kann man Rechtsfragen stellen – und nur so. Gewiß kann man auch das Recht »hinterfragen« ebenso wie die Wahrheit; aber nur, wenn man darauf verzichtet, die Frage als Rechtsfrage zu stellen: Die Frage braucht, um ihren eigenen Sinn zu entfalten, Anschlußpunkte in einem schon als Recht verstandenen Erlebnishorizont. Deshalb haben vorhandene Rechtsmaterien, ausformulierte Rechtsnormen eine Doppelfunktion als Recht und als »Recht« – nämlich die Funktion, Fragen zu ermöglichen, und die Funktion, Antworten zu ermöglichen. Und eben deshalb, weil das Recht rechtlich nicht hinterfragbar ist, kann sich kein »Recht« dem Befragtwerden entziehen.

In dieser Frage / Antwort-Struktur können wir, sensibilisiert durch unser Leitproblem, eine Rekonstruktion von Kontingenz erkennen: Alles ist anders möglich, aber im Rahmen einer Rechtsordnung nur nach der geordneten Folge von Frage und Antwort, die als selektiver Prozeß organisiert werden kann. Zugleich wird mit dieser Analyse das Risiko jeder Antwort, die Ambivalenz jeder Norm- oder Entscheidungsfestlegung deutlich: Als Bestandteil des Rechts, in das sie eingeht, ist sie zugleich wieder Gegenstand möglicher Fragen. Selbst ein Frageverbot, selbst ein absolutes Änderungsverbot wie das des Art. 79 Abs. 3 GG kann sich in der Form eines Verbotes der Frage und damit der Möglichkeit einer anderen Antwort nicht entziehen.[16] Das garantiert die Einheit der Rechtsordnung. Jeder Ausschluß des Fragens würde zum Fragen anreizen. Frager können dann nur noch ermüdet werden – nämlich durch die Aussicht auf die immer wieder gleiche Antwort, durch Wiederholung des gleichen.

Die Rekonstruktion der Kontingenz im Spiel von Frage und Antwort in einem sedimentierten Bereich sinnhafter Möglichkeiten eliminiert das Risiko der Kontingenz nicht.

16 Immerhin bleibt die kulturelle Legitimation des Fragens und erst recht des direkten Begehrens anderer Antworten ein Problem. Die Wandlungen des *curiositas*-Motivs in den spätmittelalterlich-frühneuzeitlichen Vorstellungen lehren für den Bereich der Wahrheit in klassischer Weise, daß dies mit der gesellschaftlichen und denkerischen Zulassung von Kontingenz zusammenhängt. Vgl. dazu Hans Blumenberg, Die Legitimität der Neuzeit, Frankfurt 1966, S. 201 ff. Für den Bereich des Rechts ist dieser Prozeß weniger eindeutig zu fassen.

Sie gibt ihm nur eine andere Form, die gewissen Anforderungen an strukturelle Kompatibilität besser genügt. Wir können jetzt auch deutlicher sehen, weshalb die Einheit der Rechtsordnung keine Entscheidungsregel sein kann: Weil sie Rechtsfragen ermöglicht und sie nicht ausschließen kann!

Mit der Abhängigkeit des Antwortens von Fragen hängt eine weitere Funktion der Einheit der Rechtsordnung zusammen, nämlich die *Regulierung von Variationsmöglichkeiten*. Auch diese Funktion ist unabhängig zu sehen von der Begründung der Änderung; sie geht ihr voraus. Veränderungen des Rechts setzen dann und setzen dort ein, wo aus Rechtsgründen Zweifel am »Recht« oder Zweifel am »Unrecht« auftauchen. Rechtsgesichtspunkte müssen das Empfinden, Denken, Argumentieren gegen das »Recht« oder für das »Unrecht« führen können. Das setzt nicht notwendig feste Ziele der Änderung voraus, wohl aber Abstraktionsmöglichkeiten innerhalb der einheitlichen Rechtsordnung. Darauf kommen wir in den nächsten Kapiteln zurück. Rechtsänderungen setzen voraus, daß »Recht« an »Recht« zerschellt; sie setzen voraus daß »Recht« schon da ist, damit dafür etwas anderes, nämlich neues »Recht«, substituiert werden kann, und daß es Rechtsgesichtspunkte sind, die diesen Vorgang leiten. In dem Maße, als das Rechtsgefüge zur Einheit zusammenwächst und als Recht identifiziert werden kann, findet es die *Bedingungen für Substitutionen nur noch in sich selbst*. Natürlich sind damit nicht alle realen Motive, alle gesellschaftlichen Ursachen einer Rechtsänderung erfaßt. Gemeint ist nur, daß der Variationsvorgang rechtsimmanent bleiben muß und daß er sich unterscheidet von andersartigen Variationen, etwa davon, daß man Rechte für Geld substituiert (also kauft!) oder daß man Liebe für Liebe substituiert und deshalb die aufgegebene Liebe »juridifiziert«.

Wir haben bisher ohne Abwägung angenommen, daß Recht in der Einheit einer Rechtsordnung gegeben ist, um Sinn und Funktion dieser Einheit besprechen zu können. Nachdem dies geschehen ist, können wir diese Annahme relativieren. Normatives Erleben tritt zunächst punktuell, am Anlaß, am Enttäuschungsfall oder aus Angst vor Enttäuschung auf, und auch Recht bildet sich zunächst sozusagen durch Aggregation von Ängsten. Die Einheit der Rechtsordnung in dem beschriebenen Sinne ist daher keine Existenzbedingung von Recht, ist weder genetisch noch geltungsmäßig der Grund von Recht, und begründet daher, wie wiederholt schon gesagt, das Recht auch nicht. Sie ist vielmehr eine kulturelle Errungenschaft, die aus dem Recht heraus entwickelt wird als Bedingung der Selektivität bestimmter Operationen. Sie dient als »Schema« für mögliche Operationen im Recht – als ein Schema, das selbst erst durch den Aufbau des Rechts ermöglicht wird.[17] Und nur so leistet sie ein Entzerren und Strecken von Rechtskonflikten durch juristische Operationen, Fragen und Antworten, Teilfragen und Teilantworten und schließlich sogar Variationen des

17 Dieser Gedanke einer evolutionären (oder dann auch: lernmäßig aufzubauenden) Einheit des Rechts läßt sich in Parallele setzen zu anderen Fällen des Aufbaus von operationsleitenden Einheitshorizonten. Ein instruktiver Vergleichsfall wäre neben dem Bereich der Wahrheit, auf den wir öfters schon rekurriert haben, der Zeithorizont, für den man ebenfalls feststellen kann, daß er eine evolutionäre, sozio-kulturelle Errungenschaft und zugleich abgeforderte Lernleistung ist (zu letzterem etwa Jean Piaget, Die Bildung des Zeitbegriffs beim Kinde, Zürich 1955, und zahlreiche Folgeuntersuchungen), und zwar mit der Funktion der Erweiterung des Vergleichs- und Koordinationsbereichs selektiver Operationen. Auch hier ist ein entsprechender Begriff der Zeit nur zu fassen, wenn man die Zeit davon dispensiert, Ereignisse zu begründen, etwa als ein Kausalfaktor unter anderen zu wirken, dem ein Ereignis zugerechnet werden kann.

Rechts selbst. Die Mobilisierung des Rechts im Hinblick auf Kontingenz setzt die Einheit des Rechts als Begrenzung rechtlich möglicher Fragestellungen voraus. Die Einheit des Rechts wäre kein Ausschließungsprinzip, wohl aber ein Formprinzip für mögliche Innovationen.

Die im folgenden behandelten Teilprobleme der Rechtstheorie hängen sämtlich mit diesem Einheitskonzept zusammen und versuchen von daher, die Begründungsperspektive der Jurisprudenz zu transzendieren. Sie befassen sich teils mit inneren Abstraktionsleistungen des Rechts, teils mit der Ausdifferenzierung eines besonderen Rechtssystems, sowie durchgehend mit Folgeproblemen beider Leistungen. Erst im Zusammenwirken dieser beiden Errungenschaften, Ausdifferenzierung und Abstraktion, entsteht eine einheitliche Rechtsordnung. Und nur in dem Maße, als sie entsteht, kann Recht aus Rechtsgründen in Frage gestellt, mit einer gewissen Offenheit für eine Mehrheit möglicher Antworten betrachtet und schließlich sogar bewußt geändert werden.

Exkurs über Gottes Beteiligung an der Sünde

Man könnte sich nochmals fragen, ob es richtig ist, das Problem der »Recht« und »Unrecht« übergreifenden Einheit des Rechts in dieser Form zu stellen als abhängig von der Konstitution sozialer Kontingenz. Vielleicht ist es deshalb instruktiv, auf eine sehr folgenreiche theologische Paralleldiskussion hinzuweisen – allein schon, um die Fragestellung zu kontrollieren und um bereits bekannte Sackgassen zu vermeiden.

Die erste hinreichend radikale Fassung des Problems der Kontingenz als eines Weltproblems (und nicht nur als Beschreibung einiger unbestimmter Stellen in der Welt) verdanken wir Johannes Duns Scotus.[18] Die Problemstellung ist zweifellos inspiriert durch eine Überlieferung, die der Faktizität der Kontingenz in der Welt Rechnung zu tragen sucht. Die Radikalisierung erfolgt aus theologischen Gründen, nämlich im Zusammenhang mit Versuchen, die Allwissenheit und Allmacht Gottes zu begreifen. Sollen Allwissenheit und Allmacht, Glaubenserfordernissen entsprechend, absolut gedacht werden, müssen sie auch kontingente Sachverhalte, müssen sie jeden Satz, jedes Erleben, jedes Handeln des Menschen »abdecken« können, und zwar auch für eine noch unbekannte Zukunft. Der Mensch erlebt, formuliert, handelt auf eine ihm unbekannte Zukunft hin, er verfehlt dabei häufig die Rechtschaffenheit und verfällt der Sünde, so daß die Frage entsteht, welche Entsprechungen dafür im göttlichen Intellekt und im göttlichen Willen vorliegen. Wenn Gott alles weiß, muß er auch die Zukunft wissen, wenn Gott alles will, muß er auch die Sünde wollen. Dieses Problem, das die gesamte Scholastik beschäftigt, ist mithin ein genaues Spiegelbild unserer Frage nach der »Recht« und »Unrecht« übergreifenden Einheit des Rechts (oder parallel dazu: nach der »Wahrheit« und »Falschheit« übergreifenden Sinneinheit der Erkenntnis).

Auf ihr letztes Prinzip zurückgeführt, lautet die Antwort des Duns Scotus: Gott will Kontingenz, darum ist die Welt Schöpfung. Er weiß kontingent, was Er will, weil Er von sei-

18 Die wichtigste zusammenfassende Erörterung findet man im sog. Opus Oxoniense, vgl. insb. Ordinatio I: A distinctione vigesima sexta ad quadragesimam octavam, dist. 38 n. 2 und 39, zit. nach Opera Omnia, Bd. VI, Civitas Vaticana 1963, S. 401 ff. Vgl. ferner Hermann Schwamm, Das göttliche Vorherwissen bei Duns Scotus und seinen ersten Anhängern, Innsbruck 1934; Celestino Solaguren, Contingencia y creación en la filosofia de Duns Escoto, Verdad y Vida 24 (1966), S. 55-100; Etienne Gilson, Johannes Duns Scotus: Einführung in die Grundgedanken seiner Lehre, Düsseldorf 1959, insb. S. 291 ff.

nem eigenen Willen abhängt. Er will und weiß die Welt als kontingent geschaffen, weil Er in sich selbst das Verhältnis von Wissen und Willen als ein kontingentes herstellt. Hieraus folgt, daß Kontingenz nicht mehr nur ein Seins- oder Perfektionsmangel, sondern (trotz aller Implikation von Negation) ein positiver Weltzustand ist.[19]

Die von Kritikern und Nachfolgern sehr bald aufgegriffenen Schwierigkeiten ergeben sich aus der Abhängigkeit der Argumentation vom Kausalprinzip. Im Bereich der Kontingenz erscheint Willen als dem Wissen vorgeordnet, da Gott nur wissen kann, was er will.[20] Und göttlicher Wille will alles, was er bewirkt, also auch Freiheit zur Sünde, und, ganz konsequent, auch das Sündigen selbst. In diese Bahnen gelenkt, scheint das Argument einen sündigen, zumindest einen concomitierend mitschuldigen Gott vorauszusetzen. Selbstverständlich ist das eine untragbare Konsequenz. Aber

19 Vgl. die abschließenden Formulierungen der dist. 39 (Ordinatio I, Opera Omnia, Bd. VI, Civitas Vaticana 1963, S. 444): »Ad aliud pro tertia opinione (die Imperfektion, also auch Sünde, in den Effekten zwar der *causa proxima*, nämlich dem geschaffenen Willen, nicht aber der *causa remota* Gott zurechnen wollte) dico quo contingentia non est tantum privatio vel defectus entitatis (sicut est deformitas in actu illo qui est peccatum), immo contingentia est modus positivus entis (sicut necessitas est alius modus), et esse positivum – quod est in effectu – principalius est a causa priore; et ideo nun sequitur ›sicut deformitas est ipsius actus a causa secunda, non a causa prima, ita et contingentia‹; immo contingentia per prius est a causa quam secunda, – propter quod nullum causatum esset formalimter contingens nisi a causa prima contingenter causaratur. Sicut ostensum est prius« – ausführlich zitiert, weil an dieser Stelle ganz deutlich wird, in welche Schwierigkeiten die theologische Radikalisierung und Positivbewertung von Kontingenz führen muß, wenn die durch den Freiheitsbegriff vermittelte Parallelität von Kontingenz und Möglichkeit zur Sünde beibehalten wird.

20 Eine ausführliche Erörterung der komplizierten Beziehungen von Intellekt und Willen Gottes bei Duns Scotus gibt Etienne Gilson, Johannes Duns Scotus, a. a. O.

die Terminologie von Kausalität und Freiheit, in der der Gedanke entfaltet wird, erzwingt diese Parallelisierung von Kontingenz und Sünde. Und die alten Formen, in denen eine Art »logische Diskontinuität« zwischen Gott und der Welt vorgesehen war, sind gesprengt – nämlich die Unterscheidung von *causa proxima* und *causa remota* und die Annahme zweier verschiedener Weltzeiten, einer ewigen Gegenwart, aus der alles unter Einschluß zukünftiger Kontingenz betrachtet und erkannt werden kann, und der fließenden irdischen Zeit. Es bleibt unklar, ob Duns Scotus nur diese überlieferten Formen der Diskontinuität ablehnt, weil ihn ein sich anbahnendes Neubedenken von Zeit und Kausalität dazu bringt, oder ob ein theologischer Radikalismus zumindest aus der Sicht Gottes jede Art von Diskontinuität als Einschränkung empfindet und ablehnt. Vermutlich trifft beides zusammen und läuft dann auf eine im letzten inkonsequente Ausführung des Grundgedankens der Kontingenz hinaus.

Kann das Problem so nicht gelöst werden, so kann es doch unabhängig von theologischen Prämissen und Nebenbedingungen neu gestellt werden. Für die Neuformulierung des Kontingenzproblems muß man die Lehre ziehen, daß Kontingenz ein Mehrebenen-Denken erfordert, in dem man Kausalität und moralische Zurechnung und, allgemeiner, Totalisierung und Begründung bzw. Bewertung trennt. Die Einheit eines kontingenzhaltigen Systems kann weder als Ursache des Geschehens noch als Zurechnungspunkt von Bewertungen gedacht werden, weil sie eine Modalität ist, die Ja und Nein übergreift. Der Versuch, sie als Indifferenz einer bloßen Erlaubnis oder dann als Einheit der Gegensätze zu denken, blieb theologisch wie logisch problematisch – problematisch insofern, als es nicht gelang, ihn in definierbare Operationen zu übersetzen.

Vor diesem Problem stehen wir gleichfalls, wenn wir darauf verzichten, in der Einheit des Rechts eine Entscheidungsregel zu sehen. Das große historische Vorbild der scholastischen Kontingenz-Diskussion sensibilisiert uns für die Schwierigkeiten dieses Konzeptes. Wir werden versuchen, ihnen Rechnung zu tragen mit einer Theorie rechtsimmanenter Abstraktionen, durch die Kontingenz zugelassen und reguliert und die Einheit des Rechtes erst konstituiert wird.

VII. Geltung

Den Ausgangspunkt für die weitere Problementfaltung gewinnen wir mit der Überlegung, daß Kontingenz sich nicht in allen Fällen auf das (so oder anders) Wirkliche isolieren läßt, sondern daß sie auf die Steuerungsebene des Erwartens von Erwartungen übergreift, von der aus wirkliches Verhalten als ein Fall von möglichem Verhalten behandelt wird. Wenn das Wirkliche, dann kann auch das Mögliche anders möglich sein. Normativer Streit tendiert, wie bereits angedeutet, zur Radikalisierung, weil die je eigene Norm dem anderen unterschoben wird. Das normwidrig erscheinende Verhalten kann eigene Normativität behaupten, auch das Abweichen kleidet sich moralisch ein und versucht darzustellen, daß Normen auch anders möglich sind.[1] Das kann in der Form von Ausreden, Entschuldigungen, Anspruch auf Ausnahmebehandlung usw. geschehen,[2] kann

1 Solch einen Kampf ums Recht auf Grund divergierenden Rechtsbewußtseins kennen wir aus den griechischen Tragödien, die die Zeit des Übergangs von archaischem zu hochkulturellem, auf verfahrensmäßiger Entscheidung sich stützendem Recht festhalten. Vgl. insb. die Aischylos-Interpretationen von Erik Wolf, Griechisches Rechtsdenken, Bd. I: Vorsokratiker und frühe Dichter, Frankfurt 1950, S. 340 ff.

2 Neuere empirische Untersuchungen haben diesen Tatbestand festgehalten und ihn unter dem Begriff der »Neutralisierung«, vielleicht vorschnell, als Integration in einen gemeinsamen moralischen Kosmos interpretiert. Vgl. Gresham M. Sykes / David Matza, Techniques of Neutralization: A Theory of Delinquency, American Sociological Review 22 (1957), S. 664-670, dt. Übersetzung in Fritz Sack / René König (Hrsg.), Kriminalsoziologie, Frankfurt 1968, S. 360-371; David Matza, Delinquency and Drift, New York, London u. a. 1964. Ähnliche Gedanken bereits bei Theodor Geiger, Vorstudien zu einer Soziologie des Rechts, 2. Aufl., Neuwied, Berlin 1964, S. 76 f. Auf Grund

aber auch prinzipielle Formen annehmen – etwa im Angebot einer andersartigen Integrationsbasis. Die Kontingenz auch der kategorialen Steuerungsbegriffe, die bloße Möglichkeiten ausdrücken, kann dann nicht länger unterdrückt werden. In dem Maße, als divergierende Perspektiven aufkommen, wird auch die Kontingenz lebensweltlicher Typen, der vertrauten Dinge, Wesenheiten, Normen zum Problem – und wird mit nachhaltiger Wirkung seit dem Mittelalter auch als Problem formuliert. Wirkliches *und* Mögliches werden kontingent – das Mögliche insofern, als es jeweils bestimmte Bedingungen der Möglichkeit angeben muß, die auch anders formuliert werden können.[3] Damit fällt die Differenzierung von Wirklichem und Möglichem keineswegs in sich zusammen; und zwar deshalb nicht, *weil sich auf der Ebene des bloß Möglichen andere Formen der Negation von Kontingenz entwickeln und institutionalisieren lassen.*

Diese lassen sich bezeichnen durch den Begriff der *Geltung*. Wir müssen deshalb zwischen Normativität und Geltung streng unterscheiden. Mit dem Begriff der Geltung wollen wir Nichtkontingenz auf der Ebene normativer Erwartungserwartungen bezeichnen, die eine vorausliegende

ethnologischen Materials siehe ferner A. L. Epstein, Juridical Techniques and the Judicial Process: A Study in African Customary Law, Manchester 1954.

3 Zu diesem Fragenkreis bemerkenswerte Ausführungen bei Henry Deku, Possibile Logicum, Philosophisches Jahrbuch der Görres-Gesellschaft 64 (1956), S. 1-21, der die damit sich ankündigende Kontingenz der Kontingenz jedoch nicht, wie wir, durch Differenzierung von Abstraktionsebenen regulieren, sondern in einer »supramodalen Notwendigkeit« aufheben möchte, deren Interpretation der Theologie vorbehalten bleibt. Als rechtstheoretische Parallele vgl. Carl Friedrich Ophüls, Ist der Rechtspositivismus logisch möglich?, Neue Juristische Wochenschrift 21 (1968), S. 1745-1752, und zu ihrer Kritik Norbert Hoerster, Zur logischen Möglichkeit des Rechtspositivismus, Archiv für Rechts- und Sozialphilosophie 56 (1970), S. 43-59.

Kontingenz auf der Ebene wirklichen Erlebens und Handelns nicht ausschließt, sondern in Rechnung stellt; und wir meinen damit eine zugleich soziologisch und rechtstheoretisch brauchbare Kategorie definiert zu haben. Der Geltungsbegriff dient uns mithin, und damit werden wir seiner Herkunft aus dem Problemhorizont der nominalistischen Tradition gerecht, zur Differenzierung von Ebenen der Behandlung des Problems »anderer Möglichkeiten«. Wenn es um den prozeßhaften Aspekt und um die systemstrukturellen Bedingungen von Geltung, also um die mehr soziologische Seite des Problems geht, werden wir, kurz gefaßt, von *Kontingenzregulierung* sprechen. Auch damit ist, wie schon im Falle einfachen normativen Erlebens, nicht eine Ausmerzung von Kontingenz durch Rückführung auf Notwendiges oder Unmögliches gemeint, sondern eine Regulierung der Kontingenz im Sinne bedingter Zulassung und Verhinderung anomischer Folgen. Geltung beruht auf Kontingenzregulierung, gleich welcher Art, in bezug auf die Normativität des Erwartens.[4]

4 Die Konturen dieser komplizierten Begriffsentscheidung lassen sich nachzeichnen in einem Vergleich mit der sehr ähnlichen Position Max Webers. Auch für Weber genügt als Geltungskriterium *weder* der normative Sinn selbst *noch* die bloße empirische Häufigkeit des Vorkommens der durch die Norm beschriebenen Handlungen im Vergleich zu den Verstößen (also die faktische Befolgungsrate der Norm). Auch Weber bildet gegenüber diesem einfachen Kontrast einen komplizierteren Geltungsbegriff, der die Erwartungsebene in Rechnung stellt. Auch für ihn korreliert Geltung daher nicht strikt mit faktischem Geschehen, sondern überzieht Häufigkeit durch Generalisierung. Grundlage ist für ihn aber lediglich die subjektive und objektiv durchschnittlich berechtigte Erwartung, daß *andere* die Norm ihrem *Handeln* zu Grunde legen. Vgl. insb. Max Weber, Über einige Kategorien der verstehenden Soziologie, in: Gesammelte Aufsätze zur Wissenschaftslehre, 3. Aufl., Tübingen 1968, S. 427-474 (443 f.). Kontingenzregulierung kommt in der Form ins Spiel, daß man um die Möglichkeit des Abweichens (gerade auch: eigenen Abwei-

Der Begriff der Geltung ist für eine solche Verwendung freigegeben, nachdem ältere Versuche, Geltung auf Willen, auf ein transzendentales Apriori oder auf faktische Anerkennung zu gründen, kontrovers und theoretisch unergiebig geblieben sind. In all diesen Fällen bot der Begriff nur eine Existenzaussage für das, was mit Begriffen wie Willen, Sollen, Wert, Anerkennung ohnehin schon gesagt war.[5] Unsere funktionale Begriffsfassung, die auf Ausschaltung der Problematik von Normkontingenz abstellt, hat demgegenüber zwei Vorteile. Sie bietet zum einen die Möglichkeit, jene Begriffstraditionen rückblickend zu interpretieren: Worte wie Wille, apriorische Sollgeltung oder Wertgeltung oder faktisch Anerkennung stehen nämlich als Chiffren für wissenschaftlich undurchschaute Prozesse der Ausschaltung von Kontingenz. Zum anderen legt sie die Frage nahe, welche Institutionen und Strategien der Kontingenzregulierung auf der Ebene des Normativ-Möglichen geltungsbegründend wirken und wie diese Einrichtungen mit anderen Gesellschaftsstrukturen korrelieren.

Dabei müssen wir einen Unterschied beachten, der dem

---

chens!) weiß, aber durchschnittlich damit nicht rechnet *und die Geltungsfrage* deshalb davon nicht abhängig macht. Weshalb und durch welche symbolischen Hilfsmittel aber Geltung gegen die Faktizität des Abweichens immunisiert werden kann – das bedürfte genauerer Darlegung, die über Webers Vorstellungen von »Vereinbarungen« und »Legitimität« und »wertrationalem Geltungsglauben« hinaus präzisiert werden müßte.

5 Vgl. z. B. Arthur Liebert, Das Problem der Geltung, 2. Aufl., Leipzig 1920, S. 4; »Man könnte mit dem gleichen Rechte statt des Begriffs Geltung auch ›Sinn‹, ›Wert‹, ›Gehalt‹, ›Bedeutung‹, ›Rechtfertigung‹, ›Begründung‹, ›Grundlegung‹ setzen. Denn um dieses alles eben handelt es sich […]«. Und im Bereich der Rechtstheorie bestimmt z. B. Hans Kelsen, Reine Rechtslehre, 2. Aufl., Wien 1960, S. 9 f. Geltung als »die spezifische Existenz einer Norm, die besondere Art […], in der sie – im Unterschied von dem Sein natürlicher Tatsachen – gegeben ist.«

von konkreten und analytischen Systemen[6] entspricht: Die Normkontingenz erfahrenden und Geltung begründenden Prozesse können im gesellschaftlichen Leben selbst ablaufen und institutionalisiert sein. In diesem Fall, in dem Geltung in sozialen Systemen eingesetzt wird, um Kontingenzprobleme zu lösen, wollen wir von *sozialer Geltung* sprechen. Wenn und soweit dagegen die Annahme von Kontingenz lediglich eine analytische Leistung der Wissenschaft ist (während im gesellschaftlichen Leben das Verhalten als selbstverständlich und alternativenlos erlebt wird), liegt lediglich *analytische Geltung* vor. Alles Recht hat analytische Geltung. Die Rechtstheorie kann z. B. auch von der »Geltung« des Rechtes archaischer Gesellschaften sprechen. Soziale Geltung ist dagegen, soziologisch gesehen, eine recht voraussetzungsvolle Leistung, mit der gleichsam analytische Kapazität, nämlich Organisation im Hinblick auf andere Möglichkeiten, ins soziale Leben und seine Systembildungen eingeführt wird.

Die Frage nach der sozialen Geltung des Rechts – mit anderen Worten die Frage nach den sozialen Bedingungen, die eine Thematisierung von Rechtsgeltungen ermöglichen – hat bekanntlich Max Weber beschäftigt im begrifflichen Kontext von Herrschaft und Rationalität.[7] Die Forschungen lassen sich über ihn hinausführen. Im evolutionären Prozeß der Abstraktion von Rechtsgeltung lassen sich Stufen feststellen, die im großen und ganzen den Phasen der Entwicklung des Gesellschaftssystems zu höherer Komplexität und funktionaler Differenziertheit entsprechen. In den archaischen und den frühen hochkultivierten Gesellschaften, in denen die Führung des Rechts durch den normativen Me-

6 Vgl. oben S. 15.

7 Vgl. seine Rechtssoziologie, herausgegeben und eingeleitet von Johannes Winckelmann, Neuwied 1960, z. B. S. 55 und passim.

chanismus noch nicht ausgeprägt entwickelt ist,[8] beobachtet man lediglich eine Herausabstraktion des Unterschiedes von gutem und schlechtem Verhalten und eine Formulierung entsprechender Beurteilungsgesichtspunkte. Ein Problem der Geltung stellt sich zunächst nicht.

Die Problematisierung der Frage, welches Recht gilt, scheint demnach nicht allein aus einzelnen Rechtsstreitigkeiten mit divergierenden Normprojektionen erwachsen zu sein. Erst in fortgeschritteneren, vor allem wirtschaftlich fortgeschritteneren, nicht allein mehr vom Ackerbau lebenden Gesellschaften scheinen divergierende Normprojektionen sich so vielfältig und so krass gegenüberzutreten, daß die Kontingenz der Rechtsnormen selbst in neuartiger Weise bewußt und problematisch wird. An zwei klassischen Beispielen aus dem chinesischen und dem griechischen Rechtsdenken läßt sich zeigen, daß diese Veränderung von einem evolutionären Bewußtsein, von einem ausdrücklichen Vergleich archaischer und neuartiger städtisch-merkantiler Gesellschaften begleitet war, sich also Rechtskontingenz im historischen Vergleich bewußt machen konnte, und daß mit diesem Vergleich ein neuartiges politisches Bewußtsein entstand, das die Ebene der Rechtsgeltung durch Kontingenzregulierung zu etablieren half.

Am deutlichsten stammt bei den chinesischen Legisten, deren Wirksamkeit die Großreichsbildung der Ch'in (247-207 v. Chr.) begleitete, eine neu formulierte Konzeption von Politik und Recht aus einem Zeitvergleich und dem Bewußtsein einer wirtschaftlich, technisch, bevölkerungsmäßig fortgeschrittenen Lage des Gesellschaftssystems. Daraus folgerten die Anhänger dieser Schule, zumeist schriftstellernde Politiker hohen Ranges, (1) die Notwendigkeit, politische Herrschaft zu zentralisieren, und das Recht als

8 Siehe dazu oben S. 82, Fn. 19.

Instrument politischer Willensverwirklichung in ihre Hand zu geben; (2) eine Kritik des archaischen Ethos als überholt und den Abbau der entsprechenden (a) familiären und (b) aristokratischen Strukturen; (3) Herstellung eines unmittelbaren Verhältnisses der Menschen zur politischen Herrschaft (Gleichheitsprinzip!); (4) ein durchgehend pessimistisches (angeblich realistisches!) Menschenbild als Ausdruck eines praktischen Kontingenzbewußtseins; (5) die Suche nach einer nicht mehr traditionalen und auch nicht von Zufällen abhängigen Sozialordnung, wobei Schicksal ebenso wie Tugend, zum Beispiel auch das Auftreten weiser Ratgeber und Herrscher, als Zufall gesehen wird, von dem man sich durch Gesetzgebung unabhängig machen muß; damit (6) eindeutige Unterscheidung von Recht und Moral und moralfreie Stabilisierung des Rechts; deshalb (7) Kontingenzausschaltung im Recht selbst, vor allem durch Strenge, ferner durch Klarheit, Eindeutigkeit, Voraussehbarkeit der Sanktionen, Publizität; (8) Gesetzesdurchführung als Gegenstand politischer Taktik und (9) Notwendigkeit von Rechtsänderungen nach Maßgabe des Wandels der Zeiten.[9] Mit all ihrem hellsichtigen Realismus scheiterte diese Konzeption sehr bald in der praktischen Politik an ihrem offenen Amoralismus, auf den die Zeit nicht vorbereitet war, vielleicht auch an ihrem fehlenden rechtstechnischen Unterbau. Ein moralisch durchtränkter Traditionalismus setzte sich in der Gegenbewegung des Konfuzianismus durch. Zu einer juristischen Ausarbeitung des Geltungsgedankens ist es dann nicht mehr gekommen.

---

9 Eine glänzende Zusammenfassung der Hauptthesen findet man bei J. J. L. Duyvendak, The Book of Lord Shang: A Classic in the Chinese School of Law, London 1928, insb. S. 65 ff. Ausführlicher Léon Vandermeersch, La formation du légisme: Recherches sur la constitution d'une philosophie politique characteristique de la Chine ancienne, Paris 1965.

Vergleicht man diesen Versuch unter hinreichend abstrakten Fragestellungen mit der ganz andersartigen Umstellung des griechischen Rechtsdenkens im 6./5. vorchristlichen Jahrhundert, dann treten bei aller Verschiedenheit der Auffassungen instruktive Parallelen zutage. In der griechischen Rechtsentwicklung läßt sich das Aufkommen einer neuen Art von Geltungsbewußtsein an einem Wandel des Sprachgebrauchs fassen, nämlich an einer Ersetzung des alten Grundbegriffs *Thesmos* durch den neuen Begriff *Nomos*.[10] Daran fällt vor allem auf, daß der ältere Sprachgebrauch mit dem Worte *Nosmos* Konnotationen verbindet, die es keineswegs zu einer Führungsrolle prädestinieren: Konnotationen des Labilen, Schwankenden, bloß Faktischen, Gewohnheitsmäßigen, Angelernten, in Gebrauch Gekommenen – alles in allem: des nicht Notwendigen.[11] Gerade dieser Kontingenz-Gehalt und das Selektionsbewußtsein scheinen den Begriff nun zu empfehlen, scheinen einer neuen Gefühlslage besser zu entsprechen. Und zwar verbinden sich im Konzept der *Isonomia Nomos* und Gleichheit (und dann praktisch-politisch: *Nomos* und Demokratie) zu einem neuen politischen Programm: *Nomos* ist nicht mehr *Thesmos*, nicht mehr schlicht und hart die vor langer Zeit als geltend eingesetzte Norm, sondern ist die unter Gleichen als geltend akzeptierte, auf sozialem Konsens beruhende Norm. Aus den alten Bedeutungsgehalten werden die höhere Labilität, die Kritisierbarkeit, die faktische »rule of recognition« (um

---

10 Vgl. dazu Martin Ostwald, Nomos and the Beginnings of the Athenian Democracy, Oxford 1969, der sich um den Nachweis bemüht, daß der Umbruch mit den Kleisthenischen Reformen zusammenfällt.

11 Vgl. die Hinweise bei John W. Beardsley, Jr., The Use of *Physis* in Fifth-Century Greek Literature, Diss. Chicago 1918, S. 68 ff.; ferner auch Martin Ostwald, Pindar, *Nomos*, and Heracles, Harvard Studies in Classical Philology 69 (1965), S. 109-138.

mit H. L. A. Hart zu sprechen)[12] übernommen und werden zur Moralität des wechselseitigen Akzeptierens der Erwartungen aufgewertet. Freiheit und Gleichheit bezeichnen mitsamt den entsprechenden Verfassungsinstitutionen der Stadt den politischen Hintergrund, und erst aus der gelungenen politischen Reform ergibt sich das Abstandsbewußtsein gegenüber dem archaischen Ethos und dem dorfartigen Regime der Häuser und Geschlechterfürsten. So gelingt es besser als im chinesischen Fall, mit den starken sozialen Konnotationen des *Nomos*-Begriffs die moralisch fragwürdige Herkunft zu neutralisieren und *auf diese Weise Kontingenz und Selektivität als neue Geltungsebenen in das Recht zu überführen.* Zugleich weiß der griechische Sinn für Maß eine Übertreibung des neuen Gedankens zu verhindern. Ein neuer, entsprechend aufgewerteter Begriff der Natur wird mitaufgenommen, um das ebenfalls geltende, nichtselektierte, nichtkontingente, überall gleiche Recht zu bezeichnen – zunächst ohne jeden Gedanken an eine hierarchische Überordnung von Naturrecht über positives Recht im Sinne des späteren *Leges*-Katalogs. Nicht das Naturrecht, sondern das kontingent geltende Recht, der *Nomos*, ist die Grundlage der Polis.

So unsicher und anfechtbar historische Argumente dieser Art bei der gegebenen Quellenlage sein mögen, sie bestätigen unsere rechtstheoretische Vermutung, daß eine Kontingenzregulierung im normativen Bereich nicht einfach in einer Bekräftigung und Überhöhung der Normativität als Normativität zu finden ist. Irgendwie scheint, zumindest am Anfang, die Notwendigkeit einer andersartigen, nämlich faktischen (und zwar in dem neuen Sinne einer ausdifferenzierten Politik faktisch-politischen) Fundierung bewußt gewesen zu sein. Dieser Anfang scheiterte letztlich

12 H. L. A. Hart, The Concept of Law, Oxford 1961, S. 91.

an den Problemen einer ausdifferenzierten Politk in jenen Gesellschaftssystemen,[13] rechtlich gesehen vor allem am Problem der Gesetzgebung. Die den Anfang tragende Konzeption wird dadurch teils diskreditiert, teils verschüttet. In China kommt es zu der konfuzianischen Wiederherstellung der Moral, die jede weitere rechtstechnische Entwicklung unterbindet. In der alteuropäischen, mit der römischen Rechtsphilosophie beginnenden Tradition wird Geltung mit Normativität identifiziert, indem das Naturrecht und später das göttliche Recht dem positiven Recht lediglich übergeordnet werden. Die beunruhigende Frage der Kontingenz wird abgebogen und mit einer Normenhierarchie beantwortet, deren obere Bereiche stabil, deren untere nach Maßgabe höheren Rechts begrenzt beweglich sind. In dieser Form der alteuropäischen Legeshierarchie, die unser Suchen nach Begründungen im Recht noch immer bestimmt, kommt unser Problem auf lange Zeit zur Ruhe. Die Geltung des Rechts wird als seine Rechtfertigung durch höheres Recht begründet. In dieser Form wird der Gedanke jedoch bewahrt, und es kommt nicht zu einer vollen Rückentwicklung des Geltungsgedankens in die direkt bewertende Unterscheidung von gutem und schlechtem Verhalten.[14]

Dieser Erhaltungserfolg mag auch darauf zurückzuführen sein, daß die römische Jurisprudenz inzwischen einen reichen Formenschatz an Begriffen, Regeln und Rechtsinstituten entwickelt hatte, der sich einer schlichten moralischen

---

13 Siehe hierzu den vergleichenden Überblick von Shmuel N. Eisenstadt, The Political Systems of Empires, New York, London 1963, der sich leider auf Großreiche beschränkt und daher die politischen Probleme der selbständigen Stadt außer acht läßt.

14 So anscheinend jedoch im islamischen Recht nach dem Verlust der politischen Einheit des Islam. Vgl. Joseph Schacht, Zur soziologischen Betrachtung des islamischen Rechts, Der Islam 22 (1935), S. 207-238 (215).

Bewertung entzog. Im übrigen hatte die Jurisprudenz an konkreten Fällen das Geltungsproblem in anderer Form in den Blick bekommen und damit begonnen, es zu einer Lehre von den Rechtsquellen auszuarbeiten, vor allem zu einer Lehre vom Gewohnheitsrecht mit abstrakt formulierten, entscheidbaren Kriterien der Geltung bzw. Nichtgeltung von Recht. Den Anlaß dazu scheint das Problem der Fortgeltung von Lokalrecht in politisch geeinten größeren Territorien gegeben zu haben, vielleicht auch ein Bedürfnis der Juristen nach kritischer Sichtung und »Juridifizierung« einer okkasionellen Gesetzgebungspraxis.[15] In der Konzeption einer Mehrheit von Rechtsquellen, die über ihre Entstehungsanlässe bis heute fortlebt, findet die Rechtswissenschaft die Übersetzung von Geltungsproblemen in Entscheidungsprobleme, ohne die zugrundeliegende Problematik der Kontingenz noch zu reflektieren.

Greift man auf diese Grundfrage zurück, dann wird deutlich, daß die Geltungsfrage nicht länger mit dem Normbe-

15 Vgl. Burkhard Schmiedel, *Consuetudo* im klassischen und nachklassischen römischen Recht, Graz, Köln 1966; Dieter Nörr, Zur Entstehung der gewohnheitsrechtlichen Theorie, in: Festschrift für Wilhelm Felgentraeger, Göttingen 1969, S. 353-366; für Parallelprobleme in mittelalterlichen Territorien mit einer entsprechenden Neuentwicklung von Gewohnheitsrechtslehren siehe William E. Brynteson, Roman Law and New Law: The Development of a Legal Idea, Revue internationale des droits de l'antiquité, 3. sér., 12 (1965), S. 203-223. Anzumerken wäre noch, daß erst von hier ab die Unterscheidung von geschriebenem und nichtgeschriebenem Recht strukturelle Bedeutung gewinnt. Für das griechische Rechtsdenken war sie gegenüber der wichtigeren Unterscheidung von selektiertem und natürlichem Recht durchaus sekundär gewesen, und auch die chinesischen Legisten hatten in der Schriftform lediglich eine taktische, gesetzgebungstechnische Empfehlung gesehen. Dieses Beispiel belegt gut, daß in der Jurisprudenz entwickelte Kriterien, Distinktionen und Entscheidungshilfen nicht immer genau die Probleme bezeichnen, die das Recht als Struktur eines Gesellschaftssystems zu lösen hat.

griff verquickt und nicht länger in der (wie immer formalisierten und entleerten) naturrechtlichen Form einer Normenhierarchie beantwortet werden kann. Vielmehr müssen wir zurückgehen auf die Gründe, aus denen Normkontingenz andere Probleme aufwirft als Verhaltenskontingenz, so daß auch die Kontingenzregulierungen auf einer anderen Ebene liegen und sich anderer Formen bedienen müssen. Die prinzipielle Unterscheidung von Fragen der Rechtsgeltung und Fragen der bewertenden Normierung guten und schlechten Verhaltens ist heute gesichertes Gedankengut. Ohne sie ist positives, das heißt durch Entscheidung änderbares, das heißt umwertbares Recht nicht zu denken. Die mit dieser Differenzierung verbundenen Erleichterungen der Konsensbildung sind in sehr komplexen Gesellschaften unerläßlich: Es muß möglich sein, sich über die Geltung von Recht zu verständigen, auch wenn man in der Bewertung des Verhaltens verschiedener Meinung ist und bleibt. Diese Ebenendifferenzierung wird zur Differenzierung von Konsenschancen und Aktivitäten (etwa: Kritik, Beschwerden, Klagen, politischen Verstößen) benutzt.

Außerdem kann mit Hilfe dieser Differenzierung von Normsinn und Geltung die Geltungsfrage auch von der Durchsetzungsfrage getrennt werden. Sie ist unabhängig von dem Ausmaß der Normdurchführung beantwortbar, so daß die Funktion der Durchführung, Normen zu symbolisieren, entfällt. Partielle Normdurchsetzung, hohe Dunkelziffern, ja selbst planmäßige Abweichungstoleranz (etwa im Straßenverkehrsrecht oder im Sexualstrafrecht) ermöglichen keine Rückschlüsse auf die Normgeltung. In das geltende Recht wird so ein *nochmals selektiver Prozeß* der Durchsetzung bzw. Nichtdurchsetzung eingebaut, auf den ein Teil der (noch zu erörternden)[16] Respezifikationslast

16 Siehe unten S. 124.

übertragen wird.[17] Nur so ist es möglich, ein sehr komplexes Rechtssystem mit sehr geringen Kontroll- und Durchsetzungskapazitäten zu verwalten;[18] nur so kann die Unwahrscheinlichkeit und Komplexität der Rechtsgebote weit über das direkt Erzwingbare hinaus gesteigert werden. Auch in dieser Funktion ist die Ausdifferenzierung einer besonderen Geltungsebene, soziologisch gesehen, unentbehrlich. Aber wie begreift die Rechtstheorie diese Differenz – wenn nicht mehr als Normenhierarchie?

Das Hierarchiemodell suggeriert eine differenzierte Einheit auf der Basis gemeinsamer Normativität aller Stufen, die von oben her gesteuert ist. Dieser Gedanke wird schon durch unsere Ausführungen über die Einheit der Rechtsordnung gesprengt. Von einem anderen Überlegungsgang aus stoßen wir jetzt auf das gleiche Problem. Um die rechtsimmanenten Abstraktionsebenen, die seit schon mehr als zweitausend Jahren gefordert und heute zweifelsfrei in Betrieb sind, begreifen zu können, brauchen wir einen erweiterten,

---

17 Die (mehr oder weniger planvolle) Selektivität der Rechtsdurchsetzung kann als gesichertes Ergebnis neuerer rechtssoziologischer Forschung gelten. Einige Beispiele aus einer sehr umfangreichen Literatur sind: Frederick K. Beutel, Some Potentialities of Experimental Jurisprudence as a New Branch of Social Science, Lincoln 1957; Wayne R. LaFave, The Police and Nonenforcement of the Law, Wisconsin Law Review 1962, S. 104-137, 179-239; James Q. Wilson, Varieties of Police Behavior: The Management of Law and Order in Eight Communities, Cambridge Mass. 1968, insb. S. 83 ff.; Leon H. Mayhew, Law and Equal Opportunity: A Study of the Massachusetts Commission Against Discrimination, Cambridge Mass. 1968; Erhard Blankenburg, Die Selektivität rechtlicher Sanktionen: Eine empirische Untersuchung von Ladendiebstählen, Kölner Zeitschrift für Soziologie und Sozialpsychologie 21 (1969), S. 805-829; John A. Gardiner, Traffic and the Police: Variations in Law Enforcement Policy, Cambridge Mass. 1969.

18 Vgl. hierzu die Darstellung des Verhältnisses von Recht und Gewalt oben S. 93.

abstrakteren Einheitsbegriff, der nicht nur verschiedene Rangstufen des Gleichen, sondern auch Jas und Neins, Recht und Unrecht, Wirklichkeiten und Möglichkeiten, die die Möglichkeit haben, anders zu sein, überspannt – kurz: einen kontingenzgerechten Einheitsbegriff.

Um hier weiterzukommen, müssen wir Normativität und Geltung unter dem Gesichtspunkt von Kontingenzregelung vergleichen und das »Gleiche« nicht mehr in der Einheit einer Sollqualität, sondern in einem Problem sehen. Dieses Problem besteht darin, daß immer dann, wenn Verhalten als kontingent erlebt wird, *Kommunikation über Kommunikation notwendig wird.*

Hier und im folgenden soll ein sehr weit gefaßter Kommunikationsbegriff benutzt werden, der alles Verhalten einschließt, das für andere als eine Auswahl aus mehreren Möglichkeiten, also als Handeln, sichtbar und verständlich wird und insofern – ob absichtlich oder nicht, ob sprachlich artikuliert oder nicht – Informationswert hat. Immer wenn dies der Fall ist, doppelt sich zugleich auch der Kommunikationsprozeß. Sobald nämlich das Verhalten des anderen als »so und auch anders möglich« erfahren wird, muß nicht nur das gewählte Verhalten, sondern auch die Wahl selbst kommuniziert werden. Das kann geschehen und geschieht zumeist als mitlaufende Information über den, der gewählt hat. Mit der Information, daß man lieber zu Hause bleibt als spazierenzugehen, stellt man sich auch selbst dar als der, der den Selektionsprozeß steuert und verantwortet. Die Kommunikation über selektive Kommunikation kann sich aber auch auf das hierzulande Übliche, das Gesollte, das Richtige usw. beziehen. In jedem Falle liegen die Ansatzpunkte für eine solche Doppelkommunikation, wie sehr und in welcher Richtung sie auch ausgearbeitet werden mögen, in der Kontingenz selbst.

Hierüber gibt es inzwischen umfangreiche Forschungen –

teils von »symbolischen Interaktionismus« betrieben, teils aus mehr sozialpsychiatrischen Ansätzen stammend.[19] Durchweg bleiben diese Forschungen bisher auf der Ebene elementarer Interaktion und behandeln dort die Schwierigkeiten, Pathologien, Fehlerquellen und Anforderungen bis hin zu humantaktischen oder psychotherapeutischen Meisterleistungen in der Gleichzeitigkeit von Kommunikation und Kommunikation über Kommunikation. In diesen Forschungen ist, gleichsam als unbeabsichtigtes Nebenergebnis, überdeutlich geworden, wie enge Entfaltungsgrenzen einer solchen Kontingenzregulierung durch simultane »Metakommunikation« gezogen sind: Mangels deutlicher Trennung der Ebenen ist die elementare Metakommunikation auf Andeutungen und Rückschlüsse angewiesen; ihre Quote an Mißverständnissen und Fehlleistungen ist hoch; die Verwendung von widersprüchlichen Intentionen auf beiden Ebenen führt zur Blockierung, zur Verwirrung oder sogar, wie eine viel diskutierte Theorie annimmt, zu Schizophrenie. Ein Grund für diese Leistungsschwäche der mitlaufenden Kommunikation über Kommunikation dürfte sein, daß auf der jeweils letzten Metastufe der Kommunikation keine explizite Negation zur Verfügung steht, so daß vermutete Möglichkeiten nicht direkt befragt und bejaht oder verneint werden können.[20]

---

19 Siehe als charakteristische Ausarbeitungen Erving Goffman, The Presentation of Self in Everyday Life, 2. Aufl., Garden City N. Y. 1959, für den einen, und Paul Watzlawick / Janet Helmick Beavin / Don D. Jackson, Pragmatics of Human Communication: A Study of Interactional Patterns, Pathologies, and Paradoxes, New York 1967, für den anderen Ansatz.

20 Auch die sprachlichen Mittel der Umgangssprache, auf die in diesem Zusammenhang Karl-Otto Apel und Jürgen Habermas verweisen würden, lösen dieses Problem nicht. Sie ermöglichen zwar eine Thematisierung von Kommunikation über Kommunikation – etwa mit der Frage: Wie hast Du das gemeint? Aber solche Iteration ist wie-

Auf dieser Grundlage können wir nun normative Sollvorstellungen ebenso wie Geltungen interpretieren als *symbolisch verkürzte, stärker abgehobene und dadurch leistungsfähigere* Metakommunikation, die zugleich das Negationspotential des Systems erweitert. Normen und Geltungen sind Möglichkeiten, die Schwierigkeiten elementarer, gleichzeitig mitlaufender Metakommunikation abzuschwächen, indem man Kommunikation über Kommunikation themafähig, fragefähig, negierbar macht und in bezug auf sie Kommunikation neu organisiert. In beiden Fällen sind es Kommunikationen über selektive Kommunikationen mit der Funktion, Kontingenz zu ermöglichen und dann zu steigern und zu regulieren. Beides sind rechtsimmanent abstrahierte Steuerungsebenen – also nicht etwa nur analytische, erkenntnismäßige Abstraktionen. Die als normativ durch Sollaussagen symbolisierte Ebene regelt Verhaltenskontingenz; auf ihr wird kommuniziert über Erwarten und Verhalten angesichts der Möglichkeit, sich so oder anders zu verhalten. Die Geltungsebene regelt Normkontingenz; auf ihr wird kommuniziert über Erwarten und Verhalten angesichts der Möglichkeit widerspruchsvoller Normprojektionen.

derum nur unter Rückgriff auf eine weitere Metaperspektive möglich, in der *beide* am Kommunikationsprozeß Beteiligten die Selektion nunmehr dieser Frage interpretieren. Eine Theorie der Sprache vermag dieses Problem nicht zu lösen, vielmehr nur zu zeigen, daß es nicht auf rein sprachliche Weise gelöst werden kann. Vgl. hierzu – unter jeweils divergierenden Gesichtspunkten Gerhard Frey, Sprache – Ausdruck des Bewußtseins, Stuttgart 1965; Karl-Otto Apel, Szientismus oder transzendentale Hermeneutik? (Zur Frage nach dem Subjekt der Zeicheninterpretation in der Semiotik des Pragmatismus), in: Rüdiger Bubner (Hrsg.), Hermeneutik und Dialektik. Hans-Georg Gadamer zum 70. Geburtstag, Tübingen 1970, Bd. I: Methode und Wissenschaft, Lebenswelt und Geschichte, S. 105-144 (insb. 136); Paul Watzlawick / Janet Helmick Beavin / Don D. Jackson, Pragmatics of Human Communication, a. a. O., insb. S. 99 ff.

Die Unklarheit über den inneren Aufbau komplexer Rechtsordnungen ist mit diesen Formulierungen nicht behoben, sondern nur verschoben auf die Begriffe der Ebene und der Regelung. Gegenüber dem klassischen Konzept der Normhierarchie liegt der Vorteil dieser Konzeption in einer Veränderung des Suchmusters für Problemlösungen, die auf eine stärker kommunikations- und systemtheoretische (und damit auf eine stärker interdisziplinär ausgerichtete) Grundorientierung der Rechtstheorie hinausläuft. Für Kommunikation, und auch für jede Art von Kommunikation über Kommunikation, braucht man ein interaktionelles Substrat, das in Systemform geordnet sein muß. Diese Tatsache zeigt sich schon daran, daß auch die klassischen Normhierarchien ebenso wie Zweck / Mittel-Hierarchien nie als reine Sinnbeziehungen haben definiert werden können, sondern praktisch immer mit Instanzenhierarchien verknüpft gewesen sind, indem der Ämteraufbau gleichsam als Artikulationsbasis der Normhierarchie, die Normhierarchie als Legitimationsbasis des Ämteraufbaus diente, ohne daß dieser Zusammenhang theoretisch durchleuchtet worden wäre.[21] Die Frage ist, ob und wie man an dieser kriti-

21 Zur Verankerung dieses Zusammenhangs in der praktischen Philosophie der alteuropäischen Tradition siehe Niklas Luhmann, Gesellschaft, in: ders., Soziologische Aufklärung 1: Aufsätze zur Theorie sozialer Systeme, Köln, Opladen 1970, S. 137 ff.; vgl. auch Otthein Rammstedt, Partizipation und Demokratie, Zeitschrift für Politik 17 (1970), S. 343-357. Innerhalb der Rechtstheorie liefert der von der Reinen Rechtslehre, nämlich von Adolf Merkl und Hans Kelsen vertretene »Stufenbau der Rechtsordnung« ein Beispiel für diese Ineinanderschachtelung von Normhierarchie (im Sinne logischer Abhängigkeit) und Instanzenhierarchie (im Sinne einer Erzeugungsordnung). Vgl. besonders Adolf Merkl, Die Lehre von der Rechtskraft, entwickelt aus dem Rechtsbegriff, Leipzig, Wien 1923; Hans Kelsen, Reine Rechtslehre, a. a. O. Die These, daß der Stufenbau die Einheit des Rechts nicht beeinträchtige (sondern sie *sei*?), findet man bei Hans Kelsen, Rechtswissenschaft und Recht: Erledigung

schen Stelle mit neu entwickelten, abstrakteren Denkmitteln der Kommunikationstheorie, der Systemtheorie, der Entscheidungstheorie weiterkommt.

Hierfür können wir auf zwei Theoreme zurückgreifen, die andeutungsweise bereits vorgestellt sind; nämlich auf das Prinzip der Komplexitätssteigerung durch Differenzierung und auf den Zusammenhang von Differenzierung, Generalisierung und Respezifikation.[22] Beide Theoreme eignen sich zur Analyse von Steigerungsbedingungen und lassen sich verbinden mit der Frage, ob und unter welchen Bedingungen der Kompatibilität rechtsimmanente Abstraktionsebenen entwickelt und in ausdifferenzierten Interaktionssystemen in Handlung umgesetzt werden müssen.

Ausdifferenzierung ist der wohl wirkungsvollste, aber auch der voraussetzungsvollste Weg, Schwierigkeiten in der elementaren Interaktion zu lösen – zumindest als Problem zu vertagen und auszulagern. Alternativen dazu wären: (1) die beschwichtigende Metakommunikation (man signalisiert zugleich, daß das böse Wort »nicht so gemeint ist«); (2) der Phasenwechsel von Kommunikation und Metakommunikation (man schiebt in den Kommunikationsprozeß einen erläuternden, begründenden Exkurs ein);[23] und (3) die Moralisierung (man signalisiert dem Partner bei auf-

---

eines Versuchs zur Überwindung der »Rechtsdogmatik«, Wien, Leipzig 1922, S. 116 ff.; ders., Allgemeine Staatslehre, Berlin 1925, S. 229 ff. Vgl. ferner Heinz Sauermann, Die soziale Rechtsrealität, Archiv für angewandte Soziologie 4 (1932), S. 211-237 (227 f.).

22 Siehe oben Kapitel III. Systemstrukturen als Bedingungen von Kontingenz.

23 Hier scheint mir die Bedeutung der Idee eines Begründungen diskutierenden »Diskurses« zu liegen, die Habermas vorgetragen hat in: Jürgen Habermas, Vorbereitende Bemerkungen zu einer Theorie der kommunikativen Kompetenz, in: Jürgen Habermas / Niklas Luhmann, Theorie der Gesellschaft oder Sozialtechnolgie – Was leistet die Systemforschung?, Frankfurt 1971, S. 101-141.

kommenden Differenzen die Bedingungen, unter denen man ihn achten kann).[24] All diese Techniken haben strukturell und taktisch gesehen einen nur engen Entfaltungsspielraum – vor allem in alternativenreichen Situationen und vor allem in ernsteren Konflikten. Eine der Schwierigkeiten besteht zum Beispiel in der Rückkehr zum Normalzustand einfacher Kommunikation nach einer diskursiven oder moralischen Modalisierung des Systems. Demgegenüber hat die Ausdifferenzierung eines besonderen Interaktionssystems zur Kommunikation über Kommunikation gewichtige Vorteile. Sie ermöglicht es, die Metakommunikation von der Kommunikation, über die kommuniziert wird, stärker zu trennen, sie teilweise zu verselbständigen und sie unter partiell veränderten Interaktionsbedingungen, zum Beispiel unter Teilnahme unbeteiligter Dritter, durchzuführen. Teilnahme Unbeteiligter – das ist eine institutionelle Paradoxie, die die Paradoxien der Metakommunikation und letztlich die Paradoxien der Kontingenz aufnimmt, transformiert und in einen anderen Lösungskontext hinüberspielt.[25]

---

24 Dazu näher unten Kapitel VIII. im Zusammenhang mit Ausführungen über Recht und Moral.

25 Siehe hierzu die klassischen, einflußreichen Analysen von Georg Simmel, Soziologie, 2. Aufl. München, Leipzig 1922, S. 32 ff. mit einer wesentlich formaleren Fragestellung; ferner etwa Wilhelm Stok, Zur Soziologie der dreigliedrigen Gruppe, Zeitschrift für die gesamte Staatswissenschaft 88 (1930), S. 522-544; Theodore D. Kemper, Third Party Penetration of Local Social Systems, Sociometry 31 (1968), S. 1-29. Untersuchungen, die für rechtstheoretische Fragen ausgewertet werden könnten, gibt es ferner über die Rolle des Zuschauers (z. B. Alfred Vierkandt, Gesellschaftslehre, 2. Aufl., Stuttgart 1928, S. 405 ff.) oder über die Rolle des »Zwischengängers« (Erving Goffman, The Presentation of Self in Everyday Life, a. a. O., S. 93 f.). Für stärker am Problem des Rechtskonflikts orientierte Untersuchungen siehe u. a. R. F. Barton, Ifugao Law, University of California Publications in American Archaeolcgy and Ethnology 15

Durch Ausdifferenzierung von Interaktionskontexten, die normative Erwartungen oder gar Geltungen thematisieren, verändern sich die Bedingungen für Gesamtstrukturbildung im System; Strukturen, die verschiedenartigen Kommunikationsebenen zugleich als Prämissen dienen und außerdem in zunehmendem Maße unterschiedliche Situationen und Bewertungen übergreifen, müssen generalisiert werden, so daß ihr Verständnis und ihre Anwendung sich häufig nicht mehr von selbst verstehen. Differenzierung erfordert Generalisierung und Generalisierung erfordert Einrichtungen der Respezifikation. Das Problem der Respezifikation hat eine begriffliche und auslegungstechnische und eine interaktionelle Seite, die im Zusammenhang gesehen werden müssen. Auch generalisierte Symbole und ihre Auslegungen müssen in der Anwendungssituation kommunizierbar, der Prozeß ihrer Behandlung muß verständlich und kontrollierbar bleiben; sonst zersetzt sich insoweit die Einheit des Systems und es entstehen »innere Grenzen«, die kommunikativ nicht mehr überwindbar sind.

Dieses Problem verschärft sich in dem Maße, als man auch Normen kontingent setzt und also zu einer Sprache

---

(1919), S. 1-186 (insb. 92 ff.); Norman B. Schwartz, Conflict Resolution and Impropriority in a Guatemalan Town, Social Forces 48 (1969), S. 98-106; Torstein Eckhoff, Die Rolle des Vermittelnden, des Richtenden und des Anordnenden bei der Lösung von Konflikten, in: Ernst E. Hirsch / Manfred Rehbinder (Hrsg.), Studien und Materialien zur Rechtssoziologie, Sonderheft 11 der Kölner Zeitschrift für Soziologie und Sozialpsychologie, Köln, Opladen 1967, S. 243-270; Helmut Schelsky, Systemfunktionaler, anthropologischer und personfunktionaler Ansatz der Rechtssoziologie, in: Rüdiger Lautmann (Hrsg.), Die Funktion des Rechts in der modernen Gesellschaft, Bielefeld 1970 (Jahrbuch für Rechtssoziologie und Rechtstheorie 1), S. 37-89 (70 ff.). Eine rechtstheoretisch präzisierte Darstellung dieser Errungenschaft werden wir in den Kapiteln über das Rechtssystem (XII.) und über Schematisierung (XIV.) nachliefern.

greifen muß, in der über unterschiedliche Normprojektionen in bezug auf Geltung gesprochen und entschieden werden kann. Als Geltungssprache hat sich – ob dies die einzige Möglichkeit war oder nicht, kann hier nicht geklärt werden – die formale Bezugnahme auf den rechtlichen Entscheidungsprozeß, auf schon ausdifferenzierte Interaktion mit seinen rechtskräftigen bzw. allgemein-verbindlichen Entscheidungsakten durchgesetzt. Das ermöglicht die Distanzierung der Geltungsfeststellung von der inhaltlichen und möglicherweise kontrovers bleibenden Bewertung des Geltenden. Um so größer wird unter diesen Voraussetzungen die Respezifikationslast des rechtlichen Entscheidungsprozesses.

Faktisch haben sich indes für diese Aufgabe kaum neuartige Respezifikationsmuster entwickelt – und eben deshalb sieht der Jurist kaum eine andere Möglichkeit, als Geltung in der Form einer Normenhierarchie zu denken. Was gilt, kommt von oben und ist durch Auslegung von Normen zu ermitteln. Die methodischen Instrumente der »Rechtsanwendung« sind, wie Josef Esser[26] vor Augen geführt hat, nach wie vor auf die Fühlfähigkeit rechtsdogmatischer Konstruktionen angewiesen, deren Anwendungsbereich jedoch proportional abnimmt; die zunehmende Komplexität der Aufgabe wird durch zunehmende Entscheidungsfreiheiten, die der Richter usurpiert, beantwortet und in okkasionelles Entscheiden umgesetzt.[27] Im Schutze politischer Neutrali-

26 Josef Esser, Vorverständnis und Methodenwahl in der Rechtsfindung: Rationalitätsgarantien der richterlichen Entscheidungspraxis, Frankfurt 1970.

27 Dazu hat sich Werner Krawietz mehrfach kritisch geäußert; siehe: Funktion und Grenze einer dogmatischen Rechtswissenschaft, Recht und Politik 1970, S. 150-158; Welche Methode lehrt die juristische Methodenlehre?, Juristische Schulung 10 (1970), S. 425-432; Juristische Methodik und ihre rechtstheoretischen Implikationen, in: Hans Albert / Niklas Luhmann / Werner Maihofer / Ota Weinberger

sierung und mittels eines Überschusses an Begründungsmöglichkeiten für ernstlich in Betracht kommende Entscheidungen wird so die Vorstellung normgetreuer Rechtsanwendung unter den erschwerten Bedingungen einer rasch komplexer werdenden Gesellschaft fortgeführt. Wir fragen schlicht, ob dies für ein Rechtssystem, das von der Geltungsebene aus gesteuert wird, noch angemessen ist. Eine Antwort auf diese Frage läßt sich nur suchen, wenn zuvor geklärt ist, daß und wie Geltung von Normen eine Positivierung des Rechts bedingt.

(Hrsg.), Rechtstheorie als Grundlagenwissenschaft der Rechtswissenschaft (Jahrbuch für Rechtssoziologie und Rechtstheorie 2), Düsseldorf 1972, S. 12-42.

VIII. Positivität

Wir müssen damit beginnen, die Terminologie zu entwirren. Der rechtswissenschaftliche Sprachgebrauch ist durch traditionelle Belastungen vieldeutig geworden.[1] Seiner Herkunft nach war »Positivität« reserviert für die unterste Ebene der Normhierarchie. Dieser Bedeutungskontext scheint auch heute nach Wegfall der oberen Stufen der Normhierarchie den Sprachgebrauch noch zu bestimmen.[2] Nach wie vor spricht man von einem Gegensatz von Positivität (oder fälschlicherweise: Positivismus) und Naturrecht; oder man sieht das Problem in einem Gegensatz von Recht und Moral; oder man braucht das Wort Positivismus zur Bezeichnung einer Schule, die Positivität dogmatisch als alleinigen Geltungsgrund verwendet und sich damit gegen eine naturrechtliche oder moralische Begründung des Rechts ausspricht;[3] oder man reagiert auf den Wegfall »höherer« Rechts-

1 Zur Entstehung- und Bedeutungsgeschichte von »Positivität« (positives Recht) siehe etwa Stephan Kuttner, Sur les origines du terme »droit positif«, Revue historique de droit francais étranger 15 (1936), S. 728-740; Damian van den Eynde, The Terms ›ius posivitum‹ and ›signum positivum‹ in Twelfth-Century Scholasticism, Franciscan Studies 9 (1949), S. 41-49; Sten Gagner, Studien zu Ideengeschichte der Gesetzgebung, Stockholm, Uppsala u. a. 1960, insb. S. 207 ff.; Jürgen Blühdorn, Zum Zusammenhang von »Positivität« und »Empirie« im Verständnis der deutschen Rechtswissenschaft zu Beginn des 19. Jahrhunderts, in: Jürgen Blühdorn / Joachim Ritter (Hrsg.), Positivismus im 19. Jahrhundert, Frankfurt 1971, S. 123-159.

2 Siehe zum Folgenden den Überblick bei Samuel I. Shuman, Legal Positivism: Its Scope and Limitations, Detroit 1963.

3 Den *lediglich* abwehrenden und damit inhaltsleeren Sprachgebrauch hatte namentlich Karl Bergbohm vertreten – siehe Jurisprudenz und Rechtsphilosophie: Kritische Abhandlungen, Bd. I: Das Naturrecht der Gegenwart, Leipzig 1892, S. 51.

arten durch eine begriffliche Gleichsetzung von Positivität und Geltung,[4] so daß der Begriff überflüssig wird. Es gibt kaum Begriffsbestimmungen, die sich aus jenem Entstehungs- und Interpretationskontext ganz herauslösen, obwohl man sich eingestehen müßte, daß er als Rechtstheorie unbrauchbar ist.[5]

Auf der Linie unserer bisherigen Gedankenführung liegt es, auch den Begriff der Positivität aus einem veränderten rechtstheoretischen Kontext zu interpretieren, um damit einem vermuteten Bedeutungsgehalt besser gerecht zu werden.[6] Die Etablierung sozialer Kontingenz scheint im Laufe der gesellschaftlichen Evolution die Institutionalisierung jeweils neuer Ebenen der Kontingenzregulierung zu erfordern, sobald die das Recht interaktionell und kommunika-

---

4 So statt anderer Heinrich Henkel, Einführung in die Rechtsphilosophie, München, Berlin 1964, S. 392: »Positivität […] bezeichnet die spezifische *Seinsweise des Rechts*: seine *Geltung*.«

5 Eine eigenständige, eben deshalb aber auch rätselvolle Definition von Positivität, die auf das Kontingenzproblem zielt, ohne es auszuarbeiten, findet sich (zunächst für »Dinge«, dann auch für Recht) bei Julius Kraft, Paradoxien des positiven Rechts, Internationale Zeitschrift für Theorie des Rechts 9 (1935), S. 270-282 (271): »Positiv ist ein Ding dadurch, daß es beliebig bestimmt ist, obwohl es nicht beliebig bestimmbar ist«.

6 Im Hinblick auf eine Veröffentlichung über Rechtssoziologie, in der die soziologischen Bedingungen der Positivierung des Rechts eingehend behandelt werden sollen (siehe Niklas Luhmann, Rechtssoziologie, Reinbek bei Hamburg 1972, 2. erw. Aufl. Opladen 1983, S. 190 ff., 207 ff.; Anm. des Herausgebers), werden die folgenden Ausführungen knapp gehalten. Vgl. auch Niklas Luhmann, Positives Recht und Ideologie, in: ders., Soziologische Aufklärung 1: Aufsätze zur Theorie sozialer Systeme, Köln, Opladen 1970, S. 178-203; ders., Positivität des Rechts als Voraussetzung einer modernen Gesellschaft, in: Rüdiger Lautmann (Hrsg.), Die Funktion des Rechts in der modernen Gesellschaft, Bielefeld 1970 (Jahrbuch für Rechtssoziologie und Rechtstheorie 1), S. 2-28, neu gedruckt in: ders., Ausdifferenzierung des Rechts. Beiträge zur Rechtssoziologie und Rechtstheorie, Frankfurt 1981, S. 113-153.

tiv jeweils führenden Ebenen selbst kontingent werden. Das Kontingentwerden von Normen erfordert eine Regulierung durch Geltung bzw. Nichtgeltung, die in dem Maße, als sie entscheidbar wird, das Kontingenzproblem auf eine neue Ebene überführt. Die Entscheidbarkeit der Geltungsfrage akzentuiert die Kontingenz in der Zeitdimension; sie bringt nicht nur an den Tag, daß anderswo andere Normen in Geltung sind, sondern darüber hinaus auch, daß die hier und jetzt geltenden Normen geändert werden könnten. Ohne Veränderung des Sinnes einer Norm, ohne Bemühung um Herstellung der Kontinuität innerhalb normativer Gedanken, ohne subtile Uminterpretation kann Geltung schlicht zuerkannt oder aberkannt werden nach Art einer Existenzaussage, die man entweder billigt oder nicht billigt.

Die hohe Instabilität des Rechts, die daraus resultiert, war zunächst als Gefahr notiert und nach Möglichkeit blockiert worden. Die griechische *Nomothesie*-Diskussion ebenso wie die mittelalterliche Gesetzgebungsdiskussion bieten Beispiele dafür, daß man Teilveränderungen mit der Bewahrung des alten zu verbinden trachtete und in der Bewahrung die Stabilität suchte.[7] Dabei sah man Veränderung als Ge-

7 Ein letztes, eindrucksvolles Beispiel verdient es, wörtlich zitiert zu werden: »Das verderblichste aber von diesem Standpunkte aus ist die leichte und willkürliche Änderung des bürgerlichen Rechts, und selbst wenn durch dieselbe für Einfachheit und Bequemlichkeit gut gesorgt wäre, so könnte dieser Gewinn gegen jenen politischen Nachteil nicht in Betracht kommen. Was so vor unsern Augen von Menschenhänden gemacht ist, wird im Gefühl des Volkes stets von demjenigen unterschieden werden, dessen Entstehung nicht ebenso sichtbar und greiflich ist, und wenn wir in unserm löblichen Eifer diese Unterscheidung ein blindes Vorurtheil schelten, so sollten wir nicht vergessen, daß aller Glaube und alles Gefühl für das was nicht unsres gleichen ist, sondern höher als wir, auf einer ähnlichen Sinnesart beruht.« (Friedrich Carl von Savigny, Vom Beruf unsrer Zeit für Gesetzgebung und Rechtswissenschaft, Heidelberg 1814, zit. nach dem Neudruck Darmstadt 1959, S. 96f.). Festzuhalten wäre, daß

gensatz zu Stabilität und mußte angesichts unvermeidbarer Änderungen mit teils/teils-Lösungen lavieren.[8] Die Prämisse eines Gegensatzes von Stabilität und Wandel bedarf jedoch dringend der Überprüfung.

Durch die Abstraktion des Geltungsprinzips über alle Fragen von Recht und Unrecht in einzelnen Normen oder Erwartungen hinaus hat jenes Problem von Stabilität und Wandel prinzipielle Bedeutung erlangt; es kann *nicht mehr innerhalb der Normativität*, also durch kontrafaktische, enttäuschungsfeste Stabilisierung von Erwartungen gelöst werden, sondern nur noch dadurch, daß *Wandel zum Prinzip der Stabilität gemacht und das Recht strukturell und interaktionell darauf eingestellt wird.* Positives Recht, und alles Recht ist heute positives Recht, hat seinen Geltungsgrund darin, daß es *geändert werden könnte*, aber im Augenblick nicht geändert wird. Nur die Möglichkeit der Änderung rechtfertigt noch das Vorhandene.

Eine Fragestellung dieser Art läßt sich nicht mehr mit Begründungsdogmen alter Art, mit Hinweis auf Natur, Vernunft, Wille, Befehl, Konsens beantworten. Das alles wären unter heutigen Umständen vorschnelle Antworten ohne ausreichenden Kontakt mit der Realität. Vielmehr geht es um die gesellschaftsstrukturellen, organisatorischen und interaktionellen Bedingungen, unter denen die Funktion des Rechts in einer komplexer werdenden Gesellschaft *steigerungsfähig* ist. Steigerungsbedingungen entwickeln im Zu-

---

die Möglichkeit, so zu argumentieren, getragen ist von der Annahme eines Gegensatzes von Stabilität und Wandel, von der Konzession teils/teils und von der Voraussetzung eines Unterschiedes von oben und unten. All das sind Symptome für ein Denken, das nicht voll positivierten Rechtsordnungen angemessen war.

8 Daß sogar die Soziologie bis in die jüngste Zeit so argumentierte, zeigt Karl Hermann Tjaden, Soziales System und sozialer Wandel: Untersuchungen zur Geschichte und Bedeutung zweier Begriffe, Stuttgart 1969.

ge ihrer Realisierung eine *eigene Selektivität*, die Beliebiges (und manchmal auch Erwünschtes!) ausschließt. Im Falle der Positivierung des Rechts erfordert die angestrebte strukturelle Variabilität, daß – der Normativität zum Trotz und gleichsam gegenläufig – Lernfähigkeit in das Recht eingebaut werden kann. Das Problem der Kontingenz muß nach der Positivierung des Rechts umdefiniert werden in ein *Problem der Verteilung von Lernen und Nichtlernen.*

Diese Alternative stellt sich bereits im einfachen, vororganisatorischen Rechtsleben kleiner Gruppen, in archaischen Gesellschaften, ja selbst in vielen Hochkulturen, die keinen ausgeprägt normativen Stil des Rechts ausgebildet haben.[9] In all diesen Fällen regelt sich die Frage der Durchsetzung oder Anpassung weitgehend »lokal« nach relativ konkreten Umständen des Falles, vor allem nach der Machtlage, und also im Einklang mit einer bestehenden Verteilung der Chancen. Erst sehr komplexe Gesellschaften können in ihrem Rechtssystem Situationen, Rollen und Interaktionssysteme so weit auseinanderziehen, daß Durchsetzbarkeit und Änderbarkeit sich nicht wechselseitig behindern, sondern nebeneinander einsichtig gemacht werden können.[10]

Wenn man den dafür erforderlichen Bedingungen weiter nachgeht, läßt man die logischen und dogmatischen Begründungsschwierigkeiten des positiven Rechts beiseite und

9 Vgl. die Hinweise oben Fn. 19 auf S. 82. Für archaische Gesellschaften etwa M. G. Smith, The Sociological Framework of Law, in: Hilda Kuper / Leo Kuper (Hrsg.), African Law: Adaptation and Development, Berkeley, Los Angeles 1965, S. 24-48 (38ff.); Rüdiger Schott, Die Funktionen des Rechts in primitiven Gesellschaften, Jahrbuch für Rechtssoziologie und Rechtstheorie 1 (1970), S. 107-174 (132).

10 Genauer gesagt: auch dieses Problem läßt sich zeitlich lokalisieren und begrenzen. Bei Rechtsänderungen gibt es Übergangsregelungen, evtl. auch in der Durchführung ein laxes Auslaufen des alten und eine Schonfrist für Verstöße gegen das neue Recht.

stößt statt dessen auf die Engpässe in der Entwicklung positiven Rechts, die dessen Aufbau und Inhalt heute bestimmen. Zu nennen sind vor allem die folgenden Gesichtspunkte:

1) Die erste und wichtigste Voraussetzung liegt in der Perfektion der nächstniedrigen Ebene der Regulierung von Kontingenz: in der *Universalität der Rechtsgeltung*. Diese Universalität muß so stark abstrahiert werden, daß die Gesetze, so wie jedermann, auch den Gesetzgeber noch binden – genauer gesagt: zugleich binden und nicht binden.[11] Sie binden ihn wie jeden anderen, solange sie gelten, und sie binden ihn nicht in der Absicht, sie in den dafür vorgesehenen Formen zu ändern. Bindung und Nichtbindung in einer Rechtsordnung zusammen zu ermöglichen ist nur möglich, wenn man den Begriff der Bindung und die entsprechenden Motivationsmuster generalisiert und sie ablöst von anderen, mehr gemeinschaftlichen Rollen- und Interaktionszusammenhängen, über die nicht zugleich mitdisponiert werden kann. Parsons würde das »adaptive upgrading« nennen.[12]

2) Eine Entstabilisierung des Rechts, die *alles* Recht als änderbar ausweist, setzt die Änderungsschwelle des Rechtssystems so niedrig an, daß Filtermechanismen außerhalb und innerhalb des Rechts in Funktion treten müssen, die das zu Ändernde vorsortieren und auf die Kapazität von Entscheidungsprozessen zurückschneiden. Diese wichtige

---

11 »[A] kind of *completion* whereby laws are so universalized that they also apply to the law-giver«, formuliert Kenneth Burke, A Dramatistic View of the Origins of Language, Part Two, The Quarterly Journal of Speech 38 (1952), S. 446-460 (449) im Blick auf den Kulminationspunkt dieses perfekten Universalismus: das kantische Moralgesetz.

12 Vgl. z. B. Talcott Parsons, The System of Modern Societies, Englewood Cliffs N. J., S. 27, 69 f.

Funktion kann nicht dem reinen Zufall oder den »gesellschaftlichen Machtverhältnissen« überlassen bleiben, wenn die Chancen der Positivität des Rechts genutzt werden sollen. Hier liegt der Grund, weshalb sich als Akzessorium zur Positivierung des Rechts *Demokratie* als politische Norm entwickelt und auf die Basis von Gleichheit und Freiheit gestellt wird. Damit ist ein formaler Begründungszwang (dagegen kein Begründungsgesichtspunkt!) für Positivierungsprozesse postuliert, nämlich die Begründungsbedürftigkeit aller Ungleichheiten und aller Eingriffe, also der Ordnung schlechthin. Notorische Schwierigkeiten bereitet die Übersetzung dieses Prinzips in Organisation und Interaktion, da es unmöglich durch freie und gleiche Teilnahme aller am Entscheidungsprozess operationalisiert werden kann. Daher springen, je nach der Struktur des Systems politischer Entscheidungsvorbereitung, substitutive Selektoren ein, die Aussichten bzw. Nichtaussichten auf Rechtsbildung nach Maßgabe bestimmter Tendenzen und nach Maßgabe von politikeigenen Problemstellungen verteilen.

3) Im Rechtssystem selbst erfordert die Positivierung Steuerungsformen, die sich *reflexiver Prozeßstrukturen*[13] bedienen müssen. Das Auseinanderziehen von normativen und kognitiven Einstellungen erfordert oder wird zumindest wesentlich erleichtert und zufallsunabhängig durch reflexive Entscheidungsprozesse, in denen über Entscheidungen entschieden werden kann. Auf diese Weise können Distanzen aufgebaut, können Entscheidungsketten gebildet werden, in denen dann kognitiv orientierte Entscheidungen (etwa des Gesetzgebers) normativ orientierte Entscheidungen (etwa des Richters oder administrativ-regulierender Instanzen) programmieren, an denen sich das gesellschaftliche Le-

13 Hierzu Niklas Luhmann, Reflexive Mechanismen, in: ders., Soziologische Aufklärung 1: Aufsätze zur Theorie sozialer Systeme, Köln, Opladen 1970, S. 92-112.

ben dann wiederum je nach den Umständen kognitiv oder normativ ausrichten kann. Dieses Auseinanderziehen ist innerhalb *eines* Rechtssystems nur tragbar, wenn die Differenzierung wiederum normativ gesteuert wird. Auch die Normierung muß mithin reflexiv werden, es muß Normen über Normsetzung geben und in weiterem Sinne normative Erwartungen darüber, ob jemand sich in bestimmten Kontexten normativ oder kognitiv einzustellen hat. Es wäre in diesem notwendig komplizierten Sinne ein Verstoß gegen eine Norm und eine Ebenenverwechselung, wenn der Gesetzgeber ein kognitives Erkennen und Lernen mißlicher Konsequenzen der Rechtsordnung verweigerte mit der Begründung, die Norm gelte so! Die Positivität des Rechts impliziert die Rechtsnorm, daß es Kontexte gibt, in denen man sich nicht auf die Geltung der Rechtsnormen berufen kann.[14]

4) Ein solches Auseinanderziehen macht ein Lernen und Umlernen von Recht, macht vor allem eine Übertragung von Lernleistungen zunächst schwieriger. Dazu kommen Zweifel, ob die Lernleistungen, die bisher in der juristischen Dogmatik und in ihrer Behandlung von Fall-Erfahrungen verwirklicht waren,[15] für eine planmäßige Variation des Rechts ausreichen, was Komplexität, Anwendungsbereich und Tempo angeht. Beides zusammengenommen führt vor die Frage, ob die Trennung von Rechtsetzung und Rechtsan-

---

14 Ein interessanter Beleg für die Schwierigkeit dieses Gedankens ist, daß in griechischen Stadtstaaten die Gesetzgebung zunächst begriffen wurde als Prozeß gegen den, der eine Rechtsänderung beantragte, also das Recht brechen wollte. Damit verband man den Versuch, die Rechtsänderung prozeßmäßig und argumentativ vom geltenden Recht aus zu kontrollieren. Der Spielraum für Gesetzgebung mußte entsprechend durch Verringerung des Antragsrisikos gewonnen werden.

15 Auf die Funktion von Dogmatik kommen wir im XV. Kapitel nochmals zurück.

wendung in dem Sinne, den die klassische Gewaltenteilungslehre vorsah, dem positiven Recht adäquat ist. Die auf »Rechtsanwendung« eingestellte, am Verbot der *Non-liquet*-Entscheidung hochgerankte Begrifflichkeit ist nicht auf Lernleistungen spezialisiert; sie artikuliert Erfahrungen nicht in einer Form, die Gesetzesentscheidungen vorbereiten könnte. Die Organisation ist nicht auf Sammlung, Aggregation und Rückmeldung strukturkritischer Informationen eingestellt. Die Ehescheidungskammern, Finanzämter usw. befassen sich nicht damit, die realen Folgen ausgeführter Gesetze zu erheben und in Gesetzeskritik umzusetzen. Daher müssen Impulse zur Gesetzesänderung »von außen« kommen – okkasionell, von konkreten Interessen getragen, politisch eingefärbt und dann erst nach Einfügung in das Recht juristisch interpretationsbedürftig.

5) Hiermit hängt zusammen, daß Positivierung ihrerseits eine Metaebene der Kommunikation über das Umgelten von Geltungen erfordert und damit angewiesen bleibt auf einfache, umgangssprachlich gesteuerte Interaktion. Irgendwo muß, gerade wenn die Einsetzung von Geltung zur Entscheidungsfrage wird, schließlich doch einer zum anderen *sagen*: machen wir dies und jenes anders. Gerade wenn man Strukturen entstabilisiert, müssen Änderungen durch dieses Nadelöhr elementarer Interaktion hindurch. Das in Interaktionssystemen argumentativ realisierbare Selektionspotential ist sehr gering, der Aussortiereffekt daher im wesentlichen durch *Vorgabe* von Strukturen gesteuert. Dabei hängt die Richtung, die die Positivierung des Rechts nimmt, weitgehend von solchen Vorgaben ab, nämlich davon, was in der Interaktion als selbstverständlich vorausgesetzt werden kann. Dies kann zunehmend weniger das Recht selbst sein – außer in der Form, daß es im Augenblick nicht opportun erscheint, bestimmte kritische Fragen zu stellen. Angesichts des hohen Gefälles zwischen der Kom-

plexität des Rechts und der Thematisierungsfähigkeit elementarer Interaktionen ist es nicht einmal mehr selbstverständlich, daß man das Recht in seinem faktischen Wirkungskontext kennt, das man ändert.

6) Die Folgen wiederum dieser Ablaufordnung sind in einem bestimmten Sinne adäquat für positives Recht. Sie steigert nämlich in ihren Auswirkungen die Komplexität des Rechts in Richtung auf eine größere Zahl und eine größere Varietät der Normen und Entscheidungen, *nicht aber in Richtung auf hohe, begrifflich organisierte Interdependenz.*[16] Das Recht macht zunehmend den Eindruck eines locker zusammengeschobenen Haufens von zahllosen Einzelheiten, in dem jede Einzelheit ohne Schaden für anderes wieder ausgewechselt werden kann. Gerade innere Desorganisation begünstigt Umformung – durch Druck von außen. Die Einheit des Rechts wirkt tatsächlich weder als Entscheidungskriterium noch als Gesichtspunkt der Abweisung von Neuerungen.[17] Daß dies eine »gangbare« Lösung des Problems der Positivierung des Rechts ist, kann angesichts der Realität kaum bezweifelt werden. Ebenso sicher ist jedoch, daß darin ein Verzicht liegt, das laufende Umgelten von Geltungen aus Rechtsgesichtspunkten zu steuern und das Recht weiterhin im Sinne der alteuropäischen Tradition als Konstituens von Gesellschaft zu konstituieren.[18]

---

16 Hierzu auch Niklas Luhmann, Systemtheoretische Beiträge zur Rechtstheorie, in: Hans Albert / Niklas Luhmann / Werner Maihofer / Ota Weinberger (Hrsg.), Rechtstheorie als Grundlagenwissenschaft der Rechtswissenschaft, a.a.O., S. 255-276, neu gedruckt in: ders., Ausdifferenzierung des Rechts, a.a.O., S. 241-272.

17 So explizit unter Hinweis auf die Heterogenität des Arbeitsrechts Klaus Adomeit, Rechtsquellenfragen im Arbeitsrecht, München 1969, S. 35.

18 Daß auch andere Gesichtspunkte, nämlich die weltweite Konstitution des Gesellschaftssystems mit territorial bleibenden politischen Entscheidungszentren in diese Richtung weisen, habe ich zu zeigen

Vergleichender Exkurs: Positivität der Wissenschaften

Zusätzliches Licht fällt auf unsere Frage, wenn wir diesmal nicht die mittelalterliche Theologie, sondern die neuere Wissenschaftstheorie zum Vergleich heranziehen. Wir haben kognitive (adaptive, lernfähige) und normative (kontrakfaktische, lernunwillige) Erwartungen scharf kontrastiert. Das schließt jedoch eine Parallelität der Probleme nicht aus, die sich einstellen, wenn Strukturen und Systeme unter Übernahme des Spezialisierungsrisikos auf entweder primär normatives oder primär kognitives Erwarten und Verhalten spezialisiert werden. Ähnlich wie in der Rechtstheorie stellt sich daher auch in der Erkenntnistheorie die Frage, ob nicht der Blickpunkt von Begründungsinteressen auf Steigerungsinteressen verlagert werden sollte.[19]

Damit unterläuft man zunächst auch hier das Problem, die Positivität der Wissenschaften als Endpunkt von Begründungsketten dogmatisch zu nehmen, das heißt metaphysisch zu setzen, daß Positivität begründe. An Stelle dessen tritt die Frage, wie die in der Gesellschaftsentwicklung (einschließlich der Wissenschaftsentwicklung!) zunehmende Kontingenz und Komplexität der erkennbaren Welt im Lernen und Wissen gemeistert werden könne. Auch im Bereich des Wissens kommt es im Laufe der Evolution zur

---

versucht in: Die Weltgesellschaft, Archiv für Rechts- und Sozialphilosophie 57 (1971), S. 1-35, neu gedruckt in: ders., Soziologische Aufklärung 2: Aufsätze zur Theorie der Gesellschaft, Opladen 1975, S. 51-71.

19 Hierzu auch: Niklas Luhmann, Risiken der Wahrheit und die Perfektion der Kritik, in: Otto Saame / Peter Schneider (Hrsg.), Wissenschaft und Kritik – eine interdisziplinäre Ringvorlesung 1971, Mainz 1972, S. 30-41.

Transformation regulativer Prämissen der Erwartungsbildung und der Kommunikation, hier des Wahrheitscodes, mit denen Kapazitätserweiterungen und -generalisierungen verbunden sind, die einer höheren Selektivität Rechnung tragen. Das führt in der Neuzeit parallel zur Positivierung des Rechts zur Positivierung der Wissenschaften.

Ähnlich wie die Positivität des Rechts hatte auch die Positivität der Wissenschaften im auslaufenden 19. Jahrhundert eine Darstellung gefunden, die auf eine kontingente Selektionsweise abstellte: dort vor allem Willenstheorie und Befehlstheorie, hier Konventionalismus und Instrumentalismus. Das hat irregeführt. Selektion ist nur möglich, wo zuvor ein Überschuß an Möglichkeiten konstituiert ist, und darauf bezieht sich die eigentliche Funktion der Positivierung. Sie postuliert – und dafür sind Wille, Befehl, Konsens, Entscheidung, Konvention usw. nur Symbole – Kontingenz der geltenden bzw. richtigen Erwartungsstruktur, und zwar für normative ebenso wie für kognitive Erwartungen. Die Struktur selbst wird variabel gesetzt, aber zugleich in den Prozessen, die sie strukturiert, als invariant festgehalten. Das ist das Prinzip der Positivität – in beiden Fällen.

Um dem Rechnung tragen zu können, muß die jeweils übergreifende Einheitsidee generalisiert werden. Für den Fall des Rechts hatten wir dieses Erfordernis im VI. Kapitel analysiert. Im Falle des Wissens kommt es zu Transformationen der Weltvorstellung, die eine mit Veränderung von Wahrheit kompatible Form gewinnen muß; der Weltbegriff selbst wird zum Modalkonzept, zur Bezeichnung einer Weise des Übersteigens von Realität im Hinblick auf Möglichkeit und Selektion.[20] Die Welt der positiven Wissenschaften

20 Vgl. Ingetrud Pape, Von den »möglichen Welten« zur »Welt des Möglichen«: Leibniz im modernen Verständnis, Akten des Internationalen Leibniz-Kongresses, Hannover 14.-19. November 1966, Bd. I: Metaphysik – Monadenlehre, Wiesbaden 1968, S. 266-287. Husserls Be-

ist das jeweils Mögliche als Bedingung des Prämissenwechsels.

In der Optik der Wissenschaften wird dies ausgedrückt durch den hypothetischen Charakter aller Wahrheiten und die Zulassung von Kritik, also durch eine stets provisorische, operative Schließung offener Horizonte. Durch Annahme einer hypothetischen Theorie wird es möglich, Welt zu vergessen und Operationen zu technisieren.[21] Der Prämissenwechsel bleibt dann eine legitime Möglichkeit, deren Aktualisierbarkeit abhängt von Substitutionsregeln, von Fragestellungen, vom Abstraktionsgrad und der logischen Zentralisierbarkeit der Erkenntniszusammenhänge. Umgekehrt ist die Geschlossenheit des Horizonts bedingt durch den Informations- und Artikulationsvorsprung des Vorhandenen, durch die Schwierigkeit, Fragestellungen zu verändern, durch den »Anschlußzwang« als Verstehensbedingung alles Neuen.

Mithin liegen auch hier, ähnlich wie beim positiven Recht, Engpässe weiterer Entwicklung in den Begriffsstrukturen und in den letztlich immer an Interaktion gebundenen Kommunikationsbedingungen. Die Schwäche des dafür erforderlichen begrifflichen, organisatorischen und interak-

---

griff des »Horizonts« ist eine in mancher Beziehung anfechtbare Metapher für dieses Konzept. Logiker scheinen im übrigen nach wie vor am Gedanken einer Mehrheit von (eindeutig festgelegten) Welten festzuhalten, müssen dann aber die Möglichkeit eines gleichsam weltfreien »jumping« von Welt zu Welt vorsehen, um der Möglichkeit einer Prämissenänderung Rechnung tragen zu können. So Arthur N. Prior, Possible Worlds, The Philosophical Quarterly 12 (1962), 46, S. 36-43. Zu rechtstheoretischen Fragen auf dieser Grundlage Jürgen Rödig, Die Denkform der Alternative in der Jurisprudenz, Berlin 1969.

21 Auf die hieraus sich ergebenden Parallelen zur Dogmatisierung und Schematisierung des Rechts kommen wir unten in XV. Kapitel nochmals zurück.

tionellen Unterbaus hindert die volle »Liquidität« der Wahrheit. (Aber auch Geld ist ja bis auf Grenzmengen immer investiert, Macht immer rechtsförmig eingefroren, Liebe immer schon biographisch historisiert). Das Problem liegt nicht in der Verfehlung des Wesens von Welt und Subjekt, sondern im Erreichen adäquater Niveaus der Mobilität. All das ist pauschal vergleichbar.

Wesentliche Unterschiede ergeben sich vor diesem Hintergrund jedoch im Hinblick auf den Variationsvorgang selbst. Im Falle des Rechts erfordert er Entscheidung und klare zeitliche Zäsuren. Man muß jeweils wissen können, was gilt. Man muß nicht ebenso notwendig wissen können, was wahr ist. Die Erneuerung der Wahrheiten kann sich chaotischer, mit *trial and error*, in allmählichen Stimmungsumschwüngen vollziehen. Im Recht gibt es das auch, nämlich im Bereich wissenschaftlicher (quasi-kognitiver) und richterlicher Rechtsfortbildung; aber dort ist es heute ein tolerierter Entwicklungsmodus, der, wo nötig, durch Gesetzgebung abgelöst werden kann. Dieser Unterschied hängt mit der Differenz normativen und kognitiven Erwartens zusammen. In das kognitive Erwarten ist ein anderes Zeitverhältnis eingebaut und vor allem ein anderes, entlasteteres Verhältnis zu sozialen Folgen.

IX. Recht und Moral

Im evolutionären Prozeß der Steigerung der Rechtsleistung formalisieren sich die Grundbegriffe. Die Sinngehalte, die Recht als Ganzes bezeichnen, das heißt: für jede Rechtsnorm zutreffen, werden so abstrakt, daß sie praktischen Orientierungswert verlieren. Es entsteht der Eindruck der Beliebigkeit positiven Rechts, der Beliebigkeit zumindest des möglichen Rechts. Mit Hilfe unseres Syndroms Differenzierung / Generalisierung / Respezifikation[1] können wir das damit aufkommende Unbehagen in die Frage überführen: Worauf stützen sich die Respezifikationsprozesse des Rechts?

Eine der überlieferten Antworten lautet: Moral. Die Vorstellung ist, daß alles Recht sich letztlich auf moralische Normen gründen müßte; oder – wo die Begründungsschwierigkeiten gesehen werden – daß das Recht einen Minimalgehalt moralischer Anforderungen erfüllen müsse, weil es sonst, wenn nicht seine Geltung, so doch seinen Charakter als Recht verlieren und in Unrecht umschlage. Eine Vielzahl ähnlicher Fassungen des Problems ließe sich anführen, diskutiert wird heute vor allem nur die Unmittelbarkeit der Rückwirkung von Moral auf Rechtsgeltung.[2] Derartige Forderungen an das Recht sind sympathisch – aber unbefriedigend artikuliert. Das Unbehagen beruht nicht auf

---

1 Siehe oben S. 55.

2 Siehe etwa die Kontroverse zwischen H. L. A. Hart, Positivism and the Separation of Law and Morals, Harvard Law Review 71 (1958), S. 593-629, und Lon L. Fuller, Positivism and Fidelity to Law: A Reply to Professor Hart, Harvard Law Review 71 (1958), S. 630-672, und ausführlicher H. L. A. Hart, The Concept of Law, Oxford 1961, und Lon L. Fuller, The Morality of Law, New Haven, London 1964.

dem Zweifel, ob sie möglicherweise falsch sind in dem Sinne, daß ihre Negation wahr ist; es entsteht aus dem Zweifel, ob die Frage sinnvoll so gestellt werden kann.

Die Fragestellung hängt ab von dem Begriff der Moral, den man verwendet und mit dem man begriffliche Vorverständnisse in moralische Zumutungen einschmuggelt. Der übliche Moralbegriff bezieht sich auf Normen besonderer Art, die auf die eine oder andere Weise von Rechtsnormen unterschieden werden, zum Beispiel nach Maßgabe der Unterscheidung von inneren und äußeren Verhaltenskontrollen. Damit bleibt der Begriff der Moral dem des Rechts auf der gemeinsamen Basis von Norm so nahe verwandt, daß allein das schon die Vorstellung einer Trennung von Recht und Moral in Schwierigkeiten bringt. Man muß diese Trennung dann als, zumindest partielles, *Auseinanderziehen von qualitativ verschiedenen Normmengen begreifen.*[3] Die Konsequenzen liegen auf der Hand: Über das Verhältnis von in sich komplex geordneten Normmengen kann *abstrakt* nicht mehr sinnvoll entschieden werden – weder im Sinne einer hierarchischen Über- und Unterordnung noch sonst irgendwie. Eine vollständige Separierung, so wie man Regeln für Bridge und Regeln für Schach trennt, kommt offensichtlich nicht in Betracht. Es hilft auch nicht weiter, Fragen der Rechtsgeltung und Fragen der (moralischen) Verbindlichkeit begrifflich zu unterscheiden und letztere als »unwissenschaftlich« aus der Rechtstheorie auszuklammern.[4] Der Fehler liegt in der Fragestellung, und zwar dar-

3 Als Überblick über die auf dieser Grundlage geführte ältere Diskussion siehe Hans Nef, Recht und Moral in der deutschen Rechtsphilosophie seit Kant, Diss. Zürich, St. Gallen 1937.

4 Dieser Vorschlag – man findet ihm zum Beispiel bei Rupert Schreiber, Die Geltung von Rechtsnormen, Berlin, Heidelberg u.a. 1966 – löst das Problem nicht, sondern schließt es lediglich aus methodischen Gründen aus der Wissenschaft aus.

in, daß Moral von vornherein zu rechtsähnlich begriffen wird. Die Frage nach dem Verhältnis von Recht und Moral ist, mit anderen Worten, durch Begriffstraditionen bestimmt, die gesellschaftlichen Lagen entsprechen, in denen ein Auseinanderziehen von Recht und Moral noch nicht in Betracht kam.

Statt dessen wollen wir Recht und Moral als unterschiedliche Weisen des Umgangs mit Kontingenz zu begreifen versuchen. Das soll es ermöglichen, eine zunehmende Differenzierung der entsprechenden Strukturen und Prozesse zu beziehen auf die Verschärfung des Kontingenzproblems im Laufe der gesellschaftlichen Entwicklung. Die Kontingenzregulierung durch Recht haben wir bereits erläutert. In welcher Weise bezieht sich Moral auf Kontingenz?

Das Bezugsproblem der Moral liegt in den Bedingungen, unter denen Menschen einander wechselseitig achten und als Interaktionspartner annehmen können.[5] Es wird sozusagen gleichzeitig mit Kontingenz konstituiert. In dem Maße nämlich, als es zu Interaktionen kommt, an denen Menschen beteiligt sind, die auch andere Möglichkeiten hätten, also kontingent wählen, müssen die Beteiligten ihre Subjektheit einbringen als Zurechnungsgesichtspunkt der Auswahl und der Stabilisierung (Erwartbarkeit) der Auswahl unter verschiedenen Möglichkeiten.[6] Damit ist nicht gesagt, daß das Subjekt gleichsam fertig vor der Tür stehe und darauf

5 Diesen Gesichtspunkt benutzt auch Jean Piaget, Les relations entre la morale et le droit, in: ders., Etudes sociologiques, Genf 1965, S. 172-202, zur Abgrenzung von Recht und Moral. Auch Troy Duster, The Legislation of Morality Law, Drugs and Moral Judgment, New York 1970, insb. S. 79 ff., verwendet in einer Erörterung des Verhältnisses von Recht und Moral diesen Moralbegriff.

6 Die neueste, zusammenfassende Darstellung dieses Themas ist Lothar Krappmann, Soziologische Dimensionen der Identität. Strukturelle Bedingungen für die Teilnahme an Interaktionsprozessen, Stuttgart 1971.

warte, zugelassen zu werden; vielmehr wird es in Interaktion erst als Subjekt konstituiert.[7] Denn das normale Auswahlprinzip ist die Gedankenlosigkeit,[8] und erst in der Interaktion wird das Subjekt zur Wahrnehmung und Kontrolle von kontingenten Selektionen und damit zur Selbstidentifikation erzogen. Moral ist der Versuch, Kontingenz durch Identität zu vertreiben. Eben deshalb ist die Genesis der Subjektheit mit moralischen Fragen verquickt.

Wenn Interaktion unter Voraussetzung beiderseitiger Kontingenz zustandekommt, kommunizieren die Beteiligten demnach unvermeidlich nicht nur über das jeweilige Thema, sondern immer zugleich auch über sich selbst und über die Bedingungen, unter denen sie ihre Selbstprojektion in die Interaktion einbringen, die des anderen annehmen und also wechselseitige Achtung aufbauen und erhalten wollen.[9] Aus der Mitkommunikation von Achtungs- und Fortsetzungsbedingungen entsteht eine artikulationsfähige Moral in dem Maße, als Divergenzen überbrückt, andere Möglichkeiten abgewehrt, Kontingenzen reguliert werden müssen. Moral ist also, genetisch gesehen, eine Generalisierung von Achtungserfolgen in Interaktionen, die einem dann als Generalisierung von Achtungsbedingungen entgegentritt. Die dahin führenden Kommunikationsformen bleiben vielfäl-

7 Freilich nicht in jedem einzelnen Interaktionssystem, sondern durch Interaktion überhaupt. Die Verwechslung dieser beiden Ebenen ist für den soziologischen Interaktionismus typisch, der den Eindruck vermittelt, als ob Identität situationsweise aufgebaut und abgebaut werde, ihre Gefährdung permanent und ihre Verteidigung laufende Aufgabe sei, gleichsam transzendentales Ego in *everyday life*.

8 Diese Formulierung in rechtsnäherem Zusammenhang bei Ernst Rabel, Aufgabe und Notwendigkeit der Rechtsvergleichung, München 1925, S. 2.

9 Hierzu ausführlicher Paul Watzlawick / Janet Helmick Beavin / Don D. Jackson, Pragmatics of Human Communication. A Study of Interactional Patterns, Pathologies, and Paradoxes, New York 1967.

tig und mehr oder weniger unbestimmt, arbeiten mit Andeutungen, Implikationen oder auch mit gezielten Begründungen; sie können, brauchen aber nicht sich der Form normativer Zumutung bedienen. Moral hat keineswegs notwendig die Form der Normativität, und sie läßt sich auch nicht auf diese Grundform zurückführen. Sie kann im Zustand durchgehend verstandener Anspielung bleiben, sie kann sich als objektive Sachgesetzlichkeit des Natürlichen und Vernünftigen ausdrücken ohne explizite Stellungnahme zum Problem von Enttäuschung und Sanktion. Die kulturellen Ablagerungen, die diese Prozesse hinterlassen haben, zeigen dies mit aller Deutlichkeit. Sie artikulieren selbst in der stark normativ denkenden alteuropäischen Tradition Postulate der natürlichen Vernünftigkeit, die das Moralische in der Bindung des Menschen an seine eigene Natur sehen, die ihm den rechten Gebrauch seiner Freiheit vorschreibt.[10]

10 Siehe statt anderer Joachim Ritter, Metaphysik und Politik. Studien zu Aristoteles und Hegel, Frankfurt 1969. Weniger bekannt sind entsprechende Zeugnisse aus anderen Kulturkreisen. Für das afrikanische Recht ist eine neuere Diskussion um Standards der Vernünftigkeit ein interessanter Beleg. Vgl. etwa Siegfried F. Nadel, Reason and Unreason in African Law, Africa 26 (1956), S. 160-173; Max Gluckman, Reasonableness and Responsibility in the Law of Segmentary Societies, in: Hilda Kuper / Leo Kuper (Hrsg.), African Law: Adaptation and Development, Berkeley, Los Angeles 1965, S. 120-146; Edward Green, The Reasonable Man: Legal Fiction or Psychologicial Reality, Law and Society Review 2 (1968), S. 241-257. Einer der bemerkenswertesten Züge dieser Forderung der Vernünftigkeit des Gesamtverhaltens in interaktionellen Lagen ist, daß sie *sowohl für konformes als auch für abweichendes Verhalten aufgestellt wird.* Auch der Abweichende unterliegt insofern Forderungen der Moral, als er sich als nach wie vor sinnvoll handelnd und achtungswürdig darstellen muß, indem er sich mit Gesichtspunkten verteidigt, die Anerkennung finden und ihm Anerkennung verschaffen können. Das bestätigt unsere Analyse der Einheit der Rechtsordnung. Siehe für afrikanisches Recht besonders A. L. Epstein, Juridical Techni-

Solche Traditionen bezeugen zugleich den inneren Zusammenhang der Entwicklung von Recht und Moral bis in die Neuzeit hinein. Grob gegriffen kann man sagen: *Wenn* Achtungsbedingungen normiert wurden, wurden sie damit Recht und andererseits kam das Recht nicht umhin, zugleich Bedingungen wechselseitiger Achtung festzulegen. Die Frage ist, ob und in welchem Sinne diese Allianz und wechselseitige Funktionsabhängigkeit von Recht und Moral heute noch gilt. Sind ihre gesellschaftsstrukturellen und interaktionellen Bedingungen noch gegeben? Oder erfordert Kontingenzregulierung heute eine stärkere Trennung rechtlicher und moralischer Mittel?

Die Ausgangsstellung für die Beantwortung dieser Fragen gewinnen wir mit der Einsicht, daß die moderne Gesellschaft an Komplexität alle historisch bekannten Formationen menschlichen Zusammenlebens bei weitem übertrifft. Für das Recht folgt daraus die Notwendigkeit der Positivierung. Die Konsequenzen für die Moral werden üblicherweise in der Abnahme von selbstverständlich-gemeinsamen Überzeugungen gesehen. Dazu kommt, daß die Distanz zwischen Gesellschaftssystem und Interaktionssystem zunimmt mit der Folge einer auffallenden Unkoordiniertheit von Gesellschaftsentwicklung und Interaktionsproblematik. Der »Fortschritt« der Gesellschaft ist im Sinne einer Steigerung von Komplexität evident, ist aber nicht mehr in moralischen Kategorien darstellbar, führt weder zu »besserer« Interaktion noch zu achtungswürdigerem Dasein; und umgekehrt ist die Gesellschaftlichkeit des Menschen als Menschen weniger als je zuvor eine Hilfe bei der Lösung von Interaktionsproblemen.

In dieser Lage wird die Vorstellung einer ethisch-politi-

---

ques and the Judicial Process: A Study in African Customary Law, Manchester 1954.

schen Konstitution der Gesellschaft und des Menschen als Menschen fragwürdig. Damit wird zweifelhaft, ob die Gesellschaft ihr Rechtssystem über moralische Forderungen steuern kann, die sie an den Gesetzgeber oder an den Richter adressiert.[11] Bedingungen wechselseitiger Achtung werden eigentlich nur noch auf der Ebene elementarer Interaktionssysteme relevant. Moralisierung ist und bleibt eine Modalisierung einfacher Interaktion, eine Strukturtechnik bestimmter Art, in der auf dem Umweg über ein Aushandeln, Festlegen, Einspielen, Historischwerden von Bedingungen wechselseitiger Annahme und Achtung zugleich Teilnehmer identifiziert und Strukturprobleme ihres Interaktionssystems gelöst werden.[12] Aber eine so enge Assoziierung personaler Identifikation und sozialstruktureller Problemlösung hat ihre Probleme und hat in hochdifferen-

---

11 So eine verbreitete, zum Beispiel von H. L. A. Hart, Positivism and the Separation of Law and Morals, a. a. O. vertretene Auffassung zum Problem Recht und Moral. Die Unabhängigkeit des Richters wird unter diesem Gesichtspunkt sehr verschieden gewertet. Siehe etwa Josef Esser, Vorverständnis und Methodenwahl in der Rechtsfindung: Rationalitätsgarantien der richterlichen Entscheidungspraxis, Frankfurt 1970, mit starker Betonung des Durchgriffs auf gesellschaftliche Wertvorstellungen; und andererseits Torstein Eckhoff, Impartiality, Separation of Powers and Judicial Independence, Scandinavian Studies in Law 9 (1965), S. 11-48 (44 f.).

12 Ein bezeichnendes Beispiel dafür ist, daß Verantwortungen für den Fortgang der Interaktion, für die Vermeidung von Störungen, für taktvolles Verhalten usw. als *moralisch* angemahnt und bei Nichterfüllung der Person zugerechnet werden. Unter diesen Umständen kann allein schon das Aufwerfen der Rechtsfrage, die Bezugnahme auf Vorschriften als Störung der Interaktion zu einem moralischen Verstoß werden. Das Recht scheitert dann an der Moral. Dies Problem kann gesellschaftsweite Bedeutung gewinnen, wie die oben (S. 87, Fn. 4) zitierte Literatur über Ostasien zeigt, kann aber auch sektoral bedeutsam sein, etwa als Schranke der Wirksamkeit des Familienrechts in den Familien, des Hochschulrechts in den Fakultäten usw.

zierten Gesellschaften hohe Opportunitätskosten. Der herrschende Moralbegriff hat eine Sammlung und zusammenfassende Beurteilung von negativen Erfahrungen mit Moral bisher eher verhindert. Immerhin fallen folgende Einzelheiten auf:

1) Die Doppelfunktion der Moral in personaler Identifizierung und sozialstruktureller Kontingenzregulierung erfordert einen ambivalenten Charakter der Maßstäbe und eine jeweils doppelte Ausdrucksmöglichkeit für ein und denselben Sachverhalt je nach dem Aspekt der Moralisierung. Ein Hintergedanke zum Beispiel ist in der heute kursierenden Moralsprache Reflexion, wenn man ihn selbst hat, und Manipulation, wenn andere ihn haben. In solche Doppeldeutigkeiten und in einem Überschuß an Begründungsmöglickeiten stecken die Elastizitätsreserven moralisierter Systeme. Und das bedeutet, daß moralische Konflikte sprachlich nicht ausreichend artikuliert, geschweige denn durch Argumentation zur Entscheidung gebracht werden können.

2) Die Thematisierung von Achtungsbedingungen ist ein gefährliches Unterfangen, weil sie Identität einbezieht und so auf eine Ja- / Nein-Alternative zutreibt. Dementsprechend wird moralisierte Kommunikation sehr rasch unbeantwortbar. Wer sich auf diese Kommunikationsebene bezieht, legt sich selbst durch eigene Erwartungen in bezug auf die Erwartungen des anderen so fest, da explizite Negation schwierig wird, weil sie nicht nur die Kommunikation, sondern auch die Person des anderen zurückweist. Wenn nicht ausreichend Erfolgsgewißheit, ausreichende Gemeinsamkeit der Erwartungsgrundlagen besteht, ist ein solches Manöver riskant und provoziert geradezu das Zerbrechen des Systems. Nicht zufallig sind normativ moralisierte Sozialordnungen mit Gruppenkonflikten, Spaltungen und einer Art dynamischem Immobilismus belastet, wie man heute an Hochschu-

len beobachten kann. Eine Moral bleibt nur funktionsfähig, wenn sie ihr eigenes Normativwerden zügeln kann; und das heißt, daß sie nur sehr begrenzt konfliktsfähig ist.[13]

3) In dem Maße, als Systemstabilität über moralische Äquilibrierung von Achtungsbedingungen und Verhaltensanforderungen erreicht wird, spielen sich weltfremde Umweltbilder ein.[14] Die interne Balance ist zu delikat, ihre Revision als Überschreitung moralischer Schwellen zu schwierig, als daß das System sich auf eine komplexe und variable Umwelt einstellen könnte. Nur relativ distanzierte, gut geschützte Interaktionssysteme können sich primär moralische Integration noch leisten. Und diese bleibt für die Umwelt sowie für andere Kontakte der Teilnehmer dann weithin folgenlos.

All diese Leistungsschranken und Dysfunktionen gehen, systemtheoretisch formuliert, zurück auf eine zu enge Strukturkoppelung personaler und sozialer Systeme und auf Schwierigkeiten einer Kommunikation über Kommunikation innerhalb eines laufenden Interaktionssystems. Das erklärt, weshalb sie mit steigender Komplexität der Gesell-

---

13 Sehr verbreitet sind in spätarchaischen Gesellschaften und agrarischen Hochkulturen zum Beispiel Moralordnungen, die auf Knappheitsannahmen beruhen, mit Vorstellungen wie begrenzt vorhandenen Gütern, Schicksal, Glück, Autarkie, Nehmen, Teilen, Abgeben, Operieren, sich diese Prämissen des Denkens und Wertens aber nicht bewußt machen und allenfalls Folgeerwartungen dieses Gesamtkomplexes als Konfliktsregulierung verwenden. Darin mögen Quellen des griechischen *Nomos*-Begriffs zu suchen sein. Siehe für andere, heute beobachtbare Agrargesellschaften namentlich George M. Foster, Peasant Society and the Image of Limited Good, American Anthropologist 67 (1965), S. 293-312. Daß man auch in Großstädten Moralcodices dieses Typs beobachten kann, zeigt William F. Whyte, Street Corner Society, Chicago 1943; vgl. insb. S. 256.

14 Vgl. Claude C. Bowman, Distortion of Reality as a Factor in Morale, in: Arnold M. Rose u. a. (Hrsg.), Mental Health and Mental Disorder, London 1956, S. 393-407.

schaft und mit zunehmender Individualisierung von Persönlichkeiten an Gewicht gewinnen. Die auf lange Zeit stabile Antwort der frühen Hochkulturen war eine doppelte, nämlich *Generalisierung* von Moral unter *Individualisierung* persönlicher Zurechnung und *Ausdifferenzierung* eines Systems für rechtliche Entscheidungen aus den moralträchtigen Systemen täglich-unmittelbarer Interaktion.

Auf dieser Problemlösung beruhte das Vorstellungsmodell moralischer Grundlagen oder Leitnormen des Rechts, von dem wir uns abzusetzen beginnen. Betrachtet man Moral und Recht als verschiedenartige, unter einfachen Verhältnissen diffus verschmolzene, dann allmählich trennbare, schließlich divergierende Mechanismen der Kontingenzregulierung, dann kommen Zweifel auf, ob jenes Modell, das für bestimmte Lagen der gesellschaftlichen Entwicklung zutraf, unsere heutige Situation noch angemessen interpretiert. Eher scheint es, als ob das Verhältnis von Recht und Moral heute typischer als ein Konfliktsverhältnis zweier Mechanismen begriffen werden muß, die auf verschiedenen Ebenen der Systembildung operieren und bei steigender Kontingenz sozialen Erwartens und Handelns beide benötigt werden.

Danach ist zu vermuten, daß zwischen Recht und Moral sehr viel kompliziertere Verhältnisse bestehen, als die These einer Begründung des Rechts durch die Moral oder die These einer nur partiellen Kongruenz von rechtlichen und moralischen Normen zuließ. Die empirische Forschung ermutigt eher zu der Annahme, daß zwischen Rechtspositivierung und Moralisierung ein *Verhältnis wechselseitiger Selektivität* besteht. In einer stark differenzierten, sektoral gegliederten Gesellschaft produziert die Interaktionsmoral eine Fülle von Aspirationen aus sehr speziellen Lagen heraus, die das Recht nicht samt und sonders honorieren kann. Das gilt besonders, wo Achtungsbedingungen futurisiert, auf zu Erreichendes und zu Leistendes gegründet werden. Hier beschneidet das Recht die in täglichen Interaktionsverhältnissen fest begründeten Bedingungen der Selbst- und Fremdachtung, indem es Restriktionen auferlegt, die nicht als gleichsam natürliche Fortsetzung des moralischen Erlebens begriffen werden können. Die in dieser Lage entstehende »Anomie« kann nicht nur als Differenz von Zwecken und Mitteln – so Merton[15] –, sondern auch als Differenz von Recht und Moral begriffen werden.

Umgekehrt behandelt auch die Moral das Recht selektiv. Wie wir durch eine umfangreiche Organisationsforschung wissen, die sich unter dem Titel eines Unterschieds von formalen und informalen Organisationen etabliert hat,[16] entgleisen innerhalb der Organisationen geltende Vorschriften häufig an moralisierten Interaktionsbedingungen kleiner Gruppen. Auch in der eigentlichen Rechtsdurchführung operieren Filter mit Moral; das gilt für den Prozess, der die Rechtsmaschinerie von außen durch Anzeigen, Beschwerden, Klagen in Gang bringt – ein Verhalten, das mit der Fortsetzung von moralisch verdichteten Interaktionsbeziehungen schwer zu vereinbaren ist –, und ebenso für den Rechtserzwingungsstab selbst, der seine eigenen Handlungs- und Umweltbedingungen moralisiert und von solchen Bewertungen aus Recht selektiv durchführt.[17]

---

15 Vgl. Robert K. Merton, Social Theory and Social Structure, 2. Aufl., Glencoe Ill. 1957.

16 Vgl. als Hauptquelle Fritz J. Roethlisberger / William J. Dickson, Management and the Worker, Cambridge Mass. 1939 mit starker Betonung der Eigenmoral »informaler Organisation«. Zur späteren Kritik unter organisationssoziologischen Gesichtspunkten etwa Martin Irle, Soziale Systeme: Eine kritische Analyse der Theorie von formalen und informalen Organisationen, Göttingen 1963.

17 Untersuchungen darüber gibt es vor allem in der Soziologie der Polizei. Siehe zur Selbstmoralisierung einer vom Recht abweichenden Berufshaltung etwa Jerome S. Skolnick, Justic Without Trial: Law

Die sich in solchen Prozessen wechselseitiger Selektivität abzeichnenden Antagonismen von Recht und Moral lassen es zweifelhaft erscheinen, ob man das Recht auf eine Allianz mit der Moral gründen oder gar als Instrument der Verwirklichung von Moralität ansehen kann.[18] Eher deutet sie an, daß die moralischen Ziele des Gesetzgebers Fremdkörper im Recht bleiben und daß eine auf Juridifizierung folgende Moralisierung der Rechtsfrage, die empirisch deutlich feststellbar ist,[19] eine präzise Absteckung der Folgen-

---

Enforcement in Democratic Society, New York, London u. a. 1966, S. 225 ff.

18 Diese Frage wird auf der Grundlage des puritanischen Erbes (hierzu interessant: George Lee Haskins, Law and Authority in Early Massachusetts: A Study in Tradition and Design, New York 1960) heute in der amerikanischen Rechtssoziologie diskutiert. Vgl. etwa Edwin M. Lemert, Social Pathology: A Systematic Approach to the Theory of Sociopathic Behavior, New York, Toronto u. a. 1951; ders., Human Deviance, Social Problems, and Social Control, Englewood Cliffs N. J. 1967; Howard S. Becker, Outsiders: Studies in the Sociology of Deviance, New York, London 1963; Jerome S. Skolnick, Coercion to Virtue: The Enforcement Of Morals, Southern California Law Review 41 (1968), S. 588-641; Herbert L. Packer, The Crime Tariff, The American Scholar 33 (1964), S. 551-557; ders., The Limits of Criminal Sanction, Stanford Cal. 1968; Troy Duster, The Legislation of Morality Law, a. a. O. Diese Wendung braucht in Europa indes nicht als Neuheit eingeführt werden, da die europäische Tradition mit ihrer Unterscheidung von »innerer« Moralität und äußerer, erzwingbarer Rechtspflicht schon seit je Vorbehalte gegen eine Moralisierungspolitik mit rechtlichen Mitteln formulieren konnte. Neu ist nur, daß dieser Gegensatz jetzt anders, nämlich innerhalb einer soziologischen Theorie sozialer Systeme formuliert werden kann.

19 Vgl. außer Troy Duster, The Legislation of Morality Law, a. a. O. auch Nigel Walker / Michael Argyle, Does the Law Affect Moral Judgments, British Journal of Criminology 1964, S. 570-581; Leonard Berkowitz / Nigel Walker, Laws and Moral Judgment, Sociometry 30 (1967), S. 410-422. Die letztgenannte Untersuchung hatte im übrigen das Ergebnis, daß der Einfluß von Recht auf moralische Beurteilung geringer ist als der Einfluß der mitgeteilten Meinung der

begrenzung von Rechtszielen eher erschwert. So behindert Moralisierung die Abwicklung von Verstößen gegen das Recht dadurch, daß sie zu Achtungs- und sogar zu Selbstachtungsverlusten und damit zu einer Dauerstigmatisierung des Abweichenden führt, die eine Deklassierung, eine Auslösung weiterer Verstöße, Erschwerung von Rehabilitation usw. zur Folge haben kann.[20]

Schließlich können wir mit Hilfe unseres begrifflichen Ansatzes eine alte These umformulieren. Sie besagt, daß die Trennung von Recht und Moral dem Schutze der Freiheit diene.[21] Die Unbestimmtheit des Freiheitsbegriffs nimmt dieser These die Pointe und die Problematik. Treffender müßte man daher sagen, daß *das Recht dem Schutz gegen Moralisierung diene.* Die Geltungssicherheit von Rechtspositionen unterbricht die »lokalen« Abhängigkeiten in Interaktionssystemen, deren Kontingenz primär moralisch geordnet ist. Mit Hilfe von Recht kann man auf Achtung verzichten – wenn nicht ganz, so doch in zahlreichen Interaktionssystemen und sich in seinen Bedürfnissen für Achtungskommu-

peer group – ein Resultat, das uns in der Annahme bestätigt, Moral sei primär ein Interaktionsphänomen.

20 Belege dafür in der oben S. 151 in Fn. 18 genannten Literatur. Im übrigen zeigt die Unausrottbarkeit der Moral sich darin, daß bei Soziologen, die diese Phänomene »gesellschaftskritisch« aufspießen und ausbreiten, eine wiederum moralisch gefärbte, sektiererische Mentalität zu beobachten ist, die zu Fehlzurechnungen (etwa auf das Schichtenproblem oder gar auf Klassenherrschaft) und zu Verbalaggressionen führt und die gesellschaftlichen Verständigungsmöglichkeiten untergräbt.

21 Siehe statt anderer Georges Ripert, Les forces créatice du droit, Paris 1955, S. 173. Die Gegenprobe liefern Gesellschaftsordnungen, die den Freiheitsgedanken zurücktreten lassen und dafür die Einheit von Recht und Moral propagieren. Vgl. M. P. Karewa, Recht und Moral in der sozialistischen Gesellschaft, Berlin 1954; George L. Kline, »Socialist Legality« and Communist Ethics, Natural Law Forum 8 (1963), S. 21-34.

nikation auf Familie und Freundeskreis stützen. Das war eine der Aufstiegsbedingungen des frühen Bürgertums.[22]

Die Trennung von Recht und Moral sichert nicht unbedingt Freiheit des Tuns und Lassens, wohl aber, soweit sie reicht, Freiheit der Wahl jener Konstellationen, in denen man Achtung zur Disposition stellt.[23] Zur Selbstachtung gehört es dann auch, daß man mögliche Partner und mögliche Testsituationen selbst bestimmt und sich nicht in jeder Lage zu fallweise ausgehandelten Bedingungen dafür hergibt; und zur Fremdachtung gehört, daß man dies auch dem anderen konzediert und ihn nicht nach eigener Moral moralisch provoziert. Auf dieser Ebene kann moralisch erlaubt werden, gegenüber einer zugemuteten Moral den Rechtsstandpunkt zu beziehen. Es kann sich auch die Gegenmoral bilden, nicht zu moralisieren. In jedem Falle verändert sich auf der Basis von Recht das Verhältnis von Moral und Kontingenz; die Moral selbst wird kontingent in dem Sinne, daß sie kommuniziert oder auch nichtkommuniziert werden kann. Moralisierung wird zur Sache einer Option, einer Taktik, die auch bei »richtiger« Moral möglicherweise fehlerhaft sein kann. Der Positivierung des Rechts entspricht die Moralisierung der Moral.

22 Siehe statt anderer Godfrey Davies, The Early Stuarts 1603-1660, 2. Aufl., Oxford 1959.

23 Der soziologische Interaktionismus, der Identität in jeder Situation für problematisierbar hält (vgl. oben S. 143, Fn. 7) kann eben deshalb kein Verständnis für Recht aufbringen und ebensowenig für soziale Schichtung, die auch dafür sorgt, daß man nicht jedermann an die eigene Identität heranläßt. Auch hier ist übrigens wieder eine Art Selbstmoralisierung der Soziologie im Spiel, die dafür sorgt, daß man sich auf Recht und auf Schichtenunterschiede nicht berufen darf!

X. Gerechtigkeit

Die Ausführungen über Recht und Moral sind in einem wesentlichen Punkte unvollständig geblieben. Moral beansprucht Bestimmung des Rechts nicht nur auf dem Wege über Normen und Zwecke. Auch das *Kriterium* des Rechts, das zur Scheidung von Recht und Unrecht dienen soll, nämlich Gerechtigkeit, wird zumeist als sittliches Prinzip angeführt. Unser Alltagswissen lehrt, und die neuere sozialpsychologische Forschung belegt,[1] daß es in der Tat so etwas wie Standards der Gerechtigkeit, der Fairneß, der Gleichheit und des Ausgleichs gibt, die im täglichen Leben moralisiert, das heißt als Bedingung wechselseitiger Achtung kommuniziert werden. Bleibt zumindest auf dieser Ebene des letzten Kriteriums für Recht und Unrecht eine Einheit von Recht und Moral erhalten? Die Beantwortung dieser Frage setzt eine rechtstheoretische Analyse des Kriteriums der Gerechtigkeit voraus.

Das Verhältnis von Recht und Gerechtigkeit ist einige Überlegungen wert. Denn auf den ersten Blick erstaunt, daß es neben dem Recht noch Gerechtigkeit geben solle – oder: daß es neben dem Wissen noch Wahrheit, neben dem Ge-

1 Vgl. den Überblick bei J. Stacy Adams, Inequity in Social Exchange, in: Leonard Berkowitz (Hrsg.), Advances in Experimental Social Psychology, Bd. 2, New York 1965, S. 267-299; ferner Philip W. Blumstein / Eugene A. Weinstein, The Redress of Distributive Injustice, American Journal of Sociology 74 (1969), S. 408-418; Gerald S. Leventhal / Thomas Feiss / Gary Long, Equity, Reciprocity and Reallocating Rewards in the Dyad, Journal of Personality and Social Psychology 13 (1969), S. 300-305; Melvin J. Lerner, The Desire for Justice and Reaction to Victims, in: Jacqueline Macaulay / Leonard Berkowil (Hrsg.), Altruism and Helping Behavior: Social Psychological Studies of Some Antecedents and Concequences, New York, London 1970, S. 205-229.

liebten noch Liebe geben solle.[2] Solche Parallelentwicklungen von bereichsverschiedenen Grundbegriffen läßt einen in der evolutionären Lage des Gesellschaftssystems fundierten Bedarf vermuten. Er wird seine auslösenden Ursachen in der zunehmenden Differenzierung des Gesellschaftssystems gehabt haben. Darüber hinaus liegt auch in den Antworten des Denkens auf diese Lage eine auffallende Typik der Problemlösung, die wir uns bewußtmachen müssen, bevor wir die Analyse auf das Kriterium der Gerechtigkeit selbst zuschneiden.

Die wichtigsten Merkmale lassen sich unter vier Gesichtspunkten zusammenfassen:

1) Die neuen Begriffe formulieren *Perfektionsvorstellungen*. Wie Kenneth Burke[3] gezeigt und an glänzenden Analysen der Bekenntnisse Augustins und der ersten drei Kapitel Genesis verdeutlicht hat, verbinden sich mit zahlreichen sprachlichen Symbolen Perfektionsvorstellungen, die Sinn ins Maßstäbliche und Maßgebliche und sich selbst Begrün-

---

2 Sehr deutlich zeigt die griechische Sprache in all diesen Fällen (*dikaiosyne*, *aletheia*, *philia*), daß es sich um Kunstworte, um begriffliche Konstrukte einer späteren Zeit handelt. Vgl. etwa Franz Dirlmeier, *Philios* und *Philia* im vorhellenischen Griechentum, Diss. München 1931; Wilhelm Luther, Wahrheit, Licht und Erkenntnis in der griechischen Philosophie bis Demokrit, Archiv für Begriffsgeschichte 10 (1966), S. 1-240. Zur Parallele von *philia* und *dikaiosyne* bei Aristoteles (unter dem Gesichtspunkt einer »Stilisierung« des Menschen auf das Wesentliche hin) Max Salomon, Der Begriff der Gerechtigkeit bei Aristoteles nebst einem Anhang über den Begriff des Tauschgeschäftes, Leiden 1937, S. 35 ff. Nicht ganz ausdiskutiert sind die genetischen und funktionalen Zusammenhänge zwischen diesen Abstraktionsleistungen, vor allem zwischen Gerichtsrhetorik / Gerechtigkeit und logisch-dialogischer Argumentation / Wahrheit. Dazu, unter Beschränkung auf die literarische Überlieferung, Joachim Klowski, Zum Entstehen der logischen Argumentation, Rheinisches Museum für Philologie N. F. 113 (1970), S. 111-141.

3 The Rhetoric of Religion: Studies in Logology, Boston 1961.

dende steigern. Ein »König«, zum Beispiel, ist mehr als jenes armselige, steife, reizbare Wesen auf dem Thron; er ist Repräsentation der Herrlichkeit. In Perfektionsbegriffen ist ferner die Unübertrefflichkeit mitpostuliert, daher die Selbstbegründung. Es gibt keine gerechtere Gerechtigkeit als »die« Gerechtigkeit. Allein aus der unübersteigbaren Idealität heraus werden jedoch der Sinn und der eigentümliche Reiz von Perfektionsvorstellungen nicht verständlich; er erfüllt sich erst im Bezug auf das Komplementärprinzip der Negativität.[4] Die beim Gebrauch von Symbolen auftauchende Möglichkeit des Perfektionierens steht in Zusammenhang mit der Fähigkeit des Negierens. Sie ist durch Negationen mitbedingt und zugleich gefordert. Die Übersteigerung des Perfekten hält sich zugleich etwas damit Negiertes bewußt. Das läßt vermuten – und damit gehen wir über die Analysen von Burke hinaus –, daß Perfektionsvorstellungen immer dort ausgebildet werden, wo etwas als anders möglich sichtbar wird, wo also Kontingenz auftritt und abzudecken ist; früher vor allem im Bereich von Religion, heute etwa im Sinnfeld von »Demokratie«.

2) Die neuen Begriffe *generalisieren* in dem Sinne, daß sie eine Gesamtsymbolisierung eines vielfältigen Bereichs von Möglichkeiten des Erlebens und Handelns anstreben. Sie wiederholen oder ergänzen nicht einfach einen weiteren Fall von rechtem Handeln, Wissen, liebevoller Einstellung neben anderen, sondern sie fassen das in einem Bereich geforderte in *einem* Prinzip *zusammen*. Perfektion ist ein Sonderfall von Generalisierung, nämlich eine Generalisierung, die die in der Sprache angelegten Steigerungsmöglichkeiten zum Punkt der Vollendung führt – zum Beispiel auf der Linie des für manche, für viele, für alle und: sogar für den Gesetzgeber selbst geltenden Gesetzes.

---

4 Vgl. ebd., insb. S. 283ff.

3) Die neuen Begriffe machen es möglich, ein *relationales* Verhältnis zu formulieren zwischen Gerechtigkeit und Recht, Wahrheit und Wissen, Liebe und Geliebtem, wobei in der Relation zugleich Zusammenhang und Trennung zum Ausdruck kommen kann. Der Perfektionsbegriff wird damit, und das ist Voraussetzung seiner Übersteigerung, in gewisser Weise unabhängig von faktischen Befunden in seinem Regelungsbereich. Er hat dadurch hohe Kompatibilität mit sehr verschiedenartigen Zuständen, wird unwiderlegbar und auch in diesem Sinne selbstbegründend.

4) Zwischen dem Gegenstand und seiner Perfektion wird somit durch Trennung und Relationierung ein Verhältnis hergestellt, das *sowohl zur Legitimation als auch zur Kritik* benutzt werden kann und die Wahl innerhalb dieser Alternative nicht vorstrukturiert, so daß die Entscheidung jeweils in Anpassung an wechselnde Situationen und Machtlagen getroffen werden kann. Die Perfektion bleibt in dieser Hinsicht des pragmatischen Gebrauchs *ambivalent*. Auch darin erkennen wir eine abgeleitete Fassung des Problems der Kontingenz.

An diesen vier Merkmalen ist bemerkenswert, daß sie *zusammen* auftreten und daß sie *in einer einheitlichen Funktion konvergieren*. Sie dienen, auf je verschiedene Weise, der *Rekonstruktion von Kontingenz*, und zwar in einer Form, die *mit Moral noch kompatibel bleibt*. Gerechtigkeit wird, um bei diesem Beispiel zu bleiben, als Perfektionsbegriff gebraucht, mit dem man Nichterreichtes mißt, und zugleich als Tugend interpretiert, im Hinblick auf die Menschen einander Achtung erweisen. Perfektion, wie zum Beispiel Tugend, ist eine »Antwort« auf natürliche Möglichkeiten, so oder anders handeln zu können; sie hat in diesem Problembezug die Einheit ihres Zusammenhangs. Mit dieser Konzeption ordnet Aristoteles das Kriterium des Rechts in eine Ethik ein, die von der rechten Verfassung des Menschen handelt. Die Bezugnahme auf Gerechtigkeit kann in kommunikativer Interaktion dann dazu dienen, Perfektion zu behaupten oder anzumahnen und Kontingenz damit auszuschließen.

Für diesen Versuch, eine neue Abstraktionsebene in das Recht einzuziehen, ist ferner bezeichnend, daß die allgemeine *Qualität* von Tugend, das Maßhalten zwischen Extremen im Falle der Gerechtigkeit zur Intention wird: »Die Gerechtigkeit ist ein Mittleres, aber nicht in gleicher Weise wie die übrigen Tugenden, sondern weil sie sich auf eine maßvolle Mitte richtet.«[5] Darin liegen Ansätze zur Distanzierung und zum Reflexivwerden der Prozesse, die dem Rechtskriterium zu entsprechen suchen – Ansätze, die jedoch nicht weiter ausgearbeitet sind. Parallel dazu wird die Spannung, die die Perfektion zu überbrücken hat, auf mögliche Intentionen heruntertransformiert: Es geht nicht um die Perfektion der Möglichkeit von Sein oder Nichtsein, nicht um die Perfektion von gut oder böse, sondern um die Perfektion von gleich oder ungleich – nicht um den Schöpfergott und nicht um den freien Willen, sondern um Gerechtigkeit. Damit wird eine Ebene erreicht, auf der Perfektion wiederum ethisch als gut bewertet werden kann, also nicht über einer offenen, sondern in einer entschiedenen Disjunktion als Orientierung fungiert.

Nach alldem wird es kein Zufall sein, daß das Kriterium der Gerechtigkeit gerade in jener Zeit dem geltenden Recht gegenüber verselbständigt wird, die die Kontingenz auch der Rechtsnormen zu erfahren beginnt. Die Suche nach einem transnormativen Geltungskriterium läuft parallel zur Suche nach einem perfekten Rechtsprinzip, das auch die Normen noch mißt und auf das sich auch Normgegner oder

5 Aristoteles, Nikomachische Ethik 1133b 32f. Die Übersetzung im Sinne von Intentionalität pointiert bereits. Franz Dirlmeier übersetzt noch schärfer: »sondern, weil sie einen Mittelwert festsetzt«.

Normänderer noch berufen können. Und auch dies haben die Entwicklung der Kontingenz und die Entwicklung der Gerechtigkeit gemein, daß es nicht nur um eine andere, neue, höhere Norm geht, sondern um eine andere Abstraktionsebene, die nicht wiederum rein normativ gedacht ist – etwa im Sinne des Stufenbaus der reinen Rechtslehre –, sondern mit Vorstellungen wie *nomos* oder *arete* auf die faktische Interaktion rückbezogen wird.

Selbstverständlich hatten politische Leitworte und literarische Thesen dieser Art immer ein problematisches Verhältnis zur Rechtspraxis, in der sich die normativen Rechtssätze und im Anschluß daran die zuvor behandelten Geltungsabstraktionen entwickelten. Doch konnte die griechisch-römische Rechtstradition diese Diskrepanz aushalten (vielleicht gerade infolge ihrer heterogenen Ausgangspunkte). Erst das neuzeitliche Naturrecht überträgt in Absicht auf eine Überwindung dieser Kluft den Gerechtigkeitsgedanken von der *Person* (*iustitia hominis*) auf die *Handlung* (*iustitia actionis*).[6] Damit wird eine ausdrückliche Trennung von Moral und Recht eingeleitet und zugleich eine letzte Abstraktion des Kriteriums der Gerechtigkeit in eine bloße *Idee* oder einen *Wert* vorbereitet.

Es sieht so aus, als ob Perfektionsvorstellungen das allgemeine Schicksal von Moral teilen, nämlich als alltägliche Umgangsmoral auf der Ebene einfacher Interaktion hängen-

6 Bei Samuel Pufendorf, De jure naturae et gentium lib. I cap. VII § 6 (zit. nach der Ausgabe Frankfurt, Leipzig 1744, S. 116) mit expliziter Berufung auf rechtspraktische Gründe: »[...] cum iurisprudentia maxime circa iustitiam actionum sit occupata; iustitiae personarum non nisi obiter, et paucis in materiis rationem habeat«. Vgl. auch Thomas Hobbes, Leviathan, part I chapt. XV (zit. nach der Ausgabe der Everyman's library, London 1953, S. 54 ff.). Zum Vergleich siehe die Unterscheidung von *iustitia originalis* und *actus iustitiae* bei Thomas von Aquino, Summa Theologiae I, II q. 82 u. ö. bzw. I, II q. 96 a. 3.

zubleiben, als gesamtgesellschaftliche Generalisierung dagegen im heutigen Gesellschaftssystem zu scheitern. Auf der Interaktionsebene hat der Bezug auf Perfektionsvorstellungen eine stark projektive Tendenz zugunsten des Sprechers; er will mit ihnen zumeist sagen: »Ich bin es, Du solltest es sein«. Damit ist juristisch wenig anzufangen. Zweifellos kontinuiert eine Art Volksbegriff der Gerechtigkeit, der auf Bahnen konkreter Interaktion in das Rechtssystem übergreift, dort aber zur Programmierung von Entscheidungsprozessen gar nicht benötigt wird – eine Art rechtstechnisch unterentwickelte Idealprojektion, die nicht abgerufen, sondern routinemäßig abgewiesen wird: Der Index des Palandt enthält keine Eintragung unter Gerechtigkeit. In der Rechtspolitik, zum Beispiel in der Sozialpolitik, spielen Gerechtigkeitserwägungen eine bedeutsame Rolle, zumeist aber auf der Basis von Vergleichsgrundlagen, die dem Rechtskonsumenten[7] nicht bekannt sind, oder ihm als Gesichtspunkt des Vergleichs seiner eigenen Lage mit anderen fernliegen.

Solche Analysen ließen sich mit Hilfe empirischer Forschung fortsetzen. Das würde indes in der rechtstheoretischen Hauptfrage nicht weiterhelfen. Diese spitzt sich zu auf das Problem, wie Kontingenz für die Entscheidungspraxis des Rechtssystems rekonstruiert werden kann. Als wissenschaftliche Theorie des Rechts macht sich die Rechtstheorie die Proklamation der Gerechtigkeit nicht zur eigenen Aufgabe. Sie wird sich nicht länger um ein Ausphilosophieren des Ideals bemühen. Sie muß sich jedoch für die Form interessieren, in der Gerechtigkeit Kontingenz behandelt, teils ausschließt, teils kopiert und in das Recht überführt. Sie muß die Bedingungen und die Reichweite einer solchen Form erkennen, ihre evolutionäre Lage abschätzen und sie

7 Diesen Begriff nach Edmond Cahn, Law in the Consumer Perspective, University of Pennsylvania Law Review 112 (1963), S. 1-21.

mit Alternativen oder mit komplementären funktionalen Äquivalenten vergleichen können. Dazu ist es notwendig, auf die *inhaltliche* Interpretation einzugehen, die der Gerechtigkeitsgedanke in der abendländischen Tradition erfahren hat.

Auf Grund solcher Vorbereitungen und mit Hilfe einer funktionalen, kontingenzbezogenen Fragestellung ist es möglich, jene faszinierende Leistung des griechischen Denkens der Selbstverständlichkeit zu entrücken, die das abendländische Rechtsdenken entscheidend geprägt hat, nämlich die Bestimmung der *Gerechtigkeit als Gleichheit*. Um sie zu begreifen, muß man zunächst die Naivität des ursprünglichen Fragens wiedergewinnen: Warum? Warum so und nicht anders? Wir halten uns dabei an die ursprüngliche Identifikation des Gerechten als des Gleichen, die für Aristoteles bereits kulturelle Selbstverständlichkeit war und seit ihm nur noch interpretiert, analysiert, unterteilt, verengt, präzisiert worden ist. Das Erstaunliche dieser Identifikation von Gerechtigkeit und Gleichheit liegt jenseits der aristotelischen Tradition, war für sie schon gegeben und kann von ihr aus nicht erkannt werden. Die Genesis dieses Gedankens aus spätarchaischen Materialien wie Vorstellungen der Reziprozität, der Vergeltung, der Verteilung im Haus und des Tausches auf dem Markt und der Zusammenhang mit der Herstellung politischer Gleichheit wäre ein Thema für rechtsgeschichtliche und rechtssoziologische Detailforschung.[8] Für die Rechtstheorie müßte dagegen die Bestimmung der Gerechtigkeit als Gleichheit als Identifikationsleistung zum Problem werden. Zu fragen wäre etwa, unter welchen Voraussetzungen eine solche Kombination möglich ist, was sie leistet, wie ihre Risiken abgesichert werden können, wie

8 Vgl. hierzu Jürgen Mau / Ernst Günther Schmidt (Hrsg.), Isonomia: Studien zur Gleichheitsvorstellung im griechischen Denken, Berlin 1964.

sie die Entwicklung des Rechts fördert bzw. bremst, welche Folgeprobleme zu erwarten sind.

Die Leistung liegt in der *Identifikation von Idealisierung und Schematisierung des Rechts.*[9] Während Gerechtigkeit als Perfektionsbegriff des Rechts dessen Idealität bezeichnet, nennt der Gleichheitsbegriff die Bedingungen der Schematisierbarkeit, vor allem Wiederholbarkeit, Indifferenz,[10] binäre Struktur des Frage / Antwort-Schemas.[11] Die Auslegung der Gerechtigkeit als Gleichheit idealisiert, mit anderen Worten, die Schematisierungsbedingungen des Rechts. Diese erhalten dadurch eine appellative Qualität, gewinnen

---

9 Auch an dieser Stelle drängen sich Parallelen zum Bereich kognitiver Erwartungen auf. Auch Wahrheit wird seit dem griechischen Denken so gefaßt, daß Idealisierung und Schematisierbarkeit zusammenfallen. Der an Logik gebundene Wahrheitsbegriff bedeutet genau dies, daß Schematisierungsbedingungen idealisiert und in den symbolischen Code des Kommunikationsmediums Wahrheit eingebaut werden. Vgl. dazu auch meine Bemerkungen in Niklas Luhmann, Systemtheoretische Argumentationen. Eine Entgegnung auf Jürgen Habermas, in: Jürgen Habermas / Niklas Luhmann, Theorie der Gesellschaft oder Sozialtechnologie: Was leistet die Systemforschung?, Frankfurt 1971, S. 291-404 (342ff., insb. 349f.). Die wichtigsten Vorarbeiten für diese Einsicht sind Gottlob Frege und Edmund Husserl zu danken. Vgl. auch Lothar Eley, Metakritik der formalen Logik: Sinnliche Gewißheit als Horizont der Aussagenlogik und elementaren Prädikatenlogik, Den Haag 1969.

10 Im griechischen Denken wird Indifferenz noch recht konkret als Mitte oder als Maß ausgedrückt, das heißt als Vermeidung von nichtgeneralisierbaren, partikularen Extrempositionen. Es handelt sich noch nicht um eine logische Indifferenz abstrakter Rechtsbegriffe, die in gerechten ebenso wie in ungerechten Urteilen, in wahren ebenso wie in unwahren Aussagen sinnvoll und verständlich verwandt werden können (und gerade dadurch der Strukturierung von Entscheidungssituationen dienen). Ein direkter Bezug zum Kontingenz-Problem (etwa im Sinne des späteren Nominalismus) ist mir nirgends aufgefallen.

11 Die nähere Erläuterung dieser Gesichtspunkte folgt im Kapitel XIV. Technisierung und Schematisierung.

den Charakter einer leicht kommunizierbaren, in Interaktionen erfolgreichen Moral. Der Sinn von Gerechtigkeit-als-Gleichheit bleibt bezugsfähig und handlungsnah, bleibt ein jederzeit mögliches Argument, ist aber zugleich so abstrakt und übergeneralisiert, daß er sich nicht als eine logische Erzeugungsregel für Rechtsnormen eignet. Er fungiert als eine Art moralischer Entwicklungsschutz für die begriff liche und satzmäßige Struktur des Rechts, die in sehr verschiedenen Ausprägungen mit ihm kompatibel bleibt und sich an den jeweiligen Erfordernissen der Gesellschaft orientieren kann.

Sehr bald nach der Etablierung dieser Synthese von Idealisierung und Schematisierung wurde im Zuge ihrer Entmythisierung auch *deren* Kontingenz bewußt und durch ein Gegenprinzip zum Ausdruck gebracht. Das Prinzip der *Billigkeit* (*epieikeia aequitas*) negiert genau diese Perfektion schematischer Gleichheit und postuliert als Alternative die unschematische individualisierende Gerechtigkeit. Die Billigkeit hat mit der Gerechtigkeit / Gleichheit die Steigerung ins Perfekte, nicht aber den Schematismus gemein.[12] Billigkeit ist mithin ein Begriff für die »Opportunitätskosten« der dominanten Strukturwahl, der Tribut, der an die Synthese von Idealisierung und Schematisierung zu entrichten ist, ein Erinnerungszeichen gleichsam, das diese Kombina-

12 Diese Ventilfunktion des Billigkeitsprinzips scheint hauptsächlich griechisches Gedankengut zu sein, vgl. etwa Aristoteles, Nikomachische Ethik V,14 (mit bewußter Vermeidung einer Konträrinterpretation des damals schon geläufigen Unterschiedes von Gerechtigkeit und Billigkeit). In der römischen Tradition gibt es, schon vom Wort *aequitas* her, Impulse, auch *aequitas* wiederum als Gleichheit zu interpretieren. In beiden Überlieferungen finde man eine laufende Verquickung der Ebenen insofern, als Billigkeit nicht nur als Abweichung von der schematischen Gerechtigkeit, sondern auch, ja vor allem als Abweichung von der streng schematischen (wir würden sagen: formalistischen) Rechtsausfuhrung interpretiert wird.

tion als kontingent, als brüchig, als auflösbar erweisen soll. Das Grundkonzept wird, obwohl kontingent, nicht auf Alternativen hin hinterfragt, sondern nur fallweise korrigiert. Wir werden unten[13] noch überlegen müssen, ob diese Form der Gegenrechnung ausreicht.

Diese Analyse macht die ungewöhnliche Plausibilität und Langlebigkeit dieses Syndroms von Vorstellungen verständlich, dem zunächst weder Veränderungen des gesellschaftlichen Lebens, noch die Entwicklung der Einzelbegriffe und Rechtssätze des Rechts, noch die dem Gerechtigkeitsgedanken immanenten Interpretationsschwierigkeiten etwas anhaben konnten. Die Kontingenz des Rechts war auf diese Weise greifbar, kommunizierbar, motivfähig und doch abstrakt und elastisch interpretiert; sie war zustandegekommen, was den Erfahrungen entgegenkam, war argumentativ verfügbar und doch dadurch entschärft, daß sie auf postulierbare Einstellungen und schließlich auf Beziehungen zwischen idealisierten Symbolen bezogen werden konnte. Das Recht konnte unter diesen Voraussetzungen in seiner Einheit ethisch, als ausformulierte Gerechtigkeit, gedeutet werden – als eine wie immer mangelhafte Realisierung des Gerechten. Gerechtigkeit war die Perfektion des Gesellschaftssystems, die *realitas sive perfectio inter homines*.

Die Vorteile der Auslegung von Gerechtigkeit als Gleichheit scheinen dieses Konzept in der Tat unangreifbar zu machen. Wir müssen indes Gleichheit nochmals und mit heutigen Denkmitteln genauer analysieren, um erkennen zu können, worin sie besteht. Dabei ergibt sich, daß auch hier der Vorteil in einer Umformulierung des Kontingenzproblems liegt, die den Bedingungen komplexerer Systembildung genügt.

---

13 Siehe unten S. 171 f.

Allgemein anerkannt ist, daß Gleichheitsurteile stets nur relativ auf einen vorausgesetzten Vergleichsgesichtspunkt sinnvoll sind und Vergleiche daher zu verschiedenen Ergebnissen (gleich bzw. ungleich) führen können, je nachdem, welchen Vergleichsgesichtspunkt man wählt.[14] Weniger klar ist, welcher Sinn dieser Unterscheidung zwischen Vergleichsgesichtspunkt und Verglichenem (Gleichem bzw. Ungleichem) zukommt. Die Differenz von Vergleichsgesichtspunkt und Verglichenem hat eine Reihe von Fehlinterpretationen hinter sich, die zu durchschauen sind. Mit historisch sehr folgenreichen Sinnfusionen ist der Vergleichsgesichtspunkt als *Wesen* des Verglichenen, als *Grund* des Verglichenen, schließlich als *Wert*, der die Wahl des Gleichen bzw. Ungleichen rechtfertigt, dargestellt worden. All dies waren reduktive, Kontingenz einschränkende Auslegungen, die heute unhaltbar geworden sind. Der Gedanke war, daß man unter dem Gesichtspunkt des Wesens oder des Grundes oder des

14 Vgl. z. B. Hermann Ulrici, Compendium der Logik, 2. Aufl., Leipzig 1872, S. 93 f.; Edmund Husserl, Logische Untersuchungen, Bd. 2,1: Untersuchungen zur Phänomenologie und Theorie der Erkenntnis, 3. Aufl., Halle 1922, S. 112 f. Aus der umfangreichen rechtswissenschaftlichen Literatur zu dieser Frage, die zumeist auf Subjektivität und Werthaltigkeit der Vergleichsgesichtspunkte schließt, siehe etwa Hans Nef, Gleichheit und Gerechtigkeit, Zürich 1941; Konrad Hesse, Der Gleichheitsgrundsatz im Staatsrecht, Archiv des öffentlichen Rechts 77 (1951/52), S. 167-224 (172 ff.); Werner Böckenförde, Der allgemeine Gleichheitssatz und die Aufgaben des Richters, Berlin 1957, S. 67 f., 71 ff.; Karl Engisch, Logische Studien zur Gesetzesanwendung, 3. Aufl., Heidelberg 1963, S. 30 ff.; Niklas Luhmann, Grundrechte als Institution: Ein Beitrag zur politischen Soziologie, Berlin 1965, S. 162 ff. Auch in der Antike war im übrigen durchaus bewußt, daß Gleichheitsurteile einen Gesichtspunkt des Vergleichs voraussetzen, wobei sich jedoch die Abstraktion der Gleichheitsidee mit der Vergleichsfunktion von Ideen überhaupt verquickt – siehe etwa Platon, Phaidon 74 D ff.; die Abstraktion des Vergleichsgesichtspunktes dient hier als Argument für die Differenzierung von Ideen und Realität.

Wertes einer Sache vergleichen solle – und nicht etwa unter beliebigen Gesichtspunkten. Es liegt aber auf der Hand, daß die Bläue, im Hinblick auf die man Veilchen mit anderem Blauen vergleichen kann, weder das Wesen des Veilchens ist, noch ein Grund seines Daseins oder Soseins, noch stets der Wert, im Hinblick auf den man Veilchen wählt; und daß die Höhe meines Einkommens weder mein Wesen ist, noch der Grund, aus dem ich Steuern zahlen muß, noch der Wert, im Hinblick auf den ich nach einem bestimmten Steuersatz versteuert werde, sondern eben nur ein relevanter Gesichtspunkt des Vergleichs mit anderen Steuerpflichtigen. Jene Konfusionen suggerierten eine Begründungsleistung, indem sie die volle Kontingenz des Gleichheitsschemas verdeckten. Darauf beruhte ihr historischer Erfolg – der Erfolg auch bei einer quasi-normativen Verwendung des Gerechtigkeitskriteriums. Sie sind jedoch mit einer genaueren Analyse des Gleichheitsprinzips und mit der Vielfalt möglicher Vergleichshinsichten nicht zu vereinbaren. Die Differenz von Vergleichsgesichtspunkt und Verglichenem muß deshalb *formaler* begriffen werden.

Das Auseinanderziehen kompakter Ähnlichkeitseindrükke zu einer Relation zwischen Gleich und Gleich und zu einer Relation zwischen Gleichem und Vergleichsgesichtspunkt vervielfältigt und spezifiziert die Negationsmöglichkeiten und damit die Variationsmöglichkeiten: Man kann die Gleichheit des Verglichenen bejahen oder verneinen, herstellen oder aufheben, ohne daß der Vergleichsgesichtspunkt davon betroffen wäre und umgekehrt. Man kann den Gleichheitsgedanken daher als ein Frageschema benutzen, als ein Raster für gesuchte Problemlösungen, und zwar, da es sich um eine Beziehung handelt, die wiederum durch eine Beziehung konstituiert wird, in mehrfachem Sinne: Man kann von einem Vergleichsgesichtspunkt aus nach gleich oder ungleich in den Sachverhalten fragen, aber auch

Gleichheitseindrücke zum Anlaß nehmen, um sich den Vergleichsgesichtspunkt bewußt zu machen, und man kann schließlich, über diese beiden sozusagen »klassischen« Möglichkeiten hinausgehend, unter spezifischen Vergleichsgesichtspunkten nach Funktionen oder nach Gründen für Gleichheiten bzw. Ungleichheiten fragen.[15] Dafür bietet das Gleichheitsschema einen jeweils festzulegenden, aber in anderen Zusammenhängen auswechselbaren, Anhaltspunkt entweder im Vergleichsgesichtspunkt oder im Gleichen bzw. Ungleichen oder in der Beziehung der Beziehung des Gesichtspunkts auf das Verglichene.

Demnach dient das Gleichheitsschema (ähnlich wie das Kausalschema und die Differenz von Zweck und Mittel)[16] der Rekonstruktion von Kontingenz, der Ordnung des fragenden Zugriffs auf andere Möglichkeiten auf einem Niveau sehr hoher, aber gleichwohl bestimmbarer Komplexität. Das, was wir »Rekonstruktion« der Kontingenz nennen, liegt in der Form, in der die Unentschiedenheit des So-und-auch-anders-Möglichen wiedergegeben wird. Dies geschieht im Gleichheitsschema doppelstufig: einmal insofern, als *alles Gleiche in anderer Hinsicht auch ungleich ist*, und darüber hinaus auf höherer Abstraktionsstufe durch die *Nichtidentität von Vergleichsgesichtspunkt und Grund*, das heißt durch die Kontingenz nicht nur des Gleichheitsurteils, sondern auch des Vergleichsgesichtspunkts selbst. Wenn man diese Kontingenz auch des Vergleichsgesichtspunkts aner-

---

15 Solche Suchtechniken werden zuweilen auch unter dem Gesichtspunkt der Wesensfeststellung oder der Typenbildung abgehandelt. Siehe z. B. Edmund Husserl, Erfahrung und Urteil: Untersuchungen zur Genealogie der Logik, Hamburg 1948, S. 410 ff., oder für die Rechtstheorie Reinhold Zippelius, Einführung in die juristische Methodenlehre, München 1971.

16 Hierzu Niklas Luhmann, Zweckbegriff und Systemrationalität: Über die Funktion von Zwecken in sozialen Systemen, Tübingen 1968, insb. S. 13 ff., 133 ff.

kennt, wird das Gleichheitsschema (wiederum analog zum Kausalschema) in ein Frageschema transformiert, das nicht selbst schon die Antwort enthält, sondern nur die Form sinnvoller Antworten vorgibt. Damit entfällt die (ohnehin seit je fragwürdige) Möglichkeit, Gerechtigkeit / Gleichheit als Norm zu denken.

Die Perfektion der Gerechtigkeit liegt also, wie wir schon vermutet hatten, nicht in ihrer Normativität und auch nicht in ihrer Begründungsleistung, sondern im Schematismus ihrer Fragestellung, in der Idealisierung von Schematisierungsbedingungen, die für hochkomplexe Sachlagen geeignet sind. Die über das abstrakte Gleichheitsschema hinausgehende Struktur liegt in der Vorentscheidung, daß das *Gleiche* (und nicht etwa das Ungleiche) gerecht sei. Daraus folgt ein vorstrukturierter Begründungsbedarf – nämlich daß Gleichheiten eo ipso begründet und berechtigt sind und nur die Ungleichheiten eigens begründet werden müssen.

Was aber begründet die Ungleichheit – wenn nicht die Gerechtigkeit selbst? Die Ungleichheit ist nicht in jeder Weise zulässig, sie ist es nur als *System.* Systembildung ist nur möglich als Unterbrechung des Gleichen, als Einrichtung von Diskontinuitäten und Unterschieden zur Umwelt, mit deren Hilfe sich ein Komplexitätsgefälle zwischen System und Umwelt stabilisieren und damit eine höhere Ordnung aufbauen läßt. Ungleichheit ist mithin ein Erfordernis der Systembildung schlechthin und als solche nach Maßgabe jeweiliger System / Umwelt-Bedingungen zu begründen. Das aber heißt nicht, daß die Ungleichheit oder die Ungleichbehandlung des Ungleichen nun wiederum gerecht sei; daß also Ungleichheit neben Gleichheit eine besondere Form der Gerechtigkeit bilde – ein Gedanke, den die platonisch-aristotelische Unterscheidung von arithmetischer und geometrischer (oder proportionaler) Gleichheit zu rationalisieren versuchte.[17] Erst recht führen die angestellten Überlegungen *nicht* zu dem Schluß, das System (oder gar: jedes System!) sei gerecht. Gerechtigkeit ist nicht die Perfektion des Systems, wie die in Leibniz kulminierende alteuropäische Tradition es sah.[18] Sie ist aber auch nicht als bloße Gegenthese, als egalisierende Einebnung der Systeme zu gewinnen. Sie ist vielmehr ein Reflexionspunkt, auf den hin sich ein Begründungszwang für alle Ungleichheiten formulieren läßt, eine Formel für die Kontingenz von Ordnung schlechthin.

Ein solches Transzendieren aller juridifizierten Ungleichheiten kann man nicht als Anlegen eines externen, außerrechtlichen Kriteriums denken – etwa gar eines moralischen Maßstabes –, so als ob die Gleichheitsforderung außerhalb des Rechts stünde. Das hieße, das Negationsverhältnis von gleich/ungleich mit einer Systemgrenze verwechseln. Vielmehr ist diese Negationsbeziehung in das Recht eingebaut als eine Abstraktionsebene, auf der Reflexion im Sinne eines immanenten Selbsttranszendierens möglich wird.[19] Das ist

---

17 Vgl. Platon, Nomoi 744 C, 757 A ff., Gorgias 508 A (mit direktem Bezug auf den Ordnungsgedanken des Kosmos); Aristoteles, Nikomachische Ethik 1131 b ff., Politik 1301.

18 In den 24 Thesen über die Metaphysik heißt es: »iustiti nihil aliud est quarr ordo seu perfectlo clrca mentes.« (Gottfried Wilhelm Leibniz, Die philosophischen Schriften, hrsg. von C. I. Gerhardt, Bd. 7, Neudruck Hildesheim 1965, S. 289-291 (290)). Die Gleichung von *itustitia* und *perfectio* ist übrigens Sprachgebrauch der Zeit, auch zum Beispiel in der Medizin. Bald danach kann eine *so begriffene* Gerechtigkeit nur noch Ideologie sein, nämlich nachträglich aufgeklebte Rechtfertigung etablierter Systeme.

19 Eine erkenntnistheoretische Parallele dieses Gedankens findet man im Bewußtseinsbegriff Husserls, der die Immanenz der Transzendenz zumindest postuliert hat. Für die Durchführung dieser Parallele wäre es erforderlich, diesen Gedanken auch in der Erkenntnistheorie systemtheoretisch zu rekonstruieren.

die bisher höchste Form der Rekonstruktion von Kontingenz im Recht.

In diesem Verständnis ist Gerechtigkeit ein Reflexionsprinzip, kein Legitimationsprinzip, nicht einmal ein »Wert« in einem direkt anwendbaren Sinne. Eher wird man den Denkleistungen der Tradition gerecht, wenn man Gerechtigkeit als *Prinzip der Bewertung von Wertungen*, also als Reflexivität des Wertens begreift. Solche Prozeßreflexivität stößt, wie in der Radikalisierung des Denkens des Denkens zum *cogito ergo sum* paradigmatisch vorgeführt worden ist, auf die Identität des Systems und wird dadurch zur Reflexion. Im Bewerten von Wertungen unter dem Gesichtspunkt von Gleichheit und Ungleichheit erfolgt der Umschlag von Reflexivität in Reflexion in anderer Form. Hier übernimmt die Präferenz für Systemkompatibilität der Gründe das Steuer.[20]

Gerechtigkeit dient somit der Artikulation von Strukturbewußtsein. Systeme haben sich im Gebrauch dieses Kriteriums, nicht *durch* dieses Kriterium zu begründen. Ihre Kontingenz gewinnt damit die Form einer Selbstprüfung unter dem Gesichtspunkt des Gegenteils. Es ist Sache des eigens dafür ausdifferenzierten Rechtssystems, das Reflexionspotential der Gesellschaft unter diesem besonderen Gesichtspunkt – es gibt andere! – zu verwalten und zu formulieren. Daß dies wiederum nur durch Systembildung, also durch Etablierung von Ungleichheiten in Begriffen, Rechtssätzen, Entscheidungsgewohnheiten, Rollenperspektiven, professionellen Interessen, Organisationsformen usw. geschehen kann, liegt auf der Hand – und baut Ungleichheiten in den Prüfungsmechanismus schon ein, mit dem sie getestet werden sollen. Immerhin läßt sich durch Ausdifferenzie-

20 Wir kommen auf diese Frage im XIX. Kapitel über Wertbeziehungen nochmals zurück.

rung des Rechtssystems und durch eine auf dieses Problem hin spezialisierte Begrifflichkeit erreichen, daß dies nicht unreflektiert auf der Linie gesellschaftlich etablierter Ungleichheit geschieht.

Damit sind wir erneut bei der Frage nach den Dysfunktionen und den Opportunitätskosten dieser Form der Wiedergabe von Kontingenz. Steigerungsbedingungen entwikkeln in ihrer Realisierung eine eigene Art von Selektivität. Dies gilt auch für die Kombination von Idealisierung und Schematisierung in der Auslegung der Gerechtigkeit als Gleichheit. Die eindrucksvolle Aufsteigerung der Rechtsleistung durch Einbau von entschärfter Kontingenz in das Rechtssystem läßt sich nicht bestreiten; und doch kann man fragen, ob damit andere Möglichkeiten verschüttet worden sind und welche anderen Möglichkeiten der Perfektionierung eines Rechtskriteriums es gegeben hätte.

Daß die bloße Dissoziierung von Idealisierung und Schematisierung im Kontrastbegriff der Billigkeit nicht ausreicht, diese Frage zu beantworten, liegt auf der Hand; der Gegenbegriff bleibt von der Dominanz des Hauptbegriffs abhängig, ist ohne ihn nicht zu denken. Hätte es ganz andere Möglichkeiten gegeben?

Ein vielleicht passender Schlüssel liegt in der Beobachtung, daß Gerechtigkeitserwägungen auch dort eine Rolle spielen, wo es um Unglück und Hilfe geht.[21] Man urteilt darüber, ob Unglück jemanden selbstverschuldet oder sonst angemessen trifft als ein gerechtes Schicksal oder ob er Mitleid oder gar Hilfe verdient. Dabei spielen wenig artikulierte, kulturell kaum ausgearbeitete, sicher stark wandelbare Zurechnungskriterien eine Rolle, aber auch Vorstellungen eines angemessenen Schicksals. Auch hier ist die Situation

21 Siehe die oben bereits zitierte Untersuchung von Melvin J. Lerner, The Desire for Justice and Reaction to Victims, a. a. O.

ambivalent und gesichtspunktabhängig definiert. Unsere kulturellen Überlieferungen disponieren uns dazu, in diesem Bereich Probleme der *caritas*, der Liebe also, wahrzunehmen – ursprünglich in einer längst verlorenen Nähe zum Recht.[22] So ist es wohl müßig zu fragen, ob nicht auch hier Möglichkeiten der Perfektionierung des Rechtskriteriums gelegen hätten – etwa in Richtung auf die Freiheit des anderen.

22 Auf die *philia/dikaiosyne*-Zusammenhänge in der griechischen Ethik wurde oben S. 155 in Fn. 2 bereits hingewiesen. Im späten Mittelalter kamen Probleme des Zusammenhangs von *caritas* und Recht nochmals auf – vgl. dazu Joachim Giers, Gerechtigkeit und Liebe: Die Grundpfeiler gesellschaftlicher Ordnung in der Sozialethik des Kardinals Cajetan, Düsseldorf 1941; siehe auch Günter Stratenwerth, Die Naturrechtslehre des Johannes Duns Scotus, Göttingen 1951 –, lagen aber schon damals weit außerhalb des geltenden Rechts und ließen sich angesichts der wirtschaftlichen Entwicklung und angesichts zunehmender Privatisierung von Liebe in der neuzeitlichen Gesellschaft nicht mehr realisieren.

2. Teil

Kontingenz und Komplexität

XI. Vorbemerkungen zum Verhältnis von Kontingenz und Komplexität

Die Überlegungen des vorangegangenen Teils können in der These zusammengefaßt werden, daß hohe Kontingenz einer alternativenreichen Gesellschaft nicht mehr in einem spezifischen Ethos des Rechts ausgedrückt werden kann, sondern unter abstrakten und änderbaren Strukturen in die Komplexität eines Rechtssystems transformiert und dann als internes Problem dieses Rechtssystems zum Ausdruck gebracht werden muß. Die gesellschaftliche Leistung des Rechts kann demnach nicht daran gemessen werden, wie weit es als Recht ein moralisches Ziel maximiert (wie wenn es um die Beurteilung von Handlungen ginge), und auch nicht daran, ob es eine Norm der Moral erfüllt oder nicht erfüllt. Die rechtstheoretische Fragestellung wäre vielmehr, ob und wie das Recht auf einem für die jeweilige Gesellschaft adäquaten Abstraktionsniveau Kontingenz zu regulieren vermag. Man kann diese Leistung als Systembildung begreifen. Daraus gewinnen wir den Leitgedanken für den zweiten Teil unserer Untersuchungen.

Zuerst muß das Verhältnis der Begriffe Kontingenz und Komplexität erörtert und gegen naheliegende Fehlschlüsse abgesichert werden. Kontingenz hatten wir funktional definiert als Generalisierung von Wirklichkeit im Hinblick auf andere Möglichkeiten. Diese Form der Generalisierung bleibt gebunden an einen bestimmten Gegenstand, etwas Wirkliches, das auch anders sein kann. Unter logischen Gesichtspunkten vereinfacht sich der Kontingenzbegriff zu der Aussage, daß das Wirkliche, auf das er sich bezieht, sein oder nicht sein kann. Dabei wird der Bezugsgegenstand als ein Einfaches genommen. Als ein komplexer hat er dagegen nicht nur die Möglichkeit, nicht zu sein, sondern auch die Möglichkeit, anders zu sein. Durch Komplexität entsteht innere Kontingenz. Der Begriff Komplexität bezieht sich auf die Welt im ganzen oder auf Systeme und bezeichnet die Gesamtheit der zugelassenen Möglichkeiten. Komplexe Systeme sind bestandsfähig nur mit einem Mindestmaß an innerer Kontingenz; lediglich bei rein statischer Betrachtungsweise könnte davon abgesehen werden. Komplexität erfordert mithin, wenn nicht logisch, so empirisch, Kontingenz in der Form systemintern geordneter Variabilität. Und ebenso kann Kontingenz zwar logisch als Unnotwendigkeit oder als Möglichkeit des Nichtseins formuliert werden, tritt aber empirisch immer nur im Rahmen von Systemkomplexen auf, die begrenzte Möglichkeiten des Andersseins zulassen.[1]

Unser Begriffsansatz impliziert mithin, daß das Verhältnis von Kontingenz und Komplexität durch Systembildungen vermittelt wird. Er impliziert eine Zentralstellung der Systemtheorie. Die Bedingungen, das heißt die Beschränkungen der Möglichkeit des Aufbaus der Systeme sind zugleich die Bedingungen der Möglichkeit bzw. Unmöglichkeit, die man in allen Modalaussagen voraussetzen

1 Das Problem der inneren Kontingenz des Komplexes hat weder in der mittelalterlichen Diskussion der *complexica contingens* (siehe etwa Hermann Schwamm, Das göttliche Vorherwissen bei Duns Scotus und seinen ersten Anhängern, Innsbruck 1934, S. 43f., 80 u.ö.), noch im modernen Kontingentismus (siehe etwa die sehr unklaren Ausführungen bei Emile Boutroux, De la contingence des lois de nature, 8. Aufl., Paris 1915, S. 141) eine zureichende Klärung erfahren. Wir wissen daher nicht genau, unter welchen modallogischen Voraussetzungen schon aus dem Begriff der Komplexität auf innere Kontingenz geschlossen werden könnte, und führen den Zusammenhang daher nur empirisch ein. Zu vermuten ist, daß die Logik in dieser Frage auf systemtheoretische Klärungen unterschiedlicher Bedingungen von Möglichkeit bzw. Unmöglichkeit angewiesen ist.

muß.[2] Das berechtigt indes noch nicht zu dem Schluß auf einen *Steigerungszusammenhang*: daß mit der Komplexität der Systeme auch deren innere Kontingenz (und damit im gesellschaftlichen Bereich zum Beispiel Freiheit) notwendig zunehme und umgekehrt. Vielmehr könnte ein solcher Steigerungszusammenhang sehr wohl selbst kontingent sein – nämlich abhängen von der Selektion geeigneter (nicht beliebiger und insoweit: nichtkontingenter!) Systemstrukturen. Deshalb kann man aus der Komplexität vorhandener Systeme nicht direkt auf faktisch vorhandene Kontingenz oder gar auf Freiheit schließen.[3] Die Frage, welche Systemstrukturen das Verhältnis von Komplexität und Kontingenz maximieren und mit welchen Verteilungen im System, kann zunächst nur als Frage formuliert werden. Beantwortet werden kann die Frage nur in dem Maße, als eine darauf zugeschnittene Systemtheorie entwickelt wird.

Nimmt man diese Fragestellung an, dann liegt darin ein Verzicht auf ältere Problemfassungen aus der liberalen Epoche der sogenannten bürgerlichen Gesellschaft. Deren Grundgedanke lag in der Auffassung der Kontingenz als Freiheit.[4] Diese Gleichsetzung bot die Möglichkeit, das Kontingenzproblem zu moralisieren – sei es, daß man die Freiheit als

2 Insoweit Übereinstimmung mit Gerd Pawelzik, Dialektik der Entwicklung objektiver Systeme, Berlin 1970, S. 197 ff.

3 Davor warnt mit Recht Frieder Naschold, Die systemtheoretische Analyse demokratischer politischer Systeme: Vorbemerkungen zu einer systemanalytischen Demokratietheorie als politischer Wachstumstheorie mittlerer Reichweite, in: Probleme der Demokratie heute, Sonderheft 2 / 1970 der Politischen Vierteljahresschrift, Opladen 1971, S. 3-39 (22).

4 Soziologen würden übrigens vermuten, daß diese Interpretation von Kontingenz schichtenspezifisch korreliert und nicht überall gleich gut »ankommt«. Andere Schichten, vor allem solche ohne Zukunft, mögen Kontingenz als Gefahr oder als Sicherheitsproblem oder überhaupt nicht registrieren.

natürliches Gut negativ (Thomas Hobbes) oder positiv (John St. Mill) bewertete und nur Bestands- und Erhaltungsinteressen als Gegengewicht zuließ; sei es, daß man das Freiheitsproblem durch Ethisierung auf eine dem Recht vergleichbare normative Ebene brachte und das Problem dann in einer Antinomie von Recht und Freiheit finden mußte. Sieht man dagegen Kontingenz als Aspekt von Systemstrukturen, dann bleibt die Interpretation als Freiheit des Handelns möglich und für Zwecke der Dogmatisierung oder Ideologiebildung möglicherweise adäquat. Aber die rechtstheoretische Analyse muß sich dann abstrakterer Denkmittel bedienen und zu klären versuchen, wie das Rechtssystem Kontingenz und Komplexität vermittelt.

Die Rekonstruktion von Kontingenz im Rechtssystem steht, das wird das Thema der folgenden Kapitel sein, im Zusammenhang mit der Komplexität des Rechtssystems. Unter diesem Gesichtspunkt lassen sich ältere Themen der Rechtswissenschaft rechtstheoretisch uminterpretieren. Wir werden das an Themen wie Sicherheit, Dogmatik, Systembildung, Prinzipien, Regeln und Ausnahmen, Alternativen, Zurechnung[5] mehr exemplarisch als vollständig versuchen,

5 Anm. des Herausgebers: Ein entsprechendes Kapitel zum Begriff der Zurechnung hat sich nicht im Typoskript befunden. Da auch die von Luhmann vorgenommene Kapitelnumerierung und Seitenzählung im weiteren durchläuft, kann man davon ausgehen, daß der ursprüngliche Plan nicht durchgeführt wurde, obwohl im Kapitel IV. Handlung und Motiv die Behandlung sozialtheoretisch vorbereitet worden ist (siehe auch die Fn. 10 auf S. 67 mit einem ersten Ausblick für die rechtsdogmatischen Folgen der Figur der Zurechnungs-/Unzurechnungsfähigkeit.). Ein ebenfalls im Nachlaß gefundenes Manuskriptfragment zum Zurechnungsbegriff ist primär sozialtheoretisch angelegt, also offensichtlich in einem anderen Zusammenhang begonnen und ebenfalls nicht umgesetzt worden. In den rechtstheoretischen Publikationen Luhmanns finden sich nur wenig kurze Bezugnahmen auf das Zurechnungskonzept, am konzentriertesten noch in: Einige Probleme mit »reflexivem Recht«, Zeitschrift für Rechtsso-

um dann rückblickend zu fragen, ob diese Ebenen des Ausgleichs von Kontingenz und Komplexität heute noch genügen. Eine solche Frage greift zu sehr über das kategoriale Gefüge des heutigen Rechtsdenkens hinaus, als daß sie beantwortbar wäre. Ein Schritt zu ihrer Beantwortung aber wäre getan, wenn es der Rechtstheorie gelänge, so abstrakt anzusetzen, daß die bisherigen Ausgangsbegriffe juristischer Argumentation ihre Notwendigkeit verlieren und selbst auf andere Möglichkeiten hin befragt werden können.

---

ziologie 6 (1985), S. 1-18 (8 f.). Der gleiche Negativbefund gilt auch für Niklas Luhmann, Rechtssoziologie, 2 Bde., Reinbek bei Hamburg, 2. erw. Aufl. Opladen 1983 mit nur wenigen verstreuten Bemerkungen. In der Monographie Das Recht der Gesellschaft, Frankfurt 1993 findet sich der Begriff dann noch nicht einmal mehr im Sachregister.

XII. Das Rechtssystem und die Rechtssicherheit

Als Rechtssystem soll hier nicht der Zusammenhang von Rechtssätzen (seien es Normen selbst, seien es erkannte Normen oder Rechtserkenntnisse) bezeichnet werden. Vielmehr verwenden wir den Systembegriff in Übereinstimmung mit dem Sprachgebrauch der empirischen Disziplinen als Begriff für faktische Prozesse – hier: Entscheidungsprozesse –, die unter Strukturen ablaufen. Diese Umorientierung kann ohne Problemverlust geschehen. Der übliche rechtswissenschaftliche Systembegriff läßt sich auf die normative *Struktur* des Rechtssystems beziehen. Diese Struktur wird jetzt aber nicht mehr nur als logische Ordnung von Sätzen unter einem Prinzip gesehen und auf das Erreichen dieses Ordnungsideals hin befragt, sondern sie wird als Regelung von Prozessen erforscht, die als ein System aus der Gesellschaft ausdifferenziert werden und dadurch in näher anzugebender Weise problematisch sind. Erst mit diesem Blickpunktwechsel gewinnt man eine theoretische Fragestellung, die es ermöglicht, das *systeminterne Verhältnis von normativer Struktur und Entscheidungsprozeß* im Hinblick auf das *Verhältnis von Rechtssystem und gesellschaftlicher Umwelt* zu problematisieren.[1] Dabei kann berücksichtigt werden, daß das Verhältnis von Struktur und Prozeß nicht aus primär ethischen oder logischen Gründen problematisch ist, sondern deshalb, weil das Verhältnis ausdifferenzierter Systeme zu ihrer Umwelt problematisch ist. Moralisierung und Logisierung der Strukturen und Entscheidungsprozesse sind bereits Transformationen dieser Grundproblematik, die schon

1 Einen ähnlichen Versuch unternimmt mit Hilfe kybernetischen Vokabulars Ottmar Ballweg, Rechtswissenschaft und Jurisprudenz, Basel 1970.

Strukturentscheidungen voraussetzen und deren Ursprung verdecken. Unter diesem Gesichtspunkt werden wir in den folgenden Kapiteln von Dogmatisierung, Systematisierung und Technisierung des Rechts handeln. Vorweg müssen jedoch die systemtheoretischen Grundlagen geklärt sein.

Am besten nähert man sich diesem Ziel mit dem Systembegriff der soziologischen Theorie.[2] Das Rechtssystem wäre danach ein soziales System sinnhaft aufeinander bezogener Handlungen, die sich in spezifischer Weise am Recht orientieren. Dazu gehören nicht nur die in den Organisationen des Rechtssystems, in Parlamenten, rechtsanwendenden Verwaltungsbehörden und Gerichten ablaufenden Entscheidungsprozesse,[3] sondern auch das gesamte Kautelar-Verhalten in der Gesellschaft, nämlich der Umfang, in dem im Geschäftsverkehr die Rechtsfolgen antizipiert, verbalisiert und bewußt auf den Konfliktsfall hin fixiert werden.[4]

---

2 Dabei darf nicht verkannt werden, daß es keine einheitliche soziologische Systemtheorie gibt, sondern nur eine Vielzahl miteinander lokker korrespondierender Ansätze. Siehe den von K.H. Tjaden in ideologiekritischer Absicht herausgegebenen Sammelband Soziale Systeme: Materialien zur Dokumentation und Kritik soziologischer Ideologie, Neuwied, Berlin 1971.

3 Diesen institutionell orientierten Ansatz findet man bei amerikanischen Politologen und Soziologen unter der Bezeichnung *legal system*. Vgl. z.B. James R. Klonoski / Robert I. Mendelsohn, The Allocation of Justice: A Political Approach, Journal of Public Law 14 (1965), S. 323-342; Leon H. Mayhew, Law: The Legal System, International Encyclopedia of the Social Sciences, Bd. 9, New York 1968, S. 59-66; Lawrence M. Friedman, Legal Culture and Social Development, Law and Society Review 4 (1969), S. 29-44. Größere Verbreitung hat dieser Ansatz in der Untersuchung einzelner Institutionen, namentlich der höheren Gerichte, der Parlamente, der Polizei.

4 Wenn dies aus Gründen der Verkehrsmoral durchweg unterlassen wird – zu entsprechenden fernöstlichen Traditionen siehe Kawashima Takeyoshi, The Status of the Individual in the Notion of Law, Right, and Social Order in Japan, in: Charles A. Moore (Hrsg.), The Status of the Individual in East and West, Honolulu 1968, S. 429-448; Hahm

Ein Sozialsystem ist dieser Verhaltenskomplex dadurch, daß er eine ihn identifizierende Struktur hat, nämlich »das Recht«, und durch erkennbare Grenzen gegen eine Umwelt nichtdazugehörigen Verhaltens abgegrenzt ist. Man kann das eigene Verhalten dann bewußt als Vorgang im Rechtssystem definieren (oder dies gerade vermeiden), kann Partner und Situationen entsprechend wählen, kann bei anderen entsprechende Intentionen erkennen und sie als Verhaltensgrundlage akzeptieren oder konterkarieren.

Hier lassen sich soziologische Untersuchungen anschließen. Sie könnten zum Beispiel prüfen, ob die These von Parsons zutrifft, daß die gesellschaftliche Evolution zu einer zunehmenden Ausdifferenzierung des Rechtssystems führt;[5] ob die moderne Wirtschaft tatsächlich in dem Maße, wie Max Weber vermutet hatte, auf Ausdifferenzierung eines formal, neutral und technisch effektiv funktionierenden Rechtssystems angewiesen ist;[6] ob und wie Kontakte mit dem Rechtssystem korrelieren mit Wohlstand, Bildung, Schichtenzugehörigkeit, Wohnsitz in Stadt oder Land usw.;[7] ob und wieweit die Berufsrollen im Rechtssystem, nament-

Pyong-Choon, The Decision Process in Korea, in: Glendon Schubert / David J. Danelski (Hrsg.), Comparative Judicial Behavior: Cross-Cultural Studies of Political Decision-Making in the East and West. New York, Toronto u. a. 1969, S. 19-47 –, spricht das für eine geringe gesellschaftliche Ausdifferenzierung des Rechtssystems (trotz formal bestehender Justizorganisation).

5 Vgl. Talcott Parsons, Introduction Part Two in: Talcott Parsons / Edward Shils / Kaspar D. Naegele/ Jesse R. Pitts, Theories of Society, Bd. I, New York 1961, S. 239-264 (248 f.); ders.; Societies: Evolutionary and Comparative Perspectives, Englewood Cliffs N. J. 1966, passim.

6 Siehe etwa Stewart Macaulay, Non-contractual Relations in Business: A Preliminary Study, American Sociological Review 28 (1963), S. 55-67, gekürzt auch in: Vilhelm Aubert (Hrsg.), Sociology of Law: Selected Readings, Harmondsworth, Engl., 1969, S. 194-209.

7 Vgl. z. B. Leon Mayhew / Albert J. Reiss, Jr., The Social Organization of Legal Contacts, American Sociological Review 34 (1969), S. 309-318.

lich die Rolle des Richters, ausdifferenziert werden können, so daß Herkunft, Präferenzen, eigene andere Rollen des Rollenträgers für sein Berufshandeln neutralisiert werden. Für die Rechtstheorie wäre dagegen die Hauptfrage, wie sich das Problem der Kontingenz des Verhaltens und Erwartens durch Ausdifferenzierung eines Rechtssystems verändert.

Diese Veränderung nimmt nicht etwa den Weg, der sich auch für Normierung und Geltung als ungangbar erwiesen hatte – den Weg der Eliminierung jeder Kontingenz des Erwartungen-erfüllen-oder-enttäuschen-Könnens. Sie sucht den Ausweg vielmehr in einer *Verdoppelung der Kontingenz*. Das Ausgangsproblem wird nicht durch Verminderung der Kontingenz annäherungsweise »gelöst«, sondern durch Vermehrung der Kontingenz in eine Form gebracht, die mit den Strukturen komplexerer Gesellschaften kompatibel ist und deren Aufbau daher ermöglicht.[8] Im Rechtssystem *wiederholt* sich der oben[9] allgemein geschilderte Fall der systemstrukturellen Generalisierung und Erzeugung von Kontingenz für den besonderen Fall rechtsbezogener Interaktion. Durch Ausdifferenzierung eines Rechtssystems entsteht also in der Gesellschaft ein neuer Satz von Möglichkeiten (nämlich Möglichkeiten des Entscheidens über Recht und Unrecht), der faktisch ablaufende Prozesse ebenfalls, aber in anderem Sinne, als kontingent erscheinen läßt. Das Rechtssystem hat als System die abstrakte Möglichkeit, so und auch anders zu entscheiden. Damit ist nicht gesagt, daß im Rechts-

8 Das gleiche Argument, daß nur Steigerung von Kontingenz und Übernahme des Problems auf eine andere Regelungsebene eine evolutionär erfolgreiche Problemlösung bietet, hatte uns bereits den Übergang von Handlungsmotiven zu Rechtsnormen und den Übergang von Normen zu Geltungen im Aufbau der Rechtsordnung verständlich gemacht.

9 Siehe oben Kapitel III. Systemstrukturen als Bedingungen von Kontingenz.

system »beliebig« im Sinne von zufällig, regellos, willkürlich entschieden werden könnte; das hieße einer alten Verwechselung von Kontingenz und Zufall zum Opfer fallen. Die im Rechtssystem konstituierte Kontingenz besagt vielmehr nur, daß die Systemstruktur eine Mehrheit von Möglichkeiten – Zusprechen oder Absprechen, Verurteilen oder Freisprechen – offenläßt. Jede Entscheidung fällt als Selektion aus anderen Möglichkeiten und kann überhaupt nur deshalb Entscheidung sein.

Wird im Rechtssystem Kontingenz wiederholt als Möglichkeit der Entscheidung, verändert das in mehrfacher Hinsicht das strukturelle Niveau der Rechtsordnung.[10] Es werden (1) Kausalketten, die zum Rechtserfolg (oder -verlust) führen, verlängert. Es werden damit (2) relativ natürliche Faktoren (zum Beispiel eigene Kraft) durch künstliche, systemabhängig ersetzt. Die Einrichtung eines Rechtssystems differenziert also die Gesellschaft stärker aus ihrer natürlichen Umwelt aus. Es werden (3) neue, unnatürliche Möglichkeiten erzeugt, zum Beispiel Möglichkeiten des Raffinements der Strategien, der Vertretung, des Betrugs, und der Korruption, des Sichfügens vor einer nicht nur stärkeren, sondern auch höheren Gewalt – Möglichkeiten, deren Dysfunktionen durch entsprechende Gegeninstitutionen kontrolliert werden können. All diese Momente der Ausdiffe-

10 Diese Veränderung beschreibt Erving Goffman, Strategic Interaction, Philadelphia 1969, S. 115 ff. unter dem Gesichtspunkt einer Komplikation strategischer Spiele: »An important step in loosening up the game is made when enforcement power is taken from mother nature and invested in a social office specialized for this purpose, namely a body of officials empowered to make final judgments and to institute payments. Once this is done, a crucial wedge is driven between courses of action and outcome. Since the judges and their actions will not themselves be fully fixed in the natural environment, many unnatural things become possible.« (115)

renzierung, der Erweiterung von Kontingenz, der Verlängerung der Ketten, der Schaffung neuer, relativ unwahrscheinlicher, systemabhängiger Möglichkeiten mit entsprechenden Gegeninstitutionen, hängen untereinander zusammen und bedingen sich wechselseitig.

Sie sind in der bisherigen rechtstheoretischen Diskussion nur zum Teil gesehen und analysiert worden. Vor allem die im Rechtssystem selbst lokalisierte, ja in ihm erzeugte Kontingenz hat man bisher nicht ausreichend gewürdigt.[11] Dafür waren ein falsch gewählter Systembegriff und ein kurzschlüssiges Sicherheitsstreben bestimmend gewesen – eine Weichenstellung des 16. und 17. Jahrhunderts, die selbst heute noch nicht ausreichend korrigiert ist.[12] Die klassischen Formen des Systemgedankens waren dazu bestimmt, Kontingenz aus dem, was als System begriffen wurde, auszuschließen. Der Systemdenker versicherte sich gleichsam mit Hilfe seines Systems, daß es nur einzig richtige Zustände und keine anderen Möglichkeiten gibt. Diese Vorstellung hatte bereits, wenngleich nicht explizit, die alte Entfaltung des Systemgedankens in den Begriffen Ganzes und Teil getragen, insofern nämlich, als das Ganze durch die Beziehungen der Teile festgelegt sein sollte und die Teile ihrerseits das

11 Dies gilt selbst für eine so entschlossen alle Unsicherheiten im Rechtsgang aufspürende Theorie wie den »legal realismus«, dem es letztlich doch wieder nur um Reduktion der Unsicherheit ging. Vgl. dazu Wilfrid E. Rumble, Jr., American Legal Realism and the Reduction of Uncertainty, Journal of Public Law 13 (1905), S. 45-75.

12 Zum Problem der »certitudo jurisprudentiae«, zum zeitbedingten Hintergrund der Problemstellung und zu den auf sie antwortenden Systematisierungstendenzen der frühneuzeitlichen Rechtswissenschaft siehe Hans Erich Troje, Wissenschaftlichkeit und System in der Jurisprudenz des 16. Jahrhunderts, in: Jürgen Blühdorn / Joachim Ritter (Hrsg.), Philosophie und Rechtswissenschaft. Zum Problem ihrer Beziehungen im 19. Jahrhundert, Frankfurt 1969, S. 63-88.

Ganze zu repräsentieren oder durch ihren Beitrag zu erhalten hatten. Deutlicher und zwingender kam diese Absicht hervor in der frühneuzeitlichen Bestimmung des Systems durch die Einheit eines Prinzips. Diese Umdeutung löste die Rücknahme des Systemgedankens auf die Ebene des Erkennens und des geordneten Darstellens von Erkenntnissen aus: Wenn man die Kontingenz der Realität auch einräumen oder dahingestellt sein lassen mußte, so sollte doch wenigstens die Wahrheit notwendig, wenigstens die Erkenntnis als System nichtkontingent sein. Damit riß jene Kluft zwischen analytischem System und empirischem System auf, die uns oben[13] bereits beschäftigt hat. Sie wird gerade für die Rechtstheorie verhängnisvoll, die ja die Steuerungsfunktion der Rechtsnormen und Rechtsbegriffe für das faktische Verhalten zu begreifen hat und sich deshalb nicht mit einer immanent-systematischen Begriffsentfaltung begnügen kann.

Hiermit korrespondiert ein kurzschlüssiger, sozusagen logisch naheliegender Sicherheitsbegriff, der Sicherheit als Beseitigung von Unsicherheit begreift und umgekehrt. Dabei bleibt unberücksichtigt, daß das Problem der Sicherheit Stufen aufweist, die variieren, je nachdem, welche Möglichkeiten als verunsichernd in Betracht gezogen werden. Tatsächlich ist jedoch, wie wir aus der psychologischen Forschung wissen, dies Stufenproblem primär und die logisch-dichotomische Fassung des Sicherheitsproblems sekundär.[14] Die Struktur eines Systems kann die Toleranz für Unsicherheit steigern durch die Art, wie sie Sicherheiten placiert, sie wird sogar typisch höhere Systemkomplexität nur erreichen, wenn sie mehr Sicherheiten und zugleich mehr Unsi-

---

13 Siehe oben S. 108 f.

14 Vgl. Wendell R. Garner, Uncertainty and Structure as Psychological Concepts, New York, London 1962.

cherheiten vorsieht. Man kann Sicherheit daher nicht nur als Gegensatz von Unsicherheit, sondern auch als strukturierte Unsicherheit begreifen.[15]

Nur wenn man die Bindung an jene klassischen Formen des Systemgedankens und des Sicherheitsstrebens aufgibt, kann man die Abstraktionsgewinne erzielen, die notwendig sind, um den Zusammenhang von Recht und Kontingenz systemtheoretisch zu klären; und vor allem um zu begreifen, weshalb und wie das Rechtssystem Kontingenz erzeugt, um die gesellschaftlich vorgegebene Kontingenz des Verhaltens und Erwartens zu duplizieren. Im Verhältnis zur Gesellschaft läßt sich dadurch jene Einrichtung einer *nichtkontingenten Verknüpfung kontingenter Ereignisreihen* herstellen, auf deren allgemeine systemtheoretische Bedeutung und ab-

15 Die Soziologie hätte hierzu Analysen beizutragen, die zeigen, daß solche Stufen des Sicherheitsproblems zusammenhängen mit der Differenzierung der Gesellschaft in medienspezifische Teilsysteme. Vor allem die steigende Autonomie des Geldmechanismus in der Wirtschaft und des Machtmechanismus in der Politik – beides Kommunikationsmedien, die bestimmten Handlungsselektionen (also Entscheidungen) die Führung des Erlebens und Handelns anderer geben – steigert den Sicherheitsbedarf über bisherige Schwellen hinaus. Sicherheit kann jetzt nicht mehr nur im Rahmen des moralisch guten Handelns (als Sicherheit gegenüber verwerflichem Handeln anderer) gewährleistet werden, weil man sich auch und gerade gegenüber moralisch gutem, zumindest indifferentem und gesellschaftlich erlaubtem Handeln anderer, nämlich den Gebrauch von Geld und legitimer Macht, absichern muß. Gerade das erlaubte Handeln wird gefährlich. Zu den Konsequenzen für Rechtsdogmatik und Rechtspolitik vgl. Niklas Luhmann, Grundrechte als Institution: Ein Beitrag zur politischen Soziologie, Berlin 1965; ders., Öffentlich-rechtliche Entschädigung rechtspolitisch betrachtet, Berlin 1965, und allgemein zu der hieraus folgenden prononcierten Thematisierung von Sicherheit als (verselbständigter!) Wert Franz-Xaver Kaufmann, Sicherheit als soziologisches und sozialpolitisches Problem: Untersuchungen zu einer Wertidee hochdifferenzierter Gesellschaften, Stuttgart 1970.

strakte Vorteilhaftigkeit ich oben[16] bereits hingewiesen hatte. Gesellschaft und Rechtssystem können dann, obwohl das Rechtssystem Teilsystem der Gesellschaft bleibt, wie *zwei Systeme* behandelt werden. Das macht es möglich, den Zusammenhang ihrer Prozesse (der nun nicht mehr selbstverständlich oder gar diffus-identisch ist) zu *konditionieren* und somit selektiv, aber doch stringent und mit ausreichender Zuverlässigkeit sicherzustellen. Es kann dann in *beiden* Systemen strukturell offenbleiben, ob und wie gehandelt und ob und wie entschieden wird. Es bleibt damit offen, was überhaupt geschieht und wann etwas geschieht. Aber es wird festgelegt und mit ausreichendem Erfolg durchgesetzt, daß, *wenn* in bestimmter Weise gehandelt wird, dann auch in bestimmter Weise entschieden wird. Die Strukturen werden als nicht konkret an die Sicherheit des Eintritts von Ereignissen gebunden, sondern in einer höheren Abstraktionslage als Beziehung zwischen unsicher bleibenden Ereignissen fixiert. Der Strukturgewinn beruht mithin auf gesteigerter Unsicherheit und auf Selektion kritischer Beziehungen zwischen Unsicherheiten. Er ist in dieser Form mit hoher Komplexität von psychischen und sozialen Systemen und mit faktischer Unvorhersehbarkeit der Ereignisse besser kompatibel. An die Stelle der doppelkontingenten alltäglichen Interaktion von Alter und Ego tritt damit die doppelkontingente Beziehung *jedes* dieser Beteiligten zum Rechtssystem. Darauf beruht eine gewisse Entlastung der alltäglichen Interaktion von Regulierung ihrer eigenen Doppelkontingenz – jener Vorteil von Ausdifferenzierungen, den wir oben[17] bereits behandelt hatten.

Für den Erwartenden außerhalb des Rechtssystems muß der Bedarf für Rechtssicherheit entsprechend umgeformt

16 Siehe das Kapitel III. Systemstrukturen als Bedingungen von Kontingenz.

17 Siehe S. 121f.

werden. Weder kann Rechtssicherheit nach der Ausdifferenzierung eines Rechtssystems die Sicherheit sein, im eigenen Rechtserleben niemals faktisch enttäuscht zu werden, noch die Sicherheit, auf alle Fälle letztlich Recht zu behalten. Sie ist weder die archaische noch die naive Sicherheit, im Recht zu sein und sein Recht behaupten zu können. Vielmehr kann das Rechtssystem nur die Sicherheit in Aussicht stellen, daß jedermann Recht bekommt, *wenn* er nach den Entscheidungsbedingungen des Rechtssystems Recht hat. Rechtssicherheit in diesem Sinne ist strukturierte (und als solche tragbare) Unsicherheit.

Das Aushalten so hoher Unsicherheit kann nicht allein psychischen Systemen überantwortet werden. In den Organisationen des Rechtssystems wird diesem Erfordernis auf doppelte Weise Rechnung getragen: durch konditionale Programmierung der Entscheidungen und durch verfahrensmäßige Ausgestaltung der Entscheidungsprozesse. Die Unsicherheit gewinnt unter diesen Bedingungen die Form der Unentschiedenheit einer Rechtssache; sie wird als Betriebsmotiv in den Dienst des Verfahrens gestellt, in Interaktion umgesetzt und schließlich durch Entscheidung absorbiert.[18] Auf diese Weise kann Zeit gewonnen und zur Kontingenzregulierung ausgenutzt werden.

Um die damit erreichbare Steigerungsleistung zu begreifen, muß man den Antizipationsprozeß analysieren (also die Zeitdimension einbeziehen), durch den Unsicherheit in ausreichend sichere Handlungsgrundlagen transformiert wird. Sobald das Rechtssystem eigene Kontingenz mit gesellschaftlichen Ereignissen korreliert, entsteht die *Möglichkeit, Zukunft in Betracht zu ziehen*. Diese Zukunft braucht nicht sicher zu sein, es genügt, daß sie *konditionierte Wahr-*

18 Ausführlichere Analysen in: Niklas Luhmann, Legitimation durch Verfahren, Neuwied, Berlin 1969.

scheinlichkeiten in Aussicht stellt. Dann wird es, aus der Differenz von Zukunft und Gegenwart heraus, *verstärkt wahrscheinlich*, daß die Gegenwart die jeweils höhere Wahrscheinlichkeit ihrer Handlungsselektion zugrunde legt, denn es wäre irrational (brauchte also besondere Motive!), auf der Grundlage geringerer Wahrscheinlichkeit zu handeln. Die durch Systemdifferenzierung aufgespannte Differenz von Zukunft und Gegenwart wirkt mithin, unter näher angebbaren Voraussetzungen, als Wahrscheinlichkeitsverstärker. Das Rechtssystem braucht, mit anderen Worten, gar nicht so sicher zu sein, wie es durch Antizipation wirkt – sofern nur konditionierte Wahrscheinlichkeiten erkennbar sind. Die Verknüpfung kontingenter Ereignisreihen ist unter diesen Umständen zwar nicht in einem logischen Sinne nichtkontingent (= notwendig); sie hat aber eine ausreichend reduzierte Kontingenz, die hohe Kontingenzen im gesellschaftlichen Leben und in den Entscheidungsmöglichkeiten des Rechtssystems erträglich macht.

Diese Form der Etablierung von Sicherheit auf der Basis größerer Unsicherheit eröffnet zugleich *abstraktere Kombinationsmöglichkeiten von Sicherheit und Freiheit*, das heißt ein Zusammenbestehen von größerer Rechtssicherheit mit größeren Selektionsfreiheiten. Der Freiheitsgewinn durch Systemdifferenzierung geht darauf zurück, daß Rechtsunterwerfung und Personenunterwerfung getrennt werden können. Der Schuldner bleibt von seinem Gläubiger, der Bedienstete bleibt von seinem Arbeitgeber abhängig, aber diese Abhängigkeit kann juristisch nicht zur Veränderung der Rechtslage oder zur Entscheidung von Rechtszweifeln benutzt werden. Damit ist eine Tendenz sozialer Abhängigkeit zur Selbstverstärkung nicht wirksam ausgeschlossen. Aber sie muß den Umweg nehmen über eine »Ausnutzung« der Entscheidungsfreiheiten des Abhängigen durch den Mächtigen, und diese Form bietet die Möglichkeit (wenn auch keineswegs für sich allein die Gewähr) einer rechtlichen Kontrolle des Vorgangs.

Solche Analysen betreffen mehr Funktionen für die gesellschaftliche Umwelt des Rechtssystems und liegen, obwohl eine scharfe Trennung nicht möglich ist, mehr im Bereich der Soziologie.[19] Für die Rechtstheorie bedeutsamer dürfte die Frage sein, wie denn das Rechtssystem selbst eine neuartige Kontingenz aufbaut und reguliert, die sie der gesellschaftlich immer schon vorgegebenen Kontingenz alltäglichen Erlebens und Handelns entgegensetzt. Dies geschieht zum einen durch Grenzziehung, zum anderen durch die Art, wie die Differenz von Struktur und Prozeß im Rechtssystem ausgebaut und systemspezifisch präzisiert wird.

Die *Grenzen des Rechtssystems* müssen so gezogen werden, daß die für die Funktion des Rechts ausschlaggebenden Kontingenzen *innerhalb* des Systems liegen und von ihm kontrolliert werden können.[20] Das geschieht, indem *systemeigene Regeln der Relevanz* entwickelt und von den Intentionen der Umwelt unabhängig gemacht werden.[21] Relevanzbestimmungen sind Bedingungen der Möglichkeit der Entscheidung über ja und nein. Die Kontrolle über die Grenze zwischen rechtlich relevantem und nichtrelevantem Sinn

---

19 Siehe dazu den Vorwurf rechtstheoretischer Unergiebigkeit bei Josef Esser, Vorverständnis und Methodenwahl in der Rechtsfindung: Rationalitätsgarantien der richterlichen Entscheidungspraxis, Frankfurt 1970, S. 202 ff.

20 Zu dieser allgemeinen Regel siehe für den Fall organisierter Systeme auch James D. Thompson, Organizations in Action: Social Science Basis of Administrative Theory, New York u. a. 1967, S. 39 ff. Daß sich hier auch *machttheoretische* Überlegungen unmittelbar anschließen lassen, zeigen J. M. Pennings et al., Uncertainty and Power in Organizations: A Strategic Contingencies Model of Sub-Unit Functioning, Mens en Maatschappij 44 (1969), S. 418-433.

21 Vgl. hierzu auf der Ebene einfacher Systeme Erving Goffman, Encounters: Two Studies in the Sociology of Interaction, Indianapolis 1961, S. 19 ff.

ist damit eine elementare Voraussetzung der Neutralität des Urteils über Recht und Unrecht und der Unabhängigkeit des Entscheidens. Lägen die Relevanzbestimmungen außerhalb des Systems, könnte von da aus die Entscheidungspraxis mehr oder weniger indirekt gesteuert werden. Die Unabhängigkeit des Entscheidens kann mithin nicht durch einfache Statuierung, etwa als Verfahrensvorschrift, eingeführt werden; sie setzt voraus, daß die Kontrolle der funktionswichtigen Kontingenzen, nämlich der juristischen Qualifizierung von Tatbeständen, im System selbst erfolgt.[22] Und damit ist viel vorausgesetzt, nicht nur ein geeignetes Begriffsnetz, sondern auch entsprechende Ausbildungsmöglichkeiten, Sozialisationsformen, Organisationsformen und gesellschaftliche Garantien professionellen Ansehens.

Im Verhältnis zur gesellschaftlichen Umwelt bedeutet dieses Erfordernis, daß das Rechtssystem eigene Möglichkeiten der Umweltwahrnehmung, -beurteilung und -behandlung entfaltet und auf Dauer stellt, die mehr oder weniger unabhängig davon sind, was die übrigen Umweltsysteme im Sinn haben. Diese Differenz kann ausgenutzt werden, um das Recht als Sinngefüge zu objektivieren, es unabhängig davon zu machen, was die am Rechtsfall Beteiligten jeweils faktisch »meinen«, welchen Sinn sie intendiert haben, wie sie ihre Situation jeweils definieren.[23] Im Rechtssystem können, mit anderen Worten, Ereignisse für rechtlich bedeutsam gehalten werden, die von den Beteiligten ohne jeden Bezug aufs Recht erlebt oder geschaffen worden sind. Rechte und Pflichten können entstehen, ohne daß jemand

22 Eher verzichtbar scheint die Kontrolle über Input-Kontingenz zu sein. Vgl. dazu die Anmerkung über Zivilrecht unten S. 258, Fn. 36.

23 Vgl. Kasimierz Opalek, Law as Social Phenomenon, Archiv für Rechts- und Sozialphilosophie 57 (1971), S. 37-55, und zu einer entsprechenden Zwei-Ebenen-Theorie des Rechts ders., The Complexity of Law and of the Methods of its Study, Scientia 1969, S. 279-291.

es merkt. Das Rechtssystem klassifiziert, wenn es zum Zuge kommt, unabhängig von der fluktuierenden und divergierenden Optik, dem Rechtswissen und den Bewußtseinskapazitäten der Beteiligten. Es bezahlt die damit erreichbare *universelle Präsenz* des Rechts mit einer »Possibilisierung« der Welt; die Umwelt ist in der Perspektive des Rechtssystems relevant nur in der generalisierten Form des *möglichen* Anlasses für Entscheidungen.

Nur durch solche Generalisierung kommt eine universell stabilisierbare, durchgehende Rechtsgarantie auch für unvorhersehbare Konstellationen zustande. Erst auf dieser Basis rechtsspezifischer Relevanzbestimmungen kann dann in mehr oder weniger zahlreichen Fallgruppen Rechtsbewußtsein der Beteiligten als Tatbestandsmerkmal, als Bedingung rechtlicher Relevanz oder als Voraussetzung für bestimmte Rechtsfolgen gefordert werden. Mit dem Begriff und der dogmatischen Theorie der Willenserklärung vollzieht das Recht unter eigener kognitiver Kontrolle eine Rückkehr zum individuell bestimmten Handeln, eine juristische Wiedereinsetzung in die natürliche Möglichkeit der Selbstbestimmung, eine Rekonstruktion ursprünglicher Kontingenz unter formulierten Bedingungen und mit kontrollierbaren Folgen. Auch dann bleiben die Anforderungen an Vorstellungsinhalte des Individuums, die berühmten »Parallelwertungen in der Laiensphäre« ein Rechtsproblem. Insoweit fungiert das Individuum dann als eine Art konzessionierter Unternehmer für die Schaffung rechtlich relevanter Tatbestände, aber die Relevanzkontrolle wird damit nicht aus dem Rechtssystem herausverlagert.

Die Erörterung der systeminternen Folgeprobleme aus dieser Disposition über Relevanzen überlassen wir späteren Kapiteln. Zunächst interessieren nur allgemeine Aspekte der Ausdifferenzierung eines Rechtssystems mit selbstkonstituierten und selbstkontrollierten Kontingenzen und in diesem

Zusammenhang weiter die *Differenz von Struktur und Prozeß*.

Alle Prozesse des Rechtssystems sind letztlich bezogen auf einen Kernbestand ausdifferenzierter Entscheidungsprozesse, durch die bindende Rechtsentscheidungen hergestellt werden. Die Strukturen des Rechtssystems werden deshalb darauf spezialisiert, als Entscheidungsprämissen zu dienen. Das erfordert eine möglichst weitgehende Neutralisierung der Bedeutung organisierter Muster und biographischer Persönlichkeitsunterschiede als Entscheidungsfaktoren, da nur auf diese Weise die Entscheidung von dem Prozeß abgelöst werden kann, in dem sie getroffen wurde.[24] Und ferner erfordert die Spezialisierung des Rechtssystems Entscheidungsprogramme besonderer Art, nämlich normative Rechtssätze konditionaler Struktur, die regeln, unter welchen Voraussetzungen welche Entscheidung ergehen kann.

---

24 Daß eine solche Neutralisierung *faktisch* nur begrenzt gelingt, ist übereinstimmendes Ergebnis betriebswirtschaftlicher, organisationssoziologischer und rechtssoziologischer Forschung. Weder der organisatorische Aufbau noch die persönlichen Präferenzen lassen sich als Entscheidungsfaktor völlig ausschalten. Unmögliches ist aber auch nicht erforderlich. Für die Ausdifferenzierung eines Rechtssystems genügt es, daß diese Neutralisierung in ungewöhnlichem, für das allgemeine gesellschaftliche Verhalten untypischen Maße erreicht wird. Die Neutralisierung von Organisationsfragen scheint im Bereich der Justiz vor allem auf dem Prinzip der Fallentscheidung zu beruhen, für die eine sehr einfache Organisation genügt; für den Gesetzgebungsprozeß mißlingt aus dem gleichen Grunde diese Neutralisierung und wird ersetzt durch das funktional äquivalente Prinzip der Undurchsichtigkeit der Zusammenhänge von Organisation und Entscheidung. Die Neutralisierung personaler Präferenzen wird auf verschiedenen Wegen angestrebt: Durch professionelle Ausbildung und Sozialisation der Entscheider, durch Rollen- und Darstellungszwänge des Verhaltens in Entscheidungsverfahren, durch kollegiale und hierarchische Kontrolle von Entscheidungsbegründungen und nicht zuletzt durch sachliche Aspekte der Entscheidungsprogramme, z. B. durch das Gleichheitsprinzip.

Auf Einzelheiten kommen wir in den folgenden Kapiteln zurück. Hier geht es zunächst nur darum, das Steigerungsprinzip zu sehen. Die Spezialisierung von Struktur und Prozeß auf die Herstellung von Entscheidungen bestimmter Art ermöglicht es, in dem gesteckten Rahmen und auf der Basis nichtselbstverständlicher Voraussetzungen höhere Komplexität und höhere Kontingenz zu erreichen. Dabei gehen Komplexität und Kontingenz im Rechtssystem neuartige »Symbiosen« ein. Die Eigenkomplexität des Rechtssystems läßt sich multidimensional steigern durch Vermehrung der Zahl, der Verschiedenartigkeit und der Interdependenz von Entscheidungen.[25] Das erfordert eine Generalisierung der steuernden Strukturen – entweder in der Form allgemeiner Begriffe (wie Eigentum, Fahrlässigkeit, Verjährung, Vertrag) und entsprechend allgemeiner Rechtsregeln oder in der Form von sehr selten anwendbaren Spezialisierungen (z. B. Rechtsnormen für Dienstmädchen oder für Notstände) oder in der Form von Negationen (zum Beispiel Eingriffsverboten), die offenlassen, wie gehandelt werden wird.[26] Solche Generalisierungen erzeugen – allerdings nicht in gleichem Maße und nicht mit gleichen Folgen[27] –

25 Hierzu näher Niklas Luhmann, Systemtheoretische Beiträge zur Rechtstheorie, in: Hans Albert / Niklas Luhmann / Werner Maihofer / Ota Weinberger (Hrsg.), Rechtstheorie als Grundlagenwissenschaft der Rechtswissenschaft (Jahrbuch für Rechtssoziologie und Rechtstheorie 2), Düsseldorf 1972, S. 255-276, neu gedruckt in: ders., Ausdifferenzierung des Rechts. Beiträge zur Rechtssoziologie und Rechtstheorie, Frankfurt 1981, 241-272.

26 Daß komplexere Systeme zur Integration durch Negationen tendieren, ist eine in der älteren Soziologie vertretene These vgl. z. B. Georg Simmel, Soziologie, 2. Aufl., München, Berlin 1922, S. 359 ff. Sie bedarf jedoch der Relativierung im Hinblick auf andere Generalisierungs- und Integrationsmöglichkeiten und im Hinblick auf den Unterschied von internem und externem Negationsbezug.

27 Die bisherige rechtswissenschaftliche Diskussion hat sich einseitig auf die Interpretationsbedürftigkeit unbestimmter Rechtsbegriffe

Kontingenz im Recht, da die Beurteilung konkrete Rechtsfälle nicht mehr in der alternativenlosen Evidenz des Falles sich von selbst versteht, sondern abhängt von der Wahl der Begriffe und Rechtssätze und vom Funktionieren der entsprechenden Respezifikationsmechanismen.

Jeder, der im Rechtssystem handelt, macht sich damit von den besonderen Kontingenzen dieses Systems abhängig. Er hat ein rechtlich geordnetes Netz von »anderen Möglichkeiten« vor sich, und er muß sich auf bestimmte Eventualitäten sowie auf Kontingenz als solche einstellen können. Der im Streitfalle Rechtsuchende muß damit rechnen, daß der Richter das Gesetz anders interpretiert und das Recht hat, Fakten anders festzustellen. Der Richter muß mit anderen Meinungen höherer Gerichte, diese müssen mit anderen Meinungen der Rechtswissenschaft rechnen. Der Gesetzgeber muß damit rechnen, daß sein Gesetz nicht durchgeführt oder legal umgangen wird, weil das Recht andere Möglichkeiten bietet, den unerwünschten Erfolg doch zu erreichen. Die Kautelarjuristen müssen Alternativen durchdenken, müssen ihre Clienten gegen Eventualitäten abschirmen und auf zweitbeste Problemlösungen vorbereiten, und

---

und die daraus folgende Unsicherheit konzentriert. Insoweit ist klar, daß Generalisierung Kontingenz erzeugt. Am wenigstens scheint Kontingenz zu entstehen, wenn der Weg der Spezialisierung gewählt wird, weil dann zumindest die Vorschrift bestimmt formuliert werden kann. Genaueres Zusehen zeigt jedoch auch hier den entsprechenden Kontingenz-Effekt, der aus Übernormierung, aus Seltenheit der Anwendung, aus Kommunikationsschwierigkeiten usw. resultieren kann. Siehe in diesem Zusammenhang etwa das Urteil des Bundefinanzhofs zu § 48 EStG in: Sammlung der Entscheidungen des Bundesfinanzhofs (BFHE) 93 (1968), S. 376, oder als soziologische Untersuchung Vilhelm Aubert, Einige soziale Funktionen der Gesetzgebung, in: Ernst E. Hirsch / Manfred Rehbinder (Hrsg.), Studien und Materialien zur Rechtssoziologie, Sonderheft 11 der Kölner Zeitschrift für Soziologie und Sozialpsychologie, Köln, Opladen 1967, S. 284-309.

ihre Clienten müssen im Geschäftsverkehr darauf zurückgreifen und sich explizit gegen »andere Möglichkeiten« absichern können.[28] In all diesen Fällen geht es nicht mehr um die lebensweltlich-unmittelbare Unsicherheit der Erfüllung von Rechtserwartungen, sondern um eine dafür substituierte, weitverzweigte, komplex systematisierte Kontingenz. Diese Rechtskontingenz hat nicht mehr die schlichte logische Form des Ja oder Nein der Erfüllung oder Enttäuschung der eigenen (und als solcher bestimmten) Erwartungen, sondern sie ist selbst komplex gebaut: Sie konfrontiert die Akteure mit jeweils mehreren (mehr oder weniger deutlich erkennbaren) Eventualitäten, und sie verlangt von ihnen eine Doppelstrategie der Einstellung auf diese Möglichkeiten des Rechtsgeschehens und der Einstellung auf Kontingenz als solche.

Schlußstein all dieser Strategien ist der institutionalisierte Entscheidungszwang des Rechtssystems. Er schließt ein die *Vollständigkeitsthese*, daß nämlich das Rechtssystem *jeden* möglichen Rechtskonflikt regelt,[29] und das *Verbot der*

28 Ob und wieweit ein entsprechendes Verhalten sozial akzeptabel ist, wäre wiederum ein guter Indikator für die Ausdifferenzierung des Rechtssystems. Nach fernöstlichen Gepflogenheiten (siehe die oben S. 181 in Fn. 4 angeführte Literatur) ist eine solche Vergegenwärtigung von Kontingenz im Geschäftsverkehr moralisch disqualifiziert, und auch für uns sind die entsprechenden Empfindungen gegen die Äußerung von Mißtrauen zumindest nachvollziebar. Das Problem wäre eine empirische Untersuchung wert.

29 Vollständigkeit kann natürlich nur für das Rechtssystem im Sinne eines faktisch entscheidenden Handlungssystems behauptet werden, nicht für den älteren Systembegriff der Rechtswissenschaft, für ein aus Rechtssätzen bestehendes, axiomatisch geordnetes System von Rechtssätzen. Die von diesem Systembegriff abhängige Diskussion, ob es »Lücken im Recht« gebe, haben wir hinter uns. Vor uns haben wir die Frage, ob die Vollständigkeitsthese nicht durch ein Verbot der Gesetzgebungsverweigerung ersetzt werden könnte.

Justizverweigerung.[30] Die Sicherheit, *daß* entschieden wird, ist Voraussetzung dafür, daß die Unsicherheit, wie entschieden wird, und damit die Kontingenz des Entscheidens tragbar ist. Der Entscheidungszwang transformiert Kontingenz in eine Arbeitslast, vor der man eben deshalb nicht unter Berufung auf Kontingenz ausweichen darf. *Dieser* Zusammenhang des Justizverweigerungsverbots mit dem Kontingenzproblem wird schon der berühmten Formulierung des Art. 4 Code Civil[31] deutlich. Ballweg[32] folgert darüber hinaus aus dem Justizverweigerungsverbot die Geltung der dogmatischen Systemfiktionen (!) Vollständigkeit, Klarheit, Endgültigkeit, Widerspruchsfreiheit. Man könnte ebenso gut aber auch umgekehrt sagen, daß im Hinblick auf den Entscheidungszwang Recht erst hohe Kontingenz anneh-

30 Die zentrale Stellung des Entscheidungszwanges wird von der älteren Rechtstheorie, soweit mir bekannt, nicht zureichend begründet. Die rechtswissenschaftliche Literatur – vgl. z. B. Louis Favoreu, Du déni de justice en droit public français, Paris 1965 – interessiert sich eigentlich nur für das Problem der Grenzen des gerichtlichen Rechtsschutzes. Das Verbot der Justizverweigerung ist so selbstverständlich, daß es nicht einmal eigener Normierung und daher auch keiner juristischen Interpretation bedarf. Bei rein normativer Betrachtung läßt sich denn auch schwer erkennen, weshalb diese Norm vor anderen in besonderer Weise ausgezeichnet ist, zumal sie offensichtlich keinen besonderen Rang im Sinne göttlichen, ewigen oder natürlichen Rechts beanspruchen kann. Erst in einer neueren (und nicht zufällig systemtheoretischen) Untersuchung der Jurisprudenz wird die zentrale Funktion des Entscheidungszwangs zutreffend erfaßt, nämlich bei Ottmar Ballweg, Rechtswissenschaft und Jurisprudenz, Basel 1970, S. 108 f., 113; vgl. auch S. 49. Voraussetzung dafür ist eine prinzipielle Trennung von Rechtswissenschaft (die sich durchaus im Sinne von *non liquet* äußern darf) und Rechtssystem (bei Ballweg: Jurisprudenz).

31 »Le juge qui refusera de juger, sous prétexte du silence de l'obscurité ou de l'insuffisance de la toi, pourra être poursuivi comme coupable de déni de justice.«

32 Ottmar Ballweg, Rechtswissenschaft und Jurisprudenz, a. a. O., S. 109.

men, erst eine abstrakte Dogmatik entwickeln, erst unklare und unvollständige Gesetze tragen kann. Der Entscheidungszwang steht für die Nichtkontingenz der Beziehung zwischen gesellschaftlicher und rechtsspezifischer Kontingenz.

Auch die eigentümlich-komplizierte Form der Negation von Negationsmöglichkeiten – *Verbot* der *Justizverweigerung* – deutet darauf hin, daß wir es mit einer Funktion der Kontingenzregulierung zu tun haben. Der Vorteil der Negativfassung liegt in ihrer hohen Kompatibilität mit sehr komplexen und variablen Möglichkeiten der Systembildung.[33] Die Doppelnegation ermöglicht es, daß man mit jenen dogmatischen Systemfiktionen (Vollständigkeit, Klarheit, Endgültigkeit, Widerspruchsfreiheit) die *Reduktion* aufgetretener Kontingenz proklamiert, faktisch aber Kontingenz auch *steigern* kann, indem man, gedeckt durch die Justizgarantie um so unbestimmtere, interpretationsbedürftigere, unvollständigere Gesetze riskieren kann. Die gegenläufigen Funktionen der Reduktion und der Steigerung von Kontingenz werden auf der Grundlage eines negativ gefaßten Strukturprinzips simultan erfüllt – was erfordert, daß die *eine*, nämlich die Reduktionsfunktion, *manifest* normiert wird, die *andere* dagegen *latent* als eine Art Nebenerscheinung der Rechtsentwicklung erfüllt wird.

Die Bedeutung des Entscheidungszwangs und der ihm entsprechenden institutionellen Vorkehrungen ist also kaum zu überschätzen. Gleichwohl darf man nicht so weit gehen, Regulierung und Absorption untragbarer Kontingenz allein durch die Norm des Verbots der Justizverweigerung zu erklären. Man muß diese Norm, denn nur so wirkt sie, als Strukturmoment eines mehr oder weniger komplexen Rechtssystems sehen und mitberücksichtigen, daß schon

33 Ein Fall also von Generalisierung durch Negation im oben S. 59 behandelten Sinne.

in der Steigerung von Komplexität eine Art Sicherheitsgewinn steckt. Komplexe Systeme können – wiederum unter der Voraussetzung, daß sie entsprechend organisiert sind – *zuverlässiger funktionieren als ihre Teile.*[34] Das Rechtssystem erzeugt nicht nur, es absorbiert auch Kontingenz in dem Maße, als es komplex wird. Es gewinnt dann eine Funktionsfähigkeit unabhängig vom Einzelfall, es produziert Systemvertrauen,[35] auch wenn es in Einzelfällen falsch, schlecht oder ohne zureichenden Konsens entscheidet. Es stabilisiert abstrakte Kriterien der Geltung unabhängig von moralischer Bewertung des Verhaltens und unabhängig von der faktisch erreichbaren Durchsetzungsquote. Die Erhaltung des Rechtssystems ist – von einer gewissen, längst überschrittenen Stufe der Komplexitätssteigerung an – stets wichtiger als die Art der Erledigung eines jeden einzelnen Falles. Die Komplexität des Systems gibt dem System einen Informationsvorsprung, der durch Gegeninformation nicht mehr eingeholt werden kann, das System ist dadurch eine gegenüber Recht und Unrecht im Einzelfall inkomparable Größe – ein Befund, den der einzelne dann immer noch akzeptieren (Sokrates) oder nichtakzeptieren (Michael Kohlhaas) kann. In diesem Sinne ist denn auch der Gesichtspunkt haltbar, mit dem das Systemdenken in der frühneuzeitlichen Rechtswissenschaft ansetzte: daß die Sicherheit, nicht aber die Gerechtigkeit, im System liegt. Wir würden nur anders formulieren: daß die Komplexität des Systems Kontingenz reduziert, es aber nicht ausschließt, daß die Kontingenz des Systems reflektiert wird.

---

34 Diese These findet man bereits auf der abstraktesten Ebene einer allgemeinen Systemtheorie formuliert – siehe z. B. F. Kenneth Berrien, General and Social System, New Brunswick N. J. 1968, S. 33; Gerd Pawelzig, Dialektik der Entwicklung objektiver Systeme, Berlin 1970, S. 53.

35 Hierzu allgemein Niklas Luhmann, Vertrauen: Ein Mechanismus der Reduktion sozialer Komplexität, Stuttgart 1968, S. 20, 44 ff.

XIII. Der Fall

Fälle sind in gewissem Sinne Zufälle. Daß Zufall in Fällen anfällt, ist jedoch kein Zufall. Angesichts der Bedeutung, die Fälle für das Rechtsleben besitzen, bedarf diese Organisationsform des Zufalls einer sorgfältigen Untersuchung. Bisher scheinen dafür Anregungen und gedankliche Grundlagen zu fehlen. Für eine Rechtstheorie, die am Kontingenzproblem ansetzt, liegt es jedoch nahe, im Fall die als Zufall behandelte Kontingenz zu vermuten und die Kasuistik von daher kritisch zu würdigen. Die Grundlagen dafür sind mit der systemtheoretischen Analyse des Kontingenzproblems gelegt. Wir müssen jedoch mit einigen terminologischen Vorbemerkungen beginnen.

Denn der Sprachgebrauch des täglichen Lebens, an den wir anschließen müssen, ist mehrdeutig.[1] Diese Mehrdeutigkeit ist konstitutiv für die Verwendung der Kategorie und darf daher nicht im Wege abstrakter Begriffsklärung eliminiert werden. Ein Fall ist nicht nur das Exemplar einer Gattung, obwohl das Sinnmoment der Subsumierbarkeit oder Einordnungsfähigkeit der Fälle erhalten bleiben muß. Es kommen hinzu die Bedeutungsgehalte des plötzlichen oder überraschenden, in der Herkunft nicht aufgeklärten Ereignisses und des Zusammentreffens einer Mehrheit von Umständen, die gerade in ihrer Mehrheit zur Vereinzelung des Falles beitragen. Außerdem überträgt sich aus der Grundbedeutung des Fallens von oben nach unten die Vorstellung eines Unglücks, zumindest eines Perfektionsmangels in den

1 Daran orientiert sich im wesentlichen Herbert Plügge, Über den Fall, Jahrbuch für Psychologie, Psychotherapie und medizinische Anthropologie 16 (1968), S. 8-18. Im Sprachlichen bleibt auch Hans Lipps, Die Verbindlichkeit der Sprache, Frankfurt 1958, S. 39 ff.

Sprachgebrauch. An einem Fall ist nicht alles in Ordnung, sonst wäre es keiner. Der erste Fall war der Sündenfall, die heutigen Fälle haben etwas Pathologisches an sich.

Wortsinn bleibt natürlich abhängig von der Umgangssprache. Schon der Franzose unterscheidet *cas* und *chute* und nuanciert damit anders. Die unmittelbar praktizierten Problemlösungen des Rechts werden jedoch sprachnah entwickelt, und damit fließt das im Wort zusammengehaltene Vorstellungssyndrom in den sozialen Mechanismus ein. Die Funktion der Kasuistik, der Ordnung von Erlebnisverarbeitung und Entscheidungsprozessen durch Fälle, setzt die Verfügung über ein passendes Wort voraus, ist aber mit der Auslegung des Wortsinnes noch keineswegs erklärt. Wir orientieren uns daher lieber an einem berühmten (und berüchtigten) »Fall« von Kasuistik.

Das wohl faszinierendste Beispiel für strukturelle Auswirkungen des Fallprinzips bietet die moralkasuistische Überlieferung, bis hin zum Streit über Probabilismus und Laxismus und dem Einsetzen korrigierender Führungsentscheidungen im 17./18. Jahrhundert.[2] Die Zensuren moralischer Eiferer trüben das Bild. Gleichwohl ist zu erkennen, daß zunächst ein Ausbau organisierter Praxis, eine Veränderung der Beichtregeln, eine Vermehrung der Beichtfälle und

2 Einen guten Einstieg vermitteln Ignaz von Döllinger / Fr. Heinrich Reusch, Geschichte der Moralstreitigkeiten in der römisch-katholischen Kirche seit dem sechzehnten Jahrhundert, Nördlingen 1889. Unter neueren Wörterbuchartikeln empfehlenswert sind die Artikel zu Kasuistik in: Kurt Galling (Hrsg.), Die Religion in Geschichte und Gegenwart: Handwörterbuch für Theologie und Religionswissenschaft, Bd. 3, 3., völlig neu bearb. Aufl., Tübingen 1959, Sp. 1166-1171, und in: Ludwig Koch, Jesuiten-Lexikon: die Gesellschaft Jesu einst und jetzt, Löwen-Heverlee 1962, Sp. 960-963. Eine Aufarbeitung des reichen Stoffes mit modernen Mitteln, die die moralische Umstrittenheit der Moralkasuistik hinter sich ließe und ihre Sachstrukturen klärte, ist mir nicht bekannt.

eine entsprechende Verlagerung kirchlicher Systemziele es waren, die zu einem Wuchern von literarisch festgehaltenen Entscheidungsgesichtspunkten und Gegengesichtspunkten, Argumenten und Kontroversen führten. Diese Entwicklung verfestigte einerseits die Vorstellung einer gesetzlichen und systematischen Ordnung der Entscheidungsgesichtspunkte für alle Fälle, erzeugte aber andererseits die Möglichkeit von Konsens und Dissens in fast allen praktisch relevanten Fragen und damit einen Bedarf für summarische Entscheidungsregeln höheren Abstraktionsgrades, die der Probabilismus zu formulieren suchte für den Regelfall, daß Gründe für und gegen ein Handeln sprächen. Die Reichhaltigkeit des Arsenals fallbezogener Argumente bot einen Überschuß an Begründungsmöglichkeiten an, der selbst Todsünden zu reparieren vermochte. Das führte innerhalb der Kasuistik zu einer professionellen Distanz gegenüber dem Einzelfall – beispielsweise zu der Empfehlung, niemanden auf seine spezielle Lieblingssünde anzusprechen, sondern diese lieber in einer Pauschalformel stillschweigend wegbeichten zu lassen. Die damit, wenn nicht zum Prinzip, so doch zur praktischen Richtschnur erhobene Kontingenz des moralischen Urteils trug eine besonders enge Symbiose von System und Umwelt: eine »verständnisvolle« Fallbearbeitung im System, die den Entlastungsbedürfnissen der gesellschaftlichen Umwelt nach Maßgabe ihrer jeweiligen Besonderheit Rechnung trug und damit den Weg in den Himmel erleichterte, zugleich aber abhängig machte von fachlich-taktischer Beratung.[3]

3 Der Vorbehalt des Fachmannes wird etwa so formuliert: »Sie [die Kasuistik, N. L.] bildet ein wissenschaftliches Werkzeug für das Richteramt im Beichtstuhl, nicht eine Anleitung zum sittlichen Leben oder gar eine Anleitung zur Seelenführung. Kasuistische Bücher gehören deshalb nicht in jedermanns Hand, sondern wie sie schon der Beichtvater mit Diskretion gebrauchen soll, so widerspricht es ihrem Sinn

Befragt man die Soziologie, so wird sie darauf hinweisen, daß Kasuistik unter näher anzugebenden Bedingungen typisch im Arbeitsbereich von Professionen entsteht, die angesichts von pathologischen Abweichungen fraglos anerkannte gesellschaftliche Werte zu betreuen und in Praxis umzusetzen haben. Die Medizin denkt in Krankheitsfällen. Die Moralkasuistik hat sich im Anschluß an die das Individuum isolierende Beichtpraxis entwickelt, die Rechtskasuistik im Anschluß an Streitfälle, die fachgemäßer Entscheidung zugeführt werden.

Architekten und andere professionelle Formgestalter suchen im Hinblick auf einzelne Gestaltungsaufgaben gute Lösungen durch Eliminierung störender Mißklänge am Objekt.[4] Immer sind schon individualisierende Vorgaben der Umwelt, also Ordnungsleistungen der Gesellschaft vorausgesetzt. Eine gewisse Evidenz und Vereinzelung der Problemlage kann aus der Umwelt übernommen werden. Die soziale Differenzierung ist so weit fortgeschritten, daß Selbsthilfe nicht mehr genügt. Die Probleme können nicht mehr

---

und Zweck, wenn ihr Inhalt von breiten Massen oder unreifen Menschen enthüllt wird. Darum sind sie auch nicht in der Volkssprache, sondern lateinisch geschrieben« (Ludwig Koch, Jesuiten-Lexikon, a. a. O., Sp. 961). Gemeint ist hier aber noch nicht die Gefährlichkeit der Moral als solcher, sondern nur, daß weniger gefestigte Leser sich an Sündenkatalogen und Entlastungsargumenten inspirieren könnten.

4 Vgl. hierzu Christopher Alexander, Notes on the Synthesis of Form, Cambridge Mass. 1964, eine als Parallele zur Rechtsdogmatik sehr bedeutsame Untersuchung. Die Parallele bezieht sich unter anderem auf 1) Fallorientierung, 2) Abhängigkeit von tradierten Mustern, 3) Technik der Störungsbeseitigung Punkt für Punkt angesichts unübersehbarer Komplexität, 4) Unangemessenheit der verbalen Selbsttheorisierung, die nicht den Dekompositionsgesetzlichkeiten des Gegenstandes folgt, und daher 5) Unfähigkeit zu adäquater Nachkonstruktion real vorliegender Interdependenz. Auf einzelne dieser Gesichtspunkte kommen wir im folgenden zurück.

dort gelöst werden, wo sie auftreten, sondern müssen per Kommunikation verschoben werden. Unter diesen Umständen ermöglichen Fälle eine relativ direkt zugreifende, umweltbezogene Praxis, durchgeführt durch Rollen bzw. soziale Systeme, die nicht in der Lage sind, auf der Ebene der Prämissen der Fallbehandlung sehr hohe interne Interdependenzen zu bewältigen, die dafür weder über die kalkulatorischen noch über die organisatorischen bzw. politischen Voraussetzungen verfügen. Eine fallweise geordnete Koppelung von System und Umwelt scheint damit symptomatisch zu sein für Lagen der gesellschaftlichen Evolution, in denen Möglichkeitsbedingungen und Kontingenzen schon systemmäßig differenziert sind, soziale Systeme aber noch nicht komplex genug sind, um Interdependenzen auf der Ebene strukturgebender Entscheidungsprämissen bearbeiten und auf ihre Umwelt beziehen zu können. Unter diesen Umständen bietet das Arbeitsprinzip des Falles die Möglichkeit, Pathologisches zu punktualisieren. Die Ordnung wird religiös repräsentiert als Perfektion der Realität; die Mängel werden als Fälle behandelt und nicht zu einer Eigenlogik des Bösen aggregiert.

Diese mehr soziologischen Überlegungen geben einen ersten Hinweis auf die Kontingenz des Fallprinzips, auf seine gesellschaftsstrukturelle und evolutionäre Bedingtheit. Etwas genauer läßt sich die Funktion von Kasuistik darstellen, wenn man die Analyse an die Ergebnisse des vorigen Kapitels anschließt und einen Gesellschaftszustand unterstellt, in dem Kontingenz durch Systemdifferenzierung gedoppelt werden kann. Unter diesen Voraussetzungen können ausdifferenzierte Systeme Umweltereignisse, die sie angehen, zu Fällen auseinanderziehen und sie in dieser Form behandeln. In der Form des Falles können Informationen Systemgrenzen überschreiten und in der dadurch gegebenen Bündelung für das System relevant werden. Das System verfügt dafür über bewährte, durch möglichen Output gesteuerte Methoden; es weiß, wie man aus einer Leiche einen Selbstmord,[5] aus einem vorgeführten Jugendlichen einen Delinquenten als Gegenstand zulässiger Maßnahmen macht.[6] Es bemüht Fälle also als eine grenzkontrollierende Form der Informationsbehandlung, eine Form der Repräsentation und Reduktion von Umweltkontingenz im System.

Diese Funktion macht ein Mehrfaches verständlich: Die *Zufälligkeit* des Falles signalisiert das Abschneiden von Fragestellungen, vor allem der Frage nach Konstitutionsbedingungen und weiterreichenden Kausalverkettungen. Die *Vereinzelung* eines vielseitigen Falles reduziert die Komplexität der Entscheidungslasten, es wird nur über den Einzelfall entschieden.

Auch zeitlich ist die Relevanz eines Falles durch Vereinzelung begrenzt. Jeder Fall hat ein voraussehbares Ende und daher über seine Dauer als Fall hinaus nur kurze Zeithorizonte, nur wenig Tiefenschärfe in Vergangenheit und Zukunft. Die *Subsumierbarkeit* garantiert, daß der Fall, obwohl Umweltereignis, nach systeminternen Kriterien behandelt werden kann. Davon hängt ab, daß der Fall als ein *wiederholbares Ereignis* erscheint, wiederholbar freilich immer nur in der Form von anderen Fällen, und daß man bei der Fallbehandlung für andere Fälle *lernen* oder auf andere Fälle vorausblickend *Rücksicht nehmen* kann. Die *Pathologie* des Falles legitimiert die Zuständigkeit des Systems

5 Vgl. Jack Douglas, The Social Meanings of Suicide, Princeton 1967, insb. S. 192 ff.

6 Vgl. Aaron Cicourel, The Social Organization of Juvenile Justice, New York 1968, und zu prinzipiellen Folgerungen für die Forschung über abweichendes Verhalten Jack D. Douglas, Deviance and Order in a Pluralistic Society, in: John C. McKinney / Edward A Tiryakian (Hrsg.), Theoretical Sociology: Perspectives and Developments, New York 1970, S. 367-401.

und die Notwendigkeit der Bearbeitung. Das Syndrom dieser Aspekte beruht auf der Komplementarität dieser Funktionen und hat seine Plausibilität darin, daß es am Fall selbst zu konkreter Evidenz gebracht werden kann.

Im Kommunikationsprozeß übernehmen Fälle außerdem die Funktion von *Themen*, das heißt von ordnenden Mustern der Situationsdefinition, auf die die Beteiligten ihre Beiträge und ihre Beitragserwartungen beziehen.[7] Man spricht über Fälle, erkennt am Fall die Stellung des Sprechers zum Fall, seine Meinung, seine Absicht zu fördern oder zu verhindern, seine Interessenlage und seine Befürchtungen. Als Themen der Kommunikation sind Fälle ausarbeitungsfähig, ohne ihre Identität zu verlieren. Dies gilt sowohl für interne Kommunikation als auch für externe Kommunikation des Systems mit der Umwelt. Die Identität des Falles ordnet auch insofern grenzüberschreitende Prozesse, als sie beim Wechsel von externer zu interner Kommunikation und umgekehrt trotz beträchtlicher Sinnverschiebungen erhalten bleibt. So können Unfälle als Fälle weiterbearbeitet werden, ohne daß Zweifel entstehen, worum es sich handelt.

Die Eignung des Falles als Thema einfacher Interaktionssysteme ist ein strukturell wichtiges Moment, das zu weiteren Überlegungen hinführt. Fallbezogene Erkenntnis- und Entscheidungsarbeit kann in der Form einfacher, thematisch konzentrierter Interaktion unter Anwesenden ausgeführt werden. Sie beruht, soweit sie soziale Kommunikation voraussetzt, auf dem Selektionsstil einfacher Systeme, ist normalerweise nicht auf eine fachliche oder funktionelle oder kompetenzmäßige Differenzierung der Beiträge ange-

7 Vgl. Niklas Luhmann, Einfache Sozialsysteme, in: ders., Soziologische Aufklärung 2: Aufsätze zur Theorie der Gesellschaft. Opladen 1975, S. 21-38; ferner Peter McHugh, Defining the Situation: The Organization of Meaning in Social Interaction, Indianapolis 1968, S. 37ff.

wiesen, erfordert also keine aufwendige Organisation, und wird umgekehrt bei solchen Anforderungen zunehmend inadäquat.[8]

Den stark reduzierten Anforderungen an Entscheidungskapazität entspricht, daß auch die Umwelt in der Optik des Kasuisten nur als relativ einfach erscheinen kann. Sie mag zwar sehr viele und sehr verschiedenartige Fälle produzieren und dies in unvorhersehbarer Abfolge, mag also im Sinne von Größe, Verschiedenartigkeit und Zeitfolge komplex sein; sie läßt aber in der Vereinzelung von Fällen nur eine sehr geringe Interdependenz der Fälle und Fallösungen zum Ausdruck kommen. Sie ist darauf angewiesen, daß Fehler am Objekt erscheinen und eliminiert werden können, und sie spezialisiert sich auf Kritik und Beseitigung von Fehlern, nicht auf Klärung der real vorliegenden Interdependenzen. Wir werden im nächsten Kapitel sehen, daß diese wichtige Einschränkung auch für das Kategoriensystem der Fallbearbeitung gilt. Das bedeutet, daß kasuistisch arbeitende Systeme in ihrer Problemwahl selektiv vorgehen und all die Probleme nicht sehen oder nicht bearbeiten können, die aus der hohen Interdependenz von Umweltprozessen resultieren. In dem Maße, als sich »natürliche« Prozeß-

---

8 Diese Problematik allmählich eindringender Innendifferenzierung bedroht heute alle auf Fallbearbeitung beruhenden Professionen. In der Medizin werden die Folgen zunehmender fachlicher Spezialisierung ebenso diskutiert wie in der Jurisprudenz. Auch die Kirchen beginnen mit Team-Pfarrämtern und funktionaler Differenzierung zu experimentieren, ohne voll zu überblicken, auf was sie sich einlassen. Unmittelbar spürbar wird der steigende, nur noch durch Organisation zu bewältigende Koordinationsbedarf. Weniger bewußt ist, daß auch der Interaktionsstil der Fallarbeit sich entscheidend wandeln wird, wenn er zum guten Teil aus Verweisungen auf andere Interaktionen besteht. Es zeichnet sich die Entwicklung ab, daß der Fall seine Fähigkeit verliert, Thema zu sein, und das bedeutet, daß Systeme professioneller Arbeit andere, nämlich strukturelle (oder politisch vermittelte!) Formen der Regelung ihrer Umweltbeziehungen suchen müssen.

isolierungen auflösen und die Komplexität der Umwelt auch in Richtung auf zunehmende Interdependenzen steigt, wird die Kanalisierung von Umweltkontingenzen und Problemen über Einzelfälle inadäquat.[9]

Die Rechtstheorie müßte sich unter diesen Umständen für die Frage interessieren, wie weit die formulierten Bestände des Rechts, die Rechtssätze, Rechtsbegriffe, Erfahrungsregeln, Begründungsfloskeln und sonstigen Arbeitsmittel der Jurisprudenz, darauf angewiesen sind, daß Kontingenz fallweise anfällt.[10] Die Illusion, die erforderlichen Entscheidungen mit rein logischen Mitteln durch Deduktion aus Rechtssätzen gewinnen zu können, hat die Rechtswissenschaft aufgegeben. Anders herum formuliert: Der Fall leistet Entscheidungshilfe. Vor allem Josef Esser[11] hat in meisterhaften Schilderungen gezeigt, wie die Fallorientierung die Entscheidungen der richterlichen Praxis führt, wie sie auch einen »Durchgriff« auf außerrechtliche Wertungen er-

9 Dabei spielen auch die fallbearbeitenden Entscheidungssysteme eine Rolle insofern, als sie durch ihr Eingreifen in die Umwelt Interdependenzen erst erzeugen. Zu den daraus resultierenden verwaltungswissenschaftliche Problemen siehe Fritz W. Scharpf, Verwaltungswissenschaft als Teil der Politikwissenschaft, Schweizerisches Jahrbuch für politische Wissenschaft 1971, S. 7-23 (20 ff.).

10 Dagegen interessiert sich die Jurisprudenz selbst und die ihr zuarbeitende Rechtswissenschaft für den Fall nur unter dem Gesichtspunkt einer Methodologie der Rechtsanwendung. Siehe z. B. Joachim Hruschka, Die Konstitution des Rechtsfalles: Studien zum Verhältnis von Tatsachenfeststellung und Rechtsanwendung, Berlin 1965; Karl Larenz, Fall – Norm – Typus: Eine rechtslogische Studie, in: Wolfgang Ritzel (Hrsg.), Rationalität, Phänomenalität, Individualität: Festgabe für Hermann und Marie Glockner, Bonn 1966, S. 149-164; Werner Hardwig, Die methodologische Bedeutung von Rechtsfällen für die Behandlung rechtswissenschaftlicher Probleme, Juristische Schulung 7 (1967), S. 49-54.

11 Siehe zuletzt: Josef Esser, Vorverständnis und Methodenwahl in der Rechtsfindung: Rationalitätsgarantien der richterlichen Entscheidungspraxis, Frankfurt 1970.

möglicht, indem sie seine Risiken begrenzt, und wie sie sogar stark dogmatisierte Systeme beweglich hält. Diese Einsichten lassen sich nicht nur an der Praxis belegen, sondern auch entscheidungstheoretisch begründen.

In der Konfrontation des begrifflich Möglichen mit fallweise erfahrbaren Ereignissen verengt sich brauchbarer Sinn zu entscheidbaren Konstellationen. Der erfahrene Jurist kann am Fall mit einem begrenzten »evoked set«[12] von Alternativen operieren; er »sieht« dann am Fall begrenzte Möglichkeiten brauchbarer Rechtskonstruktionen und Entscheidungsrichtungen, die am Rechtssatz oder am Begriff allein nicht so evident zu machen sind. Zwischen die unermeßliche Kombinatorik der objektiv-möglichen Beziehungen unter den Entscheidungsprämissen und die Entscheidung selbst wird ein begrenzt-komplexer subjektiver Aufmerksamkeitsrahmen eingeschaltet, der als Fall zugleich thematisiert, in seinen Grenzen getestet und gegebenenfalls verschoben (aber nicht wesentlich ausgeweitet) werden kann. Auf diese Weise

---

12 Dieser schwer übersetzbare Begriff bei James G. March / Herbert A. Simon, Organizations, New York, London 1958, insb. S. 53 ff. Wichtige Ergänzungen dazu in primär psychologischer Perspektive unter der nicht sehr glücklichen Bezeichnung »Einstellung« bei Werner Kirsch, Entscheidungsprozesse, 3 Bde., Wiesbaden 1970 / 71, insb. Bd. II, S. 162 ff. und S. 88 ff. (über Kurzzeitgedächtnis). Vgl. ferner den in sozialer Richtung ausgearbeiteten Begriff des Aufmerksamkeitskontextes bei Barney G. Glaser / Anselm L. Strauss, Awareness Contexts and Social Interaction, American Sociological Review 29 (1964), S. 669-679, und die interessante Anwendung auf einen Fall von entlastungsbedürftigen Entscheidungsprozessen durch Jennifer Haystead, Social Structure, Awareness Contexts and Processes of Choice, The Sociological Review 19 (1971), S. 79-94. Auf Grund dieser Ansätze deutet sich die Möglichkeit einer Entscheidungstheorie an, die nicht mehr entweder auf logische Stringenz oder auf Zweck / Mittel-Optimierung abstellt, sondern den Entscheidungsprozeß als unterschiedlich konditionierte Reduktion von Komplexität in den Abhängigkeiten seines faktischen Verlaufs erforscht.

kann zwar nicht logisch, wohl aber entscheidungstheoretisch nachkonstruiert und gegebenenfalls empirisch erforscht werden, was die Fallorientierung im Entscheidungsprozeß des Rechtssystems leistet.

Arbeit an Einzelfällen setzt, da sie in kurzfristigen Interaktionssystemen abläuft und abgeschlossen wird, nur ein Kurzzeitgedächtnis voraus, das praktisch mit dem Bereich bewußter Aufmerksamkeit zusammenfällt. Sie hinterläßt darüber hinaus aber auch längerfristig wirksame Spuren in einem anders geordneten Gedächtnis des Systems, in dem ausgewählte Aspekte, einige Erfahrungen und einige Ergebnisse als Entscheidungsprämisse für künftige Fälle gespeichert werden. Die Fallarbeit reguliert mithin zugleich Erinnerungsleistungen. Sie differenziert Prozesse des Vergessens und Erinnerns und muß dafür kanalisierende Gesichtspunkte enthalten, die noch völlig unerforscht sind.[13] Jedenfalls gehört eine hohe Vergessensquote zu den segensreichen Entlastungen der fallbezogenen Entscheidungspraxis: Die Anforderungen an einen Vergleich verschiedener Entscheidungen und letztlich die Anforderungen an Gerechtigkeit im Sinne von Gleichheit werden dadurch in ausfüllbaren Grenzen gehalten.[14] Die Fallpraxis liefert gleich-

---

13 Man könnte vermuten, daß sich Erinnerungsleistungen vor allem an die Kategorien ankristallisieren, mit denen die Fälle bearbeitet, oder an die Rechtsprobleme, die entschieden werden. Empirische Beobachtung zeigt jedoch, daß vor allem Richter über ein sehr viel plastischeres Fallgedächtnis verfügen und vergangene Entscheidung, die in der Rechtsproblematik nicht mehr deutlich bewußt sind, über die Erinnerung an den Fall reaktualisieren. Wie das geschieht, bedürfte genauerer Erforschung und dürfte für die Frage der Kontinuität bzw. Diskontinuität einer Rechtspraxis von großer Bedeutung sein.

14 Bewerten kann man diesen Tatbestand natürlich auch umgekehrt. Vilhelm Aubert, The Structure of Legal Thinking, in: A Tribute to Frede *Castberg* on the Occasion of his 70th Birthday, 4 July 1963, Olso 1963, S. 41-63 (47) rügt an der Individualisierung von Fällen

sam automatisch das erforderliche Vergessen. Wenn diese Automatik durch Automation unterbunden und Fallentscheidungen elektronisch gespeichert und verfügbar gemacht werden sollen, müßten zugleich sehr viel potentere Entscheidungstechniken entwickelt werden, um den Ausfall des Vergessens zu kompensieren.

An all diesen Überlegungen ist die bisherige juristische Literatur mehr oder weniger unaufmerksam vorübergegangen. Sie hat Kasuistik nicht als Entscheidungspraxis, sondern nur in ihren Sedimenten als Fallrecht gewürdigt. Die Fallpraxis kam damit nur als Entstehungsweise einer Art von Rechtsnormen in den Blick, die dann in ihrer Eignung beurteilt und mit Gesetzesrecht, vornehmlich mit systematischen Kodifikationen verglichen wurden. Das ist eine stark verkürzte Perspektive auf unser Problem, die aber deswegen nicht außer acht gelassen werden darf. Wir müssen sie nur umfundieren und breiter einbetten in die Frage, welche Folgeprobleme dieser Form des Auffangens und Bearbeitens von Umweltkontingenz sich auf der Ebene der normativen Strukturen des Rechtssystems einstellen.

In der Vereinzelung zu Fällen wird Umweltkontingenz für das System in einer Form sichtbar, die nicht auf Entscheidung über Strukturen, vor allem nicht auf Gesetzgebung abgestellt ist. Die gesellschaftliche Umwelt erscheint als ein Raster von Bedingungen der Möglichkeit *anderer Fälle*. Dieses Umweltbild entspricht einer bestimmten Entscheidungskapazität des Systems. Es entlastet das System einerseits von zu hoher innerer Komplexität, die es nicht rationalisieren könnte; es steht andererseits aber auch einer

---

die Ungleichheit der Rechtsdurchführung. Die Differenz liegt hier, wie so oft, nicht in dem, was man für gut hält, sondern in der Frage, welche strukturellen Bedingungen der Möglichkeit man in Betracht zieht.

organisatorischen oder kalkulationstechnischen Steigerung von Entscheidungskapazitäten im Wege.

Es genügt nämlich nicht, systemintern die organisatorischen Voraussetzungen für Gesetzgebung zu schaffen, die Positivität und Änderbarkeit als Souveränität des politischen Systems durchzusetzen und als legale, verfassungsmäßige Möglichkeit im Rechtssystem zu statuieren. Damit wird im Rechtssystem selbst *nur unbestimmte, nicht aber bestimmbare Kontingenz geschaffen*: Alle Rechtsnormen könnten anders sein, aber wie, das ist im Rechtssystem nicht ohne weiteres entscheidbar. Unbestimmtheit bedeutet nämlich – insofern muß man Husserl widersprechen – durchaus nicht notwendig Bestimmbarkeit eines fest vorgeschriebenen Stils.[15] *Die selektive Bestimmung anderer Möglichkeiten der Strukturierung des Systems setzt bestimmbare Umweltkontingenzen in entspechenden Abstraktionslagen voraus.* Auf der Grundlage eines kasuistisch erlebten System / Umwelt-Verhältnisses läßt sich daher keine adäquate Konzeption für Gesetzgebung entwickeln. Das gilt für *case law* im strengen Sinne ebenso wie für dogmatisch-systematisierte und kodifizierte Rechtsordnungen. In beiden Arten der Rechtsordnung läßt die kasuistische Koppelung äußerer und innerer Kontingenz auf der strukturellen Ebene systeminterner Entscheidungsprämissen zwar unbestimmte, nicht aber umweltadäquat bestimmbare Kontingenz zu, weil Fallerfahrungen die Bedingungen der Möglichkeit, Rechtsnormen zu ändern, nicht genügend komplex anzeigen. Die Kosten der Kasuistik müssen mit einer Strukturkonzeption bezahlt

15 Ich zitiere hier Edmund Husserl, Ideen zu einer reinen Phänomenologie und phänomenologischen Philosophie, Buch 1: Allgemeine Einführung in die reine *Phänomenologie* (Husserliana, Bd. III), Den Haag 1950, S. 100. Husserl orientiert sich hier, wie oft, zu sehr an Wahrnehmungsprozessen. Vgl. auch Aron Gurwitsch, Théorie du champs de la Conscience, Paris 1957, S. 226.

werden, die nur prinzipielle, nicht aber praktische Kontingenz erreicht. Soziologisch gesehen folgt daraus, daß auf der Ebene der Gesetzgebung Rechtssystem und Politik nicht differenziert werden können. Für den Wertungsrahmen und die Entscheidungshilfe des Falles wird im Bereich der Gesetzgebung die politische Konstellation substituiert.

Die Schärfe dieser Kontrastierung täuscht indes über wichtige Vermittlungen hinweg. Wie schon angedeutet, schließt Fallorientierung den Aufbau bestimmbarer interner Kontingenzen im Rechtssystem keineswegs aus, und auf dieser Grundlage kann sich auch ein (entscheidungstechnisch mehr oder weniger kontrollierbarer) Wandel der Entscheidungsprämissen entwickeln. Voraussetzung für ein Urteil über die strukturelle Elastizität von Rechtssystemen heutiger Typik ist ein Wiederaufgreifen unserer Grundfragestellung und eine sehr viel detailliertere Erforschung der Art und Weise, in der das Rechtssystem Umweltkontingenz intern rekonstruiert.

XIV. Technisierung und Schematisierung

Bestimmbare Kontingenz läßt sich im gesellschaftlichen Verkehr und in den besonderen Entscheidungsprozessen des Rechtssystems nur erreichen, wenn *Rechtsgedanken relativ kontextfrei verwendbar sind.* Nur wenn das Recht nicht die Situation selbst schon ist – und in einem gewissen Sinne hat ja jede Situation ihr Eigenrecht –, sondern wenn es auf sie wie auf andere Situationen angewandt werden kann, öffnet sich für Verhalten und Entscheidung jener Dispositionsspielraum, in dem ein Rechtsurteil so oder auch anders ausfallen kann. Kontextfrei verwendbar (oder: kontextbeweglich) sind Rechtsgedanken in dem Maße, als ihre Geltung unabhängig von wechselnden faktischen Umständen einfacher Kommunikationssysteme beachtet wird. Kontextfreiheit stellt bestimmte sprachliche Anforderungen, vor allem Verzicht auf (oder Verminderung des Gebrauchs von) sog. *indexical expressions*, die Verweisungen auf das Situationssystem enthalten und nur in ihm verständlich und sinnidentisch gebraucht werden können (zum Beispiel: Ich, gestern, hier, unser, schon lange nicht mehr).[1]

Solche Worte, deren Sinn mit Lage und Systemreferenz variiert, müssen objektiviert werden, so daß sie in jeder Situation mit gleichem Sinn verwendet werden können.[2]

1 Einen Überblick bietet Yehoshua Bar-Hillel, Indexical Expressions, Mind 63 (1954), S. 359-379. Siehe ferner Edmund Husserl, Logische Untersuchungen, Bd. 2,1: Untersuchungen zur Phänomenologie und Theorie der Erkenntnis, 4. Aufl., Halle 1928, S. 79 ff., Bd. 2,2: Elemente einer phänomenologischen Aufklärung der Erkenntnis, 3. Aufl., Halle 1922, S. 18 ff.; Bertrand Russell, An Inquiry into Meaning and Truth, London 1940, 7. Druck 1966, S. 108 ff.

2 Harold Garfinkel / Harvey Sacks, On Formal Structures of Practical Action, in John C. McKinney / Edward A Tiryakian (Hrsg.), Theo-

Durch Herauslösen aus zu konkreten Systemreferenzen (z. B. durch Namengebung oder Datierung) wird eine Dauerverfügbarkeit, Repetierbarkeit und Reaktivierbarkeit bestimmter Sinngehalte konstituiert. Darin liegt einmal die Unabhängigkeit von konkret miterlebten Umständen der Begründung bestimmter Rechtslagen: Man kann sich am Rechtsinstitut Eigentum und auch am Eigentum eines anderen orientieren, wenn man kauft, Kredit gibt, heiratet usw., ohne mitüberlegen zu müssen, wer dieses Recht gewährt hat und wer es in welchen Lebenslagen respektieren wird. Ferner überdauern Rechtsverhältnisse den laufenden Wechsel der Lebenssituationen; man kann sich ja nach ihrem Inhalt in verschiedenartigen Situationen auf sie als auf ein *fait social* im Sinne Durkheims beziehen, kann mit ihnen, wenn immer es paßt, argumentieren und operieren. Natürlich zieht die inhaltliche Spezifikation eines jeden Rechtsgedankens seiner Verwendbarkeit Grenzen. Ausschlaggebend aber ist, daß es *nur* auf diese inhaltliche Spezifikation ankommt, und nicht *außerdem* noch auf Informationen über konkrete Interaktionszusammenhänge, deren Beteiligte und deren Einstellungen und Intentionen.[3] Die Orientierung an Rechts-

---

retical Sociology: Perspectives and Developments, New York 1970, S. 337-366, zeigen, daß in praktischer Kommunikation ein völliges Eliminieren indexikalischer Ausdrücke durch »Formulierungen« nicht möglich ist. Ich würde darin die Unabdingbarkeit der Systemreferenz des elementaren Interaktionssystems sehen. Im übrigen ist die Grenze zwischen nur systemrelativ verständlicher und objektivierter Sprache flüssig. Unser Grundbegriff der Möglichkeit und Ausdrücke für Kontingenz wären ein gutes Beispiel dafür. Ein anderes, ebenfalls rechtstheoretisch bedeutsames Beispiel ist die Kontextabhängigkeit der Gleichheitsvorstellung. Dazu (in einem allerdings erweiterten, gruppenbezogenen Sinne von Kontext) Alfred Schutz, Equality and the Meaning Structure of the Social World, in ders., Collected Papers, Bd. II: Studies in Social Theory, Den Haag 1964, S. 226-273.

3 In die Begriffssprache von Talcott Parsons übersetzt, handelt es sich bei kontextfrei verwendbaren Rechtsgedanken also um »universalisti-

lagen erspart oder verkürzt doch wesentlich die Orientierung an konkreten sozialen Interaktionszusammenhängen. Sie erlaubt es, mit gültigen Erwartungen schematisch zu operieren.[4]

Solche Abstraktionsleistungen des Rechtsverkehrs entstehen in ihm selber. Sie finden sich nicht erst in wissenschaftlich systematisierter Begrifflichkeit, sondern liegen ihr voraus als lebensweltlich-gesellschaftlich konstituierte, real funktionierende Abstraktion. Sie sind nicht nur im wissenschaftlichen Argumentationskontext zur Sinnesforschung des Rechts verfügbar, sondern Grundlage der Rechtspraxis des täglichen Lebens. Wer sich bei Abschluß eines Anstellungsvertrages eine »Lebensversicherung« ausbedingt, geht davon aus, daß er sich auch in anderen Situationen seinem Arbeitgeber, der Versicherungsgesellschaft, seiner Frau, seinen Schwiegereltern, der Steuerbehörde und im Falle eines Rechtsstreites dem Richter gegenüber auf die »Lebensversicherung« berufen kann. Man wird nicht fehlgehen in der Annahme, daß solche Unterstellungen sich zu deutlichen Begriffen erst verdichten, wenn die Gesellschaft ein Rechtssystem ausdifferenziert und ein entsprechend gesteigerter Kategorienbedarf entsteht. Die kontextfreie Verwendbarkeit

---

sche« (im Gegensatz zu »partikularen«) Einstellungen, und darin liegt auch die Basis für Spezifikation ihres Sinnes. Parsons charakterisiert das Recht denn auch verschiedentlich als universalistische evolutionäre Errungenschaft. Vgl. insb. Societies: Evolutionary and Comparative Perspectives, Englewood Cliffs N. J. 1966, S. 87 ff.

4 Das meint auch Max Weber, wenn er betont, daß es im sozialen Leben weniger auf die Orientierung an den labilen faktischen Erwartungen anderer ankomme, als vielmehr auf die Orientierung an Geltungen. Vgl. Über einige Kategorien der verstehenden Soziologie, in: ders., Gesammelte Aufsätze zur Wissenschaftslehre, 3. Aufl., Tübingen 1968, S. 427-474 (insb. 440 ff., 446). Auch unser Weber nahestehender Motivbegriff (oben IV. Kapitel) hängt mit diesem Erfordernis sozialer Reduktionen zusammen.

von Rechtsgedanken bleibt zwar genetisch wie funktionell abhängig vom Rechtssystem, wird aber nicht nur in ihm praktiziert, sondern wird in der Form eines Hintergrundwissens als gesamtgesellschaftliche Errungenschaft verfügbar. Der Grad an Realisierung dieser Errungenschaft hängt nicht zuletzt davon ab, in welchem Maße rechtlich relevante Transaktionen nach Intention und Verständigung der Beteiligten als Teile des Rechtssystems behandelt, also mitausdifferenziert werden.

Mit einer relativ kontextfreien Beweglichkeit von Rechtsgedanken entstehen Probleme der *Interpretation*. Soweit der wahrnehmbare interaktionelle Kontext die Verständigung nicht mehr eindeutig trägt, muß dafür eine mehr oder weniger kunstvolle, fachliche Auslegung substituiert werden.[5] Auf diese Problemvorgabe hat die Rechtswissenschaft aufgebaut und sich, den Anforderungen entsprechend, als exegetische Disziplin entwickelt. Sie bleibt damit von den Abstraktionen des Rechtslebens abhängig, was sich nicht zuletzt im viel diskutierten »hermeneutischen Zirkel« ausdrückt. Demgegenüber sucht die Rechtstheorie eine andersartige Abstraktion, indem sie die in Gesellschaft und Rechtssystem fungierenden Abstraktionen funktional begreift – das heißt, unserem Vorschlag gemäß, auf das Kontingenzproblem bezieht.[6]

Auf Grund eines radikaler angesetzten Problembezugs

---

5 Auslegung ist also zunächst Ersatz für Kontext. Die Substitution impliziert dann aber, und erst dies wird den juristischen Auslegungslehren bewußt, Einsetzen eines anderen, abstrakteren Kontextes, und zwar je nach der gewählten Auslegungsmethode eines grammatischen, logischen, systematischen oder historischen Kontextes.

6 Damit ist zugleich gesagt, daß eine funktionale Rechtstheorie nicht mit einer Option für teleologische Auslegung verwechselt oder auf sie zurückgeschnitten werden darf. Vgl. dazu Werner Krawietz, Das positive Recht und seine Funktion: Kategoriale und methodologische Überlegungen zu einer funktionalen Rechtstheorie, Berlin 1967.

kann die Rechtstheorie mit einem ersten Schritt Rechtsabstraktionen als *Technisierung des Rechts* erkennen und nach ihren Bedingungen und Folgen fragen. Im Anschluß an Edmund Husserl,[7] aber mit umgekehrter Bewertung, verstehen wir unter Technisierung den Grad an »Sinnvergessenheit«, der im zwischenmenschlichen Verkehr reibungslos tragbar ist. »Sinnvergessenheit« heißt nicht nur sachliche Abstraktion von sinnhaften Kontexten, sondern auch Absehen von der erlebenden Subjektivität auf beiden Seiten der Interaktionsbeziehung und damit Absehen von jener doppelten Kontingenz des Anders-wollen-Könnens beider.[8] Damit verschiebt sich das Kontingenzproblem auf die Risiken der Technisierung. Die noch wahrnehmungsnahe Ebene unmittelbarer Interaktionssteuerung, auf der man sich mit Blicken kontrolliert,[9] auf der man konkrete Erwartungen bekannter Interaktionspartner erwarten, sie laufend testen und sich so gegen Kontingenz absichern kann, wird durch Orientierung an abstrakteren Symbolen, etwa Eigentum, GmbH, Mängelhaftung, Ausfuhrgenehmigung ersetzt oder

7 Vgl. vor allem: Die Krisis der europäischen Wissenschaften und die transzendentale Phänomenologie (Husserliana, Bd. VI), Den Haag 1954.

8 In Husserls Sprache hieße das: Abgesehen von den sinnstiftenden, konstituierenden Leistungen der Subjektivität. In den stärker soziologischen Begriffen von Barney G. Glaser / Anselm L. Strauß, Awareness Contexts and Social Interaction, American Sociological Review 29 (1964), S. 669-679 könnte man von einem extrem reduzierten »closed awareness context« sprechen.

9 Siehe als Beispiel für dieses Forschungsgebiet der Psychologie Adam Kendon, Some Functions of Gaze-Direction in Social Interaction, Acta Psychologica 26 (1967), S. 22-63, vor allem im Hinblick auf die Kombination von mahnenden, regulatorischen und expressiven Funktionen des Anblickens. Vgl. ferner Mario von Cranach, Über die Signalfunktion des Blickes in der Interaktion, in: Hans Albert (Hrsg.), Sozialtheorie und soziale Praxis: Eduard Baumgarten zum 70. Geburtstag, Meisenheim am Glan 1971, S. 201-224 mit weiteren Literaturhinweisen.

doch mediatisiert. Der Rückgriff auf interaktionelle Kontingenz und elementarere Formen der Absicherung wird dadurch nicht ausgeschlossen. Im Sinne abstrakter Rechtssymbole bleibt diese Möglichkeit stets mitangezeigt, also zugänglich. Alle Rechtsnormen lassen sich durch konkret gebildeten Erwartungskonsens unterlaufen, modifizieren oder gar für bestimmte Kontexte außer Kraft setzen.[10] Der dafür erforderliche Aufwand an Bewußtseinsleistungen, an Wahrnehmungen und an Wahrnehmung von Wahrnehmungen und an Kommunikation ist jedoch außerordentlich hoch. Daher muß es normalerweise genügen, sich auf technisch schematisierten Sinn zu beziehen und es dabei zu belassen. Die Risiken solcher Abstraktion werden in die Zeit-

10 Dies Unterlaufen ist namentlich typisch für langfristig gebildete, konkret verdichtete Interaktionszusammenhänge, etwa für gemeinsames Familienleben, gemeinsame Arbeit, gemeinsame Freizeit, die zu persönlicher Bekanntschaft führen und eine eigene Systemgeschichte aufbauen, mit deren Hilfe Kontingenz wirksamer ausgeschlossen werden kann als durch Rekurs auf universell anwendbares Recht. Auch in Gesellschaften mit ausgebautem universalistischem Rechtssystem bleibt Partikularismus durchaus erhalten. Für partikular strukturierte Interaktionssysteme bleiben Rechtsregeln dann in eigentümlicher Weise äußerlich. Ihre Anwendung würde die dort gepflogenen Formen der Absorption von Kontingenz untergraben und die Kontingenz dieser Systeme auf untragbare Weise erhöhen. Das System würde zusammenbrechen, wenn jeder sich aufs Recht berufen würde. Es bildet daher Gegennormen aus, die gerade diese Möglichkeit ausschließen. Für Beispiele zu diesem primär soziologischen Thema siehe Anselm Strauss u. a., The Hospital and Its Negotiated Order, in: Eliot Freidson (Hrsg.), The Hospital in Modern Society, New York 1963, S. 147-169; Joseph Bensman / Israel Gerver, Crime and Punishment in the Factory: The Function of Deviance in Maintaining the Social System, American Sociological Review 28 (1963), S. 588-593; Gerd Spittler, Norm und Sanktion: Untersuchung zum Sanktionsmechanismus, Olten, Freiburg / Brsg. 1967. Auch Juristen nehmen von diesem Tatbestand gelegentlich Notiz – zum Beispiel Georges Ripert, Les forces créatrice du droit, Paris 1955, S. 400 f.

dimension abgeschoben; man nimmt an, daß etwaige Unstimmigkeiten, falls sie auftreten, irgendwie lösbar sein werden. Soziale Kontingenz erhält hier die Form eines diskontierbaren *Risikos*: eines *eventuell später* zu lösenden Problems, dessen sofortige Thematisierung unmöglich oder doch unzweckmäßig ist.

Den hier sichtbar werdenden Zusammenhängen von Technisierung und Zeit müssen wir noch direkter nachgehen. Kontextfreie Beweglichkeit der Rechtsgedanken ist nicht nur ein Resultat sachlicher Abstraktion und nicht nur Ablösung von den konkret-reflexiven Bewußtseinsprozessen der Interaktion. Ein entsprechender Gebrauch der Zeitdimension kommt hinzu. Er besteht darin, daß Kontextfreiheit eine schematische Anwendung rechtlicher Begriffe und Sätze ermöglicht.

Schematismus im Gebrauch von Rechtssymbolen bildet sich und drückt sich aus in der Form der Wiederholung des gleichen.[11] Jede Verwendung des Symbols ist dabei *Anwendung* in dem Sinne, daß sie die Möglichkeit weiterer Anwendung in anderen Situationskontexten *als Möglichkeit* enthält, sie mitbenutzt und nach dieser Möglichkeit weiterer Aktualisierung mitbeurteilt wird. Jede Verwendung ist als Anwendung nur eine unter anderen und insofern immanent generalisiert. Solch ein Vorgriff auf weitere Anwen

11 Wir benutzen hier Gedankengänge, wie sie auch zur, sei es transzendentalen Begründung, sei es lebensweltlichen Konstitutionsanalyse des logischen Schematismus herangezogen werden. Vgl. an neueren Erörterungen Friedrich Kambartel, Erfahrung und Struktur: Bausteine zu einer Kritik des Empirismus und Formalismus, Frankfurt 1968, insb. S. 116 ff. im Anschluß an Kant und Wittgenstein und Lothar Eley, Metakritik der formalen Logik: Sinnliche Gewißheit als Horizont der Aussagenlogik und elementaren Prädikatenlogik, Den Haag 1969. Wir setzen in unseren weiteren Überlegungen jedoch keinen logisch systematisierbaren Schematismus voraus, sondern setzen den rechtlichen Schematismus nur in Parallele zum logischen.

dungsmöglichkeiten kann die gegenwärtigen Verwendungsmöglichkeiten einschränken (im Sinne von Rücksichtnahme auf späteren Gebrauch, Sparsamkeit, Vermeidung vor Festlegungen), aber auch ausweiten (zum Beispiel mittels Drohung, Aufschub von Belastungen usw.). Die Verteilung dieser beiden Möglichkeiten bedürfte für jeden besonderen Schematismus gesonderter Prüfung.[12] Jedenfalls setzt schematische Wiederholbarkeit über relative Kontextfreiheit hinaus eine Auffassung der Zeit voraus, die der Repetierung keinen Widerstand entgegensetzt, das heißt nicht schon als Zeit die Wiederholung verhindert, erschwert oder von einem zeiteigenen Rhythmus abhängig macht. Damit ist auch postuliert, daß die Zeit als solche das Recht nicht verändern kann. Eine solche Indifferenz der Zeit[13] muß als kulturell institutionalisiertes Zeitschema, als evolutionäre Errungenschaft, vorausgesetzt werden können[14] und wird ihrerseits

---

12 Im Falle rechtlicher Symbole liegt die Vermutung nahe, daß bei justiziellem Gebrauch die Einschränkung durch Rücksichtnahme auf künftige Möglichkeiten überwiegt, im gesellschaftlichen Verkehr dagegen beide Formen des Vorgriffs auf Zukunft eine Rolle spielen – auch das ein Aspekt der Ausdifferenzierung des Rechtssystems.

13 Diese im Schematismus der Rechtssymbole konstituierte Zeitunabhängigkeit des Rechts muß, ähnlich wie diese Unabhängigkeit von je subjektiven Intentionen, zunächst *abstrakt* und *durchgehend* konstituiert sein. Sie kann auf dieser Grundlage (und nur so) immer dann, wenn sie nicht gewollt ist, durch das Recht selbst widerrufen werden. Wie die Relevanz des Subjekts im Rechtsinstitut der Willenserklärung, so kann die Relevanz der Zeit in Rechtsinstituten wie Verjährung, Ersitzung, Befristung usw. unter Kontrolle durch das Recht *rekonstruiert* werden. Solche Rekonstruktion setzt eine Datierung der Zeit voraus – ihrerseits eine Form von Indifferenz, die die Zeit selbst in der Zeitbestimmung unabhängig davon macht, ob sie jeweils Zukunft, Gegenwart oder Vergangenheit ist.

14 Daß diese Voraussetzung keineswegs selbstverständlich ist, sondern von der Entwicklung entsprechender Gesellschaftsstrukturen abhängt, ist der soziologischen Zeittheorie heute geläufig. Daß ein ent-

dann dadurch gestützt, daß die zunächst situationsabhängige Normativität des Erwartens auf schematisierbare Symbole, nämlich Begriffe und Rechtssätze, übertragen wird.

Daß die Zeit die Möglichkeit einer Reihung im Nacheinander eröffnet, heißt nicht, daß sie die Reihenförmigkeit von Ereignisserien erzwingt. Im Gegenteil: Die Notwendigkeit eines seriellen Arrangements wird auf die abstrakte Form der Zeitpunkte zurückgenommen, die mit Ereignissen zeitlich-beliebig besetzt werden können. Für die Ereignisse selbst bedeutet das Zeitschema daher die bloße *Möglichkeit* einer Reihung im Nacheinander, nicht auch den Zwang zur laufenden Abfolge. In der Eröffnung von Möglichkeiten ist die Zeit viel komplexer, als in der Form einer Punktreihe zum Ausdruck gebracht werden kann. Sie hat die unbestimmte Komplexität eines Weltschemas, das nichts ausschließt. Deshalb müssen an Schematismen zusätzliche Anforderungen gestellt werden. Wiederholt anwendbar sind Schematismen nur, wenn sie eine *Distanzierung vom Reihenzwang* der konkreten Erlebnisabfolge ermöglichen und zugleich *Kriterien für die damit notwendige Wahl von Zeitpunkten der Anwendung* enthalten.

Die damit konstituierten Selektionsfreiheiten können sehr verschieden genutzt werden. Sie sind dadurch eine unerläßliche Vorbedingung der Ausdifferenzierung eines Rechtssystems. Das Rechtssystem bildet für Entscheidungszwecke

---

sprechendes Zeitschema noch in spätarchaischen Gesellschaften fehlt mit der Folge eines unaufhebbaren Gegenwartsbezugs des Rechtshandelns, zeigt Louis Gernet, Le temps dans les formes archaiques du droit, Journal de psychologie normale et pathologique 53 (1956), S. 379-406. Leider fehlen entsprechende rechtstheoretische Untersuchungen darüber, wie sich die Verschiebungen des Zeitbewußtseins in Richtung auf eine zunächst lineare, dann zukunftsoffene Zeitvorstellung in der Neuzeit auf die rechtliche Formenwelt ausgewirkt haben. Eine der Folgen dieses Wandels ist zum Beispiel, daß man Strafe nur noch durch Prävention rechtfertigen kann.

andere Anwendungsreihen, als sie in der gesellschaftlichen Umwelt zu erwarten sind. Im gesellschaftlichen Leben gruppieren sich rechtlich relevante Ereignisse zumeist überhaupt nicht unter Rechtsgedanken, sondern zum Beispiel im Hinblick auf historisch lokalisierte Zentralereignisse (der Autounfall) oder auf Rollen oder Rollenbeziehungen (Theaterabonnement). Bei Zentrierung auf Rechtsfragen erfolgt die Reihung nach Maßgabe der Rhythmik individueller Lebensführung, die regelt, wann man zum Beispiel an die Haftpflichtversicherung, die Einkommensteuererklärung, den Mietvertrag über die Garage denkt. Die Entscheidungsprozesse des Rechtssystems reihen dagegen Ereignisse unter dem Gesichtspunkt von *ähnlichen Fällen*. Ihr laufendes Erleben ist das Erleben von Fallreihen, in denen sie sprunghaft ähnliche Fälle zu Serien zusammenstellen, ohne an die »natürliche« Reihung des Eingangs gebunden zu sein. Es ist leicht zu sehen, daß diese nicht mehr an die Lebensführungsrhythmik gebundene Ordnung einen höheren Grad an Selektionsfreiheit ermöglicht, da sie auf eine durch Systemgrenzen schon reduzierte Ordnung, nämlich den laufenden Eingang von fallförmigen Ereigniskomplexen, aufbauen kann. Sie benötigt und entwickelt für die Bildung von Fallserien einen besonderen kategorialen Apparat von Klassifikationsregeln und Entscheidungsprämissen, der auf die Umwelt zwar zurückwirkt, von ihr bei der Bildung rechtlicher Orientierungen beachtet wird, aber gesellschaftlich nicht die Funktion der Ordnung von Fallserien hat, also nicht in gleichem Sinne »angewandt« wird.[15] Das Rechtssy-

15 Damit zusammenhängende Probleme der Standardisierung interner Entscheidungsprämissen sind vor allem in organisations- und verwaltungswissenschaftlichen Untersuchungen behandelt worden, am ausführlichsten vielleicht durch Victor A. Thompson, The Regulatory Process in OPA Rationing, New York 1950, insb. S. 122ff. Vgl. auch Milton G. Weiner, Observations on the Growth of Informa-

stem entwickelt, so können wir diese Analysen zusammenfassen, im Verhältnis zur gesellschaftlichen Umwelt einen *Schematismus höherer Ordnung*. Auf diese Weise wird die Umwelt für das System, wie schon einmal bemerkt,[16] »possibilisiert«; es werden nach den Relevanzbedingungen des Rechtssystems umfassend und systematisch alle Ereignisse relevant, aber nur in der schwachen Form eines *möglichen* Gegenstandes schematisch operierender Entscheidungen.

Die allgemeinen Anforderungen dafür werden zuweilen in einer Theorie des Gedächtnisses formuliert. Zumindest ist Gedächtnis eine Voraussetzung dafür, daß die hohen Selektionsfreiheiten, die durch Unabhängigkeit von der seriellen Zeitform des eigenen Erlebens entstehen, beherrscht, kontrolliert, lernend verbessert und erfolgreich, das heißt umweltbezogen, eingesetzt werden können.[17] Durch Gedächtnis wird ein aktiveres Umweltverhältnis zugleich ermöglicht und erzwungen, wird für das Rechtssystem zum Beispiel Deckung durch politische Macht erforderlich. Das Rechtssystem benötigt zur Wahrnehmung von höher schematisierten Selektionsfreiheiten mithin ein Spezialgedächtnis. Damit ist jedoch über die Funktionsweise eines anwendbaren Schematismus noch wenig ausgesagt.

Die Bedingungen des Rechtssystems – hohe Selektionsfreiheit in der Fälle-Gruppierung und Entscheidungszwang, also Notwendigkeit, Selektionen durchzuführen – erfor-

---

tion-Processing Centers, in: Albert H. Rubenstein / Chadwick J. Haberstroh (Hrsg.), Some Theories of Organization, Homewood Ill. 1960, S. 147-156. Die rechtstheoretische Auswertbarkeit dieser Forschungen wird besonders deutlich, wenn man sie vergleicht mit den Ausführungen über die selektive Funktion von Rechtsbegrifffen bei Josef Esser, Grundsatz und Norm in der richterlichen Fortbildung des Privatrechts, Tübingen 1956, S. 159 ff., 218, 261 f. u. ö.

16 Vgl. oben S. 195 f.

17 Vgl. dazu Frederic C. Bartlett, Remembering: A Study in Experimental and Social Psychology, Cambridge, England 1932.

dern eine Umsetzung schematisierter Rechtsgedanken in operative Prozesse. Dafür scheint eine *binäre Struktur* des Schematismus förderlich, wenn nicht unerläßlich zu sein. Binär ist eine Struktur (zum Beispiel: eine Frage), wenn sie jeweils nur zwei Möglichkeiten offenläßt, die sich wechselseitig ausschließen. Das wichtigste binäre Schema lautet »ja oder nein« unter Ausschluß anderer Möglichkeiten.[18] Geschult durch unsere Frage nach der Tragbarkeit und Handhabung von Kontingenz erkennen wir in der Reduktion auf Binarität und in der Nebenbedingung des ausgeschlossenen Dritten eine Art restruktiver Rekonstruktion von Kontingenz[19] und behaupten, daß höhere Kontingenz tragbar wird, wenn sie in die Form »ja oder nein, tertium non datur«, gefaßt und so bearbeitet werden kann. Das Problem liegt dann nicht mehr in der Frage, ob es etwas »Drittes« nicht vielleicht doch *gibt*,[20] sondern in der Frage, wie und wozu, unter welchen Voraussetzungen, mit welchen Risiken und mit welchen Kautelen die Ausschaltung dritter und

18 Wichtig ist diese Form von Binarität deshalb, weil sie leistungsfähig ist, und leistungsfähig deshalb, weil sie abstrakt ist, und abstrakt insofern, als sie die qualitative Differenz der beiden zugelassenen Möglichkeiten auf ein Minimum reduziert. Weshalb und wie dies durch Einsatz von Negationen möglich ist, bedürfte einer besonderen Analyse, die vor allem zu zeigen hätte, daß und wie Negationen das Risiko binärer Schematisierungen absorbieren. Wir werden darauf im XVI. Kapitel zurückkommen bei der Behandlung des Regel / Ausnahme-Schemas.

19 Diese These ist nur deshalb ungewöhnlich, weil wir auf eine Tradition zurückblicken, die das Kontingenzproblem von Anfang an *innerhalb* der Logik gestellt und ihm die Annahme einer binären Struktur deshalb *vorgeordnet* hatte. Selbst in der Theologie wurde diese Vorordnung im allgemeinen akzeptiert – ein indirekter Beleg für die Vorteile eines binären Schematismus und für die unvorstellbaren Denkschwierigkeiten, die bei seiner Aufgabe entstünden.

20 Zu dieser Fragestellung hatte die Diskussion *de futuris contingentibus* (vgl. oben S. 34, Fn. 21) immer wieder angeregt.

weiterer Möglichkeiten *geleistet werden kann*. Die Sinnfelder des Lebens und der Sprache sind nämlich nicht von vornherein binär strukturiert.[21] Wir wissen, wie schwierig es ist, Fragen zu stellen, die nur mit ja oder nein beantwortet werden dürfen,[22] und welche Zumutung es ist, auf entsprechend präparierte Fragen mit ja oder mit nein antworten zu müssen. Wozu also erhält Kontingenz diese Form?

Über die technischen Vorteile eines binären Entscheidungsmodus sind wir, seitdem die Aufgabe sich stellt, informationsverarbeitende Maschinen zu konstruieren, gut orientiert – vor allem über die Kapazitätsvorteile, Tempovorteile und anfallenden Übertragungslasten, die sich unter gewissen Voraussetzungen sogar ausrechnen lassen. Es scheint, daß diese Vorteile sich unabhängig von einer systematisierbaren Logik gewinnen lassen. Weiter ist mit der Prozeßform binären Entscheidens die Möglichkeit eindeutiger Regulierung verbunden, mit anderen Worten: die Möglichkeit, Komplexität in den Regeln (Entscheidungsprogrammen) schon abzufangen und den Entscheidungsgang

---

21 Vgl. dazu die Überlegungen zur Sonderstellung von »Zweierparadigmen« in der Sprache bei Harald Weinrich, Linguistik des Widerspruchs, in: To Honor Roman Jakobson: Essays on the Occassion of his Seventieth Birthday, Bd. 3, Den Haag, Paris 1967, S. 2212-2218; ferner George A. Kelly, Man's Construction of His Alternatives, in: Gardner Linsey (Hrsg.), Assessment of Human Motives, New York 1958, S. 33-64. In der Begriffstheorie ist diese Frage an Hand der Unterscheidung von (binären) *Klassenbegriffen* und (typologischen) *Ordnungsbegriffen* diskutiert worden. Zur Auswertung für die Rechtstheorie siehe Gustav Radbruch, Klassenbegriffe und Ordnungsbegriffe im Rechtsdenken, Internationale Zeitschrift für Theorie des Rechts 12 (1938), S. 46-54.

22 Das lernt man praktisch bei der Konstruktion von Fragebogen in der empirischen Sozialforschung. Auch das Experiment von Peter McHugh, Defining the Situation. The Organization of Meaning in Social Interaction, Indianapolis 1968, S. 59 ff. gibt in seinen Protokollen eine (unbeabsichtigte) Illustration dafür.

auf eine Folge einfacher Ja / Nein-Entscheidungen zu reduzieren. Binäres Entscheiden ist vielleicht keine zwingende Vorbedingung für Regelung von einer Metaebene aus, scheint aber die am einfachsten zu regulierende Prozeßform zu sein.

Über all dies ließe sich mehr sagen. Im allgemeinen rechtstheoretischen Kontext, der nicht auf den Bereich automatisierbarer Entscheidungen reduziert werden kann, ist vor allem eine prinzipielle Einsicht bemerkenswert. Die Reduktion auf binär entscheidbare Problemstellungen hat den wichtigen Vorteil, die Entscheidungsmöglichkeit zu garantieren und dadurch das *Fortschreiten des Prozesses* zu gewährleisten. Auf eine binäre Form reduziert ein Schematismus nicht nur *Wiederholbarkeit* seiner selbst, sondern unter weiteren Voraussetzungen auch *methodische Progression*, Anschließbarkeit weiterer selektiver Schritte und damit *Selektivitätsverstärkung*. Das wohl bekannteste Beispiel für einen solchen Schematismus bietet die strafrechtliche Deliktstheorie mit ihren Prüfstationen Tatbestandsmäßigkeit – Rechtswidrigkeit – Schuld. Sie setzt an die Stelle der oben[23] behandelten motivmäßigen Handlungszurechnung des täglichen Lebens eine Kette binärer Entscheidungen, die abstrakt formuliert, repetitiv angewandt werden und durch die Progression aufeinander bezogener Schritte einen größeren Selektionsbereich durchlaufen können. Die Technik der Schematisierung hat ihre Funktion demnach nicht nur in einer sachlich-abstrahierenden Verallgemeinerung, die die Begriffe unbestimmt-komplex macht, indem sie ein Zusprechen von mehr und verschiedenartigeren Prädikaten erlaubt; sie richtet sich vor allem auf die Zeitdimension, indem sie Reihungen produktiv macht. Ist eine regulative Struktur für ein methodisches Vorgehen, die den Entscheidungska-

23 Siehe Kapitel IV. Handlung und Motiv.

pazitäten entspricht, gesichert, kann die Unendlichkeit der Weltmöglichkeiten ohne Vorwegeinschränkungen akzeptiert werden, weil die Entscheidungssicherheit dann im *modus procedendi* liegt. Notwendig ist dann nur, was am Produziert- oder Reproduziertwerden nicht mehr gehindert werden kann.[24]

Neben Funktion und Funktionsweise eines ausgebauten Schematismus verdienen die Möglichkeiten und Bedingungen seiner Entstehung Beachtung. Wir verwenden die genetische Perspektive nicht zur Aufhellung faktischer historischer Prozesse, sondern um nach den systemstrukturellen Bedingungen zu fragen, unter denen ein binärer Schematismus eingerichtet werden kann. In der spärlichen Literatur, die sich dieser Frage widmet,[25] tauchen Hinweise sowohl auf die Sachdimension als auch auf die Sozialdimension auf. Husserl betont die Enttäuschung durch *sachlich* widersprechende Erfahrungen im Wahrnehmungsprozeß.[26] Neuere Versuche, die Logik auf Dialog zu gründen, bestimmen die Negation unter Voraussetzung eines *sozialen* Systems vom opponierenden Verhalten her (ohne sie in einem

---

24 Formuliert in Umkehrung der oben in Fn. 23 auf S. 35 zitierten zweiten Definition von *contingens*. Ein entsprechender Begriff der Notwendigkeit ist, wenn auch nicht in dieser Grundsätzlichkeit, in der spätmittelalterlichen Scholastik nachweisbar. Vgl. den bei Léon Baudry, La querelle des futurs contingents (Louvain 1465-1475), Paris 1950 abgedruckten Traktat des Ferdinand von Cordoba, S. 134-170 (135).

25 An älterer Literatur ist vor allem bemerkenswert James Mark Baldwin, Das Denken und die Dinge, oder Genetische Logik: Eine Untersuchung der Entwicklung und der Bedeutung des Denkens, 3 Bde., Leipzig 1908-1914, insb. Bd. I, S. 223 ff. und Bd. II, S. 264 ff. zur Entstehung der Negationsmöglichkeit in selektivem Interesse.

26 Siehe insb. Edmund Husserl, Erfahrung und Urteil: Untersuchungen zur Genealogie der Logik, Hamburg 1948, S. 94 f. Die soziale Konstitution auch des Wahrnehmungsprozesses als Vermittler von Erfahrung wird dabei nicht mitproblematisiert.

logischen Sinne daraus ableiten zu können).[27] Eine theoretische Integration beider Interpretationsmöglichkeiten steht noch aus.[28]

Für die Rechtstheorie ergibt sich immerhin die Anregung, die Genesis binärer Schematisierungen im zunächst nicht so denkenden Leben auf den *Streit* zurückzuführen, das heißt auf den offenen, interaktionell ausgetragenen Konflikt.[29] Der Streit hat die Funktion einer reduktiven Genera-

27 Vgl. in dieser von Paul Lorenzen angeregten Richtung die Ausarbeitung von Kuno Lorenz, Dialogspiele als semantische Grundlage von Logikkalkülen, Archiv für mathematische Logik und Grundlagenforschung 11 (1968), S. 32-55, 73-100, und dazu Hans Lenk, Kritik der logischen Konstanten: Philosophische Begründungen der Urteilsformen vom Idealismus bis zur Gegenwart, Berlin 1968, S. 563 ff.

28 Einen Versuch unternimmt Lothar Eley, Metakritik der formalen Logik: Sinnliche Gewißheit als Horizont der Aussagenlogik und elementaren Prädikatenlogik, Den Haag 1969. Eley sieht das Problem jedoch mehr in der Wiederholbarkeit und der methodischen Progressivität als in der binären Struktur des Schematismus und bringt es deshalb in die Zeitdimension zurück. Andere Integrationsmöglichkeiten könnten sich aus neueren sozialpsychologischen Forschungen zum Konsensproblem entwickeln, bei denen die soziale Steuerung sachlichen (objektbezogenen) Erlebens im Vordergrund steht. Vgl. den Überblick bei Johannes Siegrist, Das Consensus-Modell: Studien zur Interaktionstheorie und zur kognitiven Sozialisation, Stuttgart 1970, und speziell zur Möglichkeit der Einbeziehung reflexiver Erwartungsstrukturen in Streitfällen Thomas J. Scheff, A Theory of Social Coordination Applicable to Mixed-Motive-Games, Sociometry 30 (1967), S. 215-234.

29 Eine genauere Analyse des Streites müßte auf eine soziologische Theorie einfacher Systeme zurückgreifen können, die Interaktion unter Anwesenden strukturieren. Als Streit wäre zu definieren ein offener Konflikt unter Anwesenden. Offen ist ein Konflikt, wenn er im Verhalten zum Ausdruck kommt und damit auf die Ebene der Erwartung von Erwartungen übergreift. Das Problem liegt in der mehr oder weniger zwangsläufigen Tendenz, bei *offenem* Ausdruck von Gegnerschaft Erwartungen und Erwartungserwartungen generell umzustrukturieren.

lisierung von Erwartungsstrukturen;[30] er schafft – und zwar schon im Ernstfalle und nicht erst unter besonderen Gemütlichkeitsbedingungen als Spiel oder als Dialog – Sonderbedingungen der Erlebnisverarbeitung, eine vorübergehende Verengung des Aufmerksamkeitsfeldes mit bipolarer Struktur und eine Tendenz, *alles* Relevante unter Ausschaltung dritter Möglichkeiten entweder der einen oder der anderen Seite zuzurechnen – insgesamt also besonders günstige Bedingungen für das Entstehen von Abstraktionsleistungen. Im Streit wird Kontingenz direkt erfahren – und als Gegensatz der Streitparteien binär rekonstruiert.

Die im Streit erreichbaren Generalisierungen sind freilich in dieser Form sozusagen unbrauchbar, nämlich keine kulturell faßbaren Dauererwerbe sozialer Ordnung – stützt sich Abstraktion doch gerade auf *vorübergehende* Sonderbedingungen, die nicht durchgehalten werden können und der Intention nach auch gar keine Dauergeltung beanspruchen, sondern zur Selbstauflösung neigen. Der Gewinn von Regeln binären Prozedierens, die festgehalten werden können, beruht auf dieser Grundlage, setzt aber weiteres voraus. Er scheint zu erfordern, daß *im Streit über den Streit gesprochen wird.*[31] In das streitende System muß gleichsam eine Metaebene der Kommunikation eingezogen werden, von der aus der Streit thematisiert und eventuell als solcher negiert werden kann. Erst auf dieser Ebene verfestigt sich eine relativ kontextfreie, nämlich streitfallunabhängige Kon-

30 Darin dürfte die Wurzel der viel erörterten »positiven Funktionen des Konflikts« liegen. Es handelt sich um Reduktionen, aus denen unter Voraussetzung weiterer unwahrscheinlicher Nebenbedingungen kulturell bedeutsame Schematisierungen entstehen können. Weniger scharf abstrahierte Beiträge zu diesem Thema finden sich bei Lewis A. Coser, The Functions of Social Conflict, Glencoe Ill. 1956, und ders., Continuities in the Study of Social Conflict, New York 1967.

31 Dazu bereits oben S. 117 f.

tinuität gedanklicher Praxis, die sich an sich selbst stabilisiert. Die Funktion dieser Steuerungsebene liegt nicht in einer kybernetischen Einregulierung von Effekten, die die Handelnden in der Umwelt des Rechtssystems erzeugen werden, sondern in der Stabilisierung der Normen, nach denen sie über Erwartung von Erwartungen vermittelte Effekte erzeugen werden.[32]

Von dieser Ebene aus kann das einfache Streitschema »Ich-ja und Du-nein« durch die komplexer-kontingente Vorstellungen »Ich (ja oder nein) und Du (ja oder nein)« zwar nicht aufgehoben, aber durch Generalisierung von Möglichkeiten überformt werden.

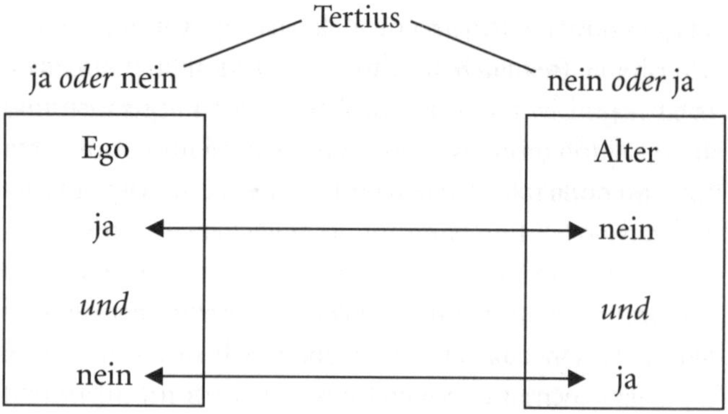

Die in der Skizze als *Tertius* bezeichnete Entscheidungsebene drückt sich formal darin aus, daß sie zu den ja-*und*-neins ja *oder* nein sagen kann. Ihre Bindung liegt darin, daß die Umwelt keine beliebigen Kombinationen von ja und nein zuläßt. Die Realisierung einer übergeordneten Entscheidungsebene, die den Streit thematisiert, kann im streiten-

32 Vgl. dazu Vilhelm Aubert, The Hidden Society, Totowa NJ 1965, S. 104 ff.

den System selbst geschehen, aber auch, funktional äquivalent und zuverlässiger erwartbar, durch ein eigens dafür ausdifferenziertes anderes System, eben das Rechtssystem. In jedem Falle setzt diese Leistung voraus, daß die unmittelbar-aktive Streiterledigung eine Zeitlang sistiert wird.[33]

Ein Rückblick auf die Rechtsgeschichte lehrt, daß all die Strukturerwerbe, die wir bisher behandelt haben, nämlich relativ kontextfreie Mobilität der Rechtsgedanken, Technisierung, Wiederholbarkeit des Gleichen und binäre Schematisierung, auf institutionellen Vorkehrungen beruhen, die im Reden über den Streit, im öffentlichen Palaver oder in der Verwendung von Zwischenträgern ihren Anfang hatten und in Entscheidungsverfahren ihre (vorläufige) Endform erreichen. Zunächst in phasenmäßig, dann in systemmäßig ausdifferenzierten Kommunikationen über den Streit werden jene Abstraktionen gefunden, artikuliert, erinnert und selektiver Verbesserung unterworfen, die die Rechtspraxis technisieren und schematisieren. Dieser genetische Zusammenhang ist empirisch und rechtssoziologisch deutlich feststellbar. Wie ist er rechstheoretisch rekonstruierbar?

Als Reduktionen gesellschaftlicher Komplexität laufen alle Abstraktionen des Rechtsverkehrs ein Risiko der Indifferenz, nämlich des Übergehens von Informationsmöglichkeiten. Darauf beruhen die Funktionen von Technisierung und Schematisierung. Dieses Risiko muß, sobald es nicht mehr auf den Streitfall und die Beteiligten beschränkt unter

33 Zu notieren ist, daß dieses Argument wiederum eine Mitbrücksichtigung der Zeitdimension erfordert. Ein soziales System muß für diese Leistung Zeit haben, und noch mehr Zeit, wenn es außerdem noch die zuvor behandelte schematische Wiederholbarkeit des Gleichen gewährleisten soll. Auch dieses Erfordernis spricht dafür, für diese Funktion ein besonderes Rollensystem auszudifferenzieren, das dafür mehr Zeit hat, als im undifferenzierten gesellschaftlichen Leben zur Verfügung stünde.

dem Vorbebehalt des Außergewöhnlichen und des Vorübergehenden steht, *anders gedeckt werden*. Bei oberflächlicher Betrachtung und aus der Optik des Einzelfalls gesehen scheint diese Deckung darin zu liegen, daß Recht bekommt, wer Recht hat dadurch, daß berechtigte Ansprüche mit Hilfe des Richters durchgesetzt werden können. Diese Auskunft führt indes nicht weit, denn wo Rechtsunsicherheit besteht, steht die Berechtigung ja gerade in Frage. In Wahrheit liegt die Deckung jener lebensweltlichen Abstraktionen in der Systemdifferenzierung, genauer: in der Form einer *strukturellen Synthese* der Prämissen *verschiedenartiger* Prozesse. Neben die Gebrauchsreihen der Rechtssymbole im täglichen Leben mit ihren eigentümlichen Kontingenzen wird durch Ausdifferenzierung des Rechtssystems jenes zweite Prinzip der Serienbildung gesetzt, nämlich das Prinzip der Reihung ähnlicher Fälle mit andersartigen Kontingenzen und einem andersartigen Zeithorizont – aber *unter möglichst identischen Prämissen*. Die im Rechtsleben selbst schon konstituierte Kontextfreiheit und schematische Gebrauchsfähigkeit von grundlegenden Rechtsgedanken ermöglicht diese Übertragung des Schematismus auf ein andersartig funktionierendes Rechtssystem, so wie dann umgekehrt die Parallelverwendung solcher Schematismen im Rechtssystem auf die Vorstellungsbildung im gesellschaftlichen Verkehr zurückwirkt. In eins damit wird die oben beschriebene Doppelung des binären Schematismus gefestigt: Aus der elementaren Ich-ja-und-Du-nein-Zuordnung des Streites wird in der Perspektive des Richters eine binäre Struktur binärer Strukturen, nämlich jene Doppelung von Kläger (ja oder nein) und Beklagtem (ja oder nein), die es ermöglicht, die Konsequenzen *einer* Entscheidung auf *beiden* Seiten zu sehen.

Die Begriffsbildungs- und Schematisierungshilfe, die das tägliche Leben am Rechtssystem findet, beruht mithin darauf, daß dieses in wesentlichen Hinsichten nicht-isomorph gebaut ist.[34] Das Rechtssystem nimmt konkrete Rechtsstreitigkeiten als Fälle an und verkettet sie mit anderen Fällen durch das Prinzip, daß identische Rechtsfragen in verschiedenen Fällen gleich entschieden werden müssen. Durch Interpretation eines Falles im Vergleich mit anderen möglichen Fällen[35] wird die zu erwartende Entscheidung selbst anders möglich, also kontingent, und zwar nicht nur unbestimmt-kontingent, sondern bestimmbar-kontingent. Der Entscheidungsprozeß entscheidet dann seine eigene Kontingenz mit Hilfe binär strukturierter progressiv einsetzbarer Entscheidungsschritte. Er dient nicht etwa der Aufklärung jener ursprünglichen Erwartungskontingenz, die dem Schematismus des Gebrauchs von Rechtssymbolen zum Opfer gefallen war. Der ursprünglich-subjektive Sinn des Rechtslebens und die in ihm projizierten Kontingenzen sind in dem Rechtsprozeß nicht einholbar. Ihnen kann die Entscheidung daher auch nicht gerecht werden. Sie substituiert dafür ihre eigene, rechtstechnisch schematisierte Gerechtig-

34 Die Annahme von Nicht-Isomorphie legt auch Ottmar Ballweg, Rechtswissenschaft und Jurisprudenz, Basel 1970, seiner kybernetischen Theorie des Rechtssystems als eines nachgeschalteten Steuerungssystems der sozialen Wirklichkeit zu Grunde. Siehe ferner zu einem diese Systemdifferenzierung übergreifenden Rechtsbegriff Peter Frey, Der Rechtsbegriff in der neueren Soziologie, Diss., Saarbrücken 1962.

35 Vgl. hierzu Elmar Bund, Untersuchungen zur Methode Julians, Köln, Graz 1965; ferner Jürgen Rödig, Die Denkform der Alternative in der Jurisprudenz, Berlin, Heidelberg u. a. 1969, insb. S. 59 ff. Bezeichnend ist, daß in der Technik des variierenden Durchdenkens der Fälle wie von selbst abstraktere Vergleichsgesichtspunkte entstehen, die dann Analogieschlüsse rechtfertigen. Zu den Schwierigkeiten der Abgrenzung von Fallvariation und Analogie siehe auch Franz Horak, Decidendi: Entscheidungsbegründungen bei den römischen Juristen bis Labeo, Aalen 1969, S. 242 ff. mit weiteren Hinweisen.

keit. Das, was wir im Zusammenhang mit der Erörterung von Technik (in Anlehnung an Husserl und andere) Sinnvergessenheit und dann Risiko der Indifferenz gegen zahlreiche Informationen nannten, wird aufgewogen durch den evolutionär ausschlaggebenden Vorteil *besserer Bestimmbarkeit höherer Kontingenz.*

XV. Dogmatisierung und Systematisierung

In den Überlegungen des vorigen Kapitels liegen grob behauene Materialien zu einer Theorie der Rechtsdogmatik vor. Außerdem hat sich ein Leitfaden für die weitere Analyse ergeben in der Vermutung, daß die Risiken zunehmender Kontingenz durch zunehmende Komplexität des im Rechtssystem Möglichen absorbiert werden. Abstrakt könnte man argumentieren: Ein kontingentes System werde durch Vorgänge der Selbstorganisation, der Anreicherung mit Geschichte, der »Institutionalisierung«[1] rasch so komplex, daß es seine Kontingenz aus Mangel an Entscheidungskapazität wieder verliere; daß es sie zumindest nicht als Freiheit des realen Zugangs zu anderen Möglichkeiten erhalten und aktualisieren könne, sondern sie nur als unbestimmte Kontingenz bewahre in dem Bewußtsein, daß alles anders sein könne.[2] Ebenso wird umgekehrt die Ansicht vertreten, steigende Komplexität führe zu größerem Alternativenreichtum und damit zu größerer Unsicherheit, weil die Teile eines komplexen Systems relativ unabhängig voneinander variieren können.[3] Und auch dafür kann man sich auf

1 Mit diesem Begriff charakterisiert Philip Selznick, Leadership in Administration: A Sociological Interpretation, Evanston Ill., White Plains NY 1957 einen solchen Vorgang.

2 Auf Grund solcher Bedenken verlangt Frieder Naschold, Die systemtheoretische Analyse demokratischer politischer Systeme: Vorbemerkungen zu einer systemanalytischen Demokratietheorie als politischer Wachstumstheorie mittlerer Reichweite, in: Probleme der Demokratie heute, Sonderheft 2 (1970) der Politischen Vierteljahresschrift, Opladen 1971, S. 3-39 (22) eine empirische Überprüfung meiner These ungewöhnlich hoher Kontingenz in neuzeitlichen Gesellschaften.

3 So z. B. Daniel E. Berlyne, Conflict, Arousal, and Curiosity, New York, Toronto u. a. 1960, S. 40 f.

Erfahrungen berufen. Auf so abstrakter Ebene, wo nur unbestimmt über Kontingenz gesprochen werden kann, ist das Problem nicht entscheidbar.[4] Wir wollen diese doppelte Möglichkeit, das Verhältnis von Kontingenz und Komplexität als ein Reduktions- und als ein Steigerungsverhältnis anzusehen, nur als Fragestellung benutzen; denn wie oben[5] ausgeführt, kann erst von der Art der systemstrukturellen Bestimmung von Komplexität und Kontingenz abhängen, in welcher Art und Verteilung die beiden Beziehungen ein System charakterisieren.

Legt man diese Fragestellung zugrunde, ergibt sich daraus zunächst einmal die Befreiung von dem populären Vorurteil, Dogmatik sei ein starres Lehrgebäude aus unwiderrufbar fixierten Meinungen oder Glaubenssätzen, die systemintern weder für Reflexion noch für Diskussion zugänglich seien.[6] Kant, der die Dogmatik in diesen Verruf gebracht hat, hatte immerhin noch zwischen Dogmatik und Dogmatisierung unterschieden.[7] Dieser Unterschied hing jedoch zusammen mit der Frage nach den Bedingungen einer Erkenntnis a priori und ist mit dieser Fragestellung verblaßt. Wir fragen statt dessen grundsätzlicher, ob der

4 Emile Boutroux, De la contingence des lois de nature, 8. Aufl., Paris 1915, S. 141, formuliert mit französischer Eleganz, Komplexität lasse »quelque place à la contingence«.

5 Siehe oben Kapitel XI. Vorbemerkungen zum Verhältnis von Kontingenz und Komplexität.

6 Siehe auch die davon sich distanzierenden Bemerkungen von Franz Wieacker, Zur praktischen Leistung der Rechtsdogmatik, in: Rüdiger Bubner (Hrsg.), Hermeneutik und Dialektik. Hans-Georg Gadamer zum 70. Geburtstag, Tübingen 1970, Bd. II: Sprache und Logik, Theorie der Auslegung und Probleme der Einzelwissenschaften, S. 311-336 (320 f.). Vgl. auch Ewald J. Thul, Die Denkform der Rechtsdogmatik, Archiv für Rechts- und Sozialphilosophie 46 (1960), S. 241-260.

7 Vgl. Kritik der reinen Vernunft, Hamburg 1967, Vorrede zur 2. Aufl., S. XXXV f.

Vergleichspunkt wissenschaftlicher Erkenntnis angemessen gewählt ist.

Geht man statt dessen von soziologischen Normalerwartungen in bezug auf Meinungen und Stereotypisierungen aus, besticht an Dogmatiken ganz im Gegenteil die Steigerung der Freiheit im Umgang mit Texten und Erfahrungen, die durch eine lehrfähige und systematisierte Hinterbegrifflichkeit erreicht werden kann. Freilich *bezieht* sich Dogmatik auf bindend Festgelegtes, auf Glaubenssätze, Rechtssätze, Entscheidungstraditionen, die gleichsam die Manövriermasse der Dogmatik ausmachen und mit adäquaten Einstellungen und Techniken behandelt werden müssen. Die Dogmatisierung solchen Gedankengutes hat aber nicht den Sinn, die Fixierung des ohnehin Festliegenden zu verstärken, expressiv zu überhöhen und zu rechtfertigen, sondern sie aus der kritischen Distanz einer zweiten Schicht von Überlegungen, Gründen und Verhältnisabwägungen analytischer Kontrolle und selektiver Akzentuierung und Umakzentuierung zu unterwerfen.[8]

8 Das dürfte heute gemeinsame Auffasung derjenigen Juristen sein, die einen überlegten Begriff von Rechtsdogmatik vertreten. Siehe außer Franz Wieacker, Zur praktischen Leistung der Rechtsdogmatik, a. a. O., S. 311-336 z. B. Josef Esser, Herrschende Lehre und ständige Rechtsprechung, in: Dogma und Kritik in den Wissenschaften, Mainzer Universitätsgespräche Sommersemester 1961, Mainz 1961, S. 26-35, und ders., Vorverständnis und Methodenwahl in der Rechtsfindung: Rationalitätsgarantien der richterlichen Entscheidungspraxis, Frankfurt 1970, S. 87 ff.; Theodor Viehweg, Zwei Rechtsdogmatiken, Festschrift Carl August Emge, Berlin 1960, S. 106-115, und ders., Ideologie und Rechtsdogmatik, in: Werner Maihofer (Hrsg.), Ideologie und Recht, Frankfurt 1969, S. 83-96; Ottmar Ballweg, Rechtswissenschaft und Jurisprudenz, a. a. O. Gelegentlich wird eine Zweistufigkeit von unmittelbaren Dogmen und dogmatischen Theorien oder Basisdoktrinen angenommen; die Äußerungen zur Rigidität bzw. Flexibilität der Dogmatik fallen dann entsprechend differenziert aus – so bei Viehweg und Ballweg.

Für diese Auffassung von Dogmatik ist essentiell, daß man zwischen *Materialien* und *Begrifflichkeit* unterscheidet. Die Dogmatik »besteht« allerdings nicht nur aus Begriffen, sie interpretiert mit ihren Begriffen zugleich ihre Begriffe, ihre Materialien und die zwischen Materialien und Begrifflichkeit bestehenden Wechselbeziehungen. Für rechtstheoretische Zwecke ist es jedoch notwendig, sich aus diesen dogmatisch schon interpretierten Verflechtungen herauszuziehen, um sich analytisch von vorliegenden Dogmatiken unabhängig zu machen. Dies kann dadurch geschehen, daß man in der Unterscheidung von Materialien und Begriffen das Problem der Ausdifferenzierung des Rechtssystems und dessen System / Umwelt-Differenz wiedererkennt. Materialien sind für die Dogmatik jeweils diejenigen Vorstellungen, die im ausdifferenzierten System und seiner Umwelt gemeinsam gelten (bzw. so behandelt werden, als ob dies der Fall wäre). Die Materialien binden das durch die Dogmatik gesteuerte System mithin als gesamtgesellschaftliche Tatsache, als *fait social* im Sinne Durkheims. Das sieht freilich nur der Soziologe. Die Dogmatik selbst braucht diesen Grund der Findung nicht in ihr Interpretationsschema aufzunehmen, sondern kann ihm eine andersartige Fassung geben, die größere Begriffsfreiheiten ermöglicht. Sie hat (oder nimmt erfolgreich in Anspruch) die Freiheit der Interpretation ihrer Bindung, indem sie diese selbst dogmatisch interpretiert.[9]

---

9 Ein illustratives Beispiel dafür bietet im Bereich der religiösen Dogmatik das Offenbarungs-Konzept der christlichen Theologie. Die Interpretation der materialen Bindung des Glaubens durch den Begriff der Offenbarung kombiniert (1) den *universell* verwendbaren Hinterbegriff von Gott als Autor der Offenbarung, (2) *inhaltliche Komplexität und Offenheit* des gedanklichen Gehalts mit (3) der partikularen *Geschichtlichkeit* eines dokumentierten Ereignisses, die (4) die *Unzuständigkeit* der je gegenwärtigen gesellschaftlichen Umwelt für die Deutung und Veränderung der »Offenbarung«, also *Autonomie* der

Im Falle der Rechtsdogmatik liegt das Material vor in den Rechtsnormen, die gesamtgesellschaftlich (faktisch zumeist: in einem territorialen Ausschnitt der Gesellschaft = Staat) in Geltung sind bzw. vom Rechtssystem so behandelt werden, als ob sie es wären. Die Normen müssen deshalb von ihrer satzmäßigen Formulierung, die immer schon durch dogmatische Begrifflichkeit vermittelt ist, unterschieden werden.[10] Die Begriffe der Dogmatik beziehen sich, um zunächst ganz vage zu formulieren, auf dieses Material. Sie beziehen sich damit, weil Normen Erwartungen sind, indirekt auch auf das erwartete bzw. nichterwartete Verhalten. Die Dogmatik selbst stellt sich diese Beziehung als Interpretation vor. Für die Rechtstheorie ist das, wie oben[11] schon bemerkt, keine befriedigende Antwort. Wir müssen daher auf die Funktion von Begriffen schlechthin und von dogmatischen Begriffen im besonderen zurückgehen.

---

theologischen Verwaltung des Dogmas durch das kirchlich ausdifferenzierte Religionssystem und (5) *Evidenz* der *Faktizität* als Beweismittel; sie kombiniert all dies zu einem als *Einheit* angebotenen Glaubens*schema*, das *wiederholt* verwendbar und *binär strukturiert* ist, nämlich nicht in seine Komponenten zerlegbar ist, sondern als Glaubensalternative mit ja oder nein beantwortet werden muß und so sanktioniert werden kann. Diese Kurzanalyse eines Einzeldogmas zeigt exemplarisch, daß und wie eine Dogmatik ihre gesellschaftliche Bindung interpretiert; daß sie die Einheit ihrer Grundkonzepte ohne Bezugnahme auf die gesellschaftliche Funktion anlegt und benutzt, und zwar so, daß in der Reduktion auf die Einheit des Begriffs Variationsmöglichkeiten blockiert werden, zugleich aber auch neue Möglichkeiten, nämlich neuartige Freiheiten für das ausdifferenzierte System konstituiert werden. Beides zu kombinieren ist die latente Funktion solcher nichtfunktionalen Reduktion.

10 Vgl. hierzu die differenzierten Analysen von Friedrich Müller, Normstruktur und Normativität: Zum Verhältnis von Recht und Wirklichkeit in der juristischen Hermeneutik, entwickelt an Fragen der Verfassungsinterpretation, Berlin 1966, insb. S. 147 ff. über Normtext und Norm.

11 Siehe oben S. 17 f.

Soweit über die Funktion von Begriffen nachgedacht wird, wird sie auf den von Kant gelegten Grundlagen in einer Reduktion von Komplexität gesehen: in der einheitlichen Darstellung einer Mannigfaltigkeit, in selektiver Vereinfachung in kontingent-finalisierten Synthesen.[12] Dabei ist, ganz unnötigerweise, mehr über den ontischen Status des Begriffs als über seine Funktion selbst diskutiert worden.[13] Das Problem ist, daß es nicht befriedigen würde, Reduktion lediglich negativ als Eliminierung überflüssiger Informationen zu begreifen, so, als ob es in der Welt eine Fülle von Unwesentlichkeiten gäbe, die man nicht zu beachten brauche; vielmehr erreichen Begriffe durch kontingente Selektion

12 Vgl. Kritik der reinen Vernunft B, Hamburg 1967, S. 116ff., 129ff., und bereits Johann Heinrich Lambert, Anlage zur Architektonik oder Theorie des Einfachen und des Ersten in der philosophischen und mathematischen Erkenntnis, Riga 1771; ferner z.B. Emile Boutroux, De la contingence des lois de nature, a.a.O., S. 29ff.; Ernst Cassirer, Substanzbegriff und Funktionsbegriff, Berlin 1910; und ders., Philosophie der symbolischen Formen, Bd. III, 2. Aufl., Darmstadt 1954, S. 329ff., und ders., Zur Theorie des Begriffs, Kantstudien 33 (1928), S. 129-136; Heinrich Rickert, Die Grenzen der naturwissenschaftlichen Begriffsbildung: Eine logische Einleitung in die historischen Wissenschaften, 3. und 4. Aufl., Tübingen 1921, insb. S. 24ff. (Zum Einfluß auf Max Webers Begriffsbildungstechnik siehe auch Horst Baier, Von der Erkenntnistheorie zur Wirklichkeitswissenschaft: Eine Studie über die Begründung der Soziologie bei Max Weber, Habilitationsschrift, Münster 1969). Für einen Gesamtüberblick vgl. die einschlägigen Artikel im Historischen Wörterbuch der Philosophie, Bd. I, Basel, Stuttgart 1971, Sp. 780ff. Die Reduktionsleistung juristischer Begriffe behandelt in diesem Sinne Franz W. Jerusalem, Soziologie des Rechts, Bd. I: Gesetzmäßigkeit und Kollektivität, Jena 1925, S. 81ff.

13 Dies hing mit sprachtheoretischen und erkenntnistheoretischen Voraussetzungen zusammen. Wenn jedoch Kontingenz nicht mehr nur als eine Modalität der Erkenntnis gesehen wird, sondern als eine Modalität der sinnhaft konstituierten Realität, braucht man aus der Kontingenz des Begriffs und seines Verhältnisses zur Realität nicht mehr auf die Irrealität des Begriffs zu schließen.

und Kombination zugleich Strukturgewinne und dienen dem Aufbau neuer Möglichkeiten durch Annahme besonderer Bedingungen des Möglichen. Die damit verbundene Steigerungsleistung ist allerdings nicht ohne weiteres gesamtgesellschaftliches Gemeinverständnis und damit lebensweltliche Selbstverständlichkeit. Sie begründet nur eine der »finite provinces of meaning« im Sinne von Alfred Schütz.[14] Sie ist kontingent auch insofern, als sie abhängig bleibt von den besonderen Strukturbedingungen ausdifferenzierter Systeme.

Diese *allgemeine* Funktion der Begriffsbildung wird im Hinblick auf die *spezifische* Funktion des Rechts durch das *ausdifferenzierte* Rechtssystem an *besonderen* Materialien nach *besonderen* Kriterien verwirklicht. Daraus ergibt sich die eigentümliche Gestalt begrifflich durchkonstruierter Rechtsdogmatiken. Sie erhält ihren Charakter einerseits durch Absonderung ihres spezifischen Materials, andererseits durch Spezifikation ihres Kriteriums. Ihr *Material* hat seine Eigenart in dem besonderen Charakter von Rechtsnormen im Unterschied zu bloßen Naturkonstanten, Göttereinwirkungen, Verhaltenshäufigkeiten oder moralischen Achtungsbedingungen, mit denen man im rechtsdogmatischen Kontext jedenfalls nicht mehr direkt argumentieren kann. Dogmatisierbar wird das Recht mithin in jenem im ersten Teil geschilderten evolutionären Prozeß des Aufbaus höher strukturierter Kontingenzen. Insoweit kann man auf vorhandene kulturelle Bestände verweisen. Schwieriger ist die Frage nach dem rechtsspezifischen *Kriterium* des Auf-

14 Vgl. vor allem den Essay On Multiple Realities in: Alfred Schutz, Collected Papers, Bd. I: The Problem of Social Reality, Den Haag 1962, S. 207-259. Siehe auch Werner Marx, Das Problem der Sonderwelten bei Husserl, in: Gerhard Baumann / Cornelia Fabro (Hrsg.), Gegenwart und Tradition: Strukturen des Denkens. Eine Festschrift für Bernhard Lakebrink, Freiburg 1969, S. 167-180.

baus einer Dogmatik zu beantworten, das heißt die Frage nach Funktion und Funktionsweise der Gerechtigkeit für die Auswahl und Verfeinerung dogmatischer Begriffe.

Spezifikation auf Kontrolle *normativer* Materien besagt zunächst, daß es sich nicht einfach um das Kriterium wissenschaftlicher Wahrheit handeln kann,[15] weil diese auf Kontrolle *kognitiver* Erwartungen spezialisiert ist. Dogmatik ist keine Wissenschaft, Gerechtigkeit keine Wahrheit, sondern ein ebenfalls binäres Schema anderen Typs. Selbstverständlich heißt dies nicht, daß Gerechtigkeit oder ihre dogmatischen Ausführungsbegriffe »unwahr« seien, sie sind als solche weder wahr noch unwahr (was nicht ausschließt, daß Sätze über sie gebildet werden können, die wahr oder unwahr sind). Diese funktionelle Unabhängigkeit von Wahrheit und Gerechtigkeit wird erzwungen durch die binäre Schematisierung *beider* Kriterien für *jeweils andere* Operationen. Die Rechtsdogmatik kann sich allein schon deshalb dem operativen Schematismus der Wahrheit mit ihren logischen und empirischen Ja / Nein-Tests nicht fügen, weil sie Systeme strukturiert, die unter Entscheidungszwang stehen, und weil sie deshalb weniger restriktive Selektionsprogramme erfordert.[16] Sie muß für *jeden* Fall eine Entscheidungsbegründung bereitstellen können und muß deshalb vorsorglich mehr Begründungen ermöglichen, als gebraucht werden. Nicht einmal auf der Ebene der Begriffe läßt sich

---

15 Zögernder Josef Esser, Vorverständnis und Methodenwahl in der Rechtsfindung, a. a. O., S. 88 ff.: Alle Dogmatik beruhe auf der vorausgesetzten Wahrheit ihrer Ausgangspunkte. Dann werde aber das dogmatische System autoritativ benutzt, und wissenschaftlicher Wahrheitsanspruch müsse dem dogmatischen Richtigkeitsanspruch weichen. Was aber ist die vorauszusetzende Wahrheit und wie fungiert sie als Kriterium, wenn sie in der Anwendung vor einem autoritativ eingeführten Prinzip der Richtigkeit weichen muß?

16 Darauf macht Ottmar Ballweg, Rechtswissenschaft und Jurisprudenz, a. a. O., S. 46 ff. aufmerksam.

eine binäre Struktur eindeutiger Klassenbegriffe durchgehend verwirklichen.[17] Diese Überlegung zwingt nicht unbedingt zu dem populären Schluß, eine Dogmatik sei ihren Prämissen gegenüber unkritischer oder unreflektierter eingestellt als eine wahrheitsfähige Begriffsstruktur, denn man kann sich nicht nur im Hinblick auf Wahrheit / Falschheit kritisch verhalten, sondern auch in Hinblick auf andere Schematismen, sofern nur deren binäre Struktur und deren Operationalisierbarkeit sichergestellt ist.

Damit sind wir beim nächsten und wichtigsten Punkt. Wir hattten im X. Kapitel gesehen, daß Gerechtigkeit schon früh als Gleichheit begriffen und damit als Schematisierungsbedingung des Rechts idealisiert worden ist. Darauf spezialisiert, kann sie nicht mehr zugleich auch als Prinzip der Deduktion von Entscheidungen dienen, da sie auf eine spezifische Form von »ja oder nein«, nämlich auf »gleich oder ungleich« eingestellt ist. Die klassische Fassung dieser Disjunktion lautete, daß Gerechtigkeit eine Doppelnorm sei mit der Anweisung, Gleiches gleich und Ungleiches ungleich zu behandeln. Damit ist jedoch, gemessen an heutigen Ansprüchen, Gerechtigkeit als Norm, nämlich als Beziehung von Tatbestand und Rechtsfolge, überinterpretiert und zugleich die Voraussetzung gemacht, daß Gleiches bzw. Ungleiches tatbestandsartig vorgegeben sei. Beide Voraussetzungen, die sich wechselseitig bedingen, sind heute als unhaltbar erkannt.[18] Sie fixieren die Grundstruktur des Rechts auf einer für die heutige Gesellschaft zu konkre-

17 Vgl. dazu die Arbeit von Gustav Radbruch, Klassenbegriffe und Ordnungsbegriffe im Rechtsdenken, Internationale Zeitschrift für Theorie des Rechts 12 (1938), S. 46-54 und ferner unten im XVI. Kapitel zu Prinzipien und Typenbegriffen.

18 Siehe die eingehende Analyse des Gleichheitsproblems bei Adalbert Podlech, Gehalt und Funktionen des allgemeinen verfassungsrechtlichen Gleichheitssatzes, Berlin 1971.

ten Stufe. Im Postulat der Gerechtigkeit wird zunächst nur das Schema normiert und innerhalb des Schemas eine asymmetrische Beziehung derart, daß Ungleichbehandlung im Unterschied zur Gleichbehandlung einer besonderen Begründung bedarf (die nicht allein im Gleichheitsprinzip selbst liegen darf!). Die binäre Schematisierung gewährleistet, daß bei Fehlen einer überzeugenden Begründung für Ungleichbehandlung Gleichbehandlung geboten ist.

Diese »Minimalinterpretation« des Postulats der Gerechtigkeit als einer bloßen (allerdings: verbindlichen!) Fragestellung macht deutlich, daß der Entscheidungsprozeß des Rechtssystems ergänzende, komplettierende Strukturen erfordert, soll er auf Gerechtigkeit hin überprüft werden können (und nicht einfach nur nach vorgegebenen Entscheidungsprogrammen ablaufen). Eine Ergänzung ist in doppeltem Sinne erforderlich: Es muß angegeben werden können, in welchen *Hinsichten* Gleichheit bzw. Ungleichheit *relevant* ist und aus welchen *Gründen* Gleichbehandlung bzw. Ungleichbehandlung *berechtigt* ist. Für die Festlegung von Hinsichten dienen Begriffe als *Kategorien*, für die Festlegung von Gründen dienen sie als *Werte*. Beide Funktionen sind zu unterscheiden (obwohl Gerechtigkeit auf ihr Zusammenwirken hin angelegt ist), weil ihre Negation unterschiedliche Folgen hat. Die Kategorisierungsfunktion präzisiert den Relevanzbereich der Gerechtigkeitsfrage und sichert die Vergleichbarkeit. Falls die Relevanz einer Kategorie negiert wird, kommt es nicht mehr auf gleich oder ungleich an. Die Wertfunktion bringt ein Problem zur Entscheidung; falls der Wert einer Ungleichheit negiert wird, wird auf der Basis von Gleichheit entschieden.

Als eine analytische Unterscheidung ist diese Trennung von Begriffsfunktionen und Negationsrichtungen möglich, aber darin erschöpft sich ihre Brauchbarkeit auch. Nur *Negationen* können und müssen so differenziert werden. Bei der *positiven* Selektion eines Begriffs wirken beide Aspekte notwendig zusammen. In der Entscheidung für eine Hin sicht des Vergleichs steckt immer auch ein Inkaufnehmen von Ungleichheiten in anderen Hinsichten[19] und damit ein Werturteil. Daß es bei der Besteuerung eines Kraftfahrzeugs auf Hubraum und nicht auf Gewicht ankommen solle, oder daß es bei der Bestrafung wegen Mordes auf die Absicht des Mörders, aber nicht auf Alter oder Familienstand des Opfers ankommen solle, impliziert immer schon ein Werturteil unter Antizipation der Folgen einer solchen Differenzierung von Fallgruppen. Die Operationalisierung von Gerechtigkeit setzt zur Fallgruppierung positive Begriffswahlen und damit wertende Relevanzurteile als Basis für Wertungen voraus. Dabei wird im dogmatischen Begriff die Wertung nicht mehr nur durch sich selbst gehalten und begründet – der Begriff des Eigentums ist nicht »gut«, der Begriff des Diebstahls ist nicht »schlecht« –, sondern der dogmatische Begriff lebt von der unvermeidlichen Zusammenführung von Wertung und Kategorisierung bei der Anwendung dieses Schematismus. Die Kontingenz, die Wertungen und Kategorisierungen je für sich haben, indem sie leicht negierbar sind, wird dadurch gemindert.

Diese Überlegungen lassen erkennen, *wie die Dogmatizitat der Rechtsdogmatik mit dem Gleich / Ungleich-Schematismus der Gerechtigkeit zusammenhängt.* Nach der Mediatisierung durch den Gleichheitsgedanken folgt die Negation anderen Bedingungen als die Position. Negation ist in zweifacher Richtung möglich, von denen die eine die Voraussetzung der anderen mitverneint. Technisch gesehen bleibt dann zwar jede positive Selektion eines Begriffs negierbar, sie wird keineswegs (im populären Sinne von »dogmatisch«)

19 Genauer: Eine Indifferenz gegen gleich oder ungleich in anderen Hinsichten, die zur Folge hat, daß vorkommende Ungleichheit in anderen Hinsichten ohne Begründung zugelassen wird.

immunisiert gegen Kritik. Aber sie gewinnt durch die bewertete Wahl einer Vergleichshinsicht eine Art »Informationsvorsprung« für die weitere Argumentation, die durch Kritik auf dem Umweg über eine Negation der Relevanz der Vergleichshinsicht kaum mehr einzuholen ist.[20] Wenn man setzt, daß »Willenserklärungen« für die Gültigkeit von Verträgen relevant seien, kann man Gleichheiten in dieser Hinsicht gewährleisten und Ungleichheiten, etwa bei Minderjährigen, begründen. Negiert man dagegen mit dem Begriff auch die Hinsicht des Vergleichs, stößt man in die Leere unbestimmter und unbestimmbarer Kontingenz, in der sich positive Selektionen nicht mehr orientieren und begründen lassen. Die Negation muß dann versuchen, sich selbst zu begründen – etwa als Ideologiekritik oder als Kritik der Herrschaftsdienlichkeit des Vorhandenen.[21] Aber Argumente dieses Typs bleiben soziologisch unsubstantiiert und lassen nicht erkennen, welchen Unterschied im Ergebnis es macht, wenn man sie berücksichtigt.

Solche Schwierigkeiten einer Kritik nehmen mit dem Abstraktionsgrad der Begriffe zu. So kann, zwar nicht aus begriffslogischen, wohl aber aus begriffspragmatischen Gründen, der Eindruck einer Selbstbegründungsleistung funktionierender Dogmatiken entstehen. Die etablierten Figuren lassen eine gewisse »immanente« Kritik zu. Man kann mit ihrer Hilfe über Fallprobleme hinausgehen, Probleme

20 Diese Feststellung muß für Rechtsfiguren mit gut durchschaubarer Funktion und erkennbaren funktionalen Äquivalenten in einem dogmatischen System eingeschränkt werden; aber in diesem Rahmen setzt dann Kritik bereits ein Akzeptieren der Grundentscheidungen des dogmatischen Systems voraus.

21 Siehe als ein typisches Beispiel Axel Görlitz, Politische Funktionen der Lehre vom Verwaltungsakt, Politische Vierteljahresschrift 12 (1971), S. 71-86. Direktes und Indirektes zur Unfruchtbarkeit dieses Vorgehens auch in Werner Maihofer (Hrsg.), Ideologie und Recht, Frankfurt 1969.

in höheren Abstraktionslagen formulieren und verschiedene Möglichkeiten dogmatisch richtiger Problemlösung diskutieren – etwa im Hinblick auf eine Fallentscheidung oder auch im Hinblick auf rechtspolitische Innovation verschiedene Formen der Abwicklung von Fehlleistungen vergleichen. Damit übernimmt die Dogmatik zugleich eine prognostische Funktion, indem sie feststellbar macht, welche Fälle bei Verwendung bestimmter Begriffe als gleich bzw. ungleich behandelt werden und welche je unterschiedlichen Folgenkombinationen damit egalisiert oder nichtegalisiert werden. Diese Leistungen kann man, wie Adalbert Podlech zeigt, durch eine Methodenlehre für die Bildung und Kritik »dogmatischer Theorien« kontrollieren.[22] Wir können aber kaum annehmen, daß mit der Alternative von Ideologiekritik und dogmatischer Theorienbildung die Möglichkeiten einer rechtstheoretischen Erörterung von Dogmatiken erschöpft sind. Von einem systemtheoretischen Ansatz her kann man außerdem nach Folgeproblemen einer dogmatischen Strukturierung des Rechtssystems fragen und vorgefundene Dogmatiken unter dem Gesichtspunkt von Lösungen, Lösungsbedingungen und Lösungsniveaus für diese Folgeprobleme analysieren. Diese Möglichkeiten sollen, wenigstens skizzenhaft, im zweiten Teil dieses Kapitels angedeutet werden.

Die vielleicht wichtigsten Folgen schließen an die Ausdifferenzierung besonderer, begrifflich konstituierter Vergleichshinsichten an, die nicht mehr den Vergleichen des täglichen Lebens entsprechen. Damit wird auch das auf Vergleich beruhende Gerechtigkeitsstreben entsprechend ge-

---

22 Siehe Adalbert Podlech, Rechtstheoretische Bedingungen einer Methodenlehre juristischer Dogmatik, in: Hans Albert / Niklas Luhmann / Werner Maihofer / Ota Weinberger (Hrsg.), Rechtstheorie als Grundlagenwissenschaft der Rechtswissenschaft (Jahrbuch für Rechtssoziologie und Rechtstheorie 2), Düsseldorf 1972, S. 491-502.

spalten. Diese Diskrepanz ist weit stärker, als man gemeinhin annimmt. Die traditionellen Formulierungen des Gerechtigkeitsgedankens hatten nämlich an »Volks-Modellen« wie Tausch oder Verteilung festgehalten. Dabei konnte man annehmen, daß die Gerechtigkeit des Tausches und der Verteilung den Vergleichshinsichten des täglichen Lebens entsprach und im täglichen Leben gedanklich mitvollzogen werden konnte.[23] Die Dogmatik verfährt jedoch nicht nach diesen Modellen, wenn sie Begriffe generalisiert oder Rechtssätze analog anwendet. Die diffizilen Erwägungen etwa, die zur Ungleichbeurteilung von Inhaltsirrtum und Motivirrtum bei der Abgabe von Willenserklärungen (§ 119 I BGB) führen, bilden Gruppen gleicher Fälle, deren Beteiligte sich weder kennen noch untereinander vergleichen. Ja weiter: die Tauschgleichheit ist durch das Prinzip der Vertragsfreiheit überhaupt entjuridifiziert worden[24] und die Verteilungsgleichheit bleibt ein Mysterium von Ministerialbürokratien und Interessenverbänden, die Gesetze vorbereiten. Die Überzeugung, daß die begrifflich oder gesetzlich hergestellte Vergleichsbeziehung Gerechtigkeit verwirkliche, kann deshalb nicht mehr vorausgesetzt, sie muß durch Erziehung, Argumentation, autoritative Feststellung oder wie immer erst geschaffen werden.

Ähnliches gilt für die Nichtidentität des Problemerle-

---

23 Diese Möglichkeit ist durch neuere sozialpsychologische Forschung zumindest für den Fall des Tausches bestätigt. Vgl. die Literaturhinweise oben in der Fn. 1 auf S. 154. Im übrigen fehlt es, abgesehen von Ansätzen im Bereich der Fixierung des sog. Anspruchsniveaus – vgl. namentlich Leon Festinger, A Theory of Social Comparison Processes, Human Relations 7 (1954), S. 117-140 –, an sicheren Anhaltspunkten für die Vergleichsprozesse des täglichen Lebens, die das Gerechtigkeitserleben bestimmen.

24 und zwar im Interesse neuartiger Systembildungen im Bereich der Marktwirtschaft, die fluktuierende Preise voraussetzt und deshalb konkret fixierte Tauschgerechtigkeiten auflösen muß.

bens. Nach der Ausdifferenzierung eines dogmatisierten Rechtssystems wäre es Zufall, wenn soziale Probleme mit dogmatischen Problemen identisch wären. Selbst Punkt-für-Punkt-Korrelationen der genauen Entsprechung je eines sozialen und eines dogmatischen Problems lassen sich nicht mehr herstellen: Daß der Erblasser sein mündliches Versprechen – »Du bekommst den Hof« – nicht in Form eines gültigen Testamentes realisiert hat, ist ein soziales Problem für die Familie, kein dogmatisches Problem. Das uneheliche Kind ist keine dogmatisch schwierige Figur, der Sittenverstoß bei Gewähr oder Empfang ungerechtfertigter Bereicherungen (§ 817 BGB) keineswegs in dieser Form auch ein bestimmtes soziales Problem. Damit sind zugleich Grenzen der dogmatischen Rezeption eines (angeblich vorliegenden) gesellschaftlichen Wert- und Rechtsbewußtseins angegeben, das auf den Bildschirmen des Dogmatikers und des Rechtspraktikers nur als eine unbestimmte und unsichere Größe erscheinen kann.[25]

Solche Diskontinuitäten zwischen System und Umwelt sind keineswegs pathologische Erscheinungen; sie sind geradezu das Prinzip der Systembildung. Deshalb lassen sich auch die allgemeinen Folgerungen, die die Systemtheorie aus diesem Tatbestand zieht, auf dogmatisierte Rechtssysteme übertragen. Sie liegen im Bedarf für Zeit und für sachliche Komplexität.[26]

---

25 Vgl. etwa Karl-August Klauser, Das Recht und der Zeitgeist: Anmerkungen zu zwei Richtertagungen, Deutsche Richterzeitung 46 (1968), S. 160-163; Gunther Teubner, Standards und Direktiven in Generalklauseln: Möglichkeiten und Grenzen der empirischen Sozialforschung bei der Präzisierung der Gute-Sitten-Klauseln im Privatrecht, Frankfurt 1971.

26 Wir trennen der Übersichtlichkeit halber beide Fragen, obwohl sie sich unter einem allgemeineren, die Zeitdimension einschließenden Begriff der Komplexität zusammenfassen ließen. Eine Trennung liegt auch den bekannten Analysen von W. Ross Ashby, Design for

Sobald Systeme ausdifferenziert, das heißt nicht mehr in Punkt-für-Punkt-Entsprechungen mit den übrigen Prozessen des gesellschaftlichen Systems verbunden sind, entsteht ein *Zeitbedarf* und eine *Eigenzeit* im System. Das System kann dann nicht mehr an den Berührungsstellen mit der Umwelt kurzgeschlossen-momenthaft reagieren, sondern benötigt Zeit für interne Prozesse und damit auch Zeitspannen, über die hinweg es eine eigene Struktur konstant halten kann. Damit wird einerseits Stabilität im Sinne der Erhaltung eines Bestandes von Strukturen zum Problem; zum anderen muß der systemeigene Zeithorizont durchstrukturiert werden, etwa durch Trennung von Zwecken und Mitteln, langfristigen und kurzfristigen Interessen, instrumentellen und konsumatorischen Orientierungen, die dann *nebeneinander und zugleich* legitimiert werden müssen.[27] Ein systemeigener Zeithorizont muß Platz schaffen für eine Zukunft und eine Vergangenheit des Systems-und-seiner-Umwelt.[28]

Die Rechtssysteme unserer kulturellen Überlieferung haben für dieses Problem eine bewährte Lösung entwickelt, deren Vorteilhaftigkeit auf der Hand liegt, nämlich die *Dif-*

---

a Brain: The Origin of Adaptive Behaviour, 2. Aufl., London 1954, zu Grunde.

27 Auf diesen Gedankengang gründet Talcott Parsons in der Spätfassung seiner allgemeinen Theorie des Handlungssystems die Notwendigkeit einer Zeitachse der Systemdifferenzierung, die indirekte (zukunftsbezogene) und unmittelbare (gegenwartsbezogene) Handlungsorientierungen trennt. Siehe: Some Problems of General Theory in Sociology, in: John C. McKinney / Edward A. Tiryakian (Hrsg.), Theoretical Sociology: Perspectives and Developments, New York 1970, S. 27-68 (insb. 30 f.).

28 Als konkretere Illustration dieses allgemeinen Erfordernisses siehe die Darstellung der Zeitstruktur des rechtlich geregelten Verfahrens in: Niklas Luhmann, Legitimation durch Verfahren, Neuwied, Berlin 1969, insb. S. 43 ff.

ferenzierung von Fallentscheidungen und dogmatischen Entwicklungen. In der fallbezogenen Entscheidungspraxis kann das Rechtssystem dank jener Reduktionen, die wir im XIII. Kapitel erörtert haben, zwar nicht mehr unmittelbar reizreaktiv, wohl aber ausreichend schnell reagieren. Es entspricht gesellschaftlichen Bedürfnissen mit nur dem Zeitaufwand, den es für die Bearbeitung eines Einzelfalls braucht. Und es kann in jeweils ziemlich kurz geschalteten Kommunikationskreisen zur Umwelt hin eine Vielzahl von Fällen zugleich behandeln. In seiner Begriffspraxis kann sich das Rechtssystem sehr viel mehr Zeit lassen und zugleich in weiträumigeren Zeithorizonten denken – namentlich gedanklich konstruierte Fälle einbeziehen, die noch gar nicht aktuell, ja nicht einmal als kommende Fälle zeitlich lokalisierbar sind. Es kann erhebliche Anpassungsrückstände in den begrifflichen Apparaturen ertragen, wenn und solange keine Fälle vorkommen, die eine Veränderung erzwingen. Es muß nur in seiner Praxis, nicht notwendig auch in seiner gedanklichen Struktur einigermaßen auf dem laufenden sein. Das System verfügt auf diese Weise über kurzfristige und über langfristige Strategien nebeneinander,[29] und es verbindet beide Orientierungen intern durch dogmatische Konstruktion der Fälle und durch fallweise Auslösung der dogmatischen Entwicklung. Dabei dient das Prinzip der Vertragsfreiheit dazu, in weitem Umfange fallbegrenzte rechtliche Regelungen zu ermöglichen, die *keinerlei Konsequenzen für normative Rechtssätze und dogmatische Begriffe haben*, also in ihren generelleren und langfristigeren Folgen

29 Die gleiche Differenzierung fordert Valdemar Schreckenberger, Über die Pragmatik der Rechtstheorie, in: Hans Albert / Niklas Luhmann / Werner Maihofer / Ota Weinberger (Hrsg.), Rechtstheorie als Grundlagenwissenschaft der Rechtswissenschaft, a. a. O., S. 561-575 von der Rechtstheorie selbst.

im Rechtssystem weder vorbedacht, noch kontrolliert, noch verantwortet werden.[30]

Diese Fassung des Zeitproblems bleibt zunächst auch dann intakt, wenn das Material der Dogmatik in neuer Weise in Bewegung gerät – nämlich durch geregelte Veränderung der Rechtssätze im Wege der Gesetzgebung. Da solche Veränderungen das Material und nicht notwendig auch die Begrifflichkeit selbst mobilisieren, bleibt die Dogmatik formal intakt – formal, aber nicht funktionell. Denn die Positivierung der Rechtssätze beginnt den Zeithaushalt des Systems zu untergraben, so daß der gemächliche Änderungsrhythmus der dogmatischen Figuren laufend überholt und, soweit dies geschieht, als adaptiver Mechanismus schlicht funktionslos wird. Die rasch variierten Bereiche des Gesetzesrechts verlieren ihre Dogmatisierbarkeit mit der Folge, daß die begriffliche Abstraktion verlorengeht, daß dieser Verlust durch einen hohen Detaillierungsgrad der Regelungen beantwortet werden muß, der wiederum zu rascheren Änderungen anreizt. Mit alldem wird das Zeitproblem in die Frage nach den dafür organisierbaren Planungs- und Entscheidungskapazitäten verschoben. Deren Kontrolle an spezifisch rechtlichen Gesichtspunkten bildet ein offenes Problem, von dem man nicht einmal mit Sicherheit sagen kann, ob es überhaupt noch ein Problem ist. Der Schluß, daß eine rechtliche Ordnung der Gesellschaft immanente Tempobeschränkungen akzeptieren muß, drängt sich auf. Er ist jedoch voreilig, solange wir nicht über eine Rechtstheorie verfügen, die prüfen kann, wie das Recht dem zunehmenden Tempo gesellschaftlicher Prozesse angepaßt werden könnte, ohne seinen spezifischen Gehalt, nämlich seine Orientierung an Gerechtigkeit, zu verlieren.

---

30 Auf die Gründe und die Konsequenzen eines solchen Regelungsverzichts kommen wir unten auf S. 257f. zurück.

Noch in einer anderen Hinsicht wird diese Frage bedeutsam. Mit der Legalisierung von Innovationen und Rechtsänderungen wird deren *strukturelle Kompatibilität* zum Problem. Ein statisches Recht kennt keine »Systemprobleme«, weiß sich überhaupt nicht als System.[31] Erst am neu zu schaffenden Recht stellt sich die Frage, ob die in Aussicht genommene Regelung und ihre begriffliche Formulierung sich in den vorhandenen Corpus einfügen lassen. Damit wird die rechtsdogmatische Begrifflichkeit in neuer Weise gefordert, nämlich für Aufgaben der Konsistenzkontrolle und Folgenprognose bei Rechtsänderungen in Anspruch genommen. Sicher hat dieser Anspruch, rechtsgeschichtlich gesehen, die Begriffsbildungs- und Systematisierungstendenzen der Jurisprudenz nicht geprägt. Gleichwohl scheinen solche Hilfsleistungen für Gesetzgebung auch mit traditionellen Mitteln in gewissem Umfange erreichbar zu sein – allerdings nur bei recht bescheidenen Ansprüchen an Konsistenz und prognostischer Sicherheit.

Um die damit zusammenhängenden Fragen näher prüfen zu können, müssen wir auf Möglichkeiten und Grenzen einer begrifflichen Erfassung der *sachlichen Komplexität* des Rechts eingehen. Auch in ihrer sachlichen Komplexität sind dogmatisierte Rechtssysteme auf ein Zusammenspiel von Fallentscheidungen und Begriffsarbeit eingestellt. Dabei wirken die Erfordernisse der Zeitlage des Systems im Sinne von Beschränkungen dessen, was sachlich möglich ist, im Sinne von restriktiven Nebenbedingungen der Steigerung sachlicher Komplexität. Einfacher formuliert: die Ordnung der dogmatische Begriffszusammenhänge darf den Zeitbedarf der Entscheidungsprozesse des Systems nicht ins Unvernünftige steigern, sondern muß tolerierbare Entscheidungs-

31 Dies wird von Rechtshistorikern bestätigt. Siehe z. B. Wilhelm Ebel, Geschichte der Gesetzgebung in Deutschland, 2. Aufl., Göttingen 1958, S. 14 f.

und Anpassungszeiten mitgewährleisten. Dazu kommen die sachlichen Systematisierungsprobleme im engeren Sinne, deren Erörterung wir mit einigen Vorbemerkungen einleiten müssen.[32]

Wir hatten den Systembegriff im Unterschied zum rechtswissenschaftlichen Sprachgebrauch im sozialwissenschaftlichen Sinne zur Bezeichnung eines Handlungssystems eingeführt. Wir sprechen deshalb von System nicht erst auf der Ebene dogmatischer Begriffsbildung.[33] Wir unterscheiden terminologisch Systembildung und Systematisierung und können dann von Systematisierungsbemühungen oder von dogmatischen Begriffssystemen sprechen, um die *Nachbildung der Einheit des Rechtssystems auf der Strukturebene dogmatischer Begriffe* zu bezeichnen. Systematisierung in diesem Sinne ist also nicht *Konstitution*, sondern *Reflexion* der Einheit des Systems in Begriffen und Begriffszusammenhängen. Das macht die primär didaktische Funktion juristischer Systemdarstellungen verständlich, die historisch ungleich wichtiger war als die Funktion einer Entscheidungsprämisse. Das vordringliche rechtstheoretische Problem ist

32 Vgl. zum folgenden auch: Niklas Luhmann, Systemtheoretische Beiträge zur Rechtstheorie, in: Hans Albert / Niklas Luhmann / Werner Maihofer / Ota Weinberger (Hrsg.), Rechtstheorie als Grundlagenwissenschaft der Rechtswissenschaft, a.a.O., S. 255-276, neu gedruckt in: ders., Ausdifferenzierung des Rechts. Beiträge zur Rechtssoziologie und Rechtstheorie, Frankfurt 1981, 241-272.

33 Deshalb kann es uns auch nicht genügen, mit Erich Rothacker, Die dogmatische Denkform in den Geisteswissenschaften und das Problem des Historismus, Akademie der Wissenschaften und der Literatur in Mainz, Abhandlungen der geistes- und sozialwissenschaftlichen Klasse 1954, Nr. 6, Dogmatik einfach als systematische Explikation einer besonderen Perspektive (S. 252) zu definieren. Der Sinn solcher Systematisierungen ergibt sich erst aus der Funktion von Dogmatiken in Systemen. Und entsprechend interessiert uns nicht das Verhältnis von Dogmatik und Historismus, sondern das Verhältnis von Dogmatik und gesellschaftlicher Evolution.

aber, ob und wie weit das immer schon konstituierte Rechtssystem der Reflexion auf seine kontingent selektierte Identität zugänglich ist und in selbstreflektiven Operationen seine eigenen Entscheidungsprämissen kontrollieren kann. Die Unterscheidung von Konstitution und Reflexion gibt uns die Möglichkeit, in diesem Sinne nach Beziehungen zwischen dem Rechtssystem und seinen dogmatischen Systematisierungsmöglichkeiten zu forschen.

Kein System kann sich selbst so komplex, wie es ist, reflektieren. Die Beziehungen zwischen Rechtssystem und dogmatischer Systematisierung werden durch das Problem der Komplexität vermittelt. Ein dogmatisches Begriffssystem sieht sich daher der Frage ausgesetzt, ob es für die System / Umwelt-Lage des jeweiligen Rechtssystems adäquate Komplexität aufbringt. Diese Frage kann und muß, da unter »Komplexität« ein mehrdimensionaler Sachverhalt zu verstehen ist, in mehrfacher Richtung ausgearbeitet werden. Man hat als mindestes zu unterscheiden zwischen (1) Steigerungen der Größe, das heißt der Vermehrung der Zahl der Elemente des Systems, (2) Steigerungen der Varietät, das heißt der Verschiedenartigkeit der Elemente, und (3) Steigerungen der Interdependenzen, das heißt der Abhängigkeiten (einschließlich Abhängigkeiten von der Art der Abhängigkeiten) unter den Elementen.[34] Ein Rechtssystem ist demnach sachlich komplex im Hinblick auf (1)

34 Mit diesem Aufriß folge ich einem Vorschlag von Todd R. La Porte, Organized Social Complexity: An Introduction and Explication, in: ders. (Hrsg.), Organized Social Complexity: Challenge to Politics and Policy, Princeton 1975, S. 3-39. Ähnlich Gerd Pawelzig, Dialektik der Entwicklung objektiver Systeme, Berlin 1970, S. 136. Allgemein üblich ist die Unterscheidung von Komplexität (im engeren Sinne) und Größe bzw. (gleichbedeutend) Komplexität und Kompliziertheit. Siehe ferner unter Einschluß der Zeitdimension Andrew S. McFarland, Power and Leadership in Pluralist Systems, Stanford Cal. 1969, S. 16.

die Zahl der Fallentscheidungen, die es trifft, (2) im Hinblick auf die Verschiedenartigkeit dieser Entscheidungen und (3) im Hinblick auf Interdependenzen zwischen Entscheidungen, die im System erfaßt und beachtet werden. Diese drei Variationsmöglichkeiten bieten unterschiedliche Möglichkeiten, auf Veränderungen der Umweltkomplexität zu reagieren. Sie sind systemintern jedoch nicht beliebig verknüpfbar und vor allem nicht beliebig steigerbar. Zum Beispiel können komplexere Systeme nicht mehr beliebig an Größe zunehmen.[35]

Über die genauen Zusammenhänge zwischen diesen Steigerungsrichtungen wissen wir auf der Ebene einer allgemeinen Theorie sozialer Systeme so gut wie nichts. Obwohl hier Grundlagen für die folgenden Erörterungen fehlen, lassen sich doch einige Überlegungen über die Funktion von Dogmatiken bei der Steuerung von so divergierenden Steigerungsleistungen anstellen. (Und anders als mit solchen exemplarischen Analysen wird sich Material für den Aufbau einer allgemeineren Theorie auch kaum beschaffen lassen.)

Im Laufe der Entwicklungsgeschichte des Rechts sind dem Rechtssystem immer größere Entscheidungsmengen und in wechselndem Umfange auch verschiedenartigere Entscheidungen abgefordert worden, dies vor allem seit der Entwicklung eines Zivilrechts.[36] Zur Kontrolle dieser

35 Vgl. Knut Erik Tranøy, Wholes and Structures: An Attempt at a Philosophical Analysis, Kopenhagen 1959, S. 18 ff.

36 Vom Rechtssystem aus gesehen ist das Zivilrecht in seinen Anfängen ein bemerkenswerter Fall von Errungenschaft und Risiko und damit zugleich ein wesentlicher Schritt in der Ausdifferenzierung des Rechtssystems. Riskant ist das Zivilrecht, weil es Individualisierung der Beteiligten (also Lockerung gesellschaftlicher Motivkontrolle) voraussetzt und, im Unterschied zum Strafrecht, auf eine moralische Vorwegkontrolle des Anlasses von Rechtsstreitigkeiten verzichtet. Ein Rechtssystem mit Zivilrecht kann nicht mehr den Streit als

Steigerungsleistungen hat sich die Rechtsdogmatik entwickelt. Sie dient durch Vorgabe bewährter Begriffsformen und -routinen der »Vermeidung von ständiger Neuargumentation«[37] und somit dem sparsamen Einsatz von Entscheidungskapazität zur Bearbeitung wachsender Fallmengen. Diese sind ihrerseits Voraussetzung dafür, daß sich für seltenere Begriffsformen wiederholte Anwendungsmöglichkeiten ergeben. Auf diese Weise kann die bunte Vielfalt individueller Fälle in eine überschaubare Typik aufgehoben und dann auf höherer Abstraktionsebene als Typenvielfalt rekonstruiert werden. Bei Zunahme der Größe und Varietät des Systems sind, von der Rechtsdogmatik her, keine prinzipiellen Schwierigkeiten aufgetreten. Diese partielle, auf Größe und Varietät ausgerichtete Steigerung der Systemkomplexität hat zunächst ausgereicht, um gesellschaftliche Kontingenz zu regulieren. Es sieht daher so aus, als ob die Richtung der Steigerung der Komplexität sich ergibt aus ihrer Funktion, Kontingenz zu absorbieren.

Anders steht es mit der Interdependenz der Entscheidungen. Sie ist nicht entsprechend mit entwickelt worden, ist gleichsam evolutionär zurückgeblieben, obwohl die Interdependenzen gesellschaftlicher Prozesse infolge funktio-

---

solchen diskreditieren, und es muß die entfallende Inputkontrolle durch systemeigene Outputkontrolle ersetzen. Das heißt: Es muß Begriffe zur Steuerung der Entscheidungsleistungen entwickeln, *denen zugleich auch die Funktion des Geringhaltens von Entscheidungsmengen und Entscheidungsvarietät obliegt.* Am Aktionen-Schema des römischen Rechts ist dieser Sachverhalt deutlich ablesbar, und es ist kein Zufall, daß es von da aus zu einer dogmatisch-systematisierbaren Begriffsentwicklung kam. Das Gegenbeispiel bieten die fernöstlichen Rechtssysteme, die trotz organisatorisch ausdifferenzierter Gerichtsbarkeit vor dieser Entwicklungsschwelle stagnierten.

37 So Josef Esser, Vorverständnis und Methodenwahl in der Rechtsfindung: Rationalitätsgarantien der richterlichen Entscheidungspraxis, Frankfurt 1970, S. 88.

naler Differenzierung zugenommen haben. Das ist ein auffallender Tatbestand und vermutlich identisch mit dem Stagnieren der Wissenschaftsentwicklung im Bereich des Rechts.

Unter Interdependenz verstehen wir den *Organisiertheitsgrad der Kontingenz des Systems.*[38] Er steigt in dem Maße, als im System Abhängigkeitsbeziehungen bestehen, das heißt die Möglichkeiten eines Elements (hier: einer Entscheidung) abhängen von den realisierten Zuständen ande-

---

38 Diese Definition erfordert, daß zwei geläufige, aber hinreichend erschütterte Vorurteile aufgegeben werden, nämlich:
1) Die Definition des Systembegriffs durch vollständige Interdependenz von allem mit allem (also durch den äußersten Organisiertheitsgrad) mit der Folge, daß Ordnungen mit geringerer Interdependenz keine Systeme sind. Diese Auffassung findet man noch in der Form von Definitionen vertreten, sie ist in der kybernetischen Systemtheorie in den empirischen Wissenschaften jedoch länger aufgegeben worden. Siehe statt anderer Alvin W. Gouldner, Reciprocity and Autonomy in Functional Theory, in: Llewellyn Gross (Hrsg.), Symposium on Sociological Theory, Evanston Ill., White Plains NY 1959, S. 241-270.
2) Die Definition von Kontingenz durch Zufall (also durch den äußersten Grad an Dezentralisation) mit der Folge, daß determinierte Systeme in dem Maße, als Abhängigkeitsketten entstehen, nicht mehr kontingent, sondern notwendig sind. Bereits Emile Boutroux, De l'idée de loi naturelle dans la science et la philosophie contemporaines, Paris 1895, hatte den Zusammenhang von Notwendigkeit und Determiniertheit gekappt, ohne jedoch für das Verhältnis von Kontingenz und Zufall die Konsequenzen zu ziehen.
Erst nach Abkehr von diesen beiden Überlieferungen ist die im Text gegebene Definition von Interdependenz möglich, da sie voraussetzt, daß Kontingenz in ihrem Organisiertheitsgrad variabel ist und daß es Systeme sind, die diesen Organisationsgrad durch Festlegung des Grades interner Interdependenz bestimmen. Ungeklärt ist in der allgemeinen Systemtheorie die Beziehung zwischen den Begriffen Organisationsgrad und Komplexität. Eine Verschmelzung versucht Stefan Jensen, Bildungsplanung als Systemtheorie: Beiträge zum Problem gesellschaftlicher Planung im Rahmen der Theorie sozialer Systeme, Bielefeld 1970, S. 97f.

rer. Ohne solche Abhängigkeiten gibt es nur unbestimmbare Kontingenz, da nichts als »Bedingung der Möglichkeit« fungiert. Im Aufbau von Interdependenzen werden Bedingungen bestimmbarer Möglichkeiten und damit »Spielräume« für Elemente geschaffen durch Reduktion unbestimmbarer Möglichkeiten. Mit der Steigerung dieser Leistung auf der Basis von immer unwahrscheinlicheren Strukturvoraussetzungen ist also stets ein Gewinn und Verlust von Möglichkeiten verbunden und zugleich eine Direktion des Systemaufbaus ins Nichtbeliebige.

Weder das Rechtssystem noch seine dogmatischen Systematisierungen erreichen bisher hohe Interdependenzen in diesem Sinne. Die internen Interdependenzen sind bei Zunahme der Größe und der Varietät des Systems nicht mitgewachsen. Sie sind allenfalls in sehr engen Grenzen angepaßt worden. Die Abwicklung der Außenbeziehungen über Kasuistik hat eine Steigerung von Interdependenzen unter den Entscheidungsprämissen erübrigt. Parallel dazu hat die für das Rechtssystem typische Rechtssatzform des Konditionalprogramms eine ähnliche Entlastungsfunktion erfüllt. Auch sie isoliert Einzelentscheidungen sehr viel stärker gegeneinander, als es etwa einem Zweck / Mittel-Denken möglich wäre. Systemintern ist dieser Ausweg der Vermeidung hoher Entscheidungsinterdependenzen aus organisatorischen und arbeitstechnischen Gründen zwangsläufig. Das Rechtssystem verfügt nur über sehr primitive Organisationsformen, die im wesentlichen auf Einzelarbeit von Personen oder undifferenzierten Gremien beruhen und daher nur wenige Gesichtspunkte pro Entscheidung in den Aufmerksamkeitsbereich ziehen kann. Symptomatisch dafür ist, daß es wohl kaum Begriffsprobleme sind, sondern Tatsachenermittlungen, die Arbeitszeit kosten und die Prozesse verzögern.

Die dogmatischen Systematisierungsleistungen, die den

letzten dreihundert Jahren entstammen, vor allem die Bemühungen um Bildung von Oberbegriffen und um »Allgemeine Teile« für größere Rechtsgebiete, verdanken ihre unbestreitbaren Erfolge einem relativ geringen Anspruchsniveau in bezug auf Interdependenz. Sie bedienen sich konzeptuell geschärfter alltagssprachlicher Mittel und versuchen Interdependenzen an Hand von Leitbegriffen zu kontrollieren – also *weder* in bezug auf das System als Einheit, *noch* direkt in der Form eines Vergleichs von konkreten Fallentscheidungen und Entscheidungsfolgen in ihrer gesellschaftlichen Interdependenz. Sie erreichen damit gewisse Gruppierungseffekte – alles, was Rücktritt vom Vertrag betrifft, gehört zusammen – und ermöglichen »lokale« Subsumtionen, die aber nur sehr locker durch Vergleich mit ähnlichen Fällen und nur in diesem Rahmen durch Vorausblick auf Rechtsfolgen kontrolliert werden, aber nicht an Hand von Interdependenzen mit andersartigen Fällen, Kategorien, Problemen. Es ist zwar nicht ausgeschlossen, daß ein Jurist sich überlegt, ob die Entwicklung industrieller Produktions- und organisierter Vertriebsformen Rückwirkungen auf das Haftungsrecht oder ob die Entwicklung von Kunststoffen Rückwirkungen auf das Anfechtungsrecht haben müßte – aber genau solche querzügigen Interdependenzen sind in der dogmatischen Systematisierung nicht erfaßt.[39] Die viel diskutierten logischen Schwächen der Jurisprudenz können deshalb auch nicht durch Hinweis

39 In derartigen Mängeln lagen denn auch die Gründe für die heftigen Attacken auf die »Begriffsjurisprudenz« in Deutschland bzw. auf die analytische Jurisprudenz in den Vereinigten Staaten seit der Jahrhundertwende. Der Angriff hat neuen Begriffsentwicklungen die Wege gebahnt, im übrigen aber mehr geschadet als genützt, weil die Fehlleistungen der älteren Dogmatik nicht in zu hoher, sondern in zu geringer Abstraktion lagen. Im heutigen Urteil beginnt ein vorsichtiges Zurechtrücken der durch Polemik verzerrten Verhältnisse. Siehe etwa Werner Krawietz, Begriffsjurisprudenz, Joachim Ritter

auf den Gebrauch korrekter Schlußformen behoben werden; sie sind Schwächen der logischen Systematisierung.

Auch wenn man darauf verzichtet, die Jurisprudenz als System mit Anforderungen an logische Systematisierung oder gar Axiomatisierung zu konfrontieren, bleibt die Frage offen, mit welchem Grad an begrifflicher Interdependenz sie die Einheit des Rechtssystems reflektieren kann. Bisher hat die Dogmatik vor höheren Anforderungen resigniert und auf Steuerungsfunktionen verzichtet. Sie hat zum Beispiel das Rechtsinstitut des Vertrages geschaffen, ist dann aber vor dem Problem der Gerechtigkeit des Vertrages durch Freigabe der Vertragsfreiheit ausgewichen. Sie hat das alte *ius*, das einen konkret-gerechten Ausgleich geben wollte, zum subjektiven Recht abstrahiert, hat dann aber die Folgeprobleme eines gerechten Ausgleichs auf höherer Ebene nicht mehr (das heißt: nur durch »Verfassungsgarantien« mit rechtlich nicht kontrollierbaren gesellschaftlichen Folgen) lösen können.[40] Bei zu hohen gesellschaftlichen Interdependenzen verzichtet die Dogmatik mithin auf umweltadäquate systeminterne Komplexität. Die Konsequenz eines solchen Desengagements in Gerechtigkeit ist, daß soziale Planung heute als Vorgang außerhalb des Rechts konzipiert wird, bei dem Recht allenfalls als Durchführungstechnik, nicht aber als Kriterium des Richtigen verwendet wird. Die *perfectio circa mentes* zu suchen bleibt schwärmerischen Bewegungen überlassen.

Selbst wenn aber höhere Systematisierungsleistungen ei-

(Hrsg.), Historisches Wörterbuch der Philosophie, Bd. I, Basel, Stuttgart 1971, Sp. 809-813.

40 Vgl. hierzu Niklas Luhmann, Zur Funktion der »subjektiven Rechte«, in: Rüdiger Lautmann (Hrsg.), Die Funktion des Rechts in der modernen Gesellschaft, Bielefeld 1970 (Jahrbuch für Rechtssoziologie und Rechtstheorie 1), S. 321-330, neu gedruckt in: ders., Ausdifferenzierung des Rechts, a. a. O., S. 360-373.

ner verbesserten Rechtsdogmatik möglich wären, würden sie von den gegebenen Ansätzen aus nicht die Form einer Abbildung von Umweltinterdependenzen annehmen können. Selbst wenn es bessere, zum Beispiel logische Techniken der systeminternen Gerechtigkeitskontrolle dogmatischer Figuren und Klassifikationsregeln gäbe, würde damit keine Begriffsstruktur erreicht sein, mit der man Einwirkungen des Rechtssystems auf eine hochgradig interdependente Umwelt kontrollieren könnte.[41] Dazu müßten die Rechtskategorien in der Lage sein nachzuzeichnen, wie die Umwelt selbst das Problem hochgradiger Interdependenzen bewältigt. Sie müßten die System / Subsystem-Differenzierungen der Umwelt, ihre relativen Isolierungen, Schwellenmechanismen und wechselseitigen Anpassungselastizitäten, ihre homöostatischen und kybernetischen Mechanismen erfassen; kurz: sie müßten aus systemeigenen Dekompositionsregeln in bezug auf Umweltzusammenhänge bestehen.[42] Ein Blick auf Parallelerscheinungen im Bereich anderer ausdifferenzierter Teilsysteme zeigt, daß es durchgehend an der Fähigkeit zur systeminternen Systematisierung gesellschaftlicher Interdependenzen fehlt. Das gilt für Politik

41 Diese Feststellung ist mit dem Vorbehalt formuliert, da zur Zeit nicht zu übersehen ist, ob es nicht doch Möglichkeiten gibt, Rechtstheorie und Planungstheorie auf der Grundlage mengentheoretischer Annahmen zu integrieren und von da aus eine Theorie dogmatischer Theoriebildung zu formulieren. In dieser Richtung arbeitet Adalbert Podlech, Gehalt und Funktionen des allgemeinen verfassungsrechtlichen Gleichheitssatzes, Berlin 1971. Vergleiche dazu Christopher Alexander, Notes on the Synthesis of Form, Cambridge Mass. 1964 und ders., A City is not a Tree, Architectural Forum 12 (1965), Aprilheft, S. 58-62, Maiheft, S. 58-61.

42 Dazu außer Christopher Alexander (siehe Fn. 41) auch Herbert A. Simon, The Architecture of Complexity, Proceedings of the American Philosophical Society 106 (1962), S. 467-482, neu gedruckt in: General Systems 10 (1965), S. 63-76.

und Verwaltung,[43] das gilt für alle Verfahren der Planung und des Produktentwurfs, das gilt für die Sozialwissenschaften selbst. Nicht nur die kategorialen Strukturen, sondern auch die Organisationsleistungen, die das Verhältnis von punktueller Erfahrung und generalisierendem Denken vermitteln, bedürfen der Überprüfung. Und dies kann nicht allein an Hand von immanenten Richtigkeitskriterien geschehen, sondern nur systemtheoretisch im Blick auf die Differenz von System und gesellschaftlicher Umwelt. Darüber hinaus bestehen Zweifel, ob am Problem hoher Interdependenzen nicht jede binäre Entscheidungsschematik ihre Leistungsgrenzen findet.

Hier liegt eine Entwicklungsschwelle, von der aus logische und kategoriale Instrumente als unzureichend und rückständig beurteilt werden könnten. Es ist jedoch sehr die Frage, ob das Reflexionsproblem der Rechtsdogmatik überhaupt in dieser Richtung einer zukunftsbezogenen, in gesellschaftliche Interdependenzen eingreifenden Planungssystematik zu suchen ist, oder ob das Recht nicht auch und gerade in einer planenden Gesellschaft ein nachgeschaltetes System der Konfliktregelung zu bleiben hat. Wäre das so, dann könnte man die Gesellschaft heute allerdings nicht mehr als rechtlich konstituierten Sozialkörper begreifen, und das Anspruchsniveau an Begriffsleistungen läge nicht in der Steuerung von Planungen, sondern nur in der Kompatibilität mit den Abstraktions- und Kontingenzniveaus der Planung. Die abstrakte Forderung an eine Rechtsdogmatik wäre, Gerechtigkeit zu operationalisieren – nicht nur zu repräsentieren – und dabei Steigerungsinteressen – nicht nur Begründungsinteressen – zu verwirklichen. Das kann

43 Siehe etwa Fritz W. Scharpf, Verwaltungswissenschaft als Teil der Politikwissenschaft, Schweizerisches Jahrbuch für politische Wissenschaft 1971, S. 7-23 (20f.) mit dem berechtigten Hinweis, daß die Formel »Reduktion der Komplexitat« dafur keine Losung anbietet.

nur geschehen, wenn die dogmatische Systematisierung durch Reflexion auf die Einheit des Rechtssystems geleitet wird. Und das setzt, nach heutigen systemtheoretischen Grundeinsichten, voraus, daß die systeminterne Differenz von Struktur und Prozeß funktional auf die Komplexitätsdifferenz von Rechtssystem und Gesellschaft bezogen wird.[44] Die Ausfüllung eines so unbestimmt formulierten Programms kann freilich nicht rein theoretisch antizipiert werden; sie ist auf die Organisationsleistungen des Rechtssystems und die Erfahrungen dogmatischer Begriffsarbeit angewiesen. Aber sie kann rechtstheoretisch zumindest stimuliert werden dadurch, daß man die vorliegende gut überschaubare Funktionskombination von Kasuistik und Dogmatik mit abstrakteren systemtheoretischen Denkmitteln als kontingent erweist.

---

44 Siehe dazu nochmals Talcott Parsons, Some Problems of General Theory on Sociology, in: John C. McKinney / Edward A. Tiryakian (Hrsg.), Theoretical Sociology: Perspectives and Developments, New York 1970, S. 27-68 (29 ff.).

XVI. Prinzipien, Regeln und Ausnahmen

Eine funktionalistisch fragende, systemtheoretische, auf das Kontingenzproblem bezogene Ausgangsstellung macht es möglich, eine Reihe von Grundlagenproblemen der Rechtstheorie neu zu artikulieren. Damit allein ist jedoch noch nicht viel gewonnen. Für Grundbegriffe gibt es viele mögliche Ansätze, die Beziehung von Begriff und kontingenter Realität ist ihrerseits kontingent, und selbst Kontingenz ist als Begriff kontingent gewählt, also nicht a priori, sondern nur durch Berufung auf die Erfahrung der Kontingenz begründbar. Daher liegen die eigentlichen Schwierigkeiten noch vor uns, nämlich im Zugang zu Detailfragen des Rechtslebens und im Übergang von systemtheoretischen zu entscheidungstheoretisch brauchbaren Konzepten. Die grundbegriffliche Diskussion bleibt steril und kontrovers, wenn nicht ihre Konsequenzen für das Rechtsleben, letztlich also für die Entscheidung von Rechtsfragen, ausgewiesen werden können.

Natürlich kann die Konstruktion des Details nicht an dieser Stelle geleistet werden. Aber wir können versuchen, die dafür geschaffenen begrifflichen Möglichkeiten weiter zu strukturieren. Deren Auswertung erreicht nicht die strenge Form eines axiomatisch-deduktiven Verfahrens. Der Ansatz beim Problem der Kontingenz ist offen für und bleibt damit abhängig von Strukturentscheidungen, die in den einzelnen Rechtsordnungen getroffen worden sind bzw. getroffen werden. Wir limitieren die Problemsicht nicht vorweg durch die Bedingungen der Möglichkeit, sie methodisch korrekt oder gar logisch stringent zur Entscheidung zu bringen, weil auch das Rechtssystem selbst nicht so arbeitet. Somit bleibt nur die Möglichkeit eines heuristischen Vorgehens, einer Ausarbeitung von Problemstellungen für konkretere Verwendung, und einer Präzisierung des Bewußtseins der Kontingenz und Selektivität aller Rechtsformen. Im Anschluß daran werden sich unter Hinzunahme von positiv gesetzten oder dogmatisch vorformulierten Entscheidungsprämissen Rechtsprobleme entscheidungsnäher rekonstruieren lassen. Die Art dieses Vorgehens soll in diesem und dem folgenden Kapitel an zwei Beispielen verdeutlicht werden: am Begriff des Prinzips und am Regel / Ausnahme-Schema sowie an der Kategorie der Alternativität.

Eine rechtstheoretische Behandlung des Problems der »Rechtsprinzipien« wird sich von einer dogmatisch-exegetischen Interpretation dadurch unterscheiden, daß sie eine Differenzierung von Sprachebenen vornimmt, das heißt eine Erläuterungsebene sucht, die den Sinn der Rechtsprinzipien transzendiert. Die Rechtstheorie besteht weder aus den Rechtsnormen selbst noch aus den Prinzipien, nach denen der Zusammenhang der Rechtsnormen konstruiert wird; sie besteht aus Erkenntnissen über das Recht und seine Prinzipien, die nach unserer Auffasung mit Hilfe einer Problembeziehung gewonnen werden können.[1]

Der rechtstheoretische Befund ist zunächst, daß die Sinngehalte, die als Rechtsprinzipien entwickelt worden sind, logisch nicht eindeutig geklärt werden können, sondern ambivalent bleiben. Diese Ambivalenz besteht nicht nur darin,

---

1 Ähnlich bereits Max Salomon, Grundlegung zur Rechtsphilosophie, 2. Aufl., Berlin 1925, der für die Auffassung jedoch die unglückliche Formulierung wählt, daß nicht Rechtsnormen, sondern Rechtsprobleme »Gegenstand« der Rechtswissenschaft seien. Der neukantische Begriff des »Gegenstandes« verwischt hier die wichtige Unterscheidung der Sinnebene, auf der die Wissenschaft ihre Erkenntnisse in Begriffen und Sätzen formuliert und aus denen sie dann besteht, von der Sinnebene, auf der lebensweltliche Orientierungen produziert werden, die als solche dann vorkonstituierte Gegenstände wissenschaftlicher Begriffsbildung werden.

daß der Inhalt der Prinzipien mehr oder weniger unscharf fixiert ist – eine allgemeine Eigenschaft sprachlicher Ausdrücke –, sondern sie bedeutet darüber hinaus, daß die Prinzipien nicht unbedingt gelten, sondern zuweilen ihren Geltungsanspruch stornieren.[2] Solange das Rechtsdenken auf einer Ebene bleibt, irritiert dieser Befund und reizt dazu, die Prinzipien immer erneut mit logischen Mitteln zu überprüfen – oder das Denken in Prinzipien ganz zu verwerfen oder sich mit unvermeidlichen Verschwommenheiten in Vertrauen auf das geschulte Judiz des Richters abzufinden.

Zu genau parallelliegenden Kontroversen ist es übrigens im Hinblick auf die klassischen »Organisationsprinzipien« der Betriebswirtschaftslehre gekommen, die ebenfalls in der Praxis entwickelt und in ihrem wissenschaftlichen Status seit dem Aufkommen von mehr theoretischen Bemühungen um Organisation umstritten sind.[3] Auch hier geht

---

2 Das ist prinzipiell anerkannt. Siehe statt anderer Claus-Wilhelm Canaris, Systemdenken und Systembegriff in der Jurisprudenz entwickelt am Beispiel des deutsche Privatrechts, Berlin 1969, S. 46 ff.

3 Vgl. als in dieser Hinsicht unreflektierte ältere Arbeiten Frederick W. Taylor, The Principles of Scientific Management, New York, London 1914; Karl Theisinger, Grundsätze der Betriebsorganisation, in: Festschrift Wilhelm Kalveram, Berlin, Wien 1942, S. 141-151; James D. Mooney, The Principles of Organization, 2. Aufl., New York, London 1947; Alvin Brown, Organization: A Formulation of Principle, New York 1945; Lyndall Urwick, Principles of Management. British Management Review 7 (1948), S. 15-48, und als Zusammenstellung Knut Bleicher, Grundsätze der Organisation, in: Erich Schnaufer / Klaus Agthe (Hrsg.), Organisation, Berlin, Baden-Baden 1961, S. 149-164. Die Kritik begann mit Herbert A. Simon, The Proverbs of Administration, Public Administration Review 6 (1946), S. 53-67 und wird heute »prinzipiell« akzeptiert. Eine überlegte Verteidigung gibt Ernest Dale, Planning and Developing the Company Organization Structure, New York 1952, S. 194 ff. Einen (im Prinzipiellen allerdings unergiebigen) Versuch begriffslogischer Klärung und zugleich einen guten Überblick über die Diskussion findet man bei Reimar Beensen,

es um eine Kritik des logischen und instruktiven Wertes von Prinzipien, die so formuliert sind, daß sie auch ihr Gegenteil zulassen. Die Parallele zeigt, daß das Problem kein spezifisch rechtswissenschaftliches ist, sondern über einzelne Disziplinen hinausreicht und allgemein auf die Frage *wissenschaftlich möglichst exakter Rekonstruktion lebensweltlicher Unbestimmtheiten abzielt.*

Wenn die Rechtstheorie als ein Erkenntniszusammenhang konstituiert wird, der nicht identisch ist mit dem Recht selbst (also Sätze über Recht, nicht aber Rechtssätze bildet), sollte es möglich sein, nach der Herkunft und der Funktion jener Unbestimmtheiten zu fragen, ohne diese Frage selbst im Unbestimmten zu belassen. Geht man von der Kontingenz aus, die sich in aller zwischenmenschlichen Interaktion konstituiert, kann man in der Ambivalenz der Prinzipien eine Umformulierung, eine Zweitfassung jenes Problems der Kontingenz erkennen und sich fragen, auf welche Voraussetzungen diese Umformulierung sich stützt und welche Vorteile sie bietet.

Prinzipien sind eine hochstilisierte Form von Schematisierung, die für die Erlebnisverarbeitung allgemein notwendig ist, und sie müssen zunächst von den allgemeinen Funktionen typmäßiger Schematisierung her begriffen werden, wie sie vor allem der Dingwahrnehmung zugrunde liegen.[4] An die Stelle eines zu ungewissen, faktisch nicht durchhalt-

---

Organisationsprinzipien: Untersuchungen zu Inhalt, Ordnung, und Nutzen einiger Grundaussagen der Organisationslehre, Berlin 1969. Als Beispiel für ein Einzelproblem siehe die Diskussion zwischen Waino W. Suojanen, The Span of Control – Fact or Fable? Advanced Management 20 / 11 (1955), S. 5-13, und Lyndall F. Urwick, The Span of Control – Some Facts about the Fables, Advanced Management 21 / 11 (1956), S. 5-18.

4 Vgl. grundlegend Edmund Husserl, Erfahrung und Urteil: Untersuchungen zur Genealogie der Logik, Hamburg 1948, insb. S. 381 ff. Darauf aufbauend die Verwendung des Typus-Begriffs in den Lebens-

baren Erlebens, daß alles anders sein könnte, wird ein Beurteilungsstandard gesetzt, der die Erlebnisverarbeitung schematisiert, aber noch nicht eindeutig festlegt. Er bietet Struktur, nicht Determination. Er schiebt gleichsam eine Erwartung ins Ungewisse vor, an der sich dann Erfüllungs- und Enttäuschungserlebnisse ankristallisieren können. Man verwendet den Typus »Schrank«, dann präziser den Typus »Biedermeier-Schrank«, kann so erst erfahren, daß sich leider das Furnier ablöst und dies als allgemeine Möglichkeit in den Typus der Biedermeier-Schränke aufnehmen. Typisiertes Erwarten entspricht den oben[5] behandelten Anforderungen an einen lebensweltlichen Schematismus: Es ist Voraussetzung dafür, daß Erfahrungen gemacht werden, daß gelernt werden kann und daß Erinnerungen sich ablagern und verfügbar bleiben können. Erst an schematisierender Erlebnisverarbeitung bildet sich ein Zeithorizont mit Vergangenheit und Zukunft. Erst Schemata machen das Erleben teilweise unabhängig von der Reihenfolge des Eintreffens von Nachrichten (und damit von der Zeitstruktur der Umwelt) und ermöglichen es, von einer rein seriellen Ordnung der Erlebnisverarbeitung zu einer selektiven Ordnung überzugehen, die unabhängig vom Zeitpunkt des Eintreffens von Informationen diese unter Kriterien des Sachlich-Zusammengehörigen, zum Beispiel unter Kriterien der Gleichheit, kategorisiert und bearbeitet. Und nur so können sich soziale Systeme der Interaktion von Partnern bilden, die auf der Grundlage höchst unterschiedlicher Zeitreihen des Erlebens kommunizieren und in hohem Maße ausgetauschte Kommunikation für eigene Erfahrung substituieren.

Solche Typen, Dingschemata oder Handlungschemata,

---

welt-Analysen von Alfred Schütz, gesammelt in den Collected Papers, Den Haag 1962 ff.

5 Siehe das Kapitel XIV. Technisierung und Schematisierung.

insbesondere Worte, Begriffe oder komplexe Symbolkombinationen sind als solche noch keine Prinzipien. Eine schemagebundene Erlebnisverarbeitung löst aber Veränderungen in Systemstrukturen aus, die höherstufige Kontrollen, vor allem reflexive Bewußtheit im Schemagebrauch erforderlich machten. Die unmittelbare Eindrucksabhängigkeit wird ersetzt durch ein Syndrom von Leistungen, das wir oben[6] als riskante Generalisierung, Indifferenz gegen Unterschiede und kontrollierte Sensibilität bezeichnet hatten. In strukturell wichtigen Fällen, vor allem in der selektiven Handlungssteuerung, werden einzelne Schemata als Schemata bewußt und in ihrer Funktionsweise kontrollierbar. Diesen Sachverhalt trifft der Begriff des Prinzips.[7] Prinzipien sind Handlungsschemata, in denen die Problematik schemagebundener Selektivität thematisch geworden und bewußter Steuerung unterworfen ist. Solche Prinzipien haben interne Funktionen der Kontingenzausschaltung, erfüllen sie aber nicht in der Form, daß die Kontingenz der Umwelt und des anfallenden Informationsmaterials ganz oder in den »wesentlichen« Aspekten negiert wird, sondern dadurch, daß interne Regeln der Erlebnisverarbeitung gerade in ihrem Bezug auf eine kontingente Erfahrungswelt, also gegenläufig, stabilisiert werden. Diese Möglichkeit wollen wir in zwei Hinsichten kurz erläutern.

Ein Aspekt besteht darin, daß die Generalisierung von Prinizipien über die Ebene der Verhaltenserwartungen und auch über die Ebene der Erwartungserwartung hinausgetrieben und abstrakt symbolisiert wird. Vertragsfreiheit, Ver-

---

6 Siehe S. 73 ff.

7 Zum Vergleich siehe Marcus G. Singer, Generalization in Ethics: An Essay in the Logic of Ethics, with the Rudiments of a System of Moral Philosophy, London 1963, dessen Begriff der Generalisierung jedoch einen engeren, an den »kategorischen Imperativ« anschließenden Sinn hat und deshalb zu andersartigen Folgerungen führt.

schulden als Voraussetzung von Strafe, Treu und Glauben im Geschäftsverkehr usw. – das sind Prinzipien, die noch nicht erkennen lassen, welche Erwartungen sie normieren bzw. normativ ausschließen und über die man sich daher verständigen kann, auch wenn man damit rechnen muß oder gar voraussieht, daß man in der Erwartungsbildung auseinandergehen wird. Zur Stabilisierung von Prinzipien gehört die Nichtableitbarkeit von Erwartungen mit dazu. Eben deshalb können Prinzipien es sich leisten, ihr Gegenteil mitzuerlauben und die Entscheidung auf Konfliktfälle mit höherem Informationsgehalt zu vertagen.

Dadurch, daß Prinzipien und Erwartungen nicht unter den gleichen Konsensbedingungen stehen, wird es möglich, die Kontingenz der Tatbestände im Rechtssystem zu rekonstruieren als Fragwürdigkeit der Ableitung von Erwartungen aus Prinzipien und sie in dieser Form zum Thema sozialer Interaktion zu machen; es geht dann in dieser Interaktion, vor allem in Verfahren der rechtlichen Entscheidungsfindung, thematisch nicht um die wechselhaften Erscheinungen des Lebens, sondern um die ungewisse Beziehung von Erwartungen auf Prinzipien.

Daran zeigt sich erneut, daß das Recht als *Begriffssystem* nicht ausreichend erklärt werden kann, weil die Form der Begriffe durch ihre Funktion im *sozialen System* der Interaktion mitbestimmt ist. Rechtsprinzipien haben, wie Georges Ripert[8] sagt, eine »puissance d'intimidation«, die Widerspruch erschwert und Gegenpositionen benachteiligt. Zugleich sind sie aber, um mit H. L. A. Hart[9] zu formulie-

8 Les Forces créatrices du droit, Paris 1955, S. 343. Die Vorstellung einer mit bestimmten Worten verbundenen »puissance d'intimidation« stammt von Gabriel Marcel, Les hommes contre l'humain, Paris 1951.

9 The Ascription of Responsibility and Right in: Antony G. N. Flew (Hrsg.), Essays on Logic and Language, Oxford 1951, S. 145-166 (148 ff.). Vgl. dazu auch George Pitcher, Hart on Action and Respon-

ren, »defeasible concepts«, die ihrem eigenen Sinne nach im sozialen System verfahrensmäßiger Interaktion erfolgreich behauptet, aber auch in ihrem jeweiligen Anspruch abgewehrt und zurückgeschlagen werden können.

Während mit solchen Abstraktionsleistungen die generalisierende Funktion von Schemata auf einen Begriff gebracht und damit bewußt wird, kommt ihre Ambivalenz dadurch unter Kontrolle, daß Prinzipien als Regeln mit möglichen Ausnahmen aufgefaßt werden.[10] Wir sehen davon ab, Prinzipien und Regeln nach dem Grad der Generalisierung zu unterscheiden,[11] und sprechen von Prinzipien

---

sibility, The Philosophical Review 69 (1960), S. 226-235 und Joel Feinberg, Doing and Deserving: Essays in the Theory of Responsibility, Princeton N. J. 1970, S. 119 ff.

10 Andere Versuche der Klärung dieser Ambivalenz bedienen sich des logischen Typenbegriffs, für den die Vorstellung eines deutlichen Sinnkerns mit unscharfen Abgrenzungen bezeichnend ist. Sie beschreiben den Typus als eine besondere Art generalisierender Merkmalskombination und arbeiten seine Form, nicht seine Funktion und seinen Problembezug aus. Siehe im Bereich der Rechtstheorie Karl Englisch, Die Idee der Konkretisierung in Recht und Rechtswissenschaft unserer Zeit, 2. Aufl., Heidelberg 1968, S. 237 ff., 308 ff. mit ausführlichen Literaturangaben. Seitdem namentlich Karl-Heinz Strache, Das Denken in Standards: Zugleich ein Beitrag zur Typologie, Berlin 1968; Winfried Hassemer, Tatbestand und Typus: Untersuchungen zur strafrechtlichen Hermeneutik, Köln 1968, S. 96 ff. (besonders S. 113 zum Bezug auf Fälle); Reinhold Zippelius, Die Verwendung von Typen in Normen und Prognosen, Paul Bockelmann (Hrsg.), Festschrift für Karl Engisch zum 70. Geburtstag, Frankfurt 1969, S. 224-242; ders., Der Typenvergleich als Instrument der Gesetzesauslegung, in: Hans Albert / Niklas Luhmann / Werner Maihofer / Ota Weinberger (Hrsg.), Rechtstheorie als Grundlagenwissenschaft der Rechtswissenschaft (Jahrbuch für Rechtssoziologie und Rechtstheorie 2), Düsseldorf 1972, S. 482-490.

11 So z. B. Jean Boulanger, Principes généraux du droit et droit positif, in: Le droit privé français au milieu du XXe siècle: études offertes à Georges Ripert, Bd. I, Paris 1950, S. 51-74. Das Problem all dieser Versuche ist, daß es *mehrere* Richtungen der Generalisierung gibt.

immer dann, wenn Regeln so gefaßt sind, daß sie in einer offenen Zahl von Fällen ihr Gegenteil als Ausnahme mitzulassen. Das Regel / Ausnahme-Schema ist ein hoch interessantes Leistungssyndrom, das mehr Beachtung und eine sorgfältige funktionale Analyse verdient. Als Ausgangspunkt scheint uns die Frage geeignet zu sein, wie sich das Regel / Ausnahme-Schema zu anderen Formen der Kontingenzbehandlung verhält, namentlich zu solchen, die Jean Poirier glücklich als »parajuristische« Rechtsentwicklungen apostrophiert hat.[12] Durch bewußte Geschicklichkeit in einer solchen Regelung von Ausnahmen hat sich die Moralkasuistik hervorgetan.[13]

Alle normativen Ordnungen entwickeln in dem Maße, als sie präzisiert und durchgearbeitet werden, einen Bereich von tolerierten und typisierten Mustern, mit den Normen »verständnisvoll« umzugehen, sie zu modifizieren, ihnen auszuweichen oder sie auf akzeptierbare, schonungsvolle Weise zu brechen.[14] Auch in solchen parajuristischen Praktiken

12 Siehe Jean Poirier, Introduction à l'ethnologie de l'appareil juridique, in: ders. (Hrsg.), Ethnologie générale, Paris 1968, S. 1091-1110 (1108).

13 Vgl. Albert Bayet, La Casuistique chrétienne contemporaine, Paris 1913.

14 In der Rechtssoziologie und der Rechtsethnologie wird darauf häufig hingewiesen. Eugen Ehrliches Forschungen über lebendes Recht sind ein berühmtes Beispiel. Vgl. ferner Jerome Frank, Lawlessness, International Encyclopedia of the Social Sciences, Bd. 9, New York 1934, S. 277f.; Paul Bohannan, The Differing Realms of the Law, in: ders. (Hrsg.), Law and Warfare: Studies in the Anthropology of Conflict, Garden City N. Y. 1967, S. 43-56 (46). Gute empirische Forschung hierzu gibt es in der neueren Organisationssoziologie, so beispielsweise: Gresham Sykes, The Corruption of Authority and Rehabilitation, Social Forces 34 (1956), S. 257-265; Joseph S. Berliner, Factory and Manager in the USSR, Cambridge Mass. 1957; George Strauss, Tactics of Lateral Relationship: The Purchasing Agent, Administrative Science Quarterly 7 (1962), S. 161-186; Joseph Bensman /

(die von den durch die Norm nicht mitmotivierten Rechtsbrüchen, etwa kriminellen Verbrechen oder fahrlässig passierenden Abweichungen deutlich zu unterscheiden sind) findet man eine normbezogene Ordnung, die sich nur nicht legitim artikulieren kann. Gelingt es dagegen, die Wertbeziehungen der anerkannten Ordnung entsprechend zu erweitern, läßt sich die Abweichung als Ausnahme von der Regel in sie einbauen. Das Regel / Ausnahme-Schema dient gleichsam der Kodifikation parajuristischer Normbildungen, wobei diese entweder abschließend aufgezählt oder unbestimmt offengelassen werden. Mit einer solchen Kodifikation sind angebbare Vorteile verbunden, namentlich Vorteile der Transparenz der Kommunikationsfähigkeit und der Entlastung von der für alles illegale Handeln typischen »Kostenungewißheit«. Man vermeidet vermeidbare Unrechtszuschreibungen.

Soweit formalisiert, kann die Kontingenz des so oder auch anders Möglichen in ein Beobachtungs- und Steuerungsinstrument umgeformt werden. Auch dafür sei auf Parallelen zwischen organisationstheoretischer (namentlich betriebswirtschaftlicher) und rechtstheoretischer Forschung hingewiesen. Das »management by exception« ist eine schon

---

Israel Gerver, Crime and Punishment in the Factory: The Function of Deviance in Maintaining the Social System, American Sociological Review 28 (1963), S. 588-593; Dean Harper / Frederick Emmert, Work Behavior in a Service Industry, Social Forces 42 (1963), S. 216-225; Anselm Strauss u. a., The Hospital and Its Negotiated Order, in: Eliot Freidson (Hrsg.), The Hospital in Modern Society, New York 1963, S. 147-169; Earl Rubington, Organizational Strains and Key Roles, Administrative Science Quarterly 9 (1965), S. 350-369; Louis A. Zurcher, Jr., The Sailor Aboard Ship: A Study of Role Behavior in a Total Institution, Social Forces 43 (1965), S. 389-400; Gerd Spittler, Norm und Sanktion: Untersuchungen zum Sanktionsmechanismus, Olten, Freiburg / Brsg. 1967. Das Phänomen ist mithin gut genug dokumentiert, um als universell verbreitet gelten zu können.

von den Klassikern[15] empfohlene Strategie der Aufmerksamkeitsverteilung und der hierarchischen Kanalisierung von Kontrollen und Reaktionen. Sie pendelt in der wissenschaftlichen Darstellung und ebenso in der Praxis zwischen zwei Zielsetzungen, und das Charakteristische ist, daß dieser Zielgegensatz im Unentschiedenen bleibt. Einerseits geht es darum, Leistungserwartungen zu normieren und für Nichterfüllung fallweise Begründungen zu fordern, die als Ausnahme auf eine besondere Lage zurückzuführen sind und die Regel unangefochten in Geltung lassen; man differenziert auf diese Weise entschuldbares und unentschuldbares Fehlverhalten. Zum anderen verhilft dieses Instrument zur laufenden Überwachung der Regel auf ihre fortbestehende Adäquität; die Ausnahmelage kann die Notwendigkeit einer Änderung der Regel selbst signalisieren.[16] Das Regel / Ausnahme-Schema *verbindet also Strategien des Normierens und des Lernens*. Die Grenze zwischen beiden Strategien ist deshalb flüssig, weil schon die einmalige Zulassung einer Ausnahme unter der Voraussetzung der Kontinuität des Systems Konsequenzen für die künftige Behandlung gleichartiger Fälle hat und so einen ersten Schritt zur Änderung der Regel impliziert.

Dieser organisationstheoretische Befund gemischt normativ-lernender Strategien müßte auch die Rechtstheorie

---

15 Vgl. Frederick W. Taylor, The Principles of Scientific Management, a. a. O., S. 129, und ders., Shop Management, New York, London 1912, S. 126f. Zum gegenwärtigen Diskussionsstand siehe Erich Frese, Management by Exception, in: Erwin Grochla (Hrsg.), Handwörterbuch der Organisation, Stuttgart 1969, Sp. 956-959 mit Literaturhinweisen.

16 Die organisatorische Differenzierung und die praktische Durchführung hängen unter anderem von der Form ab, in der die Regel Entscheidungsprogramm geworden ist. Dazu für Zweckprogramme Niklas Luhmann, Zweckbegriff und Systemrationalität, Tübingen 1968, S. 221ff.

interessieren – besonders wenn sie dem oben[17] skizzierten Vorschlag folgen würde, normatives Erwarten als Gegensatz zu kognitivem Erwarten und damit als »lernunwillig« zu definieren. Es festigt sich dann der Verdacht, daß eine radikale Trennung von lernenden und nichtlernenden Strategien der Enttäuschungsabwicklung zu hohe Risiken impliziert: Man kann Erwartungen nicht in *jeder* Hinsicht *vorher* auf *entweder* die eine *oder* die andere Form des Enttäuschungsverhaltens festlegen. Dies Risiko läßt sich mindern, wenn man sich nur »prinzipiell« auf einen dieser beiden Erwartungsstile festlegt und den gegenläufigen als Strategie für ungewöhnliche Situationen mitlaufen läßt. Genau dies leistet das Regel / Ausnahme-Schema: Es organisiert *apokryphes Lernen in einer primär normativen Erwartungsstruktur.* Man hält sich in der Regel an die Regel, bewahrt sich aber die Freiheit, in kritischen Fällen eine Ausnahme zu konzedieren, ohne dadurch der Regel selbst Abbruch zu tun und ohne die normative Prätention des kontrafaktischen Durchhaltenwollens aufgeben zu müssen. In dieser Anpassungsfähigkeit liegt der Grund, weshalb Ausnahmen, selbst unspezifizierte Ausnahmen, die Geltung einer Regel nicht schwächen, sondern eher stärken.[18] Wie auch im Bereich des kognitiven Erwartens durch experimentelle Forschung[19] gezeigt worden ist, sind ausnahmebereite Erwartungen stabiler als Erwartungen, bei denen Geltung oder Nichtgeltung mit jeder Abweichung auf der Kippe steht.

Anschließend an unsere allgemeinen Ausführungen über

---

17 Siehe oben Kapitel V. Rechtsnormen.

18 So ausdrücklich Leonard G. Miller, Rules and Exceptions, Ethics 66 (1956), S. 262-270.

19 Ausgangspunkt war das mehrfach wiederholte Experiment von Lloyd G. Humphreys, The Acquisition and Extinction of Verbal Expectations in a Situation Analogous to Conditioning, Journal of Experimental Psychology 25 (1939), S. 294-301.

Schematisierung können wir somit im Regel / Ausnahme-Schema eine *Risikominderung für binäre Strukturen* erkennen. Das Risiko zu stark generalisierter, unbestimmter Negation, das um der Herstellung einer operablen Alternative willen zunächst eingegangen werden muß, wird durch partielle Negation der Negation an Hand vorkommender Fälle abgeschwächt, bis keine Fälle mehr kommen, die erfolgreich gegen das Prinzip argumentieren können. Der Zufall des Anfallens der Fälle ist also in die Kontingenzregulierung eingebaut, Prinzipien stützen sich auf Kasuistik. Der konkrete Fall ist hier nicht nur Not, sondern Tugend, nicht nur Ärgernis, Anstoß oder allenfalls faktische Informationsquelle, sondern Element der entscheidungsleitenden Struktur.

Anders gewendet: Die starre Alternative der Vorwegfestlegung auf Lernen oder Nichtlernen im Enttäuschungsfalle, die im täglichen Leben so gar nicht funktionieren könnte,[20] wird, wenn sie formalisiert wird, wieder abgebaut; sie wird dadurch modifiziert, daß im Bereich des kontrafaktischen, normativ-lernunwilligen Erwartens die Erwartung ins Prinzipielle übersteigert und dann nochmals mit der dann freilich ungleichgewichtigen Alternative von Lernen oder Nichtlernen konfrontiert wird: Haftung grundsätzlich nur bei Verschulden, aber ausnahmsweise auch ohne Verschulden, wenn ...

Man könnte weiter erörtern, welche Anforderungen an logische Regeln die Kalkülisierung des Regel / Ausnahme-Schemas stellen würde;[21] und man würde dabei die logischen Regeln nach den Erfordernissen einer funktional adäquaten Verwendung des Regel / Ausnahme-Schemas wählen müssen

20 Dies zeigen deutlich empirische Untersuchungen über Erwartungsstrukturen einer Militäreinheit von Elmar Lange (Ms.).

21 Vgl. dazu Lothar Philipps, Rechtliche Regelung und formale Logik, Archiv für Rechts- und Sozialphilosophie 5 (1964), S. 317-329.

und nicht umgekehrt dieses aus einem (welchem?) vorgegebenen Logiksystem abzuleiten versuchen. Weiter wären die praktischen Konsequenzen zu bedenken, die dieser Typ von Schematisierung hat, wohin sich die Schwierigkeiten damit verlagern und in welcher Form die Verhaltensprobleme nun auftreten. Ein Folgeproblem liegt zum Beispiel im Erkennen von Ausnahmelagen, ein anderes im Überwinden von Kommunikationssperren durch moralisch überfrachtete Regeln, ferner in der Auslösung wirksamer Initiativen zugunsten von Ausnahmen, besonders in Situationen der akuten Enttäuschung über nichterfüllte Erwartungen. Es muß hier jedoch genügen, diese Möglichkeiten einer Weiterführung des Gedankens ins Detail anzuzeigen (und damit wiederum einen Hinweis zu geben auf die Interdependenz von Begriffsform und Funktionsweise in sozialen Systemen). Für den Zusammenhang unserer Überlegungen ist es wichtiger, nochmals zurückzublenden und daran zu erinnern, daß die Orientierung an Prinzipien und deren Artikulation im Regel / Ausnahme-Schema eine Umformung und Rekonstruktion des Problems der Kontingenz leistet, gleichsam eine handlichere, kleinformatige Problemstellung für das abstrakt unlösbare Problem der »anderen Möglichkeiten« des Verhaltens sucht. Im Rückblick auf diesen nun fernen, letzten Bezugsgesichtspunkt der Kontingenz kann man fragen, was es besagt, wenn für den Umgang mit Ungewißheiten gerade diese Strategie gewählt wird und welche funktional äquivalenten anderen Möglichkeiten der Kleinarbeitung des Kontingenzproblems zur Verfügung stehen.

Ein gewichtiger Vorteil der Orientierung an Prinzipien mit möglichen Ausnahmen kommt dem bereits ausgiebig erörterten Bedürfnis entgegen, Entscheidungsinterdependenzen im Rechtssystem geringzuhalten. Prinzipien sind, wenn man nur offene Widersprüche in der Formulierung vermeidet (z. B.: Zentralisation und Dezentralisation), ohne

Schwierigkeiten konsistent zu praktizieren. Da sie Ausnahmen zulassen, haben sie eine hohe Konflikttoleranz. Geraten sie in Konflikt, äußert sich das darin, daß sie sich wechselseitig die Bestimmung der Ausnahmen konzedieren. Darauf beruht Walter Wilburgs Vorschlag eines »beweglichen Systems«.[22] Auf diese Weise kann mit einer Unbekümmertheit, die nur von »Werten« noch übertroffen wird, strukturelle Kompatibilität völlig heterogener Prinzipien erreicht werden, deren Zusammenspiel nicht durch systeminterne Regeln der Konsistenz, sondern durch eine vorgegebene gesellschaftliche Moral gesteuert wird. Dieser Vorteil für die Systembildung wird jedoch zum Nachteil, wenn die Gesellschaft von ihrem Rechtssystem die Ordnung stärker interdependenter Vorgänge verlangt.

Mangels einer vorgreifenden Konfliktsregelung zwischen Prinzipien, wie sie am einfachsten in der Form einer hierarchisch-transitiven Rangordnung vorstellbar wäre, bleibt die Wahl der Entscheidungsgesichtspunkte für einen etwaigen Konflikt dem Einzelfall überlassen, dessen Entscheidung dann regelbildend wirken mag. Dieser uns schon bekannte Entwicklungsstil kasuistisch-dogmatischer Rechtsfortbildung zeigt, daß die Orientierung an Prinzipien als Regeln mit fallweise zu erarbeitenden Ausnahmen im *rechtsanwendenden* Entscheidungsprozeß geboren und auf ihn zugeschnitten ist.[23] Das zeigt sich vor allem daran, daß das Prinzip selbst und seine Abstraktionsrichtung keine Regel für die Konstruktion und Begründung der Ausnahmen enthält,[24] daß man sich die Anregung zur Bildung und Begrün-

22 Walter Willburg, Entwicklung eines beweglichen Systems im bürgerlichen Recht, Graz 1950.

23 Siehe namentlich Josef Esser, Grundsatz und Norm der richterlichen Fortbildung des Privatrechts, Tübingen 1956.

24 Anders Marcus G. Singer, Generalization in Ethics, a. a. O., S. 83 ff., 123 ff., der dem allgemeinen Prinzip der (kantischen) Generalisie-

dung der Ausnahmen vielmehr *fallweise* kommen lassen muß. Die Inspiration durch den Fall, der Durchgang durchs Konkrete gehört hier in einer Weise zur Entscheidung, die nur in bestimmten Arten von Entscheidungsprozessen, nämlich in der Rechtsanwendung, als glücklich empfunden werden kann. Für Prozesse der Rechtssetzung im Wege der Gesetzgebung stellt sich im Zeitalter voll positivierten, durch Entscheidung herstellbaren Rechts die Frage, ob es nicht andere, für Rechtssetzung günstigere Strategien der Rekonstruktion von Kontingenz gibt. Gewiß kann auch ein Gesetz Prinzipien formulieren und als Regeln mit noch offenen Ausnahmen legalisieren, aber das ist im wesentlichen ein Vorgang der Delegation von Entscheidungen auf den Richter. Die auf der Ebene der Gesetzgebung zu vermutenden, eigentümlichen Chancen der Rationalität werden so nicht genutzt. Die Frage ist daher, ob die Rechtstheorie, nachdem das Recht schlechthin für geplante Umprogrammierung durch Gesetzgebung zugänglich geworden ist, nicht abstraktere Schemata des planenden Zugriffs auf kontingente Möglichkeiten anbieten könnte.

---

rung zugleich die Begründung dafür, daß Regeln Ausnahmen haben müssen, *und* das Prinzip ihrer Konstruktion entnehmen möchte.

XVII. Alternativen

Das vorige Kapitel hat gezeigt, daß die Abarbeitung von Kontingenz über die Festlegung von Prinzipien als Regeln mit Zulassung von Ausnahmen ein bestimmtes Anspruchsniveau in zeitlicher und sachlicher Hinsicht voraussetzt und daß sie bei zunehmenden Anforderungen an Variationstempo und an Regelung sachlicher Interdependenzen nicht mithält. Diese Einsichten signalisieren Zusammenhänge zwischen Komplexität und Variabilität des gesamtgesellschaftlichen Systems auf der einen, des Teilsystems für Rechtsentscheidungen auf der anderen Seite. Die Gefahr ist, daß eine Dogmatik, die das Rechtssystem in zeitlicher wie in sachlicher Hinsicht an Niveaus relativ geringer oder relativ unbestimmter Komplexität bindet, ihre Erfolge in bestimmten gesellschaftlichen Lagen mit Entwicklungshemmungen bei veränderten Anforderungen bezahlt. Diese Gefahr besteht gerade dann, wenn die Erfolge auf »unanalysierten Abstraktionen« beruhen, auf Abstraktionen, deren Funktionen der Kontingenzregulierung und der Steuerung des Komplexitätsgefälles zwischen System und Umwelt nicht auf der Hand liegen, also auch nicht disponibel sind.

Systemtheoretische Überlegungen ebenso wie neuere Bemühungen der Organisations- und Entscheidungstheorie legen es nahe, einen Ausweg in einem anderen Typ von Schematisierung zu suchen, dessen Funktionalität offen zutage liegt, nämlich in der problembezogenen Konstruktion von funktional äquivalenten Alternativen.[1] Die Suche nach Al-

1 Einen ausdrücklichen Vergleich des Fragens nach Ausnahmen von Regeln mit dem Fragen nach Alternativen für Problemlösungen findet man bei David Braybrooke / Charles E. Lindblom, A Strategy of Decision: Policy Evaluation as a Social Process, New York, London 1963,

ternativen ist bisher hauptsächlich in der Form der zweckgeleiteten Suche nach anderen Mitteln ausgebildet worden, hat aber auch andere Vorlagen in der Moralphilosophie und der Rechtsdogmatik, so daß eine abstraktere, vom Sonderfall der Zweckrationalität abgelöste Behandlung naheliegt. Die Denkform der Alternative scheint selbst eine Alternative zum die Rechtsdogmatik bisher beherrschenden Prinzipiendenken zu sein und verdient als solche eine genauere Untersuchung.

Die zentrale Stellung der Denkform der Alternative für die Konstruktion dogmatischer Grundbegriffe und für juristische Techniken der Fallbehandlung hat kürzlich Jürgen Rödig in einer bedeutungsvollen Untersuchung dargetan.[2] Die rechtstheoretische Tragweite dieser Kategorie bedarf daher keines weiteren Nachweises mehr. Um so deutlicher lassen sich an diesem Beispiel die Unterschiede möglicher Denkansätze für eine allgemeine Rechtstheorie vorführen.

Gemeinsamer Ausgangspunkt ist die Annahme, daß der Begriff Alternative sich auf Möglichkeiten bezieht (ohne daß die Wirklichkeit von Alternativen damit ausgeschlossen sein soll), und zwar auf den engeren Fall, daß eine Mehrheit von Möglichkeiten besteht, die gemeinsam naheliegen, die aber nicht zugleich verwirklicht werden können. Soviel

---

S. 158 ff., und zwar mit spürbarer Vorliebe für das Suchen nach Alternativen.

2 Jürgen Rödig, Die Denkform der Alternative in der Jurisprudenz, Berlin, Heidelberg u. a. 1969. Zum Folgenden vgl. auch die Rezensionen von Bernhard Schlink und von Niklas Luhmann in der Zeitschrift Rechtstheorie 1 (1970), S. 213-222. Eine in mancher Hinsicht vergleichbare Untersuchung auf dem Gebiet der utilitarischen Ethik (jedoch ohne Axiomatisierungsanspruch) ist Lars Bergström, The Alternatives and Consequences of Actions: An Essay on Certain Fundamental Notions in Teleological Ethics, Stockholm, Göteborg u. a. 1966; ferner ders., Alternatives and Utilitarianism, Theoria 34 (1968), S. 163-170.

liegt umgangssprachlich fest. Für Rödig kommt es auf eine logisch exakte Nachkonstruktion des Denkens in Alternativen an. Mit Hilfe einer Art topologischer Logik bestimmt er Alternativen als Sachverhalte, die zwar »kongruent« sind insofern, als sie dieselbe Raum-Zeit-Stelle in Anspruch nehmen, aber trotzdem nicht identisch, sondern verschieden sind, nämlich »verschiedenen Welten« angehören.[3] Der Gedanke einer Mehrheit möglicher Welten, die sich wechselseitig ausschließen, definiert mithin die Alternativität; eine einzelne Welt ist in sich alternativenlos gedacht. Dieses Abschieben des Problems in andere mögliche Welten vermag jedoch bei genauerem Zusehen nicht zu befriedigen, da es für solche anderen Welten keine Kriterien der Zugehörigkeit bzw. Nichtzugehörigkeit von Merkmalen gibt.[4] Es ist vielleicht noch vorstellbar, daß derjenige, den ein Mörder getötet hat, in einer anderen Welt fortlebt – aber wie lange, mit welchen Eigenschaften und Handlungen usw.? Noch schwieriger wird der Gedanke, daß diejenigen, die der Mörder *nicht* getötet hat, in einer anderen Welt tot sind, weil er sie hätte töten können. Die möglichen anderen Welten haben keine Grenzen der Kompatibilität, können also gar nicht wirklich als Welten wie diese Welt gedacht werden.

3 Zum Gedanken einer topologischen Logik einer Mehrheit möglicher Welten, den Rödig nicht weiter expliziert, vgl. auch Nicholas Rescher, Topics in Philosophical Logic, Dordrecht 1968, S. 229 ff. Auch Arthur N. Prior, Possible Worlds, Philosophical Quarterly 1962, S. 36-43, empfahl, aus modallogischen Gründen mit der Vorstellung einer Mehrheit möglicher Welten zu arbeiten, ohne angeben zu können, was das dann erforderliche »jumping« von Welt zu Welt nun eigentlich bedeute, mit anderen Worten, wie das Selektionsproblem, so gestellt, lösbar sei.

4 Mit etwas anderen Argumenten (man brauche die Grenzen der aktuell gegebenen Welt nicht zu überschreiten, um aus ihren Elementen im Wege der Generalisierung Möglichkeiten zu konstituieren) kommt zum gleichen Ergebnis auch Nelson Goodman, Fact, Fiction, and Forecast, 2. Aufl., Indianapolis 1965, S. 56 f.

Die Kehrseite dieses Unbestimmtheitsproblems ist, daß Rödig nicht zu spezifizieren vermag, welche von unendlich vielen Möglichkeiten nun eigentlich zu einer Alternative zusammentreten, nämlich um dieselbe Raum-Zeit-Stelle konkurrieren. Das (auch für uns freilich schwierige) Problem der Ableitung engerer Kriterien für das jeweils sinnvoll Mögliche bleibt ungelöst, die Begriffsbildung insofern formal.[5]

Ein historischer Rückblick zeigt nun, daß der Gedanke einer Mehrheit möglicher Welten eine *bestimmte Fassung des Kontingenzproblems* war, die auf antiken Grundlagen im mittelalterlichen Nominalismus formuliert wurde und deren Entwicklung mit Fontenelle und Leibniz im wesentlichen abgeschlossen war.[6] Sie isolierte das Kontingenzproblem auf die Ebene der Welt im ganzen und konnte es so vereinbaren mit der Vorstellung der Einzelwelt als determiniertem System. Eine zu radikal begriffene Kontingenz wird

---

5 Diese Zurückhaltung ist für logische Arbeiten am Recht bezeichnend. Als ein anderes Beispiel vgl. die Entscheidung von Ulrich Klug, Juristische Logik, 3. Aufl., Berlin, Heidelberg u. a. 1966, S. 123, die Frage der Definition des jeweiligen Ähnlichkeitskreises, nämlich der Ermittlung inhaltlicher Kriterien für die Behandlung als gleich bzw. ungleich (und damit für Gerechtigkeit), nicht weiter zu verfolgen.

6 Siehe insb. Pierre Duhem, Etudes sur Léonard de Vinci: ceux qu'il a lus et ceux qui l'ont lu, Bd. II, Paris 1909, Neudruck 1955, S. 57ff.; ders., Le système du monde: histoire des doctrines cosmologiques de Platon à Copernic, Paris 1913-17, erweiterter Neudruck 1954ff., insb. Bd. IX (1958), S. 363. Vgl. auch Hans Blumenberg, Ordnungsschwund und Selbstbehauptung: Über Weltverstehen und Weltverhalten im Werden der technischen Epoche, in: Helmut Kuhn / Franz Wiedmann (Hrsg.), Das Problem der Ordnung. Sechster Deutscher Kongreß für Philosophie München 1960, Meisenheim / Glan 1962, S. 37-57 (43ff.); ders., Die Legitimität der Neuzeit, Frankfurt 1966, S. 113ff.; Ingetrud Pape, Von den »möglichen Welten« zur »Welt des Möglichen«: Leibniz im modernen Verständnis, in: Akten des Internationalen Leibniz-Kongresses, Hannover 14.-19. November 1966, Bd. I: Metaphysik – Monadenlehre, Wiesbaden 1968, S. 266-287.

praktisch bedeutungslos. Dieses Nebeneinanderstellen mehrerer möglicher Welten ist nicht nur, wie man inzwischen weiß, phänomenologisch undurchführbar, weil sich alles Erleben nur im Horizont von Welt schlechthin sinnhaft artikulieren kann;[7] es greift auch an dem Problem *innerweltlicher Kontingenz* des Erwartens und Verhaltens vorbei, auf das das Recht sich eigentlich bezieht. Unser Problem ist daher, die Bedingungen schärfer zu fassen, unter denen diese innerweltliche Kontingenz sich in der Form von Alternativen darstellt.

Dafür nutzen wir den Sinnzusammenhang von Kontingenz und Selektivität – einen Zusammenhang, der in den abstrakten modallogischen Definitionen von *contingens* überspielt wird, der aber gleichwohl seit dem antiken Atomismus und dann wieder seit dem Mittelalter die Problemorientierung des abendländischen Denkens bestimmt hat. Die Kontingenz von Ereignissen (im Sinne ihres nicht Notwendig- und nicht Unmöglichseins) zeigt sich an ihrer Selektivität, nämlich daran, daß Ereignisse als Verwirklichung einer von mehreren Möglichkeiten begriffen werden. Dabei hat zunächst das Moment der »Abhängigkeit von«, die kausale Determination des Selektionsprozesses die Aufmerksamkeit absorbiert. In dieser Perspektive zielt das Erkenntnisinteresse auf einen Sonderfall, der weder für die Handlungstheorie im allgemeinen, noch für die

7 Vgl. namentlich Edmund Husserl, Die Krisis der europäischen Wissenschaften und die transzendentale Phänomenologie (Husserliana, Bd. VI), Den Haag 1954, S. 103ff.; ders., Erfahrung und Urteil, Hamburg 1948, S. 23ff. Dazu ferner Charles Mugler, Deux thèmes de la cosmologie Grecque: Devenir cyclique et pluralité des mondes, Paris 1953; Gerd Brand, Welt, Ich und Zeit: Nach unveröffentlichten Manuskripten Edmund Husserls, Den Haag 1955; Ludwig Landgrebe, Der Weg der Phänomenologie, Gütersloh 1963. S. 41-62; Werner Marx, Das Problem der Sonderwelten bei Husserl, Festschrift für Bernard Laebrink, Freiburg 1969, S. 167-180.

Rechtstheorie interessant ist – auf den Fall nämlich, daß die Ursache alle Kontingenz (= Selektivität) absorbiert und die Wirkungen dann alternativenlos gegeben sind.[8] Bei einer abstrakteren Betrachtung des Begriffspaares Kontingenz – Selektivität wird die kausale Determination zu einem Grenzfall der allgemeinen Struktur, daß es mehr Möglichkeiten gibt, als Wirklichkeit werden können. Diese Überproduktion von Möglichkeiten hängt mit der sinnhaften Struktur menschlicher Erlebnisverarbeitung zusammen und diese wiederum mit der eigentümlichen Kontingenz sozialer Interaktion. Wir hatten sie oben[9] als Steuerungsebene generalisierter Erwartungen beschrieben, von der aus alle Wirklichkeit als kontingent gesehen werden kann. Durch sie reguliert sich ein unausweichlicher Selektionszwang allen menschlichen Erlebens und Handelns ein, der als solcher ohne Rücksicht auf kausale Determination beschrieben und in seinen strukturellen Bedingtheiten erforscht werden kann.

Alternativität ist nun ein besonderer Fall von Selektivität, nämlich der, daß die Verwirklichung einer Möglichkeit die Verwirklichung bestimmter anderer Möglichkeiten ausschließt. Möglichkeiten stehen im Verhältnis der Alternativität zueinander, wenn und soweit sie zwar als Möglichkeiten, nicht aber als Wirklichkeiten kompatibel sind.[10] Dieser

---

8 Wie leicht zu erkennen, hängt dieses deterministische Weltmodell eng zusammen mit der These einer Mehrheit möglicher Welten. Im Bereich der Wirkungen kann Kontingenz dann nämlich nur noch heißen: Möglichkeit einer anderen Welt, also Nichtnotwendigkeit dieser Welt im ganzen, und bleibt so ohne praktische Bedeutung.

9 Siehe S. 49 f.

10 Es schließen sich also nicht, wie Jürgen Rödig, Die Denkform der Alternative in der Jurisprudenz, a. a. O., S. 21 meint (vielleicht nur fehlerhaft formuliert), die Möglichkeiten selbst wechselseitig aus, denn sonst wäre eine Alternative im strengen Sinne unmöglich. Bezeichnend ist vielmehr gerade, daß auf der generalisierten Ebene des

Doppelbezug von Alternativen auf Mögliches und Wirkliches wirkt sich im Negationsverhältnis aus. Das reale Ausschließungsverhältnis, das mit der Denkform der Alternative avisiert ist, negiert nicht die Möglichkeiten, die in Betracht kommen (und zwar weder vor noch nach der Ausschließung), aber es limitiert sie. Aus der unendlichen Fülle der Möglichkeiten werden nur diejenigen ausgewählt und in die Alternative zusammengespannt, die sich wechselseitig als Wirklichkeit ausschließen würden, ausschließen oder ausgeschlossen haben. Welche das sind, kann aus dem Begriff der Alternative nicht deduziert werden. Aus dem Begriff folgt aber die Limitation der in Frage kommenden Möglichkeiten als Prinzip und ferner die Frage, wie dieses Prinzip in unterschiedlichen natürlichen und sozialen Strukturen sich auswirkt. Dies Limitieren und Typifizieren einer Alternative kann auf sehr verschiedene Weise (mit je unterschiedlichen Unzulänglichkeiten und Folgeproblemen) geleistet werden – vor allem durch (1) die Evidenz räumlicher und zeitlicher Ausschließungsverhältnisse;[11] (2) durch unvollständige, nämlich rein negative Beschreibung eines Teils

---

Möglichen andere (weiter gefaßte) Gesetze der Kompatibilität bestehen als auf der Ebene des Wirklichen; und daß auch *nach* der Verwirklichung einer Möglichkeit die als Wirklichkeit ausgeschlossenen anderen *als (vergangene) Möglichkeiten bestehenbleiben*. Die vergangene, durch den Mord als Wirklichkeit ausgeschlossene Möglichkeit, nicht getötet zu haben, bleibt als Möglichkeit und als Alternative zum Mord erhalten und wird nicht etwa unmöglich. Nur deshalb ist ein Schuldurteil begründbar, das seinen Grund nicht in der Unmöglichkeit, sondern in der vergangenen Möglichkeit anderen Verhaltens findet. Der Schuldbegriff (und damit zum Beispiel auch: der Gewissensbegriff) setzt eine strikte begriffliche Trennung von logischen Modalitäten und Zeitbestimmungen voraus.

11 Darauf stellt Rödig (vgl. S. 288, Fn. 10) ab. Auf diese Weise wird jedoch viel zu wenig ausgeschlossen. Vgl. dazu George J. McCall / J. L. Simmons, Identities and Interactions, New York, London 1966, S. 14 ff.

der Alternative (etwa Töten / Nichttöten ohne Angaben darüber, was das Weiterleben mit dem nicht Getöteten faktisch bedeutet!);[12] (3) durch lediglich nachträgliche Rekonstruktion der Alternative an Hand von Einzelfällen ohne Rücksicht auf vorherige Möglichkeiten der Information und der strukturellen Bedingtheit von Möglichkeiten; (4) durch Problemorientierung auf Grund der Unterstellung, daß mehrere Problemlösungen sich wechselseitig unmittelbar oder in ihren Folgen für ein System faktisch ausschließen.[13]

In diesen sehr verschiedenartigen Ausprägungen fungiert Alternativität als strukturelle Prämisse für Erlebnisverarbeitungen. Ihr Anwendungsbereich reicht weit über das Recht hinaus. Sie ist eine *allgemeine Form für enttäuschungsgefaß-*

---

12 Durch diese Operationsform der unbestimmten Negation kann *jeder beliebige Tatbestand* in die Form einer Alternative gebracht werden, eine Technik, die eben wegen ihrer geringen konstruktiven Anforderungen auch wenig ergiebig ist, die aber in der logisch-ontologischen Denktradition des Abendlandes wesentlich dazu beigetragen hat, die Systemrelativität der Wahl von Relevanzen und die sozialen Konstitutionsverhältnisse im sinnhaften Aufbau der Welt zu verschleiern (und damit, wie manche meinen, auch Herrschaftsverhältnisse zu stabilisieren). Vgl. dazu George A. Kelly, Man's Construction of His Alternatives, in: Garner Lindzey (Hrsg.), Assement of Human Motives, New York 1958, S. 33-64.

13 Dies ist der Sinn der funktionalistischen Verwendung des Begriffs der Alternative. Vgl. Robert K. Merton, Social Theory and Social Structure, 2. Aufl., Glencoe Ill. 1957, S. 34, 52, und dazu kritisch Ernest Nagel, Logic Without Metaphysics, Glencoe Ill. 1956, S. 247 ff. (276 ff.); Carl G. Hempel, The Logic of Functional Analysis, in: Llewellyn Gross (Hrsg.), Symposium on Sociological Theory, Evanston Ill., White Plains N. Y. 1959, S. 271-307 (284 ff.). Ferner Niklas Luhmann, Funktion und Kausalität, Kölner Zeitschrift für Soziologie und Sozialpsychologie 14 (1962), S. 617-644, neu gedruckt in: ders., Soziologische Aufklärung 1: Aufsätze zur Theorie sozialer Systeme, Köln, Opladen 1970, S. 9-30. Die Schwierigkeiten dieser Variante bestehen hauptsächlich darin, daß Problemstellungen es im allgemeinen nicht erlauben, die Vollständigkeit einer Liste von Problemlösungen und ihre wechselseitige Exklusivität zu kontrollieren.

tes Erwarten. Die in der Kategorie vorgesehene reale Ausschließung aller bis auf eine der Möglichkeiten besagt, daß eine Nichterfüllung sicher bevorsteht und offen nur ist, welche der Möglichkeiten realisiert bzw. nicht realisiert wird.[14] Bei einer so aufgefaßten Situation wird gerade die Offenheit der Möglichkeiten zum Ordnungselement, im Falle des Rechts also zum Element der Rechtsstruktur. Die Alternative hat Sinn und Struktur schon in ihrer disjunktiven Ganzheit, in ihrer Indifferenz, und nicht erst als Direktive oder gar als Erfüllung einer bestimmten Möglichkeit.[15] Man bedient sich ihrer Form in Reflektionsebenen oder -phasen, in denen man zunächst davon absehen, zugleich aber voraussehen kann oder muß, daß nur eine der Möglichkeiten realisiert oder realisierbar ist – zum Beispiel in der Formulierung einer Frage oder wenn es darauf ankommt, eine Möglichkeit als nicht-die-andere zu charakterisieren. Die *Einheit* der Disjunktion hat mithin die Funktion, *Selektionszwang sichtbar zu machen.* Sie drückt damit Kontingenz und Notwendigkeit zugleich aus, indem sie die Notwendigkeit auf die Selektion unter kontingenten Elementen beschränkt.

Die Ausführung kann auf verschiedene Weise geschehen.

14 Wir stoßen hier erneut auf den Diskussionszusammenhang »de futuris contingentibus«, in dem diese Denkform unter dem Gesichtspunkt ihrer Wahrheitsfähigkeit erörtert wurde. Vgl. die Hinweise oben Fn. 21 auf S. 34.

15 Man vergleiche dazu die Formulierung in der Kritik der reinen Vernunft, Hamburg 1967, B 99: »Es ist also in einem disjunctiven Urtheile eine gewisse Gemeinschaft der Erkenntnisse, die darin besteht, daß sie sich wechselseitig einander ausschließen, aber dadurch doch im *ganzen* die wahre Erkenntniss bestimmen, indem sie zusammengenommen den ganzen Inhalt einer einzigen gegebenen Erkenntniss ausmachen.« Die Begriffe, die den Sinn dieser Unentschiedenheit fassen sollen – Ganzes, Erkenntniseinheit, zusammengenommen –, bleiben jedoch leer. Eine Weiterentwicklung führte zu Hegels Begriff des »Allgemeinen«. Eine andere könnte in einer funktionalen Konzeption der Alternativität gesucht werden.

Dem Haupttypus nach wollen wir *bewertete Alternativen* und *Entlastungsalternativen* unterscheiden und die Vermutung ausdrücken, daß diese Unterscheidung von Bedeutung ist für die Art der Limitierung bzw. Typifikation, die bei der Konstruktion einer Alternative verwendet wird.

Von *bewerteten Alternativen* wollen wir sprechen, wenn in die als Alternative angenommene Konstellation von Möglichkeiten eine Bewertung eingeführt wird, die angibt, welche Möglichkeit den Vorzug der Verwirklichung bzw. Nichtverwirklichung verdient. Dabei kann entweder eine zu verwirklichende oder eine zu vermeidende Möglichkeit eigens benannt werden: rechts fahren! nicht töten! sich impfen lassen! Steuern zahlen! Ob positiv oder negativ bestimmt, typisch wird zunächst nur ein Teil der Alternative artikuliert und normiert, und zwar in einem Umfang, der Wirklichkeit werden kann, unter Abstreifen des Überschusses an Möglichkeiten, die die Alternativität konstituieren. Die »anderen Möglichkeiten« können, wie im Falle von Gesetzen, die bestimmte Verhaltensweisen (z. B. Kapitalbildung, Wohnungsbau, Maikäfervernichtung) prämiieren, klar vor Augen stehen; sie können aber auch, und das ist zumeist der Fall, im Unbestimmten belassen werden, obwohl sie an der Konstitution der Alternative strukturell beteiligt sind. Sie melden sich dann im nachhinein zu Wort – in der Form von Zweifeln an der normierten Bewertung, in dem Wunsch nach Ausnahmen für die Regel, in der Prüfung von Kausalität, Rechtswidrigkeit und Schuld angesichts des konkreten Falles. Sehr oft wird die Alternative erst konstruiert, wenn es darauf ankommt, eine normierende Bewertung nachträglich zu finden.[16] Gleichwohl ist sie in der Bewertung selbst schon vorausgesetzt.

16 Dies zeigen die von Jürgen Rödig, Die Denkform der Alternative in der Jurisprudenz, a. a. O., S. 59 ff., erörterten Fallbeispiele.

Mit all dem ist noch nicht viel gewonnen; eine exakte Fassung des Verhältnisses der Alternativität von Möglichkeiten zu ihrer Bewertung steht noch aus. Alternativität egalisiert ja zunächst die Möglichkeiten ins Gleich-Gültige und sieht von Präferenzen dabei ab. Wie läßt sich dann ein nicht nur äußerlicher Zusammenhang von Alternativität und Bewertung begründen?

Die Frage ist um so schwieriger zu beantworten, als Logik sie selbst für ihren Fall, für die Alternativität von wahr und falsch, noch nicht gelöst hat. Freges Begriff des »Gedanken« und Husserls Begriff der »Intention« sollen beide der Grundlegung der Logik dienen, sind beide auf einer Reflexionsebene angesetzt, auf der die Wahrheitsfrage noch offen ist, die Wahrheitswerte wahr und falsch also zu bloßen Möglichkeiten egalisiert sind, und geben beide keinen Aufschluß darüber, wie ihnen dann eine unterschiedliche Bewertung von wahr und falsch immanent sein kann.[17] Der Bestimmungshorizont der Bewertung ist zunächst: Gleichgültigkeit! In der Rechtstheorie ist das gleiche Problem bei Geiger in einer disjunktiven Fassung des Normbegriffs akut, ohne eine Lösung zu finden.[18] Diese durchdachten Fehlschläge lassen die Annahme zu, daß die Bewertung nicht aus der Alternativität heraus begründet werden kann,

17 Siehe Gottlob Frege, Der Gedanke: Eine logische Untersuchung, neu gedruckt in: ders., Logische Untersuchungen, hrsg. von Günther Patzig, Göttingen 1966, S. 40-53; Edmund Husserl, Logische Untersuchungen, 5. Aufl., Tübingen 1968, und zum gesamten Problem unter Einbeziehung der Zeitdimension Lothar Eley, Metakritik der Formalen Logik: Sinnliche Gewißheit als Horizont der Aussagenlogik und elementaren Prädikatenlogik, Den Haag 1969.

18 Vgl. Theodor Geiger, Vorstudien zu einer Soziologie des Rechts, 2. Aufl., Neuwied, Berlin 1964. Geigers »Lösung« besteht im bestechend konsequenten Durchhalten der Alternativität von Normvorschrift und Sanktion bis hin zu der These, daß es kein Unrecht gibt, sondern nur entsprechend gefärbte subjektive Gefühle (S. 206).

etwa in dem Sinne, daß ein die Disjunktion dialektisch »aufhebendes« Allgemeines eine immanente Tendenz auf Vernünftigkeit und Wahrheit hätte. Läßt man diese Hoffnung fahren, lassen sich andere Formen des gleichsam operationellen Zusammenspiels von Alternativität und Bewertung entdecken.

Das Bezugsproblem sehen wir darin, daß jede Wertsetzung als punktuell abstrahierte Präferenz eine überzogene Generalisierung enthält. Bewertet man Wahrheit positiv, lehnt man implizit zu viel andere Möglichkeiten als falsch ab, obwohl sie doch schön, nützlich, unterhaltsam usw. sein können.[19] Jede Wertung muß daher in konkreten Prozessen der Erlebnisverarbeitung revidiert werden. Dieser Prozeß der Respezifikation überzogener Wertungen wird durch die Denkform der Alternative gesteuert. Die Alternative muß, eben um dieser Funktion willen, Werte als gleichgültig ansetzen. Sie reduziert den Entscheidungsbedarf auf Wertkonflikte in (wie immer konstituierten) realen Ausschließungsverhältnissen. Wenn religiöses Gefühl es gebietet, die Zehen der Statue eines Heiligen zu küssen, kann dies aus hygienischen Gründen unterbunden werden, ohne daß die Wertbeziehung von Religion und Hygiene abstrakt entschieden zu werden braucht. Die Zwischenschaltung der Entscheidungsbedingung Alternativität bewirkt mithin, daß Werte als ab-

19 Zwei Prämissen dieser These können wir angeben, aber in diesem Zusammenhang nicht ausreichend erläutern; nämlich (1) daß jede Negation eine pauschale, also riskante Generalisierung enthält, und (2) daß es keine feststehende transitive Ordnung verschiedener Wertgesichtpunkte gibt. Vgl. auch Niklas Luhmann, Über die Funktion der Negation in sinnkonstituierenden Systemen, in: Harald Weinrich (Hrsg.), Positionen der Negativität (Poetik und Hermeneutik VI), München 1975, S. 201-218, neu gedruckt in: ders., Soziologische Aufklärung 3: Soziales System, Gesellschaft, Organisation, Köln, Opladen 1981, S. 35-49, und ders., Zweckbegriff und Systemrationalität, Tübingen 1968, S. 19 ff.

strakteste Integrationsmittel der Gesellschaft erhalten und je nach der Alternative mit wechselnden Präferenzen verwirklicht werden können.

Im Falle der bewerteten Alternative wird mithin die Alternative im Hinblick auf einen Wertkonflikt zusammengestellt – sei es in der Norm projiziert, sei es nachträglich ergänzt. Ihre Alternativität wird als Spezifikation eines Wertkonflikts begriffen und im Hinblick auf den bevorzugten Wert entschieden.[20] Die Alternative selbst wird jedoch ordnungspolitisch nicht ausgenutzt. Eine solche Ausnutzung ist der Sinn unseres anderen Haupttypus.

Von *Entlastungsalternativen* wollen wir sprechen, wenn die verschiedenen Möglichkeiten (von denen nur je eine realisiert werden kann) zueinander in ein Substitutionsverhältnis gebracht werden, sich also wechselseitig entlasten in dem Sinne, daß statt der einen die andere gewählt werden kann. Die *Wählbarkeit* muß als *Möglichkeit* vorgesehen und vorgezeichnet sein. Und das heißt: Man muß alle Möglichkeiten der Alternative als bestimmte oder doch bestimmbare durchzeichnen und kann sich nicht, wie bei bewerteten Alternativen, damit begnügen, eine auszuzeichnen und alle anderen als defiziente Modi unbestimmt zu negieren. Die Zulassung höherer Wahlfreiheiten erfordert ein höheres Potential antizipatorischer Bestimmung.

Die Wahl selbst kann – das ist unter unserem Blickwinkel

20 Dabei kann in Fällen hochgradig selbstverständlicher Bewertung die Thematisierung der Alternative unterbleiben. Der Mann, der seine Frau ermordet hat, wird nicht im Hinblick auf einen Wertkonflikt argumentieren, dies sei die einzige Möglichkeit gewesen, sie loszuwerden; als Alternative hätte ihm nur ein unglücklich-gebundenes Leben offengestanden. Das Argument unterbleibt indes nicht, weil in solchen Fällen keine Alternativität vorliegt, sondern nur, weil die Alternative offensichtlich vorentschieden ist. Die Konstellation unterscheidet sich nicht prinzipiell von jenen Zweifelsfällen, in denen die Entscheidung noch offen ist.

ein sekundäres Merkmal – entweder im Gesetz getroffen oder als Freiheit auf den Handelnden delegiert sein. Sie kann mit der Konstruktion der Alternative vorgegeben, aber auch völlig offengelassen werden. So konnte zunächst neben die Selbsthilfe, schließlich an die Stelle von Selbsthilfe die Klage im gerichtlichen Verfahren treten. Für gewissenswidrige Handlungen lassen sich häufig Alternativen entdecken oder schaffen, die dieses Merkmal nicht aufweisen.[21] An die Stelle des Verbots eines voraussehbar gefährlichen Verhaltens kann die Erlaubnis in Kombination mit Auflagen, Haftungsregelungen, Versicherung usw. treten. Der öffentlichen Verwaltung können öffentlichrechtliche und privatrechtliche Handlungsformen alternativ zur Verfügung stehen. Bei solchen Konstellationen sind unterschiedliche Bewertungen der einzelnen Möglichkeiten nicht ausgeschlossen, und insofern überschneiden sich unsere Typen. Es kann durchaus sein, daß die Bereitstellung einer funktional äquivalenten Problemlösung es ermöglicht, ein bestimmtes Verhalten aus dem Alternativbündel zu verbieten oder zu erlauben. Aber die Wertung ist bei dieser Regelungsform sekundär konstituiert; sie ist durch die Verfügungsmöglichkeit im Rahmen der Alternative mitmotiviert und bleibt davon abhängig, also kontingent. Die Regelungsmöglichkeit ergibt sich in diesen Fällen erst aus der Alternative selbst, nämlich aus dem Zusammenbestehen verschiedener Möglichkeiten, die sich zur Auswahl stellen,

21 Zur Bedeutung dieses Gedankens für die Interpretation des Grundrechts der Gewissensfreiheit vgl. Niklas Luhmann, Die Gewissensfreiheit und das Gewissen, Archiv des öffentlichen Rechts 90 (1965), S. 257-286 (283 f.), neu gedruckt in: ders., Ausdifferenzierung des Rechts. Beiträge zur Rechtssoziologie und Rechtstheorie, Frankfurt 1981, S. 326-359, und ausführlicher Adalbert Podlech, Das Grundrecht der Gewissensfreiheit und die besonderen Gewaltverhältnisse, Berlin 1969.

und die Frage, ob die Auswahl gänzlich offengelassen werden soll (Vertragsfreiheit!), ob sie lediglich durch die unterschiedlichen Folgen der einzelnen Verhaltensmöglichkeiten gesteuert oder ob sie auch normiert werden soll, ist demgegenüber zweitrangig. Entlastungsalternativen können also verschiedenen Zwecken dienen; vor allem dem Einbau von Wahlfreiheiten, gegen deren Ausübung die Gesellschaft auf struktureller Ebene indifferent sein kann, der Umleitung von Motiven und der Begründung von Verboten oder Erlaubnissen, die ohne ein Ersatzangebot nicht tragbar wären. In jedem Falle setzt diese Form von Alternativität einen andersartigen, nämlich funktionalen Abstraktionsstil, eine Thematisierung der Alternative selbst und eine genauere Erfassung der alternativ kombinierten Möglichkeiten voraus. Sie wird für die Rechtsordnung bedeutsam erst in dem Maße, als die Komplexität der Gesellschaft zunimmt und Substitutionsmöglichkeiten im Aufbau der Institutionen erzeugt werden können; erst die zunehmende gesellschaftliche Differenzierung schafft Raum und Bedarf für Generalisierungen und Respezifikationen dieser Art. Und die setzt typisch zweckrationale, nicht wertrationale (oder in neuerer Terminologie: instrumentelle, nicht expressive) Handlungorientierungen im geregelten Interaktionssystem voraus.[22]

22 Die Differenz dieser beiden Orientierungsmuster findet in neueren Forschungen über Realisierungsbedingungen positiven Rechts zunehmende Beachtung. Vgl. z. B. William J. Chambliss, Types of Deviance and the Effectiveness of Legal Sanctions, Wisconsin Law Review (1967), S. 703-717; Adam Podgorecki, Loi et morale en theorie et en practique, Revue de L'institut de sociologie 1970, S. 277-293. Die Forderung eines unterschiedlichen rechtspolitischen Instrumentariums für instrumentelle bzw. expressive Handlungsfelder wird auf große praktische Schwierigkeiten stoßen. Unsere Unterscheidung von bewerteten Alternativen und entlasteten Alternativen ist als ein Beitrag zur Differenzierung rechtstechnischer Mittel in diesem Sinne gedacht.

Bezeichnend ist für diesen Typus der Entlastungsalternative, daß man nicht mehr auf natürlich sich einstellende Alternativen angewiesen ist, sondern sie normativ schaffen und damit Kontingenz steigern kann; man produziert Zwangslagen um höherer Freiheiten willen. Ein gutes Beispiel hierfür finden wir im sozialpolitischen Bereich der Arbeitszeitregelungen. In den Anfängen der Industrialisierung und noch heute auf dem Lande oder beim Hauspersonal notorisch schwer durchsetzbar, können allgemein fixierte Stundenzahlbegrenzungen ersetzt werden durch die Verpflichtung zu relativ hohen Überstundenvergütungen, die die Beteiligten vor eine ökonomisch entscheidbare Alternative stellen – statt vor die moralische Alternative, zu gehorchen oder das Gesetz zu übertreten. Auf diese Weise kommt höhere Komplexität und Kontingenz ins Recht: Indem das Recht nur die Alternative schafft und nur sie erzwingt, kann es, mit einigen Abstrichen, seine sozialpolitischen Ziele erreichen und zugleich die dazu nicht notwendige Anpassung an höchst unterschiedliche Situationen den Beteiligten überlassen. Zu den Funktionsbedingungen dieser Lösung gehören, wie die empirische Forschung gezeigt hat,[23] ein funktionierendes Kommunikations- und Organisationswesen sowie Geld, also Errungenschaften, die erst die moderne Gesellschaft in ausreichendem Umfange bereitstellt.

Anders als bei bewerteten Alternativen ist die Inkompatibilität der Möglichkeiten im Entlastungsverhältnis bewußt konstruiert – was nicht heißt: aus der Luft gegriffen. Sie wird um der Inkompatibilität von Folgen willen in die Ge-

23 Vgl. Folke Schmidt / Leif Gräntze / Axel Roos, Legal Working Hours in Swedish Agriculture, Theoria 12 (1946), S. 181-196; Vilhelm Aubert, Einige soziale Funktionen der Gesetzgebung, in: Ernst E. Hirsch / Manfred Rehbinder (Hrsg.), Studien und Materialien zur Rechtssoziologie, Sonderheft 11 der Kölner Zeitschrift für Soziologie, Köln, Opladen 1967, S. 284-309.

genwart vorgezogen, beruht also auf einer Vergegenwärtigung von Zukunft. Die Zukunftsorientierung dieser Regelungstechnik läßt die Frage nach Weite und Tiefenschärfe des Zukunftshorizontes und nach der Abstraktheit des möglichen Vorgriffs entstehen. Um dieser Zukunftsorientierung willen benötigen Entlastungsalternativen, verglichen mit bewerteten Alternativen, ein anderes »konstruktives« Verhältnis zur Kontingenz der Tatbestände. Sie schematisieren Kontingenz nicht von vornherein in der Form einer moralischen Disjunktion mit dem Ziel, sie faktisch zu eliminieren. Sie bringen sie vielmehr in die Form einer übersichtlichen Alternative, die eine Mehrheit typischer Möglichkeiten mit Selektionszwang zusammenfaßt. Dadurch wird ein zweistufiges mobileres Ordnungsdenken möglich: Die Erfassung der Alternative selbst, nämlich die Konstruktion der Möglichkeiten, die dazugehören bzw. nicht dazugehören, muß unterschieden werden von dem selektiven Verhalten in der als Alternative geordneten Situation. Auf beiden Ebenen besagen Negation anderer Möglichkeiten, Kontingenzausschaltung (Geltung!), Bewertung, Normierung etwas anderes. Um diese Differenzierung für den Aufbau und die Steuerung einer hochkomplexen Rechtsordnung ausnutzen zu können, sind Abstraktionsleistungen erforderlich, die in den Institutionen selbst und in der rechtstheoretischen Begrifflichkeit zu erbringen sind. Der Geltungsstil positiven Rechts dürfte diese Voraussetzung erfüllen.[24] Die für seine Beherrschung notwendige rechtstheoretische Begrifflichkeit wird nachentwickelt werden müssen.

24 Eine offene Frage ist allerdings, wieweit dieser Geltungsstil institutionalisiert ist, vor allem: welchen Grad an Abstraktheit des Denkens die bestehende Rechtsmaschinerie faktisch verträgt im Hinblick auf Ausbildung, Verständlichkeit, Kooperation des Publikums, Entscheidungszeit usw. – das heißt: im Hinblick auf andere institutionelle Erfordernisse.

XVIII. Knappheit

Der Bezug auf Kontingenz als Problem erweist nicht zuletzt darin seine Fruchtbarkeit, daß er Vergleichs- und Substitutionsmöglichkeiten klärt. Als Rekonstruktion von Kontingenz ist das Recht selbst kontingent – kontingent insofern, als es andere Möglichkeiten der Rekonstruktion von Kontingenz gibt. Wir können von hier aus nicht nur nach Entlastungsalternativen im Recht, sondern auch nach Entlastungsalternativen zum Recht suchen.

Wir knüpfen dabei an einem sehr alten und zunächst einleuchtenden Unterschied an. Man kann die Schlechtigkeit der Menschen und die Knappheit der Dinge unterscheiden. Beide Tatbestände sind in eigentümlicher Weise Indikatoren für Systemrelevanz. Sie fungieren in Situationsdefinitionen als Momente, die über sich hinausweisen; sie verhindern, daß man etwas auf sich beruhen läßt, und stimulieren eine Umkonstruktion der Wirklichkeit. Sie beruhen, wie es scheint, schon vorweg auf dem Bewußtsein, daß es andere Möglichkeiten gibt. Sie sind damit Erscheinungsformen von Kontingenz. Es ist klar, daß die Rekonstruktion von Kontingenz als Schlechtigkeit von Menschen, Motiven, Handlungen die Reaktion auf den Weg der normativen Mechanismen, der Moral und vor allem des Rechts leitet. Was aber besagt demgegenüber die Rekonstruktion von Kontingenz als Knappheit? Ist sie unabhängig vom Recht? Entlastet sie das Recht von normativ unlösbaren Funktionen? Und wenn, mit welchen Anforderungen an die soziale Ordnung und mit welchen Folgeproblemen?

Den Blick für die Möglichkeit, Knappheit als Variante von Kontingenz zu deuten, sie auf soziale Kontingenz zu beziehen und die Wirksamkeit von Folgeinstitutionen daraus abzuleiten, hat Jean Paul Sartre geöffnet.[1] Wichtige begriffliche und systemfunktionale Klarstellungen bleiben jedoch nachzuliefern. Zunächst muß man das Prinzip der Knappheit von seinen Erscheinungsformen unterscheiden. Das Abstraktionsniveau, auf dem Knappheit erscheint und die Lebensführung beeinflußt, ist evolutionär variabel, ist genau wie das Recht gesellschaftlichen Veränderungen in Richtung auf Zulassung höherer Komplexität unterworfen. Die Erscheinungsform der Knappheit variiert von der konkret faßbaren Abwesenheit von Dingen oder dem Gefühl eines Mangels bis hin zu einer kalkulatorischen Unterstellung, die einen Wertekonflikt schematisiert und ihn in die Form einer Alternative von mehr oder weniger bringt, über die man wertfrei entscheiden kann. Mit dem Abstraktionsgrad variiert die Reichweite des Prinzips. Wird Knappheit auf ein *abstraktes* Medium (Prototyp Geld) bezogen, stellt sie unter *allen* Handlungen, die dieses Medium beanspruchen, einen Zusammenhang her, der sie voneinander abhängig macht. Sie erzeugt damit einen Grad an Systeminterdependenz, wie er in der Form einer logischen Konsistenz von Entscheidungen bei einigermaßen komplexen Thematiken kaum erreichbar wäre. Systeme, die Handlungszusammenhänge durch Knappheit ordnen, sind daher auf dieser Di-

1 Vgl. zur sozialen Kontingenz zunächst Jean Paul Satre, L'etre et le néant: Essai d'ontologie phénoménologique, Paris 1943, 30. Aufl., 1950, S. 273 ff., und zum Prinzip der Knappheit (rareté) ders., Critique de la raison dialectique, Bd. I, Paris 1960, S. 200 ff. Siehe ferner Klaus Hartmann, Sartres Sozialphilosophie: Eine Untersuchung zur »Critique de la raison dialectique I«, Berlin 1966, S. 86 ff. Eine eingehende Auseinandersetzung mit Sartre ist an dieser Stelle nicht möglich. Für unseren Zusammenhang ist jedoch wichtig, daß Sartres Theorie einer an Knappheit orientierten, praktisch-antagonistischen Pluralität sich als transzendentale Theorie des Sozialen begreift *und sich damit an den Platz setzt, der bei Fichte und Hegel dem Recht vorbehalten blieb.*

mension der Interdependenz dem Recht an Komplexität typisch überlegen.[2] Auch die durch Knappheit vermittelte Abhängigkeit kommt als Kontingenz zur Erscheinung in dem Sinne, daß sie andere Möglichkeiten und Gründe für andere Möglichkeiten ins Bewußtsein bringt. Knappheit produziert bestimmbare Kontingenz; sie macht bewußt, daß die Wahl einer Möglichkeit auf Kosten anderer erfolgt und daß die Nichtwahl einer Möglichkeit andere ermöglicht.

Eine solche *spezifische* Art der Überlegenheit von Knappheit über das Recht darf freilich weder historisch noch funktionell überschätzt werden. Das Recht selbst wird nicht zum Gegenstand eines bloßen Knappheitskalküls – auch wenn hin und wieder solche Auffassungen vertreten werden.[3] Aber die Knappheitsorientierung überschneidet sich in komplizierter Weise mit den Regelungsfunktionen des Rechts, greift in sie ein, setzt sie voraus und hat eine ähnliche soziale Funktion. Orientierung an und Argumentation mit Knappheit kann in sozialen Systemen Wertkonflikte steuern, hinter denen sich typisch divergierende subjektive Möglichkeitsprojektionen, Standpunkte und Interessenlagen verbergen. Diese Steuerungsfunktion wird aber im Prinzip der Knappheit nicht mit zum Ausdruck gebracht, bleibt als

---

2 Vgl. dazu oben S. 261 ff. Hier liegen vermutlich Gründe dafür, daß das politisch-rechtliche Konzept der Gesellschaft (*societas civilis*) in der neueren Zeit durch ein primär ökonomisches Konzept (bürgerliche Gesellschaft) ersetzt werden mußte: Das knappheitsorientierte Konzept des Wirtschaftssystems bot mehr Platz für mögliche Gesellschaftszustände, als normierbar gewesen wäre. Vgl. dazu Niklas Luhmann, Wirtschaft als soziales System, in: ders., Soziologische Aufklärung 1: Aufsätze zur Theorie sozialer Systeme, Köln, Opladen 1970, S. 204-231 (225 ff.).

3 Zum Beispiel formuliert James Willard Hurst, Law and Social Process in United States History, Ann Arbor 1960, S. 6 f. auf Grund materialreicher Forschungen: »We believe that legal order should justify its cost by serving life«.

Entscheidungsprämisse latent. Der Einzelne wird durch Erleben von Knappheit nicht ermutigt, und vor allem nicht berechtigt, normative Erwartungen an andere zu adressieren. Faktisch ist es jedoch so, daß jede Reduktion von Komplexität auf dies-und-nicht-das die Teilnehmer eines sozialen Systems unterschiedlich trifft und ihnen daher als kontingent erscheinen kann. Im Effekt kommt, ob gewollt oder nicht, eine Verteilung knapper Güter heraus, die auch anders hätte ausfallen können. Normativ sollte dieses Problem nach alteuropäischer Auffassung durch das Prinzip der Gerechtigkeit gelöst werden, faktisch wurde es jedoch immer im wesentlichen der Orientierung an Knappheit überlassen, die unabhängig davon funktioniert, ob die Verteilung gerecht ist oder nicht und ob sie als Entscheidung normiert werden konnte oder nicht.

In den älteren Hochkulturen findet man sehr typische und sehr weit verbreitete Orientierungsmuster, die eine solche Erscheinungsform von Kontingenz als Natur zugrunde legen; die an die Vorstellung der Knappheit im Sinne von begrenzten Mengen anknüpfen und in bezug auf diese Grundvorstellung moralische und auch rechtliche Konsequenzen – diese dann sehr verschiedenartig – institutionalisieren.[4] Die Primärorientierung an Mengengrenzen (die nicht mit einem Primat materieller Bedürfnisse oder einem Primat der Wirtschaft verwechselt werden sollte) *erfordert*

4 Einen guten Überblick vermittelt George M. Foster, Peasant Society and the Image of Limited Good, American Anthropologist 67 (1965), S. 293-315, besonders eindrucksvoll im Hinblick auf die Verflechtungen von Knappheit und Moral. Ein gutes Beispiel für die funktionale Äquivalenz konträrer moralischer Antworten auf das Knappheitsproblem bietet der Vergleich einer Mormonen-Gemeinde und einer von Texanern bewohnten Gemeinde durch Evon A. Vogt / Thomas F. O'Dea, A Comparative Study of the Roles of Values in Social Action in Two Southwestern Communities, American Sociological Review 18 (1953), S. 645-654.

Kompensationsmoralen angebbarer Art, etwa solche der männlichen Ehre und der Eigenständigkeit des Haushalts, des kollektiven Netzes von Hilfe und Dankbarkeit, der generösen Freigebigkeit in bezug auf Überschüsse (keine Kapitalbildung!) oder der Vergemeinschaftung bestimmter Güter oder Unternehmungen – um nur einige der verbreitetsten Typen zu nennen. Auch die inhaltliche Ausfüllung des Gerechtigkeitprinzips an Hand der Verhaltensmodelle des Tausches und der Verteilung ist abgeleitet aus diesem vorausgesetzten Prinzip der Mengenkonstanz. Dieses Prinzip wurde als Eigenart der Welt angesehen, es war in der Erfahrung so gegeben, und nicht etwa als kalkulatorische Maxime oder als Konsequenz institutioneller Einrichtungen wie Geld oder Hierarchie. Gerechtigkeit konnte nur deshalb ein Gebot natürlicher Ethik sein (und mit anderen Tugenden des Verhaltens in Knappheitssituationen auf eine Ebene gebracht werden), weil Knappheit eine Naturgegebenheit schon war. Die unausweichliche Notwendigkeit der Knappheit war so evident, daß das Prinzip ohne weitere Überzeugungsmittel als nichtkontingent angenommen werden konnte, auch wo die Gegenvorstellung einer Welt ohne Knappheit, eines Paradieses oder eines goldenen Zeitalters projiziert wurde.[5] Anders als im Falle der Gerechtigkeit

---

5 Ein aufschlußreiches Detail ist, daß in manchen Mythologien, zum Beispiel der jüdischen, die Herstellung von Knappheit bereits als ein moralischer Prozeß gesehen wurde, nämlich als Folge der Einführung einer kritischen Negation eines Verbotes in die Welt, gegen die man nun wiederum verstoßen konnte. Der Sündenfall als Fall in die Sünde lag indes nicht auf der gleichen logischen Ebene wie alle daran anschließende Schlechtigkeit, so daß auch hier Knappheit der Moral vorgeordnet blieb. Ein anderes Beispiel, die Mythologie der Dinka, ist insofern ambivalent, als sie die Entstehung von Knappheit nicht auf Erkenntnisinteresse, sondern (Knappheit schon voraussetzend) auf *Habsucht* zurückführt. Vgl. Godfrey Lienhardt, Divinity and Experience: The Religion of Dinka, Oxford 1961, S. 33 f.

wurde daher die Notwendigkeit der Knappheit nicht als (wie immer begründete) Geltung eines moralischen Standards dargestellt, sondern als eine Art Sachzwang, der nicht unterlaufen werden kann. Knappheit ist ein Prinzip zunächst des Erlebens, nicht des Handelns. Man kann ungerecht, aber nicht unknapp handeln. Verschwendung knapper Güter ist natürlich möglich. Sie kann – auch und gerade in einer durch Knappheit diktierten Ethik – moralisch gefordert werden, ein Beleg für die Vielfalt möglicher Anschlußmoralen. Gleichwohl kann nicht verhindert, vielmehr nur anerkannt und vielleicht gewollt werden, daß Verschwendung sich selbst bestraft, ebenso wie Sparsamkeit sich lohnt. Auch dieser Grundzug der Knappheitsorientierung überträgt sich auf die rechtlich-moralische Weltordnung, auf die Vorstellung einer selbsttätig belohnenden und bestrafenden kosmischen Ordnung, die wir aus dem chinesischen, dem indischen und auch aus dem frühen griechischen Rechtsdenken kennen.

Diese ursprüngliche Einheit von Knappheit und Gerechtigkeit wird bereits durch antike Kulturentwicklungen gebrochen, nämlich durch die Moralisierung der Genesis von Knappheit in der jüdischen Religion und durch Ethisierung der Gerechtigkeit als Handlungsmaxime in der griechischen Politik. Damit werden abstrakte und unbestimmbare Negationsmöglichkeiten freigesetzt, aber Knappheit bleibt ein natürlich-notwendiges Ordnungsprinzip ohne realisierbare Alternative.

Ein interessantes Beispiel für diese Übergangslage bietet die theologische Lehre vom Gnadenschatz der Kirche und den *opera supererogarionis*, die diesen Gnadenschatz auffüllen durch Übererfüllung dessen, was zum eigenen Seelenheil erforderlich ist. Diese Vorstellung sprengt schon das starre Summenkonstanzprinzip der Knappheit, das Mehrleistungen nicht oder nur auf Kosten, aber nicht zugunsten anderer motivieren könnte; aber sie kann nur in der Form einer *moralischen* Bewertung und Motivation (also unter Rückgriff auf Bedingungen menschlicher Hochachtung) ausgedrückt werden unter Verzicht auf ein Regulativ erwartbaren Verhaltens.[6] Im Bereich der Verteilung dominiert noch das Prinzip der Knappheit (von Gnadenmitteln) und nur in bezug auf Verteilung hat eine Überproduktion Sinn; die Produktion selbst wird jedoch nicht im Rahmen eines individuellen Knappheitskalküls angeregt, sondern nur moralisch bewertet, begrüßt, gefeiert.[7] Sowohl in bezug auf Knappheit als auch in bezug auf Regelorientierung sprengt dieses eigentümliche Vorstellungssyndrom die Möglichkeiten des Rechts.

Die Gründe dafür lassen sich durch eine genauere Analyse der Funktionsweise des Knappheitsprinzips weiter erhellen. Das Knappheitsbewußtsein und die Maxime, daß eine Möglichkeit auf Kosten anderer geht, machen sehr komplexe Interdependenzen *individuell entscheidbar.*[8] Die Möglichkeiten anderer, deren Zugriffe auf knappe Güter, gehen nur als Daten, als Vorgaben oder Konsequenzen, in die Überlegung ein. Man kann mit sehr kleinen Entscheidungskapazitäten auskommen, kann situationsnah operie-

6 Vgl. dazu Joel Feinberg, Supererogation and Rules, Ethics 71 (1961), S. 276-288, neu gedruckt in: ders., Doing and Deserving: Essays in the Theory of Responsibility, Princeton N.J. 1970, S. 3-24; Michael Stocker, Supererogation and Duties, in: Studies in Moral Philosophy, American Philosophical Quarterly, Monograph Series No. 1, Oxford 1968, S. 53-63.

7 Damit wird zugleich unterbunden, daß man individuell kalkuliert, nämlich in jungen Jahren zunächst durch *opera supererogarionis* sich Heilsreserven schafft, mit deren Hilfe man im Alter desto sicherer sündigen kann, oder umgekehrt.

8 Was nicht heißen soll: rational entscheidbar. Kriterien der Rationalität werden erst im Rahmen des Knappheitsdenkens als Rekonstruktion seiner Komplexität entwickelt.

ren, indem man überlegt, ob ein Vorrat reicht oder ein Aufwand sich lohnt. Die »Aggregation« einer gemeinsamen Sittlichkeit ist für diese Form der Behandlung des Kontingenzproblems weder möglich noch sinnvoll.[9] Für ein System, das sich an Knappheit orientiert, braucht und kann Handlungsfähigkeit des Systems selbst hergestellt werden; dem System fehlen die Merkmale eines »collectivity« im Sinne von Parsons.[10] Der individuelle Entscheider wird so gestellt, als ob er sich selbst mit Wünschen überreizt und daher unter seinen Bedürfnissen und Fähigkeiten Ordnung schaffen müsse. Dieses Gebot kann direkt moralisiert, kann aber auch durch Anschlußmoralen anderen Typs (etwa der kollektiven Hilfe oder des Familiensinns oder der Freigebigkeit) kompensiert werden. Keinesfalls reicht die Kapazität des einzelnen aus, um das Prinzip der Knappheit selbst zu problematisieren. Die Funktion der Knappheit als Rekonstruktion der Kontingenz in kleineren, entscheidbaren Formaten beruht gerade darauf, daß Knappheit selbst der Kontingenz entzogen ist und die Begrenztheit möglicher Selektionen als Natur erscheint. Die Individualisierung der Knappheitskalkulation erfüllt mithin eine ähnliche Funktion wie die Kasuistik im Recht.

Eine solche Direktübersetzung von kontingent-beweglichen Interdependenzen in Einzelentscheidungen ist nur

---

9 Siehe dazu das viel diskutierte »Unmöglichkeitstheorem« von Kenneth J. Arrow, Social Choice and Individual Values, 2. Aufl., New York, London u.a. 1963, und zur rechtstheoretischen Bedeutung auch Adalbert Podlech, Gehalt und Funktionen des allgemeinen verfassungsrechtlichen Gleichheitssatzes, Berlin 1971, S. 204ff. Mit den Bemerkungen des Textes soll die Möglichkeit der Generalisierung von Wertfunktionen für sog. »policy decisions« nicht ausgeschlossen sein, vorausgesetzt, daß diese wiederum als individuelle Entscheidungen auf höherer Ebene gesehen werden.

10 Vgl. Talcott Parsons, The Social System, Glencoe Ill. 1951, S. 41, 96 ff.; ders. / Neil J. Smelser, Economy and Society, Glencoe Ill. 1956, S. 15.

möglich unter der *Voraussetzung konstant bleibender Summen* (von Land, Vieh, heiratsfähigen Frauen, Ehren, Ämtern, Soldaten, Geld, Zeit oder was immer). Unter dieser Voraussetzung von Summenkonstanzen drückt sich die Notwendigkeit (Nichtkontingenz) der Knappheit in Entsprechungsverhältnissen aus. Jedem Gewinn entspricht ein Verlust, jede Wegnahme bewirkt, daß Entsprechendes fehlt, und jeder Verbrauch – wohlgemerkt: Summenkonstanz heißt nicht Bestandskonstanz! – bewirkt einen entsprechenden Fehlbestand. Summenkonstanzprämissen fallen somit unter das allgemeine Prinzip einer nichtkontingenten Verknüpfung kontingenter Ereignisse. Die Nichtkontingenz wird mithin, ähnlich wie wir es am Falle der Konditionalisierung des Rechts beobachtet haben,[11] in einer Relation zurückverlagert, die Änderungen nicht mehr blockiert, wohl aber strikt reguliert.

Solche Parallelen zwischen Knappheitsorientierung und rechtlicher Normativität werden kein Zufall sein. Sie drükken im Hinblick auf erforderliche Entscheidungserleichterungen und im Hinblick auf erforderliche Freiheitsgrade gesellschaftlicher Prozesse einen bestimmten Stand der Evolution des Gesellschaftssystems aus. Hinzu kommt, daß in beiden Fällen die Generalisierungsleistung und damit die soziale Reichweite des Prinzips abhängen von der Entwicklung eines entsprechenden Mediums der Kommunikation: im einen Falle von politischer Macht, im anderen Falle von Geld.[12]

---

11 Vgl. oben S. 58 ff.

12 Siehe hierzu die Medien-Aufsätze von Parsons in: Talcott Parsons, Sociological Theory and Modern Society, New York 1967, S. 297 ff., 355 ff., und als neueste Behandlung des Problems ders., Some Problems of General Theory in Sociology, in: John C. McKinney / Edward A. Tiryakian (Hrsg.), Theoretical Sociology: Perspectives and Developments, New York 1970, S. 27-68 (39 ff.). Ferner zur Her-

Hier müssen wir uns zunächst gegen Mißverständisse und voreilige Gleichsetzungen absichern. Sowenig wie das Recht in Macht aufgeht, sowenig erschöpfen sich Knappheitsüberlegungen in der Geldrechnung. Die Sinnformen, in denen Kontingenz gesellschaftlich konstituiert und als bestimmbar rekonstruiert wird, sind nicht identisch mit den symbolischen Codes, die die Übertragung kontingenter Selektionsleistungen vermitteln. Ein Zusammenhang besteht gleichwohl, und zwar insofern, als *Generalisierungsleistungen in den Konstitutions- und Reduktionsbegriffen* der Gesellschaft Sinnübertragungen problematisch werden lassen und daher effektivere Kommunikationsmedien voraussetzen, vor allem: *Spezialisierung und Generalisierung von Sondercodes der Kommunikationsmedien* und schließlich *Ausdifferenzierung entsprechender Teilsysteme der Gesellschaft*, in unseren Fällen für Politik und für Wirtschaft.

Die Ausdifferenzierung eines Rechtssystems mit doppelkontingenten Verknüpfungen zur Gesellschaft, die entsprechende Steigerung der Kontingenz des Rechts, das Universellwerden seiner Relevanz unabhängig von den Sinnintentionen der jeweils Beteiligten – all diese oben bereits erörterten Errungenschaften sind ohne ein ausreichendes Maß autonom verfügbarer politischer Macht außerhalb der Geschlechterverbände unerreichbar. Nicht anders steht es mit dem Verhältnis von Knappheitskalkulation und Geld. Zwar gibt es auch in der heutigen Gesellschaft eine Reihe sehr bedeutsamer Knappheitsorientierungen, die die oben genannten Voraussetzungen erfüllen, die vor allem unter Summenkonstanzprämissen operieren, aber gleichwohl

stellung des Zusammenhangs mit dem Kontingenz-Problem Niklas Luhmann, Generalized Media and the Problem of Contingency, in: Jan J. Loubser / Rainer C. Baum / Andrew Effrat / Victor M. Lidz (Hrsg.), Explorations in General Theory in Social Science: Essays in Honor of Talcott Parsons, New York 1976, Bd. II, S. 507-532.

nicht oder nicht adäquat in Geldrechnung überführbar sind. Das gilt für die Knappheit von Zeit bei organisierter Arbeit, das gilt für die Knappheit von Konsens, vor allem von Stimmabgaben im politischen System.[13] Eine Tendenz auf universelle Relevanz analog zum Recht erhält die Knappheitsorientierung jedoch allein durch den Geldmechanismus. In der spezifischen Form der Knappheit von Geld wird alles knapp und insoweit alles interdependent-unabhängig von den Qualitäten *und sogar von den Mengen* der jeweiligen Güter und Handlungen.[14] Die Omnipräsenz des Geldes und die damit gegebene Breitenwirkung des Knappheitsprinzips setzen all das, was wir oben als Kompensationsmoralen bezeichnet hatten, außer Kraft, ähnlich wie die Beziehung von Recht und Moral sich löst. Damit wird eine Neuformierung des Verhältnisses der Kontingenzbehandlung durch Knappheit und durch Recht erforderlich – und vielleicht schon eingetreten sein.

Der Einblick in die Parallelentwicklungen der großen Kontingenzformeln Knappheit und Recht, den wir gewonnen haben, gibt noch keine ausreichende Bestimmung ihres Verhältnisses. Dieses Verhältnis wird dadurch geprägt, daß das *gleiche* Grundproblem der Kontingenz als Knappheit und als Recht jeweils *verschieden* rekonstruiert wird. Daraus folgt, daß Knappheit und Recht füreinander kompensatorische und Entlastungsfunktionen übernehmen können. Die Eigenarten der Knappheitsorientierung erübrigen eine

13 Die beiden Beispiele sind hier deshalb als ernsthafte Konkurrenten zur Geldknappheit genannt, weil bei ihnen die Kontingenz des Prinzips und vor allem die Kontingenz der Summenkonstanzannahme schon durchsichtig wird – und ebenfalls nicht in operatives Bewußtsein überführt werden kann.

14 Hier vermute ich bemerkenswerte Parallelen zu frühneuzeitlichen Spekulationen über kontingente Determination und Summenkonstanz des Seelenheils.

Legitimation ihres Prinzips als einer moralischen Norm. Knappheit drängt sich auf und braucht nicht begründet zu werden. Ferner bringt Knappheit, da sie die Lernsperren normativer Orientierungen umgeht, Enttäuschungen in eine individuell lerngünstige Fassung. Erfahrungen werden nicht durch den Anspruch auf Durchhalten und Durchsetzen richtiger Erwartungen überlagert. Auf dem Markt lernt man leichter als vor Gericht.[15] Andererseits bleibt dieses Lernen individuell und adaptiv. Es bietet kaum Anreiz oder Möglichkeiten für ein kontrafaktisches Streben nach strukturellen Veränderungen, und es kann die Akkumulation eigener Folgen auf systemstrukturellen Ebenen nicht kontrollieren. Knappheit kann daher nie Recht ersetzen, sie bleibt auf vielfältige Weise vom Recht abhängig, wie ein Blick auf den Geldmechanismus oder auf Wahlen und Abstimmungsregulative der Politik zeigt.

Solche Kompensations- und Entlastungsverhältnisse verändern sich im Laufe der gesellschaftlichen Entwicklung. Daß das Universellwerden des Geldes als Wirtschaftsmedium der Gesellschaft die Anschlußmoralen der Knappheit außer Kraft setzt, hatten wir schon notiert. Der Anwendungsbereich der Knappheit wird dadurch immens erweitert. Geld ist ein Prinzip sozialer Distanzierung.[16] Es ermöglicht, daß die Bedürfnisbefriedigung des einzelnen durch Zugriff auf begehrte Güter zum moralisch neutralisierten bloßen Erleben der anderen wird – sofern er bezahlt! Die Wertverhältnisse der Bedürfnisse bedürfen unter dieser Be-

15 Zum Problem des Lernens im Kontext normativer Strukturen auch Niklas Luhmann, Legitimation durch Verfahren, Neuwied, Berlin 1969.

16 Das ist ein gemeinsamer Nenner soziologischer Geldtheorien. Vgl. z. B. Georg Simmel, Philosophie des Geldes, 3. Aufl., München, Leipzig 1920; Klaus Heinemann, Grundzüge einer Soziologie des Geldes, Stuttgart 1969.

dingung, *weil sie die Beteiligten zur Knappheitskalkulation bringt*, keiner normativen Regelung mehr. Die Knappheitskalkulation wird insoweit für Recht substituiert. Im Hinblick auf jenes Regulativ der Knappheit kann dann die Kontingenz der individuellen Bedürfnisse und Handlungszwekke anerkannt werden. Die Knappheitskalkulation kann sich vom Recht distanzieren in dem Sinne, daß ihre Entscheidungen vom Recht nur noch gedeckt, nicht mehr gerechtfertigt zu werden brauchen. Zugleich stützt sich das Recht auf die Nichtwillkürlichkeit der Knappheitskalkulation. So kommt es zu jenem »abstrakten Recht unserer modernen Staaten, das den einzelnen isoliert, ihn als solchen gewähren läßt«[17] – und, wie man gegen Hegel anmerken muß, alle konkrete Sittlichkeit auf der Ebene des Gesellschaftssystems zur Ideologie werden läßt.

Die Theorie der bürgerlichen Gesellschaft ist im Kern die Feststellung dieses Tatbestandes und der Versuch, im Rechtsdenken und in den Institutionen des Rechts entsprechende Abstraktheit zu erreichen. Die Prinzipien der Vertragsfreiheit und der Verfassungsmäßigkeit der politischen Prozesse gelten als ihre wichtigsten Errungenschaften. Der gleiche Versuch einer Neuäquilibrierung von Knappheit und Recht ist aber auch an vielen weiteren bedeutsamen Details sichtbar zu machen – zum Beispiel an der Umstellung der Armenpolitik von (moralisch zu beanspruchender) Hilfe auf (organisatorisch zu sichernde) Arbeit.[18] Die »politische Ökonomie« behandelt das gleiche Problem im Hinblick auf Grenzen des Entlastungsverhältnisses.[19] Auch die

---

17 So Georg W. F. Hegel in den Vorlesungen über die Geschichte der Philosophie, in: Werke, hrsg. von Hermann Glockner, Bd. XIV: Vorlesungen über die Ästhetik, Bd. 3, Stuttgart 1964, S. 400.

18 Hierzu instruktiv Lotte Koch, Wandlungen der Wohlfahrtspflege im Zeitalter der Aufklärung, Erlangen 1933.

19 In dieser Sicht erscheint das Thema der politischen Ökonomie also

spätbürgerlichen Marx-Weber-Epigonen, die heute immer noch Verflechtungen zwischen »Staat« und »Kapital« nachzuweisen versuchen, kommen über diese Themenstellung nicht hinaus; ja ihnen gelingt es nicht einmal mehr, ihr Problem transparent zu machen, weil sie nur kritisch gegen die Zustände, nicht abstrahierend über sie hinaus argumentieren.

Die Theoretiker der bürgerlichen Gesellschaft hatten an der Knappheit als Kalkulationsbedingung »eisern« festgehalten. Die Nichtkontingenz der Knappheit war für sie Ausgangspunkt nicht nur des operativen Bewußtseins der Gesellschaft, sondern auch der Beziehung von Knappheit und Recht. Das Recht konnte nur deshalb als kontingent begriffen werden, weil Knappheit nicht als kontingent begriffen wurde. Damit entzieht sich jedoch die Variation des Verhältnisses von Knappheit und Recht der gedanklichen Disposition. Man konnte die Knappheit abstrakt und unbestimmt negieren, sie gleichsam ersatzlos streichen, indem man das Paradies ohne Knappheit in die Zukunft verlegte. Damit verschwand ganz konsequent in der Zukunft aber auch das Recht.

Auf diese Weise konnte die bürgerliche Gesellschaft ihr Ende denken, aber nicht ihre Evolution begreifen. Ihr Problem liegt nicht mehr in der gesellschaftlichen Kompensation von Knappheit durch Recht und schon gar nicht in der Kontingenz des Reichtums der »Kapitalisten«, den man wegnehmen und verteilen könnte, um die Gesellschaft zu entspannen. Es liegt in der Schwierigkeit, *Knappheitskalküle organisationsintern zu reproduzieren.* Alle Erfahrung

---

nicht als Problem der wirtschaftlichen Macht, geschweige denn als Kritik der heimlichen Selbstbegünstigung herrschender Klassen (womit weder entsprechende Tatbestände noch der begrenzte Sinn solcher Fragestellungen geleugnet sein soll). Ihr Thema ist vielmehr das Verhaltnis verschiedener Regulatoren sozialer Kontingenz.

mit Organisationen deutet darauf hin, daß es nicht möglich ist, die Kontingenzformel der Knappheit von der Ebene des Gesellschaftssystems auf die Ebene organisierter Sozialsysteme zu übertragen. Knappheit beeinflußt Organisationen allenfalls von außen als gesellschaftliche Umwelt – und auch dies nur, soweit Märkte funktionieren –, nicht aber als ihr eigenes Gesetz. *Die Ausdehnung des Knappheitsprinzips auf der Gesellschaftsebene zu Lasten von Recht und Moral rächt sich auf der Organisationsebene durch den gegenläufigen Trend der Verrechtlichung der Organisationspraxis zu Lasten knappheitsorientierter Rationalität.* Organisationen strukturieren, da sie wenig Motivation voraussetzen können, ihre internen Interaktionen durch formalisierte und normierte Erwartungen, Vorschriften und Weisungen im Stile von Recht, nicht aber durch Knappheitsgesichtspunkte. Die Praxis der Budgetierung täuscht Knappheitsorientierung nur vor; aber sie bezahlt diesen Anschein und einen gewissen Zwang zur Sparsamkeit mit sachlicher und zeitlicher Parzellierung in kleinformatige und kurzfristige Etats und unterbricht so gerade das, was Knappheit herstellen sollte: Interdependenz. Die Herstellung der Interdependenz in komplexen Systemen auf einem für Entscheidung zugänglichen Niveau ist auch den moderneren Organisations- und Budgetierungstechniken bisher nicht gelungen.[20]

---

20 Insoweit wäre der kritischen Analyse von PPBS durch Wolf-Dieter Narr, Rationalität und Regierung: Bemerkungen zum Programming-Planning-Budgeting System (PPBS), Kritische Justiz 4 (1971), S. 1-15, zuzustimmen. Aber die dahinterstehende Gesellschaftsanalyse bleibt abhängig von den (nur umgewerteten) Konzepten spätbürgerlicher Theorie. So bleibt uneinsichtig und nur aus konzeptuellen und politischen Vorurteilen zu erklären, daß die Grenzen der Leistungsfähigkeit von PPBS auf das Konto »des Kapitals« überbucht werden. Die heutige Gesellschaft hat ihr Problem nicht mehr in den kontingenten Verflechtungen von »Staat« und »Kapital«, sondern im Verhältnis von gesellschaftlichem System und Organisa-

Damit hat sich die Diskrepanz der Kontingenzformeln an *Unterschieden von Ebenen der Systembildung* verhärtet und ist um so schwieriger durch Reflexion aufzulösen. Eine Folgerung läßt sich abstrakt postulieren: Man muß die Systemabhängigkeit und damit die Kontingenz der Kontingenzformeln begreifen. Die Versuchung liegt nahe, dies mit theologischen Begriffen zu tun. Wir hatten von Omnipräsenz des Geldes gesprochen. Dem literarisch geschulten Scharfblick eines Kenneth Burke erschien Geld als moderner *god-term*, als ein für Gott substituiertes Symbol gleicher Funktion.[21] Wir können im Anschluß an die vorangegangenen Überlegungen abstrakter formulieren und genauer begründen und zugleich Knappheit als ein Fall unter anderen behandeln: Das Bewußtsein von Kontingenz war in der logisch-theologischen Tradition des Abendlandes mit der Gottesvorstellung verbunden gewesen. Die Kontingenz der Kontingenz blieb undenkbar, die kontingenten Dinge und Ereignisse der Welt blieben in einer Art »supramodaler Notwendigkeit«[22] aufgehoben, das Argument aus der Kontingenz war die bestechendste Form des Gottesbeweises,[23] und von dieser Funktion her bestimmte sich die Verwendung. Im neuzeitlichen Denken und in der neuzeitlichen Gesellschaftspraxis mehren sich jedoch Anzeichen eines Umbaus der auf

---

tionssystemen. Dazu, am Beispiel von Kirchen, auch Niklas Luhmann, Die Organisierbarkeit von Religionen und Kirchen, in: Jakobus Wössner (Hrsg.), Religion im Umbruch. Soziologische Beiträge zur Situation von Religion und Kirche in der gegenwärtigen Gesellschaft, Stuttgart 1972, S. 245-285.

21 Vgl. Kenneth Burke, A Grammar of Motives, 1945, Neudruck Cleveland 1962, S. 108 ff.

22 Diese Formulierung im Anschluß an R. P. Brugger bei Henry Deku, Possibile Logicum, Philosophisches Jahrbuch 64 (1954), S. 1-21 (6).

23 Hierzu jetzt Josef Schmucker, Das Problem der Kontingenz der Welt: Versuch einer positiven Aufarbeitung der Kritik Kants am kosmologischen Argument, Freiburg, Basel u. a. 1969.

Kontingenz beruhenden Begriffe, Institutionen, Systeme, vor allem mit der Etablierung von Wissenschaft und Organisation. Der Angelpunkt dieser Wende scheint der Versuch zu sein, das theologische Prinzip der *Kontingenz der Welt* zu rekonstruieren als *Kontingenz in der Welt* und damit umzudenken von unbestimmter, aber religiös interpretierbarer Kontingenz auf bestimmbare Kontingenz; Kontingenz also in Systeme und Verfahren einzubauen, um die Richtung menschlichen Erlebens und Handelns aus einem größeren Bereich von Möglichkeiten heraus bestimmen zu können. Die Wissenschaft setzt Hypothese und Methode an die Stelle der Allwissenheit Gottes und der endlich-kontingenten Teilhabe daran. In anderen Bereichen gesellschaftlicher und organisatorischer Aktivitäten säkularisieren Recht und Knappheit jene supramodalen Notwendigkeiten und bringen sie in eine selektionsgünstigere Fassung. In der Logik dieser Entwicklung liegt es, auch die eiserne Nichtkontingenz der Knappheit aufzuheben, von der die bürgerliche Gesellschaft sich abhängig glaubte, und Knappheit selbst als systemgebundene, spezifisch strukturierte, begrenzt leistungsfähige, kompensationsbedürftige Systemformel zu erkennen. Das soll nicht heißen, Knappheit weg- und Überfluß herbeizudenken – also wiederum nur ein Paradies zu postulieren.[24] Im Gegenteil muß, nachdem der Geldmechanismus Knappheit mengenunabhängig hat werden lassen, die Frage gestellt werden, *wie Knappheit gesteigert werden kann, ohne ihre operative Funktion zu verlieren.* Das Ende der bürgerlichen Gesellschaft wäre erreicht in einer Überflußgesellschaft, die sich in weltweiten Interdependenzen als Gesellschaft zunehmender Knappheit begreift.

Im Verhältnis zum Recht bestätigt sich, wenn auch Knappheit als kontingent gesehen werden kann, die Vermutung

24 Und sei es jetzt als Gegenwart: als Überflußgesellschaft.

funktionaler Äquivalenz. Unsere Analyse zeigt jedoch, daß diese Äquivalenz nicht im Sinne voller Substituierbarkeit des einen für das andere begriffen werden kann; dazu ist das Bezugsproblem zu abstrakt, als daß es auf nur eine Weise angegangen werden könnte.

Gerade die Differenzierung verschiedener Kontingenzformeln erlaubt überlegte Kombinationen – so auch im Falle von Knappheit und Recht. Wir wollen ein Beispiel skizzieren: Man könnte sich überlegen, das gegenwärtige Schadensersatzrecht, das im Prinzip auf die Herstellung einer *individuellen Beziehung* zwischen Schädiger und Geschädigtem angewiesen ist, in dieser Eigenschaft durch eine zentrale Ausgleichskasse zu ersetzen, die unter Knappheitsgesichtspunkten verwaltet wird.[25] Diese Kasse würde Schäden bestimmten Typs ersetzen und ihre Einnahmen teils aus Beiträgen derer beziehen, die aus schadensgeneigten Handlungen Vorteile beziehen, teils aus tarifmäßig fixierten Beiträgen von Schuldigen. Einzahlungen und Auszahlungen könnten dann rein quantitativ aufeinander abgestimmt und im übrigen unabhängig voneinander nach je spezifischen Gesichtspunkten geregelt werden. Damit würde keineswegs die Notwendigkeit entfallen, Rechte und Pflichten genau zu regeln, aber diese Regelungen würden entkoppelt werden können. Es entfiele die problematische, schwierige und zufallsbestimmte Korrelation individueller Pflichten und Ansprüche. Die Leistungen der Schädiger würden sich nicht mehr nach ihren speziellen Opfern richten, sondern danach, was von anderen Schädigern verlangt wird und was die Kasse insgesamt budgetmäßig braucht, und entspre-

25 Zur Kritik eines auf Relationen gegründeten Systems siehe Andras Angyal, The Structure of Wholes, Philosophy of Science 6 (1939), S. 25-37. Zum Typus gepoolter Interdependenzen auch James D. Thompson, Organizations in Action. Social Science Bases of Administrative Theory, New York 1967, S. 54f.

chend bei den Geschädigten. Auf diese Weise könnten also systemtechnisch günstige Interdependenzunterbrechungen[26] nicht erreicht werden. Ein starkes generalisiertes Verbindungsprinzip hätte rechtstechnisch und unter dem Gesichtspunkt der Sicherheit und der Ausschaltung zufälliger Schicksale erhebliche Vorteile. Verzichtet werden müßte auf die Herstellung individueller Gerechtigkeit unter sich begegnenden Akteuren.

Das wäre eine Anwendungsmöglichkeit unseres Gedankens. Allgemein formuliert, stehen Recht und Knappheit als mögliche Kontingenzformeln teils in substitutiver, teils in kompensatorischer Äquivalenz. Auf dieser letztmöglichen Abstraktionsebene kann zwischen disjunktiver und konjunktiver Äquivalenz nicht differenziert werden.[27] Diese Differenzierung erfolgt erst durch Institutionalisierung bestimmter Systemstrukturen und kann daher analytisch auch nur so erhoben werden, daß man strukturelle Antworten auf das Kontingenzproblem, obwohl kontingent, mitberücksichtigt – also auf Deduktion aus a priori notwendigen Begriffen verzichtet.

In der heutigen Gesellschaft ist deutlich zu sehen, daß die Führung der Evolution auf den Knappheitsmechanismus übergegangen ist, der über Geld und/oder über Planung kontingente Situationen zur Entscheidung bringt, und daß dem Recht die »Daseinsnachsorge«[28] überlassen bleibt. Das

---

26 Siehe oben S. 260 ff.

27 Um eine Zusammenschau und eine logische Gliederung möglicher Kombinationen hat sich namentlich die Betriebswirtschaftslehre bemüht. Siehe z. B. Erich Gutenberg, Grundlagen der Betriebswirtschaftslehre, Bd. I: Die Produktion, 10. Aufl., Berlin, Heidelberg u. a. 1965, S. 300; Gerard Gäfgen, Theorie der wirtschaftlichen Entscheidung: Untersuchungen zur Logik und ökonomischen Bedeutung des rationalen Handelns, Tübingen 1963, S. 119 ff.

28 Diese Formulierung in bezug auf Planungsfolgen bei Dieter Suhr,

Recht ist nicht mehr Wegbereiter ökonomischer Entwicklung – so wie das Prinzip der Vertragsfreiheit dem Universellwerden des Geldmechanismus die Tore öffnete. Es behandelt zunehmend ökonomisch ausgelöste Konflikte und Folgeschäden und tritt damit an die Stelle überholter moralischer Kompensationen des Knappheitsprinzips. Damit hängt die Schwerpunktverlagerung vom Privatrecht zum öffentlichen Recht zusammen. Auch der oben[29] erörterte Verzicht auf rechtliche Steuerung gesellschaftlicher Interdependenzen gehört in diesen Zusammenhang. Nicht einzusehen ist indes, weshalb diese Entwicklung einen Verlust an Dogmatizität, begrifflicher Klarheit, Vergleichbarkeit von Situationen und Systematisierungkraft zur Folge haben müßte. Der desolate Zustand des öffentlichen Rechts mag eine Übergangserscheinung sein. Jedenfalls wird nur eine hinreichend abstrakte und hinreichend durchsichtige Rechtsbegrifflichkeit erreichen können, daß die an Knappheiten orientierte Planung politischer oder ökonomischer Entscheidungen das Recht berücksichtigt – das heißt: als ausformulierte, operationalisierte Gerechtigkeit achtet und nicht nur als vorgefundene Menge von Rechtssätzen in Rechnung stellt, die zu ändern oder nicht zu ändern eine Frage von Zeit, Zweckmäßigkeit und politischem Einfluß ist.

Rechtsstaatlichkeit und Sozialstaatlichkeit, Der Staat 9 (1970), S. 67-93 (77).

29 Siehe oben S. 263.

XIX. Wertbeziehungen

In der neueren juristischen Diskussion wird vielfach der Bezug auf *Werte* als Element der *Begründung* von Rechtsnormen oder Rechtsentscheidungen angesehen. Die Bandbreite der Diskussion dieses Themas reicht vom Rückgriff auf die kulturphilosophische Wertkonzeption des Neukantianismus oder der frühen Phänomenologie über die unanalysierte Behauptung, die Grundrechte seien das Wertsystem der Verfassung, bis hin zur nüchternen Untersuchung von Werten und Wertungen als dogmatischer Arbeitstechnik. Entsprechend schwierig ist eine kritische Würdigung der Diskussion, wenn sie ein Gesamturteil zu bilden versucht.

Sie wird weiter dadurch erschwert, daß zumeist angenommen wird, der faktische Vorgang des Wertens müsse in einer anderen Sprache beschrieben werden als der dem Werten immanente Sinn. Jener sei reine Faktizität, dieser sei eine Sollvorstellung, die sich schon aus logischen Gründen nicht auf Fakten reduzieren lasse. Man müsse deshalb zwischen einer naturwissenschaftlichen und einer geisteswissenschaftlichen, einer positivistischen und einer hermeneutischen Wissenschaftsauffassung wählen.[1] So einfach liegt es jedoch nicht. Denn die Differenz von faktischer und sollmäßiger (kontrafaktischer) Orientierung ist in sozialen Beziehungen *doppelt* gegeben als meine und deine, und dies nicht nur im sozialen Alltag, sondern auch und nochmals in ausdifferenzierten Erkenntnisbeziehungen. Zumindest der Möglichkeit nach kann ich stets beschreiben, was du wertest und beschreibst, und werten, wie du wertest und be-

1 Zu den Konsequenzen dieses Dilemmas für die Wissenschaftsauffassung der Jurisprudenz siehe Ralf Dreier, Zum Selbstverständnis der Jurisprudenz als Wissenschaft, Rechtstheorie 2 (1971), S. 37-54.

schreibst, und vice versa. Auf entsprechenden Metaebenen der Reflexion kann sich diese Differenzierung im Alltagsleben verdreifachen, vervierfachen bis hin zu Grenzen der Kapazität und Übersichtlichkeit. Und dann kann die Wissenschaft noch diesen komplexen Sachverhalt beschreiben, wenn nicht bewerten. All das bedarf weiterer Analysen, die die Differenz von Werten und Beschreiben nicht schlicht voraussetzen, sondern einbeziehen muß.

Jedenfalls unbestreitbar ist zunächst, um damit zu beginnen, die *Faktizität des Gebrauchs von Wertungen im Rechtsleben.* Was immer das sei: Explizite oder implizite Wertungen scheinen in jeder Entscheidung vorzuliegen, scheinen nicht eliminierbar zu sein. Von der Rechtstheorie ist daher zu verlangen, daß sie dieses Phänomen in ihrem *Gegenstandsbereich* berücksichtigt, ob sie nun selbst zu werten sich getraut oder aus wissenschaftstheoretischen Gründen davon absieht, ob nun Werte wahrheitsfähig sind oder nicht. Weil dies so ist, kann man ohne viel zu präjudizieren, den Wertbegriff als Entscheidungsfunktion definieren. Werte sind *Gesichtspunkte der Bevorzugung bestimmter (oder bestimmbarer) Gegenstände (einschließlich Ereignissen, Handlungen) vor anderen.*[2] Dabei bleiben die »anderen« Gegenstände, denen etwas vorgezogen wird, unbestimmt und vom Wert aus nicht bestimmbar. *Unwerte* sind nicht nur negierte Werte, also negierte Vorzugsregeln, die die Entscheidung völlig offenlassen, sondern sind qualitativ eigenhändige *Vermeidungsgesichtspunkte*, die jedoch unbestimmt und unbestimmbar lassen, was dem zu Vermeidenden bevorzugt wird.[3] Vermei-

2 Auch Adalbert Podlech, Wertungen und Werte im Recht, Archiv des öffentlichen Rechts 95 (1970), S. 185-223, vertritt diese Auffassung explizit und hält die etwas unschärfere Definition des Wertes als Vorzugsregel für allgemein akzeptiert.

3 Hierzu John W. Thompson, The Importance of Opposites in Human Relationships, Human Relations 16 (1963), S. 161-169, und als grund-

dung ist etwas anderes als negierte Bevorzugung, weil sie eine andere Verteilung von bestimmbaren und unbestimmbaren Gegenständen impliziert.

Es bedarf daher stets genauerer Analyse, ob angebliche Werte wie zum Beispiel Gesundheit oder Frieden nicht nur negierte Unwerte sind.[4] Umgekehrt können auch Unwerte verkappte Wertprivationen darstellen. Je nachdem, ist die Entscheidungslage verschieden strukturiert.[5] Im übrigen ist keineswegs erforderlich, daß alle Werte paarweise auftreten als Wert und Unwert. Und wo es solche Paare gibt, besteht zwischen ihnen eine Art Heisenbergsche Unbestimmtheitsrelation: Will man den Wert bestimmen, darf man nicht zugleich auch den Unwert bestimmen wollen, und umgekehrt.

Vorzugs- und Vermeidungsgesichtspunkte fungieren zunächst und vor allem als Orientierung faktischer Wahlhand-

---

sätzliche Kritik der Symmetrisierbarkeit von Wert und Unwert (d. h. der These, die Nichtexistenz des Wertvollen sei ein Unwert und vice versa) Georg Katkov, Untersuchungen zur Werttheorie und Theodizee, Brünn, Wien u. a. 1937.

4 Vgl. die bekannte Diskussion über den negativen bzw. positiven Friedensbegriff. Bereits Duns Scotus hatte scharf unterschieden zwischen der Möglichkeit, Schlechtes zu wollen, und der Möglichkeit, Gutes nicht zu wollen, letztere als Bedingung der Freiheit. Siehe Opus Oxoniense I d. 1 q. 4 n. 18. Gleichwohl findet sich auch (vielleicht im Anschluß an Aristoteles, Topik 117a 5 ff.) der Vorschlag, jeweils denjenigen Wert vorzuziehen, *cuius oppositum est odibilius*, also in der Ordnung positiver Werte von einer Rangordnung der Unwerte auszugehen. Siehe Opus Oxoniense IV d. 49 q. ex lat. n. 17. Auf die Zitate wurde ich aufmerksam durch Günter Stratenwerth, Die Naturrechtslehre des Johannes Duns Scotus, Göttingen 1951, S. 61, 24.

5 Zu entscheidungstaktischen Vorzügen des Ansetzens bei negierbaren Unwerten (*misfits*) siehe Christopher Alexander, Notes on the Synthesis of Form, Cambridge Mass. 1964, S. 24 ff., oder, von juristischer Seite, Fritz von Hippel, Richtlinie und Kasuistik im Aufbau von Rechtsordnungen: Ein Kapitel moderner Gesetzgebungskunst, Marburg 1942, S. 34 ff.

lungen. Sie sind in Situationen gegeben, in denen man wählen muß oder doch wählen kann. Auch Werte können jedoch relativ kontextfrei generalisiert werden, so daß sie auch dann »geschätzt« werden, wenn gar keine Wahl in Frage steht.[6] Sie können ferner sinnmäßig »verschoben« werden in Gegenstände, die man nicht als solche wählen kann, die aber einen offengelassenen Bereich wählbarer Handlungen oder Gegenstände einfach symbolisieren. So hält man gutes Wetter, obwohl nicht wählbar, für besser als schlechtes Wetter, gute Geister für besser als schlechte Geister.

Die funktionale, dem faktischen Gebrauch abgelesene Minimaldefinition des Wertes / Unwertes als Vorzugs- bzw. Vermeidungsgesichtspunkt läßt viele Fragen – unter anderem die Frage nach dem ontologischen Status von Werten – unbeantwortet. Aber wir können mit ihr zu arbeiten beginnen. Mit dem nächsten Schritt wäre zu klären, ob wir *daneben* noch einen zweiten, phänomenologischen Wertbegriff brauchen, der den *Inhalt* des jeweiligen Werterlebens, das Sichangezogen- oder Sichabgestoßenfühlen einfühlsam angemessen widerspiegelt. Dafür bedarf es jedoch keines besonderen Begriffs. Als Erlebnisinhalte sind Werte ohnehin multidimensionale Vorstellungen, und es wäre verkehrt, das Werterleben mit nur einem Begriff vollständig zu erfassen, es auf nur einer Dimension messen zu wollen. Als erstes wären kognitive und motivationale Komponenten zu unterscheiden (womit ihre in der modernen Motivationspsychologie erforschten Interdependenzen nicht geleugnet sind). Zum anderen gibt es auch im Werterleben Probleme der kontextfreien bzw. kontextgebundenen oder gar indexikalischen Fixierung von Sinn. Wert überhaupt bestimmt kein Erleben, sondern ist nur eine Funktionskomponente, die

6 Siehe dazu Georg Henrik von Wright, The Logic of Preference: An Essay, Edinburgh 1963, S. 15 f.

Sinngehalte in Entscheidungslagen annehmen, und diese Wertfüllung von Sinn kann, muß aber nicht von Entscheidung zu Entscheidung übertragbar sein, und zwar intrasubjektiv ebenso wie intersubjektiv. »Gerechtigkeit« findet als Wert zwar allgemeinen Applaus, aber ihre kontextfreie Verwendbarkeit ist, verglichen etwa mit Geld, mehr als problematisch. Daran vermag auch eine intensive Besinnung auf Erlebnisinhalte unter Wegvariation aller Begleitumstände nichts zu ändern – wenn der Abstraktionsprozeß nicht institutionell getragen und realisierbar ist.

Um die Vielfalt dieser bei Wertungen involvierten Systemvariablen ordnen zu können, muß man über die Definition des Wertes als Vorzugsregel hinausgehen, aber nicht zu einer konkreteren, inhaltlichen, sondern zu einer abstrakter funktionalisierten Sinnbestimmung übergehen. Auch hierfür eignet sich das Kontingenzproblem als Leitfaden. Dabei hilft die abstrakte Feststellung nicht viel, daß auch Werte Kontingenz regulieren. Der Ertrag ergibt sich erst aus einer genaueren Analyse, wie dies geschieht, unter welchen Bedingungen der Möglichkeit, mit welchen Arten von Reduktionen.

Wenn wir zunächst auf der Ebene gesamtgesellschaftlicher Wertungen im täglichen Leben bleiben, drängt sich als erstes die Beobachtung auf, daß Werte rasch bei der Hand sind und Wertungen außerordentlich leicht fallen – verglichen mit anderen gedanklichen Operationen. Diese Leichtigkeit des Wertens ist ein deutliches Indiz dafür, daß Werte im Übermaß vorhanden sind. Man kann *alles* bewerten und fast alles *verschieden* bewerten. Daraus folgt, daß Werte keine Begründungen leisten, daß sie jedenfalls Begründungen nicht garantieren, sondern allenfalls vorbereiten können. Gerade die *fundierende Stellung* der Werte im sozialen System erfordert, daß sie eine *nur sehr schwache Ordnungsleistung* erbringen. Anders wären sie mit hoher

Komplexität und Kontingenz in System / Umwelt-Beziehungen nicht kompatibel.

Überschüsse an Wertungsmöglichkeiten setzen voraus, daß Werte untereinander nicht eindeutig geordnet sind in dem Sinne, daß jeder Entscheidung eine und nur eine Wertungsmöglichkeit entspricht. Werte sind, das muß einem gerade unter Juristen verbreiteten Sprachgebrauch entgegengehalten werden, weder als System noch als Hierarchie transitiv geordnet, so daß bei jedem Konflikt durch bloße Analyse des »Wertsystems« feststellbar wäre, welcher Wert den anderen vorzuziehen ist.[7] Ein so starres System, das bei jeder Änderung als ganzes neu ausbalanciert werden müßte, wäre viel zu unelastisch, um praktischen Anforderungen von Situation zu Situation entsprechen zu können.[8] Die Leichtigkeit des Wertens muß mithin als ein Funktionselement begriffen werden. Eine transitive Systematisierung würde der Wertordnung ihre Funktionsfähigkeit rauben.

Hiermit hängt zusammen, daß Werte bzw. Unwerte für sich genommen leichter konsensfähig und moralisierbar sind. Man kann ihnen punktuell Anerkennung zollen und solche Anerkennung mit Selbstachtung bzw. Fremdachtung koppeln, ohne sich damit für den Fall von Wertkonflikten festzulegen. Der Konsens erstreckt sich nur auf die Wertgesichtspunkte selbst, nicht auch auf permanent festgelegte Beziehungen zwischen den Werten. Man verpflichtet sich damit für den Fall eines Konfliktes noch nicht im voraus zu einer bestimmten Entscheidung, sondern nur dazu, den

7 Ausführlicher hierzu: Niklas Luhmann, Zweckbegriff und Systemrationalität, Tübingen 1968, S. 19 ff.

8 Entsprechend wird bei Formalisierungsversuchen eine »ceteris paribus«-Annahme eingeführt derart, daß die Wertbeziehung für jeweils nur eine Art von Änderung gilt und die Welt im übrigen als konstant bleibend vorausgesetzt wird. Siehe z. B. Georg Henrik von Wright, The Logic of Preference, a. a. O., S. 31 ff.

Konflikt als solchen zu würdigen, die Gegenwerte nicht schon deshalb, weil sie keine seien, abzuweisen, sondern die Entscheidung unter Verwendung einer komplexen (oder wie man heute sagt: pluralistischen) Wertsprache zu begründen: Obwohl man das Spazierengehen an sich schätzt, geht man sonntags nicht aus, wenn man die Anwesenheit anderer Spaziergänger im Gelände sehr negativ bewertet. Die Werte liefern also zunächst und vor allem eine anerkannte Sprache, in welcher über selektive Entscheidungen verhandelt werden kann und welche Begründungen zwar nicht bestimmt, aber bestimmbar macht. Kontextfreiheit kann, mit anderen Worten, zwar für Wert*gesichtspunkte*, aber nicht oder nicht in gleichem Maße auch für *Beziehungen* zwischen Wertgesichtspunkten erreicht werden.

So viel dürfte allgemein und für eine nicht näher bestimmte gesellschaftliche Wertungspraxis unbestreitbar sein. Die Rechtstheorie hätte nun im Anschluß daran die Frage zu stellen, ob und in welcher Weise diese ebenso schwache wie fundamentale Ordnungsleistung der Werte im Rechtssystem gesteigert werden kann. Sie müßte genauer angeben können, durch welche Art von rechtsspezifischen Reduktionen das Rechtssystem aus Werten entscheidungswirksame Strukturen gewinnt.

Man könnte zunächst daran denken, diese Frage durch Hinweis auf den rechtsspezifischen Wert der Gerechtigkeit und das alte *fiat iustitia pereat mundus* zu beantworten: Die Reduktion des Rechts sei eine Reduktion auf einen bestimmten, bereichsspezifischen Wert vor allen anderen und sei auf diese Weise Konfliktsentscheidung. Diese Auskunft fiele jedoch zurück hinter das, was wir über Gerechtigkeit schon wissen. Gerechtigkeit ist eine Form der Reflexivität des Wertens, das heißt eine Bewertung von Wertungen, die sich gegenüber den bewerteten Werten nicht indifferent, wohl aber distanziert und neutral zu verhalten hat. Sie wird selbst insofern bewertet, als sie diese Leistung erbringt. Gerechtigkeit ordnet daher andere Werte sich nicht rangmäßig, sondern gegenständlich unter. Sie hilft aus der Komplexität der möglichen Wertkonflikte nicht heraus, indem sie als anderer Wert den konfligierenden Werten vorgezogen wird, sondern sie ist eine Form der Thematisierung dieses Konflikts. Konflikte zwischen der Gerechtigkeit und anderen Werten wie ökonomischer Fortschritt, staatspolitische Raison, erzieherische Wirksamkeit können sich ergeben und werden in einem ausdifferenzierten Rechtssystem dann zugunsten der Gerechtigkeit gelöst – zum Kummer der Ökonomen, Politiker oder Pädagogen. Aber das ist nicht die typische Form, in der sich das Wertungsproblem für das Rechtssystem stellt, sondern der Grenzfall.

Schon die frühneuzeitliche Rechtswissenschaft hatte, wie oben[9] erörtert, als Alternative zur Integration durch Gerechtigkeit den Systembegriff eingeführt. Dieser Begriff zielte zunächst auf die gedanklich-erkenntnismäßige Ebene der Problembehandlung und wird von Juristen noch heute so gebraucht. Damit läuft man jedoch direkt in die Schwierigkeiten einer Systematisierung der Wertbeziehungen selbst. Es ist zwar richtig, daß *jede* Rechtsentscheidung eine Wertung voraussetzt; aber daraus folgt keineswegs, daß die Einheit *aller* Entscheidungen als System von Wertbeziehungen begriffen werden müßte – oder auch nur könnte. Ein »axiologisches System« wird zwar postuliert,[10] wird aber nirgends konstruiert, geschweige denn in seinen entscheidungspraktischen und seinen gesellschaftlichen Konsequenzen geklärt. Die spezifischen, gesamtgesellschaftlich gesehen »unwahrscheinlichen« Reduktionsleistungen des Rechtssy-

9 Siehe oben S. 17f.

10 Siehe z.B. Claus-Wilhelm Canaris, Systemdenken und Systembegriff in der Jurisprudenz, entwickelt am Beispiel des deutschen Privatrechts, Berlin 1969.

stems scheinen also nicht in einer dogmatischen Systematisierung von Werten zu liegen. Aber worin sonst?

Eine stärker soziologisch orientierte Systemtheorie erlaubt es zunächst, die Funktion einer solchen schwach geordneten Wertorientierung zu erkennen. Sie erlaubt es, eine Abhängigkeit des Rechtssystems von der Gesellschaft mit relativ hoher Entscheidungsautonomie zu kombinieren. Gerade weil Werte punktuell anerkannt, aber nicht systematisiert werden, ist es möglich, gesellschaftliche Abhängigkeit und Unabhängigkeit des Rechtssystems zugleich zu institutionalisieren. Die gesellschaftlich relativ konsensfest vorgegebene Wertebene bindet das Rechtssystem in *jeder* Entscheidung in einer Vielzahl einzelner Hinsichten, aber nicht in der Art ihrer Kombination.[11] Sieht man sich diese Struktur genauer an, so zeigt sich die Form einer (für das System) *kontingenten Verknüpfung von* (für das System) *nichtkontingenten Gesichtspunkten.* Das ist die logische Umkehrung des System / Umwelt-Modells der *nichtkontingenten Verknüpfung von kontingenten Ereignisreihen*, das wir auf der Ebene der Rechtsprogramme und der in ihnen als Tatbe-

11 Ein treffendes Denkmodell dieser Art Kombination von Bindung und Freiheit liefert der scholastische Begriff der *complexio contingens*. Siehe namentlich Johannes Duns Scotus, Ordinatio I dist. 39 n. 7 (Ordinatio I: A distinctione vigesima sexta ad quadragesimam octavam, in: Opera Omnia, Bd. VI, Civitas Vaticana 1963, S. 406): »Rationes cognoscendi terminos alicuius complexionis non sufficienter causant notitiam illius complexionis, nisi illa nata sit cognosci ex terminis; complexio contingens non est nata cognosci ex terminis, quia tunc non tantum esset necessaria, sed etiam prima et immediata; ergo rationes cognoscendi terminorum, quantumcumque perfecte repraesentent eos, non sunt sufficientes causae cognoscendi illam complexionem contingentem«. Vgl. auch die darauf folgende Überleitung zur Zeitproblematik, auf die wir gegen Ende dieses Kapitels zurückkommen werden (zur Frage der Unvollständigkeit dieses Kapitels vgl. die editorische Notiz, S. 335; Anm. des Herausgebers).

stände und Rechtsfolgen vorgesehenen Ereignisse gefunden hatten. Somit zeigt sich: *Die Beziehungen zwischen Rechtssystem und gesellschaftlicher Umwelt sind auf der Ebene der Werte und auf der Ebene der Entscheidungsprogramme unter dem Gesichtspunkt der Regulierung von Kontingenz genau gegenläufig konstruiert.* Die Einheit des Rechtssystems kann nur als diese Differenz begriffen werden und nicht als logische Einheit eines Wertes oder eines Normensystems.

Editorische Notiz

Zum Verhältnis von Rechtstheorie und Rechtssoziologie bei Niklas Luhmann

Ohne Übertreibung kann man sagen, daß das Recht eines der wichtigsten Forschungsfelder Niklas Luhmanns gewesen ist. Dies läßt sich allein schon an seinen Monographien zu Fragen des Rechts ablesen: Beginnend mit den frühen Publikationen zu *Verwaltungsfehler und Vertrauensschutz* (1963), *Öffentlich-rechtliche Entscheidungen rechtspolitisch betrachtetet* (1965), *Grundrechte als Institution* (1965) und *Recht und Automation in der öffentlichen Verwaltung* (1966) über *Legitimation durch Verfahren* (1969), *Rechtssoziologie* (1972), *Rechtssystem und Rechtsdogmatik* (1974), *Ausdifferenzierung des Rechts* (1981) und *Die soziologische Beobachtung des Rechts* (1986) bis hin schließlich zur Funktionssystemmonographie *Das Recht der Gesellschaft* (1993) decken diese fast die gesamte Zeitspanne seiner wissenschaftlichen Tätigkeit ab. Die Auflistung macht zweierlei deutlich: Zum einen liegt der Schwerpunkt der Beschäftigung eindeutig in den 1960er und 1970er Jahren,[1] und zum anderen ist der

1 Dies wird noch deutlicher, wenn man sich die letztgenannten Publikationen genauer ansieht: Die Monographie Rechtssystem und Rechtsdogmatik, Stuttgart, Berlin u. a. 1974, ist die knapp hundertseitige Ausarbeitung eines Vortrags zur Folgenorientierung im Recht; bei der Ausdifferenzierung des Rechts, Beiträge zur Rechtssoziologie und Rechtstheorie, Frankfurt 1981, handelt es sich um eine Aufsatzsammlung, in der sich neben einigen bislang unveröffentlichten Aufsätzen eine Reihe von bereits publizierten finden, die in der Mehrzahl zwischen 1969 und 1976 erschienen sind; und Die soziologische Beobachtung des Rechts, Frankfurt 1986, ist wiederum eine nur knapp fünfzig Seiten umfassende Ausarbeitung eines Vortrags, in der Luh-

doppelgleisige Zugang Luhmanns offensichtlich. Er näherte sich dem Gegenstand zunächst primär rechtswissenschaftlich bzw. rechtstheoretisch, d.h. in Form einer wissenschaftlichen Beschäftigung mit dem Recht, die der Eigenrationalität des Rechts verpflichtet ist und deshalb auch von sich beansprucht, mit ihren Erkenntnissen im Recht selbst anschlußfähig zu sein. Erst in einer späteren Phase befaßt er sich dann dezidiert (rechts)soziologisch mit diesem Gegenstand, d.h. als Fremdbeobachter des Rechts, der auf die Eigenrationalität des Rechts keine Rücksicht mehr nimmt, sondern diese gerade hinsichtlich ihrer Funktionalität und Struktur durchleuchtet, entsprechend aber auch keinen Anspruch mehr darauf erhebt, daß diese Fremdbeschreibung im Recht selbst anschlußfähig ist.[2]

Diese doppelte Zugangsweise ist natürlich einerseits biographisch erklärbar, schlug Luhmann doch nach dem juristischen Staatsexamen zunächst eine Verwaltungslaufbahn ein, bevor er über ein Harvard-Stipendium 1960/1961 und eine Dozententätigkeit an die Verwaltungshochschule in Speyer 1962-1965 den Wechsel in die Wissenschaft voll-

---

mann auf der Basis der Theorie operational geschlossener Systeme insbesondere das Verhältnis von Fremd- und Selbstbeobachtung des Rechts thematisiert. Die oben genannte Auflistung darf also nicht darüber hinwegtäuschen, daß zwischen der letzten vollwertigen Monographie zum Recht in Form der Rechtssoziologie, Opladen 1972, und der Funktionssystemmonographie Das Recht der Gesellschaft, Frankfurt 1993, über 20 Jahre liegen, in denen Luhmann nur eine Reihe von Aufsätzen zum Rechtsthema veröffentlicht hat (vgl. im folgenden).

2 Zum Verhältnis von Selbst- und Fremdbeschreibung einerseits sowie von wissenschaftlicher Theorie und Reflexionstheorie eines Funktionssystems andererseits vgl. genauer Johannes F.K. Schmidt, Die Differenz der Beobachtung, in: Henk de Berg / Johannes F.K. Schmidt (Hrsg.), Rezeption und Reflexion. Zur Resonanz der Systemtheorie Niklas Luhmanns außerhalb der Soziologie, Frankfurt 2000, S. 8-37 (13ff.).

zog, der sich mit der Abteilungsleiterstelle an der Sozialforschungsstelle in Münster 1966-1968 sowie der Berufung auf eine Professur für Soziologie an die Universität Bielefeld 1968 auch institutionell manifestierte. Andererseits verband sich die in der juristischen Sozialisation grundgelegte Begriffssensibilität Luhmanns bereits Anfang der 1960er Jahre mit einem Interesse für den Funktionalismus bzw. die Systemtheorie und führte so relativ schnell zu einem Programm der Entwicklung einer allgemeinen Theorie sozialer Systeme, für die das Recht nicht nur aufgrund der großen Sachkenntnis Luhmanns, sondern auch aufgrund der Charakteristika eines selektiven, sich deutlich von anderen sozialen Sachverhalten abgrenzenden Sinnzusammenhangs einen nahezu idealen Gegenstand bildete. Dabei ermöglichte die systemtheoretische Verortung der Rechtstheorie als einer Reflexionswissenschaft des Rechts eine theoretisch kontrollierte Konzeptualisierung des Verhältnisses von Rechtssoziologie und Rechtstheorie, mehr noch: Luhmann verkörperte aufgrund seiner persönlichen Vita wie seiner theoretischen Grundausstattung den – differenztheoretisch gesprochen – paradoxen Idealfall eines Autors, der zugleich auf beiden Seiten der Unterscheidung von Fremd- und Selbstbeschreibung des Rechts zu operieren imstande war.

Direkt nach einer Serie erster Artikel zu einer Theorie sozialer Systeme[3] publizierte Luhmann auf dieser Grundlage Ende der 1960er und Anfang der 1970er Jahre in rascher Folge eine Reihe von rechtstheoretischen wie rechtssoziologischen Aufsätzen – u. a. zum Normbegriff, zum Verhältnis von Gesellschaft und Recht am Beispiel der Evolution des Rechts, zum positiven Recht und den gesellschaftlichen Bedingungen des Rechtsstaats, zum Verhältnis von funktio-

---

3 Versammelt und wiederabgedruckt in: Niklas Luhmann, Soziologische Aufklärung 1: Aufsätze zur Theorie sozialer Systeme, Köln, Opladen 1970.

naler Methode und juristischer Entscheidung sowie zur Funktion subjektiver Rechte, der Rechtsprechung und der Gewissensfreiheit –, die insbesondere in der Zeitschrift *Rechtstheorie* und dem *Jahrbuch für Rechtssoziologie und Rechtstheorie,* die beide 1970 erstmals erschienen,[4] veröffentlicht wurden. Während die rechtssoziologischen Aufsätze als Vorbereitung für die dann 1972 erfolgte Publikation der umfangreichen, mehrfach wiederaufgelegten *Rechtssoziologie*[5] dienten, führten die rechtstheoretischen Aufsätze erstaunlicherweise nicht zur Veröffentlichung einer entsprechenden Monographie, obwohl genau eine solche Parallelpublikation im Schlußkapitel »Fragen an die Rechtstheo-

---

4 Beide Publikationsreihen verdankten ihre Existenz der Idee der Interdisziplinarität. Während das Jahrbuch – dessen Gründungsmitherausgeber Luhmann war – primär eine Kontaktaufnahme von Soziologie und Rechtswissenschaft im Blick hatte, war die Perspektive der Zeitschrift – wie schon ihr Untertitel »Zeitschrift für Logik, Methodenlehre, Kybernetik und Soziologie des Rechts« anzeigte – deutlich breiter orientiert in ihrem Versuch, die Rechtstheorie von ihrer Dogmatikfixierung zu lösen und interdisziplinär anschlussfähig zu machen. Von Luhmann stammte nicht nur der erste Aufsatz des ersten Heftes von 1970 – Evolution des Rechts (S. 3-22; neu abgedruckt in: ders., Ausdifferenzierung des Rechts, a. a. O., S. 11-34) –, vielmehr steuerte er noch zwei weitere Aufsätze für den ersten Jahrgang bei und war auch in den weiteren Heften stets als Autor präsent (s. u.).

5 Die Rechtssoziologie erschien 1972 zunächst als Rowohlt-Taschenbuch, 1983 in einer 2. Auflage beim Westdeutschen Verlag mit einem neuen Schlußkapitel »Rechtssystem und Rechtstheorie« (statt: »Fragen an die Rechtstheorie«), das auf den Sachverhalt der Umstellung der Systemtheorie von einer Theorie umweltoffener auf eine Theorie selbstreferentieller, i. e. operational geschlossener (aber kognitiv offener) Systeme reagiert. Die nach wie vor anhaltende Prominenz dieser Publikation läßt sich auch daran ablesen, daß nach der 3. Auflage von 1987 nach der Jahrtausendwende eine bereits wieder nachgedruckte 4. Auflage im VS Verlag erschienen ist, so daß man mittlerweile von einem Klassiker der Rechtssoziologie sprechen kann.

rie« der ersten Auflage der Rechtssoziologie angekündigt wurde.[6]

Allerdings fand sich im Nachlaß Luhmanns das hier nun vorgelegte umfangreichere Manuskript, das in den Jahren 1971/1972 entstanden ist und genau diese Stelle eingenommen hat.[7] Der Text wird bis auf wenige sprachliche Korrekturen, eine Ergänzung der fehlenden Überschrift des ersten Teils, eine korrigierte Fußnoten- und Kapitelzählung, eine Vervollständigung der von Luhmann in großer Zahl angelegten internen Verweise sowie eine Überprüfung und Aktualisierung der von Luhmann genannten Literaturbelege unverändert abgedruckt. Das Typoskript war von Luhmann in einer Fassung erstellt worden, die offensichtlich mehrfach durchgearbeitet und nahezu publikationsreif war. Im Nachlaß befanden sich neben einigen früheren Fassungen verschiedener Kapitel zwei handschriftliche Notizen über die Gliederung des Bandes, die eine erste und eine spätere (endgültige) Fassung dokumentieren. Orientiert man sich an diesen Aufzeichnungen sowie der großen Zahl der textinternen Querverweise, so liegt das Manuskript in der von Luhmann erstellten Fassung vollständig vor. Nicht vorhanden sind allerdings im zweiten Teil ein – auch im Manuskript selbst angekündigtes – Kapitel zu »Zurechnung«[8] sowie zwei abschließende Kapitel mit den Titeln »Vergangenheit und Zukunft« und »Steigerungsprobleme«, deren Status aber bei der Gliederungserstellung noch unsicher war und die von Luhmann wohl nicht mehr verfaßt worden

6 Siehe den Hinweis im Abschlußkapitel »Fragen an die Rechtstheorie« auf S. 358, Fn. 15.

7 So finden sich im hier abgedruckten Text zwei Verweise auf die geplante Rechtssoziologie (siehe oben S. 84, Fn. 21, und S. 127, Fn. 6) – Luhmann hatte also an beiden Manuskripten parallel gearbeitet, ein für ihn nicht unübliches Vorgehen.

8 Siehe dazu die editorische Anmerkung auf S. 178, Fn. 5.

sind. Auch bricht das letzte Kapitel »XIX. Wertbeziehungen« des Typoskripts offensichtlich ab, ohne vollendet worden zu sein. Dessen abschließende Fußnote deutet wiederum darauf hin, daß Luhmann eine Integration der Zeitthematik in dieses Kapitel vorgesehen, aber nicht mehr umgesetzt hat. Das Fehlen der letzten Kapitel legt den Schluß nahe, daß Luhmann die Arbeit an dem Manuskript trotz dessen weit fortgeschrittenen Stadiums letztlich abgebrochen hat. Darauf deutet auch der Sachverhalt hin, daß er 1972 unter dem Titel »Rechtstheorie im interdisziplinären Zusammenhang« – dem Untertitel der vorliegenden Publikation – in den *Anales de la Cátedra Francisco Suárez*, einer Schriftenreihe des Instituts für Rechtsphilosophie der Universidad de Granada, einen umfangreicheren Aufsatz veröffentlichte,[9] der Teile der Kapitel I, II, V und VII des vorliegenden Bandes enthält. Da es für Luhmann untypisch war, anderweitig publizierte Texte in einer Monographie wortgleich wiederzuverwenden, kann man davon ausgehen, daß damit die ursprünglich geplante Monographie einer systemtheore-

9 Wiederabgedruckt in: Ausdifferenzierung des Rechts, a. a. O., S. 191-240. Die beiden thematisch und zeitlich ebenfalls nahe am vorliegenden Text lokalisierten Artikel – Systemtheoretische Beiträge zur Rechtstheorie, in: Jahrbuch für Rechtssoziologie und Rechtstheorie 2, S. 255-276 (auch in: Ausdifferenzierung des Rechts, a. a. O., S. 241-272) und: Gerechtigkeit in den Rechtssystemen der modernen Gesellschaft, in: Rechtstheorie 4 (1973), S. 131-167 (Ausdifferenzierung des Rechts, a. a. O., S. 374-418) – sind dagegen keine ›Auskopplungen‹ aus dem vorliegenden Manuskript. Der 1972er Aufsatz, auf den der hier abgedruckte Text mehrfach selbst verweist, ist bereits 1970 / 71 erstellt und verspätet gedruckt worden, diente also eher der Vorbereitung des vorliegenden Textes, wie insbesondere die den Beitrag abschließenden Bemerkungen zur Kontingenzregulierung durch das Recht nahelegen; der 1973er Aufsatz dürfte deutlich nach der Arbeit an diesem Manuskript verfaßt worden sein und greift die hier vorgelegte Idee einer Neubestimmung des Gerechtigkeitskonzepts auf.

tischen Rechtstheorie von ihm bereits zu diesem Zeitpunkt ad acta gelegt worden war.

Über die Gründe für den Verzicht ist nichts bekannt. Ein Motiv könnte darin gelegen haben, daß er dem Vorhaben einer Umstellung der bisherigen wissenschaftlichen Grundlagen der Rechtstheorie aufgrund der schnell eher desillusionierenden Ergebnisse des interdisziplinären Diskurses, der Ende der 1960er Jahre noch eine Aufbruchstimmung erzeugt hatte, bald nur noch geringe Erfolgschancen eingeräumt hat. Während die oben erwähnte Inhaltsgliederung noch den programmatischen Untertitel »Interdisziplinäre Grundlagen der Rechtstheorie« vorsah, trägt das hier abgedruckte Typoskript (wie der genannte Aufsatz) bereits den deutlich defensiveren Zusatz »Rechtstheorie im interdisziplinären Zusammenhang«, mit dem Luhmann vielleicht auch auf die Skepsis innerhalb der Rechtstheorie gegenüber dem Vorschlag, sich aus der diagnostizierten interdisziplinären Isolierung durch einen Anschluß an neuere theoretische Entwicklungen in der Systemtheorie zu lösen,[10] rea-

10 Die für einen Rechtstheoretiker auch zumutungsreich war – vgl. z. B. folgende Formulierung Luhmanns in dem Abschlußkapitel der *Rechtssoziologie* von 1972 (a. a. O., S. 355): »Zwischen beiden Disziplinen [Rechtssoziologie und Rechtstheorie] gibt es kein Begründungsverhältnis im üblichen, hierarchischen oder deduktiven Sinne, wohl aber ein Orientierungsverhältnis derart, daß die Rechtssoziologie dank ihrer höheren Komplexität und ihrem weiter gespannten Vergleichsradius es der Rechtstheorie ermöglicht, ihre Grundbegriffe als kontingente, aber sinnvolle Strukturentscheidungen zu lokalisieren.« Genau an dieses Programm knüpft der hier vorgelegte rechtstheoretische Entwurf an. Zu den prinzipiellen Grenzen einer solchen Interdisziplinarität insbesondere aufgrund der Tatsache, daß die soziologische Beschreibung des Rechts auch noch die Selbstbeschreibung des Rechts selbst mitumfasst, vgl. André Kieserling, Die Soziologie der Selbstbeschreibung, in: Henk de Berg / Johannes F.K. Schmidt (Hrsg.), Rezeption und Reflexion, a.a.O., S. 38-92 (73ff.).

giert hat und er schließlich eine entsprechende Aufsatzveröffentlichung als ausreichend empfunden hat. Daß ein Interesse Luhmanns an der rechtstheoretischen Auseinandersetzung aber durchaus weiter bestand, zeigt die oben bereits erwähnte, knapp hundertseitige Schrift *Rechtstheorie und Rechtsdogmatik*, die auf eine Vortragsserie im Frühjahr 1973 zurückgeht, in der Luhmann vor einem juristischen und – wie er selbst im Vorwort notiert – mehrheitlich widersprechenden Publikum die Frage der Folgenorientierung von Rechtsentscheidungen mit Blick auf die Funktion und Struktur der Rechtsdogmatik diskutierte. Man kann vermuten, daß die für den vorliegenden Text noch vorgesehenen Kapitel »Vergangenheit und Zukunft« und »Steigerungsprobleme« neben der grundsätzlichen Annahme, daß das Recht im Spannungsfeld zwischen der Vergangenheit als Grundlage der Erwartungen und der Zukunft als vergegenwärtigter Verhaltensmöglichkeit im Enttäuschungsfall operiert, das durch die Normativität des Erwartens neutralisiert wird, auch auf die dann in der Publikation von 1974 diskutierte Frage der Umstellung des Rechts von einer Konditionalprogrammierung auf eine Folgenorientierung und die damit verbundenen Probleme rekurriert hätte.

Obwohl bereits Mitte der 1970er Jahre die allgemeine Begeisterung für Interdisziplinarität deutlich abnahm und das Verhältnis von Rechtstheorie und Rechtssoziologie zunehmend im Sinne einer Arbeitsteilung verstanden wurde,[11]

---

11 Symptomatisch dafür ist der Perspektivenwechsel, den das Jahrbuch für Rechtssoziologie und Rechtstheorie sehr schnell einnahm: waren die ersten beiden Bände noch explizit auf eine Vermittlung von Rechtstheorie und Rechtssoziologie angelegt, kam es schon mit dem Band 3 zu einem Perspektivenwechsel mit der Annahme, daß die Rechtssoziologie sich primär mit dem faktischen Rechtsbetrieb, die Rechtstheorie dagegen mit der normativen Struktur zu beschäftigen habe.

zog sich Luhmann aus der rechtstheoretischen Debatte aber nicht zurück, sondern publizierte kontinuierlich weitere Aufsätze zu einer gesellschaftstheoretisch unterfütterten Rechtstheorie als Reflexionstheorie des Rechts.[12] Auffällig ist allerdings, daß Luhmann in den weiteren, in den 1980er und 1990er Jahren in der *Rechtstheorie* veröffentlichten Aufsätzen zum Recht[13] zwar die Idee der »Mobilisierung allgemeiner interdisziplinärer Theorieressourcen«[14] und auch die Themen der frühen Publikationen unter den jetzt geänderten Voraussetzungen einer Theorie operational geschlossener Systeme wiederaufnimmt, aber hinsichtlich des Sachverhalts, ob man in der Rechtstheorie an die gegebenen Antworten der soziologischen Theorie anschließen sollte, deutlich weniger engagiert agiert als in den frühen 1970er Jahren. Dies gilt dann auch für *Das Recht der Gesellschaft*, dessen erstes Kapitel sich erneut mit der »rechtstheoretischen Ausgangslage« beschäftigt, wobei direkt (aber natürlich ohne Referenz) an die einleitende Diagnose im vorliegenden Band angeschlossen wird,[15] die Frage, inwieweit die Rechtstheorie von einer gesellschaftstheoretischen Rechtssoziologie profitieren kann, dann aber bewußt offengelassen wird. Schon vor diesem Hintergrund kann also gesagt werden, daß die hier nun vorgelegte Monographie eine Lücke in den Publikationen Luhmanns zum Recht schließt.

---

12 Siehe z. B. dezidiert in dem Aufsatz Selbstreflexion des Rechtssystems: Rechtstheorie in gesellschaftstheoretischer Perspektive, Rechtstheorie 10 (1979), S. 159-185 (auch in: Ausdifferenzierung des Rechts, a. a. O., S. 419-450).

13 Unter anderem: Die Einheit des Rechtssystems, Rechtstheorie 14 (1983), S. 129-154, Positivität als Selbstbestimmtheit des Rechts, Rechtstheorie 19 (1988), S. 11-27, und Die Geltung des Rechts, Rechtstheorie 22 (1991), S. 273-286.

14 Die Geltung des Rechts, a. a. O., S. 281.

15 Und insofern also kaum ein Entwicklungsfortschritt innerhalb der Rechtstheorie seit den 1970er Jahren diagnostiziert wird.

Dies gilt um so mehr, wenn man den genuinen Ansatz des Manuskripts betrachtet. Der vorgelegte rechtstheoretische Entwurf geht von der Annahme aus, daß das Recht als ein Entscheidung produzierendes System verstanden werden kann, das auf die Riskanz des wechselseitigen Erwartens reagiert. In einer interdisziplinär informierten Rechtstheorie müssen, so Luhmann, entsprechend systemtheoretische und entscheidungstheoretische Überlegungen zusammengeführt werden, indem beide Theorien funktional auf das Problem der *Komplexität* als der Bezeichnung für die Gesamtheit der zugelassenen Möglichkeiten bezogen werden. Während entscheidungstheoretische Ansätze von der Vorgegebenheit eines begrenzten Bereichs von Möglichkeiten, zwischen denen entschieden wird, und insofern von einer bereits reduzierten Komplexität ausgehen, erlaubt die Systemtheorie eine weitere Perspektive, die auch noch die Frage nach der Konstitution der Möglichkeiten zu stellen erlaubt.[16] Entsprechend rückt für eine so angelegte Rechtstheorie der Begriff der *Kontingenz* als der Bezeichnung des Sachverhalts, daß etwas auch anders möglich ist, in den Mittelpunkt der Betrachtung. Ohne Zweifel ist die These, daß das Recht durch ein hohes Maß an Kontingenz gekennzeichnet ist, für die Rechtstheorie eine zumutungsreiche Annahme, da diese doch lange Zeit davon ausgegangen war, daß es im Recht und damit auch in der die Geltung des Rechts begründenden Rechtstheorie gerade um die Vermeidung von Kontingenz in Form von Willkür, Beliebigkeit oder historischer Relativität geht. Mit dem Ansatz Luhmanns wird dagegen eine nicht primär begriffs- und begründungsorien-

16 Eine ganz ähnlich gelagerte Zusammenführung von Entscheidungs- und Systemtheorie hatte Luhmann bereits 1968 mit der Schrift Zweckbegriff und Systemrationalität: Über die Funktion von Zwekken in sozialen Systemen, Tübingen, für die Organisationswissenschaft vorgelegt.

tierte, sondern problemorientierte Perspektive in die Rechtstheorie eingeführt, die davon ausgeht, daß Entscheidungen auf Probleme reagieren und Systeme die Limitierung sinnvoller Problemstellungen darstellen, so daß die Entscheidungsprobleme des Rechts auf Systemprobleme zurückgeführt werden können, die in dem Verhältnis des Rechts zu seiner gesellschaftlichen Umwelt begründet liegen.

Ein solcher Ansatz hat Folgen für eine Reihe von rechtstheoretischen Grundannahmen, wie Luhmann im ersten Teil des Bandes zeigt: Damit der *Handlungsbegriff* rechtsdogmatisch verwendbar wird, muß dessen Verhältnis zum Motivbegriff umgestellt werden; ein angemessener *Rechtsnormbegriff* setzt ein Verständnis der Funktion des Normativen und der Funktion des Rechts in Form der kontrafaktischen Stabilisierung von Erwartungserwartungen voraus; die *Einheit des Rechts* umfaßt konformes wie abweichendes Verhalten, so daß die Frage nach der Einheit der Rechtsordnung nicht mehr auf einen Begründungs-, sondern einen (selbstsubstitutiven) Selektionszusammenhang zielt; zwischen *Normativität und Geltung* muß deutlich unterschieden werden, da der Begriff der Geltung die Nichtkontingenz auf der Ebene normativer Erwartungserwartungen bezeichnet, während Normativität die Kontingenz des Erwartens gerade nicht ausschließt; auch das Verhältnis von *Recht und Moral* als unterschiedliche Mechanismen des Umgangs mit Kontingenz muß anders gefaßt werden, da sich diese aufgrund der zunehmenden Differenzierung von Interaktion und Gesellschaft nur noch selektiv aufeinander beziehen lassen; schließlich wird auch der Begriff der *Gerechtigkeit* neu gefaßt, indem gezeigt wird, daß er als Perfektions- bzw. Reflexionsbegriff die Idealität des Rechts bezeichnet, während das häufig mit Gerechtigkeit identifizierte Gleichheitspostulat die Bedingungen der Schematisierbarkeit des rechtlichen Operierens benennt.

Auf der Basis dieser Überlegungen, die teilweise auf von Luhmann bereits andernorts entwickelte Konzepte zurückgreifen – so im Fall der Rechtsnormen und der Positivität des modernen Rechts – und teilweise die Basis für weitergehende Überlegungen in den Folgejahren bilden – wie im Falle des Kontingenzbegriffs, des skizzierten Moralverständnisses, der Einheit des Rechts oder des Gerechtigkeitskonzepts –, steht im zweiten Teil des Buches die These im Mittelpunkt, daß eine zunehmende Komplexität des modernen, positiven, d.h. änderbaren Rechts zu vermehrter Kontingenz des Rechts selbst in Form systeminterner Variabilität führt, deren Regulation es innerhalb der Rechtstheorie notwendig macht, sowohl eine angemessene System- wie eine Entscheidungstheorie nachzuentwickeln. Zu diesem Zweck wird die Frage der Rekonstruktion von Kontingenz im Rechtssystem an der Uminterpretation einiger rechtstheoretischer Konzepte exemplarisch vorgeführt: Indem die Ausdifferenzierung des Rechtssystems die Kontingenz der Entscheidung über Recht / Unrecht in die Gesellschaft einführt, impliziert *Rechtssicherheit* dann strukturierte Unsicherheit in der Form der Unentschiedenheit einer Rechtssache, die erst über die konditionale Programmierung und bestimmte Verfahrensfestlegungen des Rechts entscheidbar wird. Der *Fall* behandelt Kontingenz als Zufall, wobei der Vorteil in der Punktualisierung der Koordination von Recht und Gesellschaft liegt. Bestimmbare Kontingenz erreicht das Recht durch relativ kontextfreie Rechtsabstraktionen, die von den konkreten sozialen Zusammenhängen absehen und eine schematische Anwendung rechtlicher Begriffe vornehmen, also eine *Technisierung* des Rechts darstellen. Die *Dogmatisierung* des Rechts dient nicht der Bestätigung des schon Festgelegten, sondern der selektiven Veränderung, wobei die Differenz von Fallentscheidung und Dogmatik eine schnelle Entscheidung bei verlangsamter Veränderung der Strukturen des Rechts ermöglicht. Die Orientierung an *Prinzipien* sowie deren Artikulation im *Regel / Ausnahme-Schema* verbindet Strategien des Normierens mit denen des Lernens und stellt so eine Strategie der Risikominderung binärer Strukturen dar, die zugleich die Entscheidungsinterdependenzen im Rechtssystem geringhält. *Alternativität* ist ein besonderer Fall von Selektivität in der Form, daß die Verwirklichung einer Möglichkeit die Verwirklichung bestimmter anderer Möglichkeiten ausschließt und sie deshalb in ein Alternativverhältnis zusammenführt; bezogen auf das Recht hat die Einheit der Disjunktion die Funktion, Selektionszwang sichtbar zu machen. Auf der Basis eines problemorientierten Ansatzes des Umgangs mit Kontingenz kann dann eine Parallelentwicklung und funktionale Äquivalenz von Recht und *Knappheit* diagnostiziert werden; damit ist zwar keine Substituierbarkeit beider Kontingenzformeln gegeben, wohl aber eine Kompensations- und Entlastungsfunktion, die je nach gesellschaftlichem Entwicklungsstand unterschiedlich ausfällt. Schließlich zeigt eine funktionale Bestimmung von *Werten*, daß diese nur eine schwache Ordnungsleistung erbringen und dadurch das Rechtssystem allenfalls in jeder Entscheidung in einer Vielzahl einzelner Hinsichten binden, aber nicht in der Art ihrer Kombination, so daß es im Recht bei einer Wertorientierung zu einer kontingenten Verknüpfung nichtkontingenter Gesichtspunkte kommt.

Die stichpunktartige Auflistung macht bereits deutlich, daß Luhmann hier die für ihn typische Abstraktheit des Zugriffs mittels einiger weniger systemtheoretischer Grundannahmen, die die soziologische Aufklärung eines Phänomens überhaupt erst ermöglichen, verbindet mit einem kenntnisreichen Anschluß an rechtstheoretische Traditionslinien. Zusammenfassend läßt sich sagen, daß die Annahme Luhmanns, die Kontingenz der modernen Gesellschaft müsse in eine entsprechende Komplexität des Rechts transformiert und dort als internes Problem respezifiziert werden, die Basis eines genuinen Ansatzes bildet, dessen heuristischen Ertrag der vorliegende Band, der Luhmann auch auf der Höhe der rechtswissenschaftlichen Diskussion seiner Zeit zeigt, eindrucksvoll demonstriert. Die in diesem Text angelegte grundsätzliche Perspektive auf die Rechtstheorie und die Frage des Anschlusses an systemtheoretische Denkmittel sowie die zentralen Themenstellungen wurden von Luhmann dann über den Wechsel zu einer Theorie operationaler Systeme hinweg bis zur Publikation der Funktionssystemmonographie von 1993 durchgehalten, auch wenn die spätere, auf die Selbstreferentialität von Systemen abstellende Theorie die Differenz von funktionssystemspezifischer Fremd- und wissenschaftlicher Selbstbeschreibung sowie die damit einhergehenden Limitationen eines konstruktiven Irritationsverhältnisses stärker betont. Ob das eigentliche Ziel der Monographie, eine Rechtstheorie zu entwickeln, die aufgrund der Wahl ihrer Begriffe und Denkmittel einerseits interdisziplinär anschlußfähig und andererseits als wissenschaftliche Selbstreflexion des Rechts so abstrakt formuliert ist, daß sie mit verschiedenen Rechtsordnungen kompatibel ist, damit erreichbar gewesen wäre, kann auch aufgrund der Tatsache, daß eine weitergehende rechtstheoretische Rezeption ausgeblieben ist, nicht abschließend beantwortet werden. Aber ohne Zweifel handelt es sich um ein Programm, das auch vierzig Jahre nach der Erstellung dieses Manuskripts noch eine Herausforderung für die Rechtstheorie darstellt und zugleich der Rechtssoziologie demonstriert, in welcher Weise soziologische Erkenntnisse gewinnbringend in die Rechtswissenschaft transferiert werden können.

Für die Zustimmung zur Publikation des Manuskripts danke ich Veronika Luhmann-Schröder, bei der die Rechte liegen; beim Suhrkamp Verlag habe ich Eva Gilmer für die Aufnahme in das Verlagsprogramm und Philipp Hölzing für die Betreuung zu danken.

Bielefeld, im April 2013 Johannes F. K. Schmidt

Register